Horst Fuhrmann

Deutsche Geschichte im hohen Mittelalter

Deutsche Geschichte

Herausgegeben
von Joachim Leuschner

Band 2

Horst Fuhrmann
Deutsche Geschichte im hohen Mittelalter

VANDENHOECK & RUPRECHT IN GÖTTINGEN

HORST FUHRMANN

Deutsche Geschichte im hohen Mittelalter

von der Mitte des 11. bis zum Ende des 12. Jahrhunderts

2., durchgesehene und bibliographisch ergänzte Auflage

VANDENHOECK & RUPRECHT IN GÖTTINGEN

Horst Fuhrmann

Geboren 1926 in Kreuzburg (Oberschlesien), Promotion und Staatsexamen 1952/54 in Kiel; Mitarbeiter der Monumenta Germaniae Historica 1954–56 in München, 1957 am Deutschen Historischen Institut in Rom; 1957–61 Assistent in Kiel, 1960/61 Habilitation; 1962 o. Professor in Tübingen; seit 1971 Präsident der Monumenta Germaniae Historica in München und o. Professor der Geschichte in Regensburg.
Hauptforschungsgebiete: Quellenkunde des Mittelalters, kirchliche Rechts- und Verfassungsgeschichte.
Veröffentlichungen u. a.: Quellen zur Entstehung des Kirchenstaates (1968); Das Constitutum Constantini (Konstantinische Schenkung), Textausgabe (1968); Einfluß und Verbreitung der pseudoisidorischen Fälschungen (3 Bde., 1972–74). – Weitere Publikationen u. a.: Zur Geschichte mittelalterlicher Patriarchate (1953–55); Die Wahl des Papstes (1958); Heinrich Rantzaus römische Korrespondenten (1958); Das Ökumenische Konzil und seine historischen Grundlagen (1961); Fälschungen im Mittelalter (1963); Die Sorge um den rechten Text (1969, 1973); Das Reformpapsttum und die Rechtswissenschaft (1973); Zum Dictatus Papae Gregors VII. (1977); Das Papsttum. Gestalt und Gestalten (1980); Das Papsttum und das kirchliche Leben im Frankenreich (1981).

CIP-Kurztitelaufnahme der Deutschen Bibliothek

Deutsche Geschichte / hrsg. von Joachim Leuschner. – Göttingen : Vandenhoeck und Ruprecht (Kleine Vandenhoeck-Reihe; ...)
NE: Leuschner, Joachim [Hrsg.]
Bd. 2 → Fuhrmann, Horst: Deutsche Geschichte im hohen Mittelalter

Fuhrmann, Horst:
Deutsche Geschichte im hohen Mittelalter: von d. Mitte d. 11. bis zum Ende d. 12. Jh. / Horst Fuhrmann. – 2., durchges. u. bibliograph. erg. Aufl. – Göttingen : Vandenhoeck und Ruprecht, 1983.
(Deutsche Geschichte; Bd. 2) (Kleine Vandenhoeck-Reihe; 1438)

ISBN 3-525-33479-6

NE: GT

Kleine Vandenhoeck-Reihe 1438
2., durchgesehene und bibliographisch ergänzte Auflage 1983

Gesamtherstellung: Hubert & Co., Göttingen

VORWORT DES HERAUSGEBERS

Eine Deutsche Geschichte scheint ein Anachronismus zu sein, unzeitgemäß in einer Zeit, in der die Nationen in neue historisch-politische Gebilde eingehen: wirtschaftliche, kulturelle, politische Einheiten, soziale und gewiß ideologische, in denen die älteren Staaten aufgehoben sind. Diese großräumigen Formen gewinnen bereits eigene Geschichte; es entsteht in ihnen ein Bewußtsein ihrer selbst. Mit den Nationalstaaten schwinden Nationen und nationales Bewußtsein. Was soll da eine Deutsche Geschichte?

Ist diese nicht auch methodisch zweifelhaft geworden? Selbst wenn man das Problem beiseiteschiebt, ob es jemals eine einheitliche Geschichte der Deutschen gegeben habe, ist die Frage aufgeworfen, ob nicht an die Stelle der älteren historischen Gegenstände sozioökonomische getreten seien, die eher sozialwissenschaftlich als historisch zu analysierende „Strukturen" wären. Es wird behauptet, daß dem Schwund des nationalen Bewußtseins ein Schwinden des historischen folge. Abermals also: was soll da eine Deutsche Geschichte?

Verfasser, Herausgeber und Verleger haben die hier nur skizzierten Probleme mehrfach bedacht; sie fühlten sich am Ende in dem einmal gefaßten Plane grundsätzlich ermutigt. Das historische Interesse ist nicht nur vorhanden, sondern ein neues Geschichtsbedürfnis offensichtlich im Wachsen begriffen.

Freilich kann Deutsche Geschichte nicht mehr als Nationalgeschichte geschrieben werden. Weder Historie der aufeinanderfolgenden Dynastien noch Entwicklung von Volk und Nation im älteren Sinne können die Grundgedanken des Ganzen sein; nicht Macht und Glanz der Herrscher, auch nicht Elend und Untergang des Volkes, weder Ruhm und Verklärung noch Klage und Selbstmitleid. Vielmehr versucht diese Deutsche Geschichte zu Belehrung und Diskussion allgemeine Erscheinungen am deutschen Beispiel zu zeigen. Diese Deutsche Geschichte setzt universalhistorisch ein und mündet in Weltgeschichte, deren Teil sie ist. In allen Perioden wird der Zusammenhang mit der europäischen Geschichte deutlich, soll dem allgemein-historischen Aspekt der Vorrang vor dem eng-„nationalen" gegeben werden.

Deutsche Geschichte als einen Teil der europäischen zu schreiben, wird hier also versucht. Aber noch in anderem Sinne ist deutsche

Geschichte fast niemals im engen Begriff „Nationalgeschichte" gewesen: sie war und ist vielmehr Partikulargeschichte. Die Vielfalt ihrer Regionalgeschichten macht ihren Reichtum aus. Wer mit der Forderung ernst machen will, die historisch-politischen „Strukturen" und Grundfiguren, rechts-, verfassungs- und sozialgeschichtliche Phänomene stärker als herkömmlich zu berücksichtigen; wer die bleibenden und weiterwirkenden Erscheinungen hervorheben will, muß sich der Ergebnisse moderner landesgeschichtlicher Forschung bedienen. Nicht so sehr ob, sondern wie heute eine Deutsche Geschichte gewagt werden könne, ist Gegenstand unseres Nachdenkens gewesen.

Die politische Geschichte im weitesten Sinne hat den Vorrang; sie bestimmt die Periodisierung. Politik: das heißt nicht „Haupt- und Staatsaktionen", sondern umfaßt die gesellschaftlichen, wirtschaftlichen und rechtlichen Erscheinungen, ein Geflecht aus wechselseitigen Beziehungen. Daß der Historiker sich auch sozialwissenschaftlicher Methoden bedient, ist selbstverständlich. Dennoch bleibt Geschichte eine Erkenntnisweise eigener Art. Politische Geschichte in dem hier gemeinten Sinne integriert das alles und lehrt den Wandel der Dinge erkennen.

Diese Deutsche Geschichte ist von Verfassern der sogenannnten mittleren Generation geschrieben worden, sowohl dem Alter wie der politischen Erfahrung und Auffassung nach. Selbstverständlich trägt jeder Einzelne Verantwortung für seinen Band, hat er für diesen Freiheit. Verfasser und Herausgeber, gebrannte Kinder durch Geschichte allesamt, haben ein kritisches Verhältnis zu ihrem Gegenstand. Darin stimmen sie ebenso überein wie in dem Vorhaben, Geschichte zu schreiben. Weder ein Bündel von Einzelstudien noch positivistische Sammlung, weder Kompilation noch bloße Problemanalysen oder Ereignisgeschichte werden geboten, sondern eine geformte Darstellung des heute und für uns historisch Wichtigen. Insofern verfolgt diese Deutsche Geschichte eine pädagogische Absicht. Indem sie sich an Studenten und Lehrer, ebenso an alle wendet, die etwas von deutscher Geschichte wissen und aus ihr lernen wollen, versucht sie, Probleme in Erzählung, Begriffe in Anschauung umzusetzen. Sie setzt nichts voraus als das Interesse ihrer Leser; sie breitet Stoff und Probleme aus, indem sie analysiert *und* erzählt. Wo immer möglich, wird der gegenwärtige Stand der Forschung erkennbar, ohne im einzelnen belegt zu sein.

Das Ziel also ist weit gesetzt: den Stoff zugleich ausbreitende, ordnende und durchdringende Geschichtschreibung, und das heißt allemal auch: Reflexion, Urteil und Aufklärung.

Joachim Leuschner

INHALT

Den Freunden, Helfern und Mitarbeitern
der
Monumenta Germaniae Historica

Einführung

DEUTSCHE GESCHICHTE IM HOHEN MITTELALTER – BEGRIFFE, ERKLÄRUNGEN, DATEN

Heute eine „Deutsche Geschichte im hohen Mittelalter" zu schreiben, hat seine eigenen Schwierigkeiten, denn schon die Frage, was Geschichte sei und wozu sie diene, erscheint umstrittener denn je, aber der Leser fürchte oder erwarte nicht eine neue Begriffsdefinition. Sie müßte zwangsläufig den Charakter einer „Apologie der Geschichte" annehmen, wohin offenbar auch Marc Bloch († 1944) gelangte, als er die schlichte Frage seines kleinen Sohnes zu beantworten sich vornahm: „Papa, erklär mir doch mal: Wozu dient eigentlich die Geschichte?" Der kleine Bloch fragte nach der „Relevanz der Geschichte", und sein Vater hat ihre Verteidigung nicht innerhalb der Gesellschafts- oder Sozialwissenschaften untergebracht, sondern in einem wesensmäßig historisch und materiell stark mittelalterlich bestimmten Argumentationsfeld. Überdies gestand er unbekümmert: „Selbst wenn die Geschichte zu nichts anderem zu gebrauchen wäre, eines muß man ihr sehr zugute halten: Sie ist unterhaltsam." –

Geschichte gehört heute zu den gefährdeten Worten; im Deutschen erscheint es durch seine umgangssprachliche Verwendung (als Erzählung und als Ereignis) nicht frei von einem Schuß Naivität: fraglos ein Leichtsinn und eine Gefahr in einer Zeit, die eher in einem Fremdwort das Zeichen gesellschaftsbewußter Wissenschaftlichkeit sieht und die sich eifrig ein „Theoriedefizit" bescheinigt. Bedrängt, wenn nicht verdrängt, ist auch das Wort „deutsch". Die Kürzel DDR und BRD werden korrespondierend gebraucht, und die Volkskammer hat in ihrem Beschluß vom 7. Oktober 1974 das Wort „deutsch" aus dem Text der Verfassung der Deutschen Demokratischen Republik gestrichen. Und auch der dritte Begriff in der Überschrift, „hohes Mittelalter", wird gern ausgetauscht gegen Bezeichnungen, die – je nach Standpunkt – für passender angesehen werden: Zweiter Feudalismus oder Hochfeudalismus oder Wende des archaischen zum alteuropäischen Zeitalter u. a. m. Drei gefährdete Worte im Titel „Deutsche Geschichte im hohen

Mittelalter" also; um so gebotener erscheint es, in einer Einführung Inhalt und Gebrauch, auch bestimmende Merkmale, der hier verwendeten Begriffe zu erörtern.
Begonnen sei mit einer Betrachtung der subjektiven und objektiven „Gegebenheiten der Geschichte" im hohen Mittelalter: einer in ihrem Alltag ebenso wie in ihren Zielen, Gedanken und Ergebnissen weit entrückten Welt. In einem anschließenden Abschnitt (S. 28 ff.) sei der Verständnisrahmen eines „deutschen Hochmittelalters" und der in diesem Buch behandelten Zeit von ca. 1050 bis ca. 1200 umrissen.

I.

Über die drei „Hauptumstände" der Geschichte: Raum, Zeit, Mensch

Der wegen seiner Gelehrsamkeit von den Zeitgenossen hochgeachtete Magister Hugo von St.-Victor († 1141), wahrscheinlich ein gebürtiger Sachse, verfaßte gegen 1130 eine Schrift über die Geschichte. Er sah in der Geschichte die „Grundlage aller Wissenschaft", und als ihre drei „Hauptumstände" — ihre Merkmale, durch die sie festgelegt werde — nannte er den Ort, die Zeit, die Personen. In einem formalen Sinne sind Ort, Zeit und Mensch tatsächlich bestimmende Kategorien der Geschichte, und J. G. Droysen († 1884) hat sie in seine methodologischen Überlegungen ebenso einbezogen wie sie A. von Brandt († 1977) als Ordnungsschema in seiner Handreichung „Werkzeug des Historikers" verwendet. Für Hugo von St.-Victor freilich war die „historia" nur eine vordergründige, weil mit äußerlich-diesseitigen Daten arbeitende Orientierungsstütze. Sie ließ den Menschen die eigentliche Bedeutung eines Geschehens in Gottes Heilsplan nicht wahrnehmen. Erst auf einer höheren Stufe betrachtet und begreift das geistige Auge den Sinn: die heilsgeschichtliche Qualität eines Vorgangs.
Ein Beispiel: in Brixen ist 1080 der Erzbischof Wibert von Ravenna als Clemens III. gegen Gregor VII. von den Parteigängern des deutschen Königs Heinrich IV. zum Gegenpapst erhoben worden: der Beginn eines langjährigen kirchlichen Schismas. Für „viele Gläubige und Kluge", so berichtet Abt Gerhoch von Reichersberg († 1169), erfüllte sich mit der Kirchenspaltung die Vorhersage der

Apokalypse, daß nach tausend Jahren Ruhe „der Teufel frei käme für eine kleine Zeit" (Apoc. 20, 3). „Möge der Herr sich an sein Versprechen halten", so resümiert Gerhoch, fast als wolle er Gott an die Einhaltung einer Art Fahrplan erinnern; denn daß die Kirche sich fast siebzig Jahre in der Finsternis bewege, das sei als „kleine Zeit" genug. Eine solche Denkweise, wie sie bei Gerhoch von Reichersberg zu Tage tritt, ist in damaliger Zeit verbreitet. Raum und Zeit hatten andere, stets überschaubare und im Vorwissen Gottes prästabilierte Dimensionen; in sie ordnete sich der auf den Weltablauf achtende Mensch als Geschöpf Gottes ein.

1. *Raum, Zeit, Mensch in der Sicht des Mittelalters*

Der Raum. Wie hat man sich den irdischen Raum damals vorgestellt? In der Mitte des Kosmos liegt die Erde, meist als flache Scheibe auf dem Weltmeere schwimmend gedacht. Gegenfüßler, getrennt durch das Weltmeer, konnte es nicht geben, denn zu ihnen wäre das allen Menschen versprochene heilbringende Wort Gottes nicht gelangt. In der Mitte der Erde wiederum hat Jerusalem seinen Ort, irdisches Abbild der himmlischen zwölftorigen Gottesstadt, und hier auch stoßen die drei Kontinente Europa, Asien und Afrika zusammen. Auf Weltkarten des Hochmittelalters sind die drei Kontinente von einem Kreis umschlossen. Oben – wo bei uns Norden zu sein pflegt – ist meist Osten; innerhalb des Kreises sind die Erdteile T-förmig voneinander geschieden: die gesamte obere Hälfte ist Asien, das rechte untere Kreisviertel ist Afrika, das linke Europa, hatte doch auch Augustin († 430) in seinem Gottesstaat gelehrt, Afrika und Europa zusammen seien so groß wie Asien, und der Enzyklopädist Isidor von Sevilla († 636) hatte das Bild bestätigt. Mittelalterliche Karten waren bis in das 13. Jahrhundert meist ohne praktischen Zweck. Die eigentliche Absicht der Kartographie war nicht eine diesseitige Orientierung aufgrund einer präzis gemessenen Erdoberfläche, sondern die Aufzeichnung entfalteten Heilsgeschehens. Fragen etwa, wo der Platz sich befinde, aus dem das erste Menschenpaar vertrieben worden sei, und wo der Herr das Kreuz auf sich genommen habe, drängten stärker zur Darstellung als die bloße Fixierung eines Ortes oder einer Landschaft im Kartenschema.

Wie der Makrokosmos so der Mikrokosmos. Es war nicht nur pythagoräisch-neuplatonisches Erbe, daß mittelalterliche Denker den Raum bis in seine kleinsten Partikelchen nach einem harmonischen, nach einem göttlichen Plan aufgeteilt sahen. Das bedeutungsvolle Maß und die bedeutungsvolle Zahl spielten eine ungeheure Rolle. Die kirchliche Architektur wurde zum „Bedeutungsträger", und im Kreuzgang von Klöstern waren die Ausmaße des Heiligen Grabes festgehalten, dessen Größe und Gestalt vielfachen Auslegungen Raum gaben. Die Maße des Alltags waren auf den Menschen, Gottes Ebenbild, bezogen: Elle, Fuß, der Schritt als Strecke, die Tagereise als Entfernung, als Pflügerleistung die Flächen von Tagwerk, Morgen usw. Und das alte deutsche Recht bestimmte die Entfernung nach der Wahrnehmung menschlicher Sinnesorgane: wie weit man einen roten Schild oder einen Türriegel schimmern sieht oder das Rufwort eines Menschen vernimmt. Noch fehlte die menschenferne tote Norm.

Die Zeit. Auch hier suchte man dem göttlichen Plan auf die Spur zu kommen. Wann war die Welt geschaffen? Wann geht sie zu Ende? Wo steht sie jetzt? Seit die lineare christliche Vorstellung vom Weltablauf die antike zyklische verdrängt hatte, wurden immer neue Berechnungen für den Weltanfang und Prognosen über das Weltende gestellt, trotz Augustins energischem Hinweis auf das Wort der Apostelgeschichte 1,7: „Es gebührt Euch nicht, zu wissen Zeit oder Stunde, welche der Vater seiner Macht vorbehalten hat." Gang und Stand der Weltenuhr wurden verschieden berechnet. Das Wort aus Psalm 90, daß vor dem Herrn tausend Jahre wie ein Tag seien, verlockte häufig, als Weltendauer sechs Jahrtausende – entsprechend einer Weltenwoche – anzunehmen, wobei man sich seit Christus in der sechsten und letzten Aetas mundi wähnte, die im Gefolge Bedas († 735) „nach Christi Geburt" gezählt wurde. Am Ende stand der Weltensabbat. Aber diese chiliastische Rechnung erschien vielen – zumal vom 11. Jahrhundert an, als eine Blüte der Weltchronistik einsetzte – zu grob und zu fehlerhaft. Wie man verfuhr, mag das Beispiel des Marianus Scotus († ca. 1082) zeigen.
Marianus, Ire von Geburt, mit Namen Maelbrigte, war „aus Liebe zu Christus" heimatlos geworden und hatte sich als „Inkluse" zunächst in Fulda, 1069 am Dom zu Mainz in eine Zelle einschließen lassen, die er vor seinem Tode nicht zu verlassen beabsichtigte: ein Klausner als Weltchronist. Nach dem Studium vieler Chroniken legte Marian seine Rechnung dar: gemäß der Überlieferung der Väter sei Christus an einem 25. März gestorben, am 27. März demnach auferstanden, doch fände sich dieser Termin in keiner der ihm vorliegenden Ostertafeln zum 34. Jahr der Fleischwerdung, in welchem Christus gestorben sei: also sei die übliche Rechnung falsch, und ebenso sei das Schöpfungsdatum fehlerhaft erschlossen. Sonne und Mond seien beide Werke des vierten Schöpfungstags, mithin

der Tag- und Nachtgleiche des 21. März, d. h. Ostern — das Fest am folgenden Sonntag nach den Frühlingsäquinoktien — habe im Weltjahr 1 am 25. März gelegen. Die gängige Zeitrechnung von der Erschaffung der Welt an habe nicht im Jahre 3952 vor Christus, sonden 241 Jahre früher zu beginnen, und die Zählung von der Fleischwerdung Christi müsse um 22 Jahre vermehrt werden.
Die Ären-Berechnung des Marianus Scotus ist nur ein Beispiel unter vielen; Weltchronistik ist stets präzise Darlegung des Weltablaufs und Orientierung vor dem jüngsten Tag. Es gab beängstigende Endzeitberechnungen: der 1420 gestorbene französische Konzilstheologe Pierre d'Ailly hatte das Jahr 1789 ausgerechnet, pünktlich das Datum der die Welt verändernden Französischen Revolution. Auch das Normaljahr nahm seinen Beginn häufig von Ereignissen der Heils- und Weltgeschichte. In der Kanzlei des deutschen Königs und in den meisten Bistümern pflegte man — wie in fast allen Ländern des früh- und hochmittelalterlichen Europas — mit dem Weihnachtstag das neue Jahr anzusetzen; auch Mariä Verkündigung (25. März) oder das Osterdatum — als bewegliches Fest besonders unbequem — waren verbreitete Jahresanfänge. Während des ganzen Jahres wurde die besondere Beziehung der einzelnen Tage, die Qualität ihrer Heiligkeit, beachtet. „Staatsakte" waren auf hervorragende „heilige Tage" angesetzt: Wahl und Krönung des Königs, Gerichtsverfahren, Vertragsverhandlungen, Friedensschlüsse, wichtige Versammlungen usw.; man schätzt, daß „mindestens 90 Prozent von ihnen an heiligen Tagen stattgefunden haben" (H. M. Schaller), z. B. an der Beschneidung des Herrn (1. I.), Epiphanias (6. I.), Mariä Lichtmeß (2. II.), Palmsonntag, Gründonnerstag, Karfreitag, Ostern usw. Man lernte wunderliche Merkverse, um der Kette heiliger Tage gewärtig zu sein; für die erste Januarhälfte: „Císio Jánus Epí sibi véndicat" usw.; zu deutsch etwa: „der Januar beansprucht für sich die Circumcisio domini (Beschneidung 1. I.), Epiphanias (6. I.)" usw. Über das in rituelle Formeln gefaßte Gedenken hinaus konnte ein solcher Tag auch wiederholende Vergegenwärtigung bedeuten: Am Gründonnerstag wäscht der König — gleich einem anderen Christus — zwölf Armen die Füße, ein Brauch den Kaiser Franz Joseph bis 1916 übte; am Karfreitag legt man sich — imitatio Christi — in das Heilige Grab; vom Mittwochabend bis Montag früh — in der Leidens- und Auferstehungszeit Christi — ruhten die Waffen. Verpflichtungen und Tätigkeiten waren auf manche Tage im Jahr festgelegt: Michaelis (29. IX.) und Martinstag (11. XI.) z. B. für Zins, Kündigung, Abschluß des Wirtschaftsjahres, Vertragsdatum, und für vielerlei (wie Aderlaß, Baden, Reisen) waren

manche Tage günstig, und vor „ägyptischen", vor schwarzen Tagen, hatte man sich zu hüten. Und der Tag selbst, der am Vorabend liturgisch mit der Vigil eingeleitet war (wovon unser „Heiligabend" vor Weihnachten noch ein schwaches Zeugnis ist), wurde bei Sonnenaufgang mit einem Gottesdienst begonnen und war wie die Nacht in zwölf „ungleiche Stunden", die entsprechend der Jahreszeit länger oder kürzer waren, eingeteilt; es gab nur zwei Hauptmahlzeiten, in der vierzigtägigen Fastenzeit häufig nur eine, und nicht selten stoßen wir auf das Gelübde eines Frommen, zeit seines Lebens mit nur einer täglichen Mahlzeit auszukommen; mit Sonnenuntergang war der Tag beendet. Zugleich war der Tag nach den sieben bzw. acht kanonischen Tagzeiten gegliedert, auch hier mit Gedächtnis und Vergegenwärtigung, indem der Morgen der Auferstehung, der Mittag der Kreuzigung und der Abend der Menschwerdung Christi entsprachen.

Der Mensch. Die mittelalterliche Anthropologie ist spannungsreich und unendlich. Hier Ebenbild Gottes, dort allzumal Sünder; als Naturgeschöpf vollkommen und doch ausgestattet mit Begierden, die ihn hindern an einem heiligmäßigen Leben. Der Kardinaldiakon Lothar von Segni – der spätere Papst Innozenz III. – schrieb 1194/95 eine Betrachtung „Über das Elend des Menschseins" (De miseria humanae conditionis), und die ein wenig triviale Schrift, die jedoch einen den Menschen damaliger Tage bedrängenden Gedanken aufnahm, fand eine ganz ungewöhnliche Verbreitung; noch heute kennt man von ihr fast 500 Handschriften. Lothar-Innozenz III. behandelt den Jammer des Menschengeschicks in dreifacher Weise: bei der Geburt, während des Lebens und schließlich beim Tod. „Warum bin ich aus dem Mutterleib hervorgekrochen, daß ich solches Elend und Herzeleid sehen und meine Tage mit Schanden zubringen muß?" Das ist die mit Jeremias gestellte Eingangsfrage, und eine Kette niederdrückender Merkmale schließt sich an: Sterne sind aus Feuer, Winde aus Luft, Fische aus Wasser geschaffen, Tier und Mensch jedoch hat Gott aus Erde, aus „Dreck", geformt. Als Beweis vorausgegangener sündhafter Wollust ist der Mensch geboren, im Mutterleib genährt von giftigen Säften, bei deren Genuß Hunde in Tollwut verfallen; brüllend ob des Elends erblicken wir die Welt; nackt kommen wir, nackt gehen wir, und unser Leben wird immer kürzer: Am Anfang sind die Menschen neunzig Jahre und älter geworden: jetzt aber werden wenige 60 und nur ganz wenige 70. – So geht es fort über fast 100 Kapitel, und am Ende stehen die Strafen im Jenseits: „Phosphor und glühendes Feuer in alle Ewigkeit."

Es war freilich auch ein Elend: Kaum war ein Menschenkind geboren, mußte man zusehen, es im rechten Augenblick taufen zu lassen, denn ungetauft gestorben fiel es der Verdammnis anheim, und wurde es getauft, so mußte sich ein Exorzista, ein Teufelsaustreiber (immerhin die dritte Stufe der vier niederen Weihen, eine Durchgangsstufe für jeden Priester), mächtig ins Zeug legen, damit nicht böse Geister den Taufakt störten oder gar unwirksam machten. Das Seelenheil war ständig gefährdet: Was war, wenn simonistische Priester, die für Geld die Weihe empfangen hatten, die Kommunion reichten? Und wenn man – ohne es zu wissen – Umgang mit Exkommunizierten pflog, was eine Exkommunikation automatisch nach sich ziehen konnte? Und wenn ein Laie Mönchen eine Stiftung machte, sorgten diese auch ernsthaft für sein Seelenheil? Vom Kloster Cluny erzählte man sich zwar, daß seine Fürbitte Seelen aus dem Fegefeuer hole, doch wie steht es mit der eigenen Stiftung? Die ständige Sorge um das Seelenheil konnte dem Leben einen düsteren Ernst geben. Aber hat denn Christus je gelacht? „Man liest, daß der Herr dreimal geweint, aber niemals gelacht habe, er, der da spricht: Weh euch, die ihr lacht, denn ihr werdet weinen und heulen" (Petrus Cantor um 1170). Stimmen dieser Art gibt es hundertfach, und in Mönchsregeln ebenso wie in Lebensanweisungen wird die Ausübung „der Möglichkeit des Lachens" als Defekt menschlichen Fleisches wo nicht abgelehnt so ungern hingenommen.

In ihrem Verständnis von Raum, Zeit und eigener Beschaffenheit dürften sich viele Menschen gerade des Hochmittelalters drückenden Zwängen und Erwartungen unterworfen gefühlt haben. Zwar waren bis zum 11. Jahrhundert zahlreiche Vorschriften zur Lebensführung verbreitet, doch wurden sie nicht unbedingt befolgt; mit der Reform aber kam um die Mitte des Jahrhunderts ein großer Ernst auf, der eine aufwühlende Diskussion über Richtigkeit und Angemessenheit christlicher Ordnungs- und Heilsvorstellungen auslöste. Zunächst aber, indem wir aus der mittelalterlichen Anthropologie heraustreten, werden wir fragen müssen: Wie sah es mit Raum, Zeit und Mensch damals wirklich aus?

2. *Raum, Zeit, Mensch: Daten und Befunde*

Der Raum. Die Landschaft Mitteleuropas hatte in der Zeit vom 11. bis 13. Jahrhundert ein entschieden anderes Aussehen als heute. Jeder Beschreibung ist vorauszuschicken, daß den Menschen damaliger Tage die Natureuphorie unserer Zeit, des Natur- und Umweltschutzes, fremd war. Wohl nährte man sich von der Natur, und als Quelle lebensnotwendiger Produkte mußte sie geschützt werden, aber der Wald, der Rodungen wieder überwucherte, das Wasser, das sich fast ungehemmt seinen Lauf suchen konnte, die Witterung, die über Erntefülle und Hungerertrag entschied, diese Erlebnisse gaben der Natur zugleich etwas Unheimliches, etwas Unbeherrschbares.

Wie sah es damals in Deutschland aus? An der Nord- und Ostseeküste verhielt sich der Mensch gegenüber den Naturgewalten des Meeres weitgehend passiv. Sturmfluten überschwemmten und zerteilten das Land: die Inseln an der Schelde- und Rheinmündung wurden kleiner, manche verschwanden; der Meeresarm der unteren Maas und die Bucht des Biesbosch entstanden erst 1421, wobei über 70 Dörfer untergegangen sein sollen. Um 1200 wurden Texel, Vlieland, Wieringen vom Festland getrennt und das ursprünglich große Borkum in mehrere Inselteile gespalten. Der Deichbau, behindert und gefährdet durch starke Anschwemmungen, wurde zwar schon seit karolingischer Zeit organisiert, doch erst im 15. und 16. Jahrhundert war der größte Teil des Marschgebiets eingedeicht, anders als bei den großen Flüssen, deren Randdeiche man zeitiger, zugleich als Verkehrs- und Treidelwege, errichtet hatte. Gut faßbar ist die Eindeichung der Wesermarschen: zu Beginn des 12. Jahrhunderts begonnen, war 1181 die ganze nordöstliche und 1201 die südwestliche Hälfte der heutigen Wesermarschen eingefaßt und kultiviert. Die Ostseeküste war im Gegensatz zu den Nordseerandgebieten kaum Umgestaltungen ausgesetzt. An das Gebiet der Nordseemarschen schloß sich südwärts ein breites Mittelstück heide- und moorreicher Geest an. Hier lagen die großen Eichenwälder der nachmaligen Lüneburger Heide und das weite Kolonisationsgebiet verschiedener Klöster. Südlich davon breitete sich ein Saum von Sand- und Lehmboden mit Siedelzentren um Braunschweig, Hildesheim, Hannover aus. Wie in diesen Gegenden setzte auch im übrigen Teil des Reiches eine energische Kultivierung des Bodens seit der Wende vom 11. zum 12. Jahrhundert ein, betrieben und gefördert durch einen intensivierten Herrschaftsausbau. Landschaftsweise wurde so energisch gerodet, daß bereits im 13. Jahrhundert Rodeverbote ausgesprochen wurden.

Die Waldgebiete, die damals urbar gemacht wurden, bestanden nahezu ausschließlich aus Laubbäumen: Wenn man einer Statistik der ältesten Ortsnamen Glauben schenken darf, so läßt sich an ihnen ablesen, daß Laubholzareale gegenüber Nadelwäldern stark überwogen: 6115 dieser ältesten deutschen Ortsnamen weisen auf Laubholz und nur 790 auf Nadelholz. An der Spitze der Laubbäume wiederum stand die Buche. Außer im Harz, im Thüringerwald, im Böhmerwald, in den Alpen und im Schwarzwald gab es kaum irgendwo Nadelwälder, die als „arbores non fructiferae" für wenig wertvoll angesehen wurden. Denn die Holzgewinnunng war nur eine nachgeordnete Nutzung im sogenannten Plänterbetrieb, d. h. nach Bedarf wurden einzelne Bäume geschlagen: Aufforstung gab es kaum. Eine hohe Bedeutung hatte der Wald als Viehweide, für die Schweinehaltung, aber wegen weithin fehlender Wiesen auch für die Rinder, Pferde und Ziegen; mastfördernde Bäume wie Eichen, Buchen und Waldobstbäume waren eigens geschützt; Wert und Größe eines Waldes bemaß sich nicht nach der Holzmenge, sondern nach der Anzahl der Tiere, meist der Schweine, denen er Mast- und Winterfutter bot.

Die Zeit. Zeitberechnung gab es nicht nur im heilsgeschichtlichen Bereich: schon in der dem Quadrivium zugeordneten Astronomie wurde naturwissenschaftliche Zeitmessung gepflegt und ausgebaut. Sonnenuhren waren seit dem Frühmittelalter in Gebrauch, und beliebt war seit dem 10. Jahrhundert das Astrolabium zur Zeitbestimmung, ein schon in der Antike entworfenes Instrument, das die genaue Sternsituation auszumachen erlaubte. Für die Tageseinteilung wurden das ganze Mittelalter hindurch Wasseruhren benutzt, und bereits um das Jahr 1183 bestand in Köln eine Uhrmachergilde. Räderuhren, die mit Gewichten arbeiteten, sind erst vom 13. Jahrhundert an nachzuweisen. Das monastische Leben forderte Beachtung und Beobachtung einer präzisen Tageseinteilung; die ältesten Sonnenuhren, später auch die Gewichtsuhren, waren in Klöstern und Stiften aufgestellt, ohne daß das einfache Verfahren, die Tageszeit nach dem menschlichen Schatten zu bestimmen, vergessen wurde, und es gab als Handreichungen aufmerksam geführte Zahlentafeln. In den Klöstern war ein Mönch zur Überwachung des Stundenrhythmus abgestellt. Wenn er nachts gegen 2 Uhr die Gebetsglocke läutete, hatte er die Zeit der Nacht aus dem Aufgehen von Sternen ersehen, worauf er anscheinend eine bestimmte Anzahl von Psalmen sang, bis er das Zeichen zum Aufstehen gab; die Zahl der Psalmen war in den einzelnen Monaten verschieden. Diese primitive Art der Zeitmessung wurde im Hochmittelalter häufig durch Apparate ergänzt.

Die großen Rechenmeister des Mittelalters geben uns eine Zeiteinteilung zwischen dem Jahrhundert (saeculum) und der nicht mehr teilbaren Zeiteinheit (atomus); dazwischen lagen lustrum (5 Jahre), annus (Jahr), mensis (Monat), hebdomada (Woche), dies (Tag), hora (Stunde), quadrans (Viertelstunde), minutum (Minute),

momentum (der Zeitraum, da die Zeit sich merkbar vorwärts bewegt) und ostentum (die zum Auffassen von Dargebotenem nötige Zeit). Die kleinste Zeiteinheit war der dem atomus gleichgesetzte „ictus oculi": das Augenzwinkern, unser „Augenblick". Es wurden Relationen aufgestellt: das ostentum habe 370 Atome, die Stunde deren 22 560. Mittelalter: das war „menschliche Zeit, gemessen durch den Rhythmus der Natur und der Liturgie, hingegeben einer Geisteshaltung der Erwartung und der Sehnsucht" (J. Leclercq).
Die Zeit und der mit ihr verbundene Naturrhythmus sind in den technisch nicht geschützten Jahrhunderten in ihrem Zusammenhang unendlich viel stärker als heute empfunden worden: tempestas ist die Zeit und die Witterung, das Unwetter: „Auf, zu grüßen / Lenz, den süßen: Freude hat er wiederbracht"; so wie in den Liedern der Carmina Burana wurde das Frühjahr inbrünstig ersehnt. Der Wechsel der Jahreszeiten wurde intensiv wahrgenommen, so daß jemand sagen konnte, er habe 15 Zeitumläufe durchgestanden, um auszudrücken, daß fast vier Jahre verstrichen sind.
Die Witterungsbedingungen der Jahreszeiten verändern sich langphasig, auf Perioden feuchten und kalten Wetters folgen warme und trockene Zeiten. So lag der berühmte Winter 1076/77, als der deutsche König Heinrich IV. mit seiner Gemahlin und seinem zweijährigen Sohn Anfang Januar über den Mont Cenis nach Italien zog, in einer von 1014 bis 1089 anhaltenden feucht-kalten Phase: jener Winter ließ die großen Flüsse Europas vom Martinstag (11. November) bis in den April hinein in Kälte erstarren: Loire, Rhone, Rhein, Elbe, Donau, Weichsel, auch der Po, selbst der Tiber sollen zugefroren gewesen sein: „für Schiffe unbefahrbar, für die Menschen, Pferde, Esel und Lastwagen wie feste Erde gangbar". Zeit, Jahreszeit waren Kälte und Hitze, Hunger und Fülle: ein Chronometer hätte hier wenig verschlagen.

Der Mensch. Museums- und Rüstkammerbesucher teilen sich gern die Beobachtung mit, daß nach Ausweis der Rüstungen die Menschen im Mittelalter offenbar kleiner gewesen seien. Obwohl die historische Anthropologie Fragen der Körpergröße und -gestalt mittelalterlicher Menschen bei ihren Forschungen weitgehend beiseite läßt – für die Typologie von Rassen und ethnischen Gruppen sind eher die Schädelmaße (Längenbreitenindex) Distinktionsmerkmale –, lassen sich einige allgemeine Feststellungen treffen. Man stimmt weitgehend in der Annahme überein, daß die Menschen zur Völkerwanderungszeit recht groß gewesen waren. Auf das Ende des Mittelalters zu hat die Körpergröße offenbar abgenommen; dieser Regressionsprozeß war jedoch im 11. und 12.

Jahrhundert noch nicht weit fortgeschritten, wie sich aus Grabungsbefunden ergibt. Für den Rückgang der Körpergröße im Spätmittelalter werden verschiedene Gründe angeführt: Pest und epidemische Krankheiten, die zunehmende Verstädterung mit unhygienischen dunklen Gassen und käfigartigen Behausungen. Beachtenswert ist die Beobachtung, daß außer der Körpergröße auch die Schädelform sich veränderte: „Wir sehen vom Frühmittelalter zur Neuzeit hin die Schädellänge sich verkleinern, Schädelbreite und Oberhöhe dagegen sich vergrößern" (E. C. Büchi). Allerdings ist zu bedenken, daß die Körpergröße nicht ein generelles Indiz für die gesamte Bevölkerung sein kann; Angehörige der sozialen Oberschicht waren im Durchschnitt höher gewachsen als sozial Niederstehende. Die salischen Könige Heinrich IV. und Heinrich V. z. B. waren aufragende Gestalten von 1,79 und 1,80 m. Ein Hochadelsgrab in Komburg bei Schwäbisch Hall aus etwa der gleichen Zeit bewahrte Skelette von Menschen zwischen 1,73 und 1,75, ein weiteres in der Stiftskirche Öhringen ein Männerskelett von 1,80 usw. In den nichtadligen Bevölkerungsschichten dürfte die Durchschnittsgröße nicht unerheblich geringer gewesen sein.

Für den Menschen Mitteleuropas vom 10. bis 12. Jahrhundert hat man eine durchschnittliche Lebenserwartung von nur wenig über 30 Jahre errechnet. Aber das statistische Mittel verwischt die teilweise gruppenspezifischen Merkmale. Betrachtet man z. B. das Sterbealter der deutschen Könige von Heinrich I. († 936) bis Heinrich VI. († 1197), von denen keiner in einer Schlacht gefallen ist oder — sieht man von dem mit 68 Jahren ertrunkenen Barbarossa ab — vorzeitig durch ein Unglück den Tod gefunden hat, so kommt man auf einen Durchschnitt von nicht ganz fünfzig Jahren. Was das Mittel der Lebenserwartung hinabdrückte, war zum einen die hohe Sterblichkeit von Kleinkindern, zum anderen der im allgemeinen frühe Tod von Angehörigen der Unterschichten, die auszehrende körperliche Arbeit zu verrichten hatten und Krankheiten und Naturkatastrophen besonders ausgesetzt waren. Wie im Leben so blieben sie auch im Tod anonym: sie hatten keine Grablegen, deren Kennzeichen die Zeit überdauert hätten, und blieben bei den Einträgen in Toten- und Gedenkbücher unberücksichtigt. Eine gute Möglichkeit, die Lebenschance von Angehörigen unterer Schichten mitzuerfassen, bieten Skelettuntersuchungen, und eine Auswertung der Daten von etwa hundert Friedhöfen nördlich der Alpen — allerdings aus dem gesamten Mittelalter und ohne Differenzierung nach geographischen und klimatischen Bedingungen — ergibt folgendes Bild. Die meisten Toten gehören den Altersklassen 14 bis 20 (30,1 % männl.; 24,8 weibl.) und 20 bis 40 Jahre (28,4 männl.;

23,2 weibl.) an; nur jeder Vierte wurde 40 Jahre und älter. Trotz der auch hier deutlich erkennbaren kurzen durchschnittlichen Lebenserwartung ist festzuhalten, daß die endogene Vitalkraft nicht geringer als heute gewesen sein dürfte: bei Ausbleiben lebenswidriger Umstände kamen manche Menschen in ein sehr hohes Alter — die Päpste Lucius III. (1181—1185) und Cölestin III. (1191—1198) sind gegen neunzig Jahre alt geworden. Frauen erging es im Mittelalter weitaus schlechter als den Männern; in der Altersgruppe der 14- bis 20jährigen Toten obenerwähnter Skelettuntersuchungen stellten Mädchen einen sehr hohen Anteil. Neben den häufigen und nicht selten für die Mutter tödlich verlaufenden Geburten waren Frauen, geschwächt durch schwere Feldarbeit, leichter anfällig für Krankheiten, unter denen offenbar die Lungentuberkulose sehr verbreitet war.

Zahlreiche Todesfälle im Säuglingsalter scheinen die Größe der Durchschnittsfamilie — mit sicherlich ständisch bedingten Unterschieden — verhältnismäßig klein gehalten zu haben. Aus Fuldaer Quellen hat man 196 Ehepaare mit 518 Kindern errechnet, auf die einzelne Ehe kommt also der statistische Wert von 2,6 Kindern; das Verhältnis der Männer zu den Frauen betrug 318 zu 237, der hohe männliche Anteil fällt auf. Bei der bäuerlichen Bevölkerung des Westfrankenreiches hat man die Beobachtung gemacht, daß die Zahl weiblicher Geburten um so geringer war, je mehr Frauen bereits auf einer Bauernstelle lebten; aus diesem Befund hat man den auf direkte Weise freilich nicht belegbaren Schluß gezogen, daß eine Art Geburtenkontrolle vorgenommen worden wäre: weibliche Neugeborene seien getötet worden, und das explosive Anwachsen der europäischen Bevölkerung im Hochmittelalter hinge u. a. auch mit dem Verzicht auf dieses Geburtenregulativ zusammen. Auffällig ist allerdings, wie zahlreich in Bußbüchern und auf Synoden des Frühmittelalters der Fall des von der Mutter erdrückten oder erstickten Kindes behandelt wird.

Die Bevölkerung Europas scheint bis zur Jahrtausendwende in gleichmäßiger Progression gewachsen zu sein und um 1000 rund 42 Millionen betragen zu haben. Während sie bis 1150 langsam auf ca. 50 Millionen anstieg, schnellte sie allein in den folgenden fünfzig Jahren um ein knappes zusätzliches Viertel auf rund 61 Millionen hoch: die größte Zunahme bis zum 15. Jahrhundert. Für das Gebiet des deutschen Reiches, geschätzt auf etwa 700 000 Quadratkilometer, nimmt man für die Zeit Heinrichs III. († 1056) 5—6 Millionen Einwohner an, für die Barbarossas († 1190) 7—8 Millionen. Zum Vergleich: Um 1200 — nach dem sprunghaften Anstieg — soll Frankreich 12, England nur 2,2 Millionen Einwohner gehabt haben. Gebiete des deutschen Reiches mit starker Binnenkolonisation hatten einen besonders energischen Bevölkerungszuwachs aufzuweisen; so soll die Bewohnerzahl Sachsens von 1100 bis 1300 sich rund verzehnfacht haben. Der hinzuzuzählende Anteil der abgewanderten „Fernsiedler" scheint – zumindest im 12. Jahrhundert bei einsetzender Ostsiedlung – nicht hoch gewesen zu sein: höchstens 100 000, kaum mehr als 4 von Hundert der Bevölkerung Altdeutschlands. Außerordentlich starke Bevölkerungsdezimierungen durch ansteckende Krankheiten gab es im 11. und 12. Jahrhundert kaum, denn die großen Pestepidemien des 14. und 15. Jahrhunderts setzten die Brut- und Übertragungszentren dichtbewohnter Städte – man schätzt, daß im 12. Jahrhundert höchstens „10 bis 15 Prozent der deutschen Bevölkerung in Städten" gelebt habe (H. Mottek) – und eine ausgedehnte Mobilität der Bevölkerung voraus. Neben Malaria, Pocken und Ruhr zählte vor allem die schwer diagnostizierbare Lungentuberkulose zu den hauptsächlichen Todesursachen, von der vornehmlich die Menschen zwischen dem 15. und 35. Lebensjahr betroffen waren. Nicht wenige Opfer forderte auch die Lepra und vor allem das auf den Getreiderost zurückzuführende „Heilige Feuer", gegen das man die Hilfe des Eremiten Antonius anflehte (daher der Name „Antonius-Feuer"), hatte in manchen Jahren epidemische Ausmaße, kurz aufeinanderfolgend 1076, 1089 und 1094. Der Mensch war umstellt von Krankheitsgefahren aus dem Diesseits wie aus dem Jenseits. Im Mirakelbuch Erzbischof Annos II. von Köln († 1075) sind unter den durch Anno geheilten Krankheiten etwa fünfzig menschliche Leiden angegeben (nach H.-R. Fehlmann), und folgende Kranke tauchen auf: dreißig Lahme und ebenso viele Blinde, fünfzehn Wassersüchtige und Geschwulstkranke, zehn, die an Bauch- und Blutfluß litten, neun Herzkranke und gleich viele Ertrunkene und Taube, sieben Fallsüchtige und fünf vom Teufel Besessene; sie alle vermochte Annos Wunderkraft zu heilen und insgesamt vierundzwanzig Tote ins Leben zurückzuholen.

Neben die Krankheit trat der Hunger, von dem vor allem die sozial niederen Schichten heimgesucht waren. Von ihrem Wesen her waren die Klöster mit der Armenfürsorge verbunden und empfingen häufig ein Drittel des Zehnt mit der Bestimmung „in usum pauperum". Auch hat man den monastischen Brauch zu bedenken, daß jeweils am Todestag eines Klosterbruders gleichsam an dessen Stelle ein Armer gespeist wurde; am Todestag eines Abtes konnte es eine Vielzahl Armer sein. Manche Klöster gaben im Jahr viele Tausend Tagesspeisungen für Arme aus. Selbstverständlich wurde deren Notlage von Vermögenderen, von den potentes, die in den

Quellen den begrifflichen Gegenpart zu den pauperes bilden, ausgenützt, und hier standen auch Geistliche nicht zurück, „die das arme Volk bedrücken, so daß viele Hungers sterben"; herrscherliche Verordnungen hatten hier offenbar wenig Erfolg. Wie zum Lobe vermerkt der Chronist des Klosters Saint-André (bei Brügge), sein Abt habe so gewirtschaftet, daß „der Mangel der Nachbarn ihm zur Fülle gereichte".

Hungersnöte trieben Scharen von Menschen bettelnd durch die Lande; sie rotteten sich mitunter zu großen Banden zusammen, die sich ihre Nahrung zusammenraubten. Von einer solchen Schar notleidender Menschen wurde das reiche Kloster Fulda 1145 überfallen und total ausgeplündert. Daß den Kreuzzügen 1095 und 1145—1147 Hungersnöte vorausgegangen waren, dürfte kaum Zufall gewesen sein, und der Bamberger Mönch Frutolf von Michelsberg vermerkt zu 1095 nüchtern in seiner Chronik, daß die „Westfranken" leicht hatten überredet werden können, ihre Äcker zu verlassen, denn „die gallischen Lande hatten einige Jahre hindurch bald Bürgerkrieg, bald Hunger, bald große Sterblichkeit heimgesucht". Not kennt kein Gebot. Der Trierer Erzbischof Poppo (1016—1047) wird beim pomphaften Ritt zur Kirche von Darbenden, die angebotenes Geld zurückweisen, mit einigen seiner Begleiter zum Absitzen gezwungen, und vor den Augen ihres Kirchenoberen zerreißt der hungrige Haufe die Tiere und verzehrt sie. Alle diese Übergriffe sind nicht Aufstände aus sozialer Spannung mit revolutionären Impulsen, sondern Mundraub, auch wenn die ersten Spottgedichte auf das dicke Pfäfflein oder den feisten Mönch aufkamen. Häufig waren es räumlich nur begrenzte Hungersnöte, aber es gab auch Jahre, in welchen ganz Mitteleuropa — meist eine Folge umfassender Mißernten — von Nahrungsmangel betroffen war: 1043—1045, 1099—1101, 1124—1126, 1145—1147, 1150—1151, 1195—1198 scheinen solche Jahre gewesen zu sein. In einer Zeit, in welcher die Agrarproduktion zum großen Teil auf den Eigenbedarf abgestellt war und an Überschüssen wenig Interesse bestand, Geld zudem kaum bereit lag, Lebensmittel zu erwerben, traf eine ungenügende Ernte die Bevölkerung wie ein unabwendbares Naturereignis.

Bis zum 11. Jahrhundert lebten über 90 % der Menschen auf dem Land, zumeist in kleinen Haufendörfern oder in weilerartigen Siedlungen, die sich an günstige Naturgegebenheiten anlehnten: z. B. an einen Quell, einen Bach oder einen Terrassenvorsprung. Die Feld-Gras-Wirtschaft war teilweise schon vor 800 in Deutschland durch die Dreifelderwirtschaft abgelöst worden, aber es dauerte Jahrhunderte bis diese sich voll durchsetzte. Bei der Dreifelderwirtschaft wurde im Herbst Winterweizen oder Roggen gesät, im Frühjahr Hafer, Gerste, Erbsen, Linsen, Bohnen. Gegen Ende des 11. Jahrhunderts erschienen die Gemüsefrüchte den Menschen ebenso wichtig wie das Getreide, und ein Chronist meldet zum Jahre 1094, daß wegen der großen Dürre „Kornsaat und Hülsenfrüchte" eingegangen seien, ein Hinweis auf den großen Gemüseanteil. Pflugtechnik und Zuggeschirre sind verbessert worden. Während des 11. Jahrhunderts begann das Pferd das Rind als Zugtier zu ersetzen oder zu ergänzen, nachdem die Vorzüge des aus dem Osten übernommenen Kummets bemerkt worden waren. Das Pferd bewegt sich schneller als der Zugochse und zeigt mehr Kraft und größere Ausdauer, so daß mit ihm täglich ein bis zwei Stunden länger gearbeitet werden konnte. Nicht allein das Pflügen, auch die Geschwindigkeit und die Kosten der Beförderung über Land wurden durch das kraftausnutzend angeschirrte und mit Hufeisen beschlagene Pferd vorteilhaft verändert. An die Stelle des zweirädrigen Karrens trat die „caretta longa", der große vierrädrige Lastwagen. Seit dem 11. Jahrhundert läßt sich eine Ausweitung der Siedlungen beobachten, und es ist die Frage gestellt worden, worin der Grund lag. „Die Antwort scheint im Übergang vom Ochsen zum Pferd als Haupttier der Landwirtschaft zu liegen. Bei der langsamen Gangart des Ochsen konnte der Bauer, der nur Ochsen besaß, nur Felder bewirtschaften, die in der Nähe seines Hofes lagen. Mit der Anschaffung von Pferden für Pflug und Wagen konnte der Bauer in der Zeit, die er für den Weg zum Feld einsetzen mußte, eine wesentlich größere Strecke zurücklegen. Die Verlängerung dieser Strecke wirkte sich auf die Größe der ringsum erreichbaren Ackerfläche aus ... So verwandelten sich ausgedehnte Flächen, die bisher von dürftig vereinzelten Höfen überstreut waren, in wohlbebaute Rodungsgebiete" (Lynn White jr.). Die Erweiterung der Anbaufläche, die bessere Ausnutzung, die Vermehrung der Nahrungsmittel, aber auch die Bereicherung des Nahrungsmittelangebots, dies alles mag zum geradezu sprunghaften Anstieg der Bevölkerungszahl im 11. und besonders im 12. Jahrhundert mit beigetragen haben.

Unter den Agrarprodukten stand an der Spitze der Roggen als Brotgetreide. Eine Auskreuzung von Zwergweizen hatte eine der wichtigsten Getreidesorten des Mittelalters ergeben, den Dinkel (als „Grünkern" auch noch in der heutigen Küche verwendet), der vor allem in Südwestdeutschland verbreitet gewesen ist, während Weizen, der an Boden und Witterung größere Ansprüche stellt, stärker im Westen zu finden war. Außer in Form von Brot oder Fladen (Weizen, Roggen) wurde Getreide roh oder geröstet gegessen, häufig auch zu Brei verarbeitet. Mit der Zunahme der Pferdehaltung wuchs der Anbau von Hafer, der freilich schon immer, zu einem anspruchslosen Brei angerührt, den Menschen zur Nahrung gedient hatte. Gerste war bevorzugter Ausgangsstoff für Bier, das – anders als heutigentags – reichlich im Norden genossen wurde, anstelle von Wein, der im Süden auch bei sozial schwachen Schichten das Hauptgetränk abgab. Hopfen finden wir als Arznei bereits in der Karolingerzeit; er enthält Lupulin, dem man eine den Geschlechtstrieb hemmende Wirkung zuschrieb, und man will beobachtet haben, daß Hopfen auffallend häufig im Zusammenhang mit Klöstern, Kirchen und Bischöfen genannt werde (K. und F. Bertsch); für die Bierherstellung wird der Hopfen vom 11. Jahrhundert an erwähnt.

Die Frage, was und wieviel damals gegessen wurde, ist verständlicherweise schwer zu beantworten. Einige Hinweise lassen sich z. B. aus Leibrentenverträgen ablesen, wie sie in der Biographie des Bischofs Meinwerk von Paderborn († 1036), die vielleicht den Abt Konrad von Abdinghof (1142–1173) zum Verfasser hat, überliefert sind. Zum persönlichen Lebensunterhalt hatte sich eine Nonne „in einer gehobenen Mittelposition" (F. Irsigler) pro Jahr ausbedungen: 36 Scheffel Roggen, 24 Scheffel Gerste, 60 Käse, vier Widder und einen Schinken. Schmaler und offenbar auf den persönlichen Bedarf zugeschnitten ist die Jahresrente für die Mutter eines Schenkers: sieben Malter Getreide, 30 Scheffel Gerste, ein Malter Käse und ein Schinken. Ihre Nahrung bestand also hauptsächlich aus Brot und Käse, nur wenig unterbrochen oder ergänzt durch Fleischkost. Ein Freier samt Gattin hatte 1118 einen Leibrentenvertrag mit dem Abdinghofer Abt ausgehandelt, aus dem sich der wöchentliche Essensplan für zwei Personen ablesen läßt: Sonntag, Dienstag und Donnerstag gab es zwei Roggenbrote, ein Weizenbrot, zwei Krüge Bier, zwei Stücke Fleisch mit Gemüse oder Hülsenfrüchten; Montag, Mittwoch und Donnerstag sollten geliefert werden: zwei Roggenbrote, ein Weizenbrot, zwei Krüge Bier, ein Käse; der Freitag sah zwei Gerichte vor, „die dann zu essen erlaubt sind", wahrscheinlich also Fisch. Die Armenkost sah freilich karger aus. Wir hören von einem Weizenbrot, drei Krügen „Starkbier" und drei Heringen pro Tag und Person.

Das Leben der Menschen damals war äußerst hart. Man wohnte – auch in städtischen oder stadtähnlichen Siedlungen (für den Anfang des 11. Jahrhunderts schätzt man die Zahl der Marktorte in Deutschland auf 200 bis 300) – meist in zugigen Holzhütten. Nur manche Häuser, die wir heute öffentliche Bauten nennen würden, waren in Stein ausgeführt: verschiedene Pfalzgebäude, Klöster,

städtische Befestigungen usw. Erst im 12. Jahrhundert scheinen mit dem neuen Typ der Ritterburg und des reichen Bürgerhauses Steinbauten hochgezogen worden zu sein.
Dichtgedrängt hockte man, zumal im Winter, um den offenen, rauchend-rußigen Herd; das Licht fiel durch die Eingangstüre oder durch die Rauchluke des Daches. Waren Fensteröffnungen vorhanden, so wurden sie, da es Glas (das vom 12. Jahrhundert an zunächst nur in Kirchen verwendet wurde) noch nicht gab, mit hölzernen Rahmen, in die Weidengeflecht, Holzgitterwerk, manchmal auch geöltes Pergament oder Leinwand gespannt war, zugestellt, manchmal sogar nur mit Stroh zugestopft, das zugleich als Unterlage zum Ruhen auf dem gestampften Lehmboden herumlag. Die Kleidung, die bis zum 12. Jahrhundert nahezu ausnahmslos im Hause angefertigt wurde, war durch Jahrhunderte gleich und mehr eine Tuchumhüllung als ein die Figur umschließendes Gewand: bei Männern über einem Hemd ein kurzer, bis zu den Knien reichender Rock, weite Leinwandhosen, über die mit Bändern gewickelte Beinstrümpfe gezogen wurden; bei Frauen ein langes Unterkleid mit einem Obergewand, dessen Ärmel weit geöffnet waren. Vom 11. Jahrhundert an kam, teilweise unter byzantinischem Einfluß, etwas Eleganz in die Kleidung; mit der Kunstfertigkeit bei der Herstellung entstand das Schneiderhandwerk. Im nordfranzösischen-niederrheinischen Raum scheint man schon zu Beginn des 12. Jahrhunderts arbeitsteilig „Zuschneider" und „Näher" gekannt zu haben. Der Überrock der Männer wurde länger und reich mit Borten geschmückt, die „Beinlinge", jetzt zuweilen farbig, zu einer Art Strumpfhose verändert, so daß die Wickelung fortfallen konnte; die Frauen begannen die Kleidung oberhalb der Taille „hauteng" zu tragen, was sittenstrenge Geistliche zu dem Vorwurf veranlaßte, die Frauen „entblößten" ihren Körper, um den Liebhabern zu zeigen, was an ihnen feil sei. Ein wärmender, womöglich pelzgefütterter Mantel war eine Kostbarkeit und häufig fürstliches Geschenk, das man über Jahrzehnte trug.
Wie immer: Die niederdrückenden äußeren Lebensbedingungen hätten doch in den Menschen die Frage aufkommen lassen können, ob ein solches Leben in Schmutz, Rackerei, ständiger Todesbedrohung und irdischer Hoffnungslosigkeit überhaupt lebenswert sei. Warum der entnervenden Not, vielleicht irgendwelcher Verfolgung, auch grausamer Bestrafung, nicht ausweichen durch den Freitod? Ein solcher Gedanke war, nachdem die christliche, von den Kirchenvätern – vor allem von Augustin – formulierte Anschauung sich gegen antike und germanische Befürwortungen durchgesetzt hatte, bis in das Hochmittelalter den Menschen so gut wie

fremd. Schlimmste Leiden wurden ertragen, war doch der Selbstmörder verwerflicher als der Mörder, denn er bringt willentlich sich selbst um die Gnadenmittel. Judas Ischarioth, der Verräter-Apostel, war der Prototyp des Selbstmörders, dessen Leib aufbarst, als er sich erhängte, und der Feigenbaum verdorrte, an den er den Strick geknotet hatte. Bis zum 13./14. Jahrhundert wird kaum von Selbstmördern berichtet. Der überwundene Ketzer stürzte sich in einen Brunnen, ein Beweis der Verworfenheit seiner Lehre. Sieht man im Suizid ein „symptôme social" (M. Bloch), so war die mittelalterlich-archaische Gesellschaft bis ins 12./13. Jahrhundert frei von Verzweiflungstaten auslösenden Spannungen. Eine Analyse der Selbstmorde im Frankreich des Spätmittelalters läßt erkennen, daß die Handwerker zu der am meisten gefährdeten Standesgruppe gehörten, im Gegensatz zu den Bauern, und die früh- und hochmittelalterliche Gesellschaft war nahezu vollständig agrarisch strukturiert.

II.

Deutschland im hochmittelalterlichen Europa

1. *Mittelalter und Hochmittelalter – Europa und Abendland*

Seit der spätere Hallenser Professor der „Beredsamkeit und Geschichte" Christoph Keller († 1707), der seinen Namen zu Cellarius latinisierte, in seinem wissenschaftlich zwar bedeutungslosen, aber weit verbreiteten Buch „Historia medii aevi" (zuerst 1688) dem Ausdruck „Mittelalter" zum Durchbruch verholfen hat, indem er darunter die Zeit zwischen Kaiser Konstantin dem Großen († 337) und der Eroberung Konstantinopels durch die Türken (1453) verstand, sind zahllose Überlegungen über die Angemessenheit dieser Bezeichnung angestellt worden. Als Konvention hat sich der Name gehalten, zumal einem Begriff „Mittelalter" bestimmte Wesensmerkmale (z. B. die Feudalstruktur und die Adelsgesellschaft, die Einheitlichkeit eines Weltgefühls und die Anfänge eines Städtewesens) zugeschrieben werden. Die Charakteristika „eines Mittelalters" erscheinen manchem komparatistisch tätigen Forscher so präzise festgelegt, daß – ebenso wie auf andere Kulturkreise übertragbar – die Abfolge für vertauscht angesehen werden kann: in der Geschichte Chinas, so meinte der Wiener Kunst- und Kultur-

historiker J. Strzygowski († 1941), folge das Altertum auf das Mittelalter.
Innerhalb des runden Jahrtausends europäischen Mittelalters – meist mit den Daten von ca. 300/500 bis ca. 1500 eingegrenzt – werden Unterteilungen vorgenommen, und in der sogenannten bürgerlichen Geschichtsschreibung der westlichen Welt ist die Bezeichnung „Hochmittelalter" weitgehend üblich, auch wenn länder- und nationenweise Verschiedenes darunter verstanden wird. Für einen italienischen Historiker ist das „Alto Medioevo" das frühe Mittelalter bis in die Karolingerzeit, die spanische Mediävistik läßt ihr „alta edad media" bis zur Reconquista in der Mitte des 11. Jahrhunderts reichen, während die französische Mittelalterforschung – Marc Bloch und seine Schule, die anderen Gesetzen folgen, beiseite gelassen – das „haut moyen âge" spätestens bis zur Kapetinger-Dynastie (seit 987), meist bis zum Ende des 9. Jahrhunderts ansetzt, um zuweilen das „klassische Mittelalter" (le moyen âge classique) anschließen zu lassen. England ist ein Sonderfall. Die normannische Eroberung von 1066 ist nach der angelsächsischen Periode eine tiefe Zäsur, die eine schematische Gliederung nicht recht zuläßt, und wenn der Begriff der „High Middle Ages" auf das europäische Geschehen angewendet wird, so ist damit eher die Zeitspanne von der Mitte des 12. bis zum Beginn des 14. Jahrhunderts gemeint. In der deutschen Geschichtswissenschaft ist es seit langem üblich, die Zeit vom beginnenden 10. Jahrhundert bis rund zur Mitte des 13. Jahrhunderts als „Hochmittelalter" auszugliedern: von der Gründung des deutschen Reiches bis zum Interregnum, vom machtlosen Frankenkönig Konrad I. († 919) bis zum ohnmächtigen Stauferkind Konradin († 1268).
Für diese Zeit hatte eine vornehmlich deutsch und national denkende Geschichtsschreibung den Namen „Kaiserzeit" oder „Das altdeutsche Kaisertum" parat: So heißt Johannes Hallers († 1947) im Jahre 1926 verfaßte und in zahlreichen Auflagen verbreitete Darstellung. Der Ausdruck „altdeutsches" Kaisertum verstand sich als älteres Gegenstück zum „deutschen Kaisertum" von 1871, obwohl der Nomenklatur ein irreführender Sinn innewohnt: das mittelalterliche Kaisertum der deutschen Könige war „römisch" in seiner Qualität, eschatologisch als letztes in die Abfolge der vier Weltreiche der Babylonier, Meder-Perser, Griechen und Römer eingeordnet und betraf als Geltungsraum das Abendland; das in Versailles proklamierte „deutsche Kaisertum" des preußischen Königs Wilhelm I. war „kleindeutsch" und sollte einen „landesherrlichen Anspruch auf die nichtpreußischen Gebiete" nicht verletzen. Ein „neudeutsches" Kaisertum einem „altdeutschen" nach-

folgen zu lassen, das 962 durch Otto I. begründet und 1806 von Franz II. aufgehoben worden sei, ist ebensosehr ein grober Verstoß gegen den Geist des Mittelalters, gegen seine imperiale Idee und die Endzeitvorstellung, wie die Zählung der Reiche, der freilich der Schock des „Dritten Reiches" ohnehin ein Ende gemacht hat.

Die Katastrophe von 1945 hat manches aus dem deutschen Mittelalter kommende politisch-ethnische Gebilde beseitigt. Während die Präambel der Weimarer Verfassung 1919 selbstsicher noch verkünden konnte: „Das deutsche Volk, einig in seinen Stämmen" — eine Formulierung, die fast ein hochmittelalterlicher Autor hätte gebrauchen können —, heißt es 1949 im Vorspruch zum Grundgesetz für die Bundesrepublik Deutschland, „das Deutsche Volk in den Ländern Baden-Württemberg, Bayern, Bremen" usw. sei „von dem Willen beseelt, seine nationale und staatliche Einheit zu wahren und als gleichberechtigtes Glied in einem vereinten Europa dem Frieden der Welt zu dienen". Obgleich der föderalistische Aufbau der Bundesrepublik sich durchaus an „gentile" Zusammenhänge anlehnt, ist das Wort von dem „in seinen Stämmen einigen" deutschen Volk aufgegeben und gegen die Formulierung eingetauscht, daß das deutsche Volk seine Einheit wahren und „in einem vereinten Europa" dem Frieden dienen wolle.

Europa: Wer speziell aus deutscher Sicht die Geschichte Europas bis in das hohe Mittelalter zurückverfolgt, wird sich die Frage nach der Angemessenheit des Ausdrucks stellen müssen. 1932 erschien das Buch des Engländers Christopher Dawson: „The Making of Europe"; es behandelt die Zeit rund bis zur Jahrtausendwende und wurde 1935 ins Deutsche übersetzt unter dem Titel: „Die Gestaltung des Abendlandes. Eine Einführung in die Geschichte der abendländischen Einheit." Anstelle des englischen „Europe" steht das deutsche „Abendland". Man pflegt vom „abendländischen", nicht vom „europäischen" Kaisertum zu sprechen, obwohl Karl der Große z. B. als „rex, pater Europae", als „Europae veneranda pharus" (ehrwürdiger Leuchtturm Europas) besungen worden ist. Europa, so hat man formuliert, das sei der Humanismus und die aus seinem Geschichtsbild stammende Vorstellung einer Einheit, die von der Geschichte der griechischen Stadtstaaten bis zum Zeitalter des weltbeherrschenden, zivilisierten „weißen Mannes" reicht. Das Christentum sei für „Europa" ein untergeordnetes, freilich integrierendes Moment, „das seine besondere Stärke im abendländischen Mittelalter besaß" (O. Köhler). Es scheint, obwohl Europa und Abendland teilweise synonym gebraucht werden, eine Spannung zwischen der „abendländischen Einheit" und der „europäischen Vielfalt und Freiheit" zu bestehen, und es läßt sich fragen, wann das europäische Element das abendländische zurückdrängte. Friedrich Heer nannte sein Buch, das im 12. Jahrhundert mit dem Aufkommen der Nationalstaaten und der zunehmenden „Rationabilität" der Welt einsetzt, „Aufgang Europas" (1949) und die vergleichende Verfassungsgeschichte spricht, um diesen Wandel anzuzeigen, vom damals beginnenden „alteuropäischen" Zeitalter.

2. *Deutschland, die Deutschen und ihre Grenznachbarn*

Das Land und das Volk, dessen Geschichte im Hochmittelalter hier beschrieben werden soll, hatte mehrere und einander sich nicht voll deckende Bezeichnungen. Während im 10. Jahrhundert mit dem Ausdruck „Reich der Ostfranken" (regnum Francorum orientalium) noch der Ursprung aus dem Gesamtfrankenreich angezeigt wurde, treffen wir bald auf den Ausdruck „Germania", der sich erst allmählich von seiner aus der Römerzeit kommenden Beschränkung auf die rechtsrheinischen Gebiete löste, auch wenn weiterhin das Wortpaar „Gallia et Germania" für das deutsche Reich vorherrschend blieb. Erst vom 11. Jahrhundert an setzte sich die Bezeichnung regnum Teutonicum bzw. Teutonicorum stärker durch, parallel zu der von Gregor VII. bevorzugten Betitelung eines „rex Teutonicorum", mit welcher der Papst den „König der Deutschen", indem er ihm den singulären Namen eines „rex Romanorum" verweigerte, unter die Schar der Könige der Dänen, der Ungarn usw. einreihte. Schlagen wir im Werke des Bischofs Otto von Freising († 1158) nach, des bedeutendsten Geschichtsschreibers, den das deutsche Hochmittelalter hervorgebracht hat, so finden wir nebeneinander die Namen Franci orientales, Franci Teutonici, Teutonici, Germani, Alemanni und entsprechend Francia orientalis, Francorum regnum orientale, Teutonicum und Teutonicorum regnum, Germania, Alemannia. Es mag offen bleiben, ob die älteste Bezeichnung regnum Teutonicorum — im Kloster Admont im 12. Jahrhundert für einen Anfang des 10. Jahrhunderts spielenden Vorgang niedergeschrieben — nicht erst damals und unter Ottos Einfluß in die Überlieferung eingeschleust worden ist, so daß die eigenständige Betitelung eines regnum Teutonicorum jung wäre. Ein althochdeutsches Synonym für Deutschland gibt es nicht. Auch „diutschen lant" o. ä. taucht erst im 12. und im 13. Jahrhundert auf, bleibt aber auch hinfort selten. Erst vom 16. Jahrhundert an hat sich das Wort „Deutschland" stärker durchgesetzt. „Deutsch" und „Deutschland" ist im 19. Jahrhundert bevorzugtes Objekt nationaler und nationalistischer Gedankengänge geworden, die das Germanentum mit einbezogen, angefangen mit Viktor von Scheffels († 1886) Kommerslied von den frechgewordenen Römern, die „nach Deutschlands Norden" zogen, bis hin zu einer so ernsthaften Abhandlung wie der Adolf von Harnacks († 1930), in der er nachzuweisen sucht, daß der von einem gotischen Vater abstammende Papst Bonifaz II. (530–532) „der erste Deutsche" auf dem römischen Bischofsstuhl gewesen sei.

Die Geschichte des deutschen Reiches ist bis in die jüngste Zeit bevorzugt nach Dynastien gegliedert worden. Auf das gesamtfränkische Reich der Karolinger, deren nach seinem berühmtesten Vertreter genanntes Geschlecht auch in den Teilreichen an der Herrschaft blieb, folgten in Ostfranzien-Deutschland Könige aus dem Hause der Sachsen (919–1024) und dem der Salier, d. h. der salischen Franken (1024–1125), an welche sich schließlich – nach der Zwischenregierung des Supplinburgers Lothar (1125–1137) – die Staufer anschlossen (1137–1254). So äußerlich und nichtssagend diese Bezeichnung heute erscheint, so zeigt sie doch ein verfassungsrechtliches Strukturmerkmal an. Während die früheren Könige mit einem der alten Stämme des deutschen Reiches (Sachsen, Friesen, Franken, Thüringer, Schwaben bzw. Alemannen, Bayern) identifiziert wurden, dem sie als Herzöge vorstanden und der ihnen Hauptrückhalt bot, gibt der Staufername die Burg an: Die Burg Stauf bei Göppingen. Aus einem König, dessen Herrschaft sich auf den Stamm stützt, wird ein Herrscher, dem seine Burg oder sein Allodialbesitz den Namen gibt. Die Frage des Territorialbesitzes – nicht ein Herzogsamt und nicht das Reichsgut – spielte für die Durchsetzungsfähigkeit des Königs eine immer erheblichere Rolle: seit dem 13. Jahrhundert ein Grund mehr für die über ein Wahlkönigtum wachenden Kurfüsten, nach der Erhebung „eines kleinen Grafen" zum König zu trachten.

Das deutsche Reich – dessen König zugleich Reichsitalien und Burgund, „drei Reiche" also, vereinigte – hatte um die Mitte des 11. Jahrhunderts folgende Grenzzonen. Im Norden setzte hinter der Schlei die dänische Siedlung und Herrschaft ein – Haithabus Rang als Hafen- und Umschlagplatz begann damals nachzulassen –, während der Raum zwischen Schlei und Eider, an die sich südwärts die Grafschaft Holstein anschloß, weithin unbewohnt geblieben war. Im Westen, angrenzend an Friesland, das nie zu den Kernlandschaften des Reiches gehörte, hatte sich in dem an Fernhandelsplätzen reichen Flandern eine Art Zwischengewalt zwischen dem französischen und dem deutschen Königtum ausgebildet. Der Graf von Flandern war Doppelvasall: vom Reiche empfing er das sogenannte Reichsflandern, vom französischen König Kronflandern zu Lehen. Das deutsche Königtum hatte im 11. und 12. Jahrhundert immer wieder gegen die Unbotmäßigkeit der Grafen von Flandern zu kämpfen, zu denen Reichsfeinde vor königlichem Zugriff flohen. Das an die beiden Lothringen südwärts anschließende Königreich Burgund — Hochburgund, d. i. die spätere Franche Comté, und das südliche Niederburgund — mit so wichtigen Orten wie Besançon (das bis 1674 deutsche Reichsstadt war), Lyon, Vienne, Genf, Lausanne, Basel war zwar 1034, nach dem Tode König Rudolfs III., zum Reich gekommen, aber die Zuordnung war locker, und erst Barbarossa hat Burgund durch seine Ehe mit Beatrix von Hochburgund 1156 wieder stärker an das Reich fesseln können. Hinter der Barriere der Alpen lagen die Lombardei und Reichsitalien bis zum Kirchenstaat; ständig neu war hier die Herrschaft zu bestätigen.

Die Ostgrenze des Reiches hat ein anderes Aussehen; denn bis in das Hochmittelalter hinein war das Verhältnis des deutschen Reiches zu den östlichen Nachbarn durch eine Art Dauerkrieg gekennzeichnet: Vom ersten Slawenzug Karls des Großen im Jahre 789 bis zum ersten Polenfeldzug Friedrich Barbarossas 1157 hat man 175 Vorstöße gezählt, die zahllosen kleineren Angriffe und Scharmützel nicht eingerechnet. Der Kräfteeinsatz war hier wesentlich größer als bei den Italienzügen, der Erfolg gering: etwa die Hälfte der Unternehmen mußte für gescheitert angesehen werden. Bis zum 12. Jahrhundert wurden geradezu im Jahreszeitenrhythmus Vorstöße und Feldzüge eingeleitet, immer nach der gleichen Methode und fast stets über die gleichen Anmarschwege. Ein zentrales Problem auf deutscher Seite war dabei die Verpflegungsfrage; bei einem großen Truppenkontingent konnte der mitgeführte Troß bei schmalem und schlechtem Weg die Marschsäule bis zu einer Länge von mehr als 100 km auseinanderziehen. Um beweglicher zu sein, trachtete man deshalb danach, sich aus dem Lande zu verpflegen. „Erst wenn das Korn reif war, um den 1. August herum, konnte man das Heer versammeln. Nach 8 bis 10 Wochen mußte man schon wieder an den Rückzug denken, sonst konnte man vom Winter überrascht werden" (K. Schünemann). Für Vorstöße in den Osten waren Flüsse kaum benutzbar, denn die meisten mitteleuropäischen Ströme fließen quer zur West-Ost-Richtung mit den wichtigen Ausnahmen der Donau und der Havel, und in der Tat spielten beide Flüsse als Einmarschroute eine bevorzugte Rolle, daneben — nach Böhmen — die zwei Wege durch das Erzgebirge über den Kühner Paß und den Regen aufwärts über Cham Richtung Pilsen. Allerdings entstand in den östlichen Ländern mit dem zu-

nehmenden Staatsausbau ein weites Netz von Grenzanlagen, so in Polen die sogenannte Preseka: Sperrfestungen, die durch große Baumverhaue und Schanzen gesichert waren und mit Hilfe der üblichen mauerbrechenden Belagerungswerkzeuge kaum genommen werden konnten.
Den Kerngebieten des Reiches vorgelagerte Marken sollten ebensosehr Angriffe auffangen wie das Vorfeld sichern; ihre Bewohner müssen, so läßt noch in der Mitte des 12. Jahrhunderts der holsteinische Pfarrer Helmold von Bosau einen Grenzgrafen sprechen, „zähe Ausdauer besitzen und dürfen ihr Blut nicht schonen". Nur allmählich konnte die Grenze gesichert werden, aber Unruhe und Gefahr blieben, zumal bei brutalen razzienartigen Überfällen in die slawischen Randgebiete noch im 12. Jahrhundert Menschen für den europäischen Sklavenmarkt entführt wurden, der in Oberitalien ein Zentrum besaß. Erst eine geordnetere Kolonisation leitete zu einer Stabilisierung durch Eindeutschung der elbslawischen Gebiete über. Östlich einer Linie etwa von der Schwentine-Mündung in der Kieler Förde bis zum Elbknie bei Lauenburg war als Grenzraum der Limes Saxoniae eingerichtet: ein Ödlandstreifen, in den zuweilen Siedler einsickerten und hinter dem die slawischen Obodriten bzw. Wagrier ihre Sitze hatten. Hier und an der mittleren Elbe gab es eine Mehrzahl slawischer Stämme, die sich wohl verschiedentlich zu heidnischen Kultbünden, aber nie zu einem Großreich zusammenschlossen.
Anders steht es mit den im Osten und Südosten sich anschließenden Reichen der Polen, der Böhmen und der Ungarn. Hier haben sich unter anerkannten Dynastien Reiche herausgebildet mit straffer Organisation, einem ansehnlichen Militärpotential und teilweise einem auf den Herrscher ausgerichteten Gefolgschaftswesen. Unter Boleslaw dem Kühnen († 1025) aus dem legendären Geschlecht der Piasten taucht zum ersten Mal der Name Polonia für dessen Herrschaftsbereich, die Slavinia, auf, Ausdruck einer selbstbewußten Staatsgesinnung, die ein polnisches Reich neben dem deutschen sieht, ebenso wie die Kirchenorganisation mit dem Erzbistum Gnesen an der Spitze sich aus einem deutschen Missions- und Suffraganverhältnis gelöst und verselbständigt hat. Es entstand die sogenannte Kastellaneiverfassung — Burgen und Burgbezirke, in welche königliche Dienstmannen gelegt und in denen Handwerkerdörfer angesiedelt wurden —, die dem polnischen Reich einen straff gegliederten Zentralismus verlieh, zumal der fürstliche Hof im Gegensatz zu dem des deutschen Königs eine feste Residenz bevorzugte, erst Posen, dann Gnesen, schließlich Krakau. In Böhmen waren es die Přemysliden, die eine freilich immer wieder gefährdete Herrschaft

aufbauen konnten. Der 935 (?) ermordete Přemysliden-Herzog Wenzel, dessen Tod bald mit der Aura eines Martyriums umgeben wurde, stieg zum Landespatron auf, das böhmische Volk zu seiner familia, wie bei einem geschlossenen Lehns- und Herrschaftsverband: auch hier wurde der Versuch unternommen, ein autonomes Erzbistum einzurichten, indem Herzog Bretislaw 1039 die Gebeine des heiligen Adalbert von Gnesen nach Prag entführte.
In Ungarn herrschte das Geschlecht der Arpaden. Mit ungewöhnlicher politischer Energie hatte Stephan I., der Heilige († 1038), das Land christianisiert, nach genauem Plan eine Kirchenverfassung mit Gran als Erzbistum angestrebt, sich im Einvernehmen mit dem deutschen Kaiser vom Papst das Königtum bestätigen und am Weihnachtstage des Jahres 1000 salben und krönen lassen. Bei den Thronwirren nach seinem Tod hat sich gegen den deutschen König der Arpade Andreas durchgesetzt, der 1055 den Ausgleich mit dem deutschen König suchte und sich zu Tributzahlungen bereit fand. Um diese Zeit waren zwar die drei Ostreiche Polen, Böhmen und Ungarn dem deutschen König tributpflichtig; aber ihre Herrscher hatten immer wieder zu erkennen gegeben, wie sehr sie nach Selbständigkeit und rangmäßiger Gleichstellung trachteten.
Im Südosten sicherten das deutsche Reich mehrere Marken von unterschiedlichem Bestand; so seit 976 die Mark Österreich unter den Babenbergern, aus welcher die Mark Kärnten abgespalten wurde, die Steiermark, die Marken Krain und Istrien. Die Markgrafschaft Verona hatte eine Verbindungsfunktion zum Königreich Italien, an das der Kirchenstaat, das Patrimonium Petri, anschloß.

3. Das deutsche Reich als Wirtschaftsraum

Die auf der Grundherrschaft beruhende Agrargesellschaft, wie sie sich in der Karolingerzeit herausgebildet hatte, war wirtschaftlich weitgehend autark. Zwar gab es vor allem auf künstlerischem Gebiet Zentren, in welchen für den Bedarf der Kirchen und Klöster, auch für den Hof, gearbeitet wurde, aber im dörflichen Bereich stand vom Hausbau bis zur Tucherzeugung die Eigenversorgung im Vordergrund. Innerhalb der Grundherrschaft hat es gewiß schon Handwerkszweige mit erheblicher Leistung gegeben wie Schmiede, Müller, Stellmacher, aber der Absatz reichte kaum über die Grundherrschaft hinaus.
Die Veränderungen, die sich im Hochmittelalter einstellten, hatten vielerlei Ursachen. Das Königtum z. B. forcierte den Silberbergbau und ergänzte die Produktion in den Pfalzen und auf den Eigen-

gütern durch Kauf. Schon aus der Zeit Ottos des Großen, als die Goslarer Silbererze entdeckt wurden, wird berichtet, daß sein Hof täglich 30 Pfund Silber ausgegeben habe; die Staufer nahmen von den Städten, dem Reichsgut und den italienischen Regalien jährlich gegen 65 000 Pfund Silber ein, von denen ein großer Teil in Umlauf gebracht wurde. Das Silber wurde vornehmlich in Münzform verbreitet, aber es konnte auch als ungeprägtes Erz weitergereicht werden. Viele weltliche und geistliche Herren hatten sich Münzprivilegien verschafft und prägten in eigenen Münzstätten, wobei sie für sich den sogenannten Schlagschatz zurückbehielten.
Sämtliche Münzen waren Silbermünzen, erst im 14. Jahrhundert gab es Goldprägungen. Zum zweiseitig geprägten Pfennig oder Teilpfennig der sächsischen und salischen Zeit trat im 12. Jahrhundert der einseitige „Brakteat". Im Rechnungswesen war die Mark ein wichtiger Richtwert; innerhalb des deutschen Reiches wiederum dürfte die „kölnische Mark" die angesehenste — weil stabilste — und wohl auch älteste gewesen sein. Die geprägte kölnische Mark berechnete sich auf 233 gr Silber und war unterteilt in 12 Schillinge (solidi) oder 144 Pfennige (denarii). Durch die zunehmende Zahl der Münzstätten und die Verschiedenartigkeit der Pfennige, deren Gewicht vom Prägeherrn gern gesenkt wurde — teilweise mit königlichem Privileg —, kam es zur „regionalen Pfennigmünze, d. h. sie gilt nicht mehr im ganzen Reich, sondern im wesentlichen nur noch dort, wo sie geprägt wurde und im engeren Umkreis. Wenn also jemand reisen wollte, war er gezwungen, von Ort zu Ort die entsprechenden Münzen einzuwechseln" (A. Suhle). Da der Münzfuß öfters nicht eingehalten wurde, ging man dazu über, die Münze nach ihrem Gewicht zu bewerten: sie wurde „pfundig", d. h. das Pfund Pfennige wurde zu einem Rechnungsbegriff.
Münzfunde von ottonisch-frühsalischen Prägungen außerhalb des deutschen Reiches zeigen die sprunghaft ansteigende Münzproduktion und den Aufschwung des Fernhandels an: allein auf der Insel Gotland sind 38 000 deutsche Münzen dieser Zeit gefunden worden, in Rußland 9000, in Dänemark 4000, in Norwegen 2500. Mit dem Handel nahmen auch Zahl und Umfang der Mautstellen zu. Für den Rhein von Basel nach Rotterdam hat man für eine wenig spätere Zeit einen Abstand der Zollstationen von durchschnittlich nur 10 km errechnet; auf den rund 50 km von etwa Bingen bis Koblenz verteuerten sich die Waren um rund zwei Drittel.
Die Verkehrswege der Karolingerzeit blieben bis in das 12. Jahrhundert hinein ziemlich unverändert; erst in der Stauferzeit verbesserten sich Zahl und Zustand der Straßen. Die Erweiterung des

Abendlandes durch die Kreuzzüge und den Nahosthandel sowie die Ausbreitung deutscher Siedler und deutschen Einflusses nach dem Osten, die Vermehrung und die zunehmende Mobilität der Bevölkerung führten zu einem wesentlich stärkeren Verkehr, und bis zum 13. Jahrhundert dürften alle größeren und wichtigeren Straßenzüge eingerichtet gewesen sein, wobei die Ost-West-Richtung hinter der Nord-Süd-Richtung zurückstand. Die Hauptverkehrsader in Nord-Süd-Richtung kam vom Großen St. Bernhard (Mons Jovis) nach Basel, wo auch die Straße vom Septimer, dem „König der Bündner Pässe", einmündete; von Basel ging die Straße linksrheinisch über Mülhausen nach Straßburg. Dort gabelte sie sich: eine Route führte über Speyer, Worms nach Mainz, die andere nach Koblenz, Köln in das Rheindelta. Eine Straße am rechten Rheinufer über Frankfurt, Neuß erreichte Friesland mit Verzweigungen nach Münster, Osnabrück, Stade und über die Unterelbe nach Itzehoe und Schleswig. Bremen und Hamburg waren auch durch einen über Verden und Frankfurt führenden Weg mit Würzburg und weiter mit Augsburg verbunden, von wo man über Memmingen und Reutte nach Überquerung des Reschenpasses nach Meran gelangte. Je weiter sich nach 1000 die Grenze nach Osten verschob, um so stärker wurde der Brenner benutzt. Während den Großen St. Bernhard Pilger und Kaufleute bevorzugten, war der Brenner der wichtigste Paß für die politische Geschichte: 66 von 144 Alpenüberquerungen deutscher Könige gingen über den Brenner, dessen Wichtigkeit zudem mit der wachsenden Bedeutung Venedigs als Handelsmetropole stieg. Mit der Erschließung des Ostseeraumes und dem Ausbau welfischer Macht wuchs auch die Bedeutung eines Weges, der von Lübeck über Lüneburg nach Braunschweig mit einem doppelten Zug ging, einem über Halberstadt auf das Saaletal zu und einem anderen über Goslar nach Eisenach. Der Thüringer Raum war über Coburg und Bamberg an Nürnberg angekoppelt.

Bis in die Stauferzeit hinein war das deutsche Reich vom Fernhandel so gut wie ausgeschlossen. Jetzt wurden die Rheinstraßen, die Italien mit dem Niederrhein verbanden und sogar England und Skandinavien einbezogen, neben dem Weg, den die russisch-skandinavischen Waren über Lübeck nach Braunschweig oder in den westfälisch-kölnischen Raum nahmen, Trägerinnen eines Welthandels. Allerdings waren der deutsche Norden und der deutsche Süden fast zwei getrennte Handelsgebiete, deren Verschiedenartigkeit man am Städtewesen ablesen zu können meinte, indem man übertreibend die süddeutschen Städte als Handwerks-, die norddeutschen als Kaufmannsstädte bezeichnete.

Die Einbeziehung des Reiches in den europäischen Fernhandel ließ die Zahl der Märkte ansteigen. Der größere Geldumlauf und die Geschäftsabwicklung über Dritte vermehrten das Kreditwesen und den Geldverleih. In den Gemeinden, die an der Rheinstrecke zwischen Köln und Worms lagen, treffen wir auf Juden als Geldverleiher – Christen war das Zinsnehmen verboten –, aber auch als Farbstoff- und Arzneimittelhändler. Sie standen unter bischöflichem, manchmal unter königlichem Schutz und wohnten zuweilen in eigenen Vierteln, zuweilen aber auch mitten unter christlichen Kaufleuten. Erst gegen Ende des 11. Jahrhunderts, das die ersten Pogrome der durchziehenden Kreuzfahrer brachte, wurden Mauerringe um jüdische Wohnbezirke errichtet (zuerst 1084 in Speyer). Auch da, wo sich Wanderkaufleute niederließen, entstanden zur Marktsicherung Palisadenzäune, Wälle oder sogar Mauern. Zur Marktsiedlung, die unter dem Schutz des Marktherrn stand, gehörte eine Kirche, die den Mittelpunkt der gildeartig zusammengefaßten Kaufmannschaft abgab. In den Handelsplätzen hatten die verschiedenen Kaufmannschaften ihre Kirchen, in Dorestad (Wijk-bij-Duurstede bei Utrecht) soll es 55 gegeben haben, in Wisby auf Gotland sind 16 nachgewiesen. Die mit dem Handel verbundenen Marktgewohnheiten, die dem Kaufmann einen Schutz zusicherten, ließen ein Kaufmannsrecht (ius mercatorum) entstehen, das bei neuen Niederlassungen den Kaufleuten von vornherein versprochen wurde. Wenn die Zahl der Kaufmannshaushalte eine gewisse Höhe überschritten hatte, wurde es für Handwerker interessant, sich niederzulassen; auch konnte die handwerkliche Fertigung durch Kaufleute angeregt werden, die die Produkte einem anderen Markt zuführten. So taucht rheinische Keramik selbst in abgelegenen Harzdörfern des 11. Jahrhunderts auf. Das Handwerk sorgte zugleich für die Bedarfsdeckung der städtischen Umgebung; ein Nahmarkt spielte sich ein, denn Abnehmer der handwerklichen Erzeugnisse waren nicht nur die Kaufleute und die Stadtbevölkerung, unter der sich auch Ackerbürger befanden, sondern in erheblichem Maße auch die von den Agrarprodukten lebenden Menschen der Umgebung. Handwerkszweige für die Grundbedürfnisse rückten deshalb zeitig in die Stadt ein: Bäcker, Schmiede, Schuhmacher, Müller, Weber, Töpfer u. ä. Bereits im 11. Jahrhundert treffen wir auf ein Ius fori, auf ein Nahmarktrecht, das seinen Rückhalt in der grundherrschaftlichen, nicht in der königlichen Gewalt besaß. Der Abt von Reichenau stiftete z. B. für Allensbach 1075 ein solches Nahmarktrecht.

Im 12. Jahrhundert lassen sich innerhalb mancher Städte geschlossene Handwerkersiedlungen feststellen: z. B. Weber, Färber, Tuchscherer, Drechsler, und vom Stadtherrn wurden erste genossenschaftliche Zusammenschlüsse bestätigt. Auch trat eine Spezialisierung ein, und Handwerksbetriebe, die für gehobene Ansprüche und einen entfernten Markt arbeiteten, kamen hinzu: Kürschner, Handschuhmacher, Schwertfeger; um die Mitte des 12. Jahrhunderts gab es in Straßburg holzverarbeitende Böttcher und Becherer, und im Regensburg von 1156 lautete ein Straßenname inter tonsores pannorum, eine Gasse mit Tuchscherern, die das rohe Tuch veredelten.

Vom 12. Jahrhundert an tauchten deutsche Kaufleute in allen Ländern Europas auf. Der Skandinavienhandel ist, vor allem nach der Gründung Lübecks, fast ganz in ihrer Hand. Z. B. wurden die Felle Rußlands und die vor Rügen und vor den Küsten Schonens gefangenen Heringe im Salz aus den Salinen Lüneburgs mit herbeigeschafften Fässern in das Landesinnere befördert, während handwerkliche Produkte den entgegengesetzten Weg wanderten. Deutsche erscheinen in Italien und in England mit Glas, Schwertern, Leinwand; Aachen und Köln gehörten zu einer auf besondere Tuche spezialisierten Produktionsprovinz, deren Mittelpunkt in Flandern lag. Aber auch Rohstoffe und Grundnahrungsmittel wurden ausgeführt wie Wein nach England und Getreide nach Skandinavien. Gegen den übermächtigen Handelskaufmann aus Regensburg, Köln, Aachen, Ulm wendete man sich bald in Marktordnungen, und in Verträgen italienischer Städte, wohin die staufische Politik das kaufmännische Interesse gelenkt hatte, werden die Deutschen vom Mittelmeerhandel statutenmäßig ausgeschlossen: Zeichen einer erdrückenden Konkurrenz des deutschen Händlers.

Auch die Handwerker wurden selbstbewußter. Sie schlossen sich zu Zünften zusammen, die genossenschaftliche Interessen vertraten und zugleich eine Art Gewerbeaufsicht führten. Die ältesten Zünfte waren wahrscheinlich die Mainzer Weber 1099, die Wormser Fischhändler 1106/7, die Würzburger Handschuhmacher 1128. Noch gab es kaum Spannungen innerhalb der patriarchalisch geführten Zünfte, und noch stritten die Zünfte nicht um Teilnahme am Stadtregiment.

4. Die Zeit von 1050 bis 1200 als Wende der europäischen und der deutschen Geschichte

Daß sich innerhalb der abendländischen Welt um die Mitte des 11. Jahrhunderts ein tiefgreifender Wandel vollzog, ist eine Erkenntnis, die sich in jüngerer Zeit immer stärker durchgesetzt hat und sowohl von der „bürgerlichen" wie von der materialistischen Geschichtsschreibung geteilt wird. Der Beginn des „zweiten Feudalzeitalters" oder des „Hochfeudalismus", der Ausklang der „archaischen Epoche" und der anschließende „Aufbruch der mittelalterlichen Gesellschaft", eine landschafts- und strukturverändernde „Intensivierung von Ackerbau, Handwerk und Handel", „Bevölkerungsverdichtung", starke Zunahme sowohl „vertikaler" wie „horizontaler Mobilität", „kommunale Bewegungen", die endgültige Trennung und gegenseitige Verfluchung von Ost- und Westkirche (1054), eine von einer „Papstrevolution" getragene „Kirchenreform", eine „neue Mentalität", die sich in verschiedener Weise zeigte — in intensivierten orthodoxen Glaubenssätzen wie in heterodoxen Äußerungen —, „Dialektik" und „Antidialektik": solche und andere Stichworte wollen einzelne, dieser Umbruchszeit im 11. Jahrhundert eigene Phänomene anzeigen.

Auch die politische Landkarte Europas begann sich um die Mitte des 11. Jahrhunderts zu verändern: in Süditalien setzte sich um 1050 der normannische Klan derer von Hauteville durch, der in wenigen Jahrzehnten seine Herrschaft zum modernsten Staat Europas ausbauen sollte; England wurde 1066 mit dem Sieg des Herzogs Wilhelm von der Normandie über den angelsächsischen König Harold und seine „Hauskerle" aus dem skandinavischen Kulturkreis ausgegliedert und dem Kontinent verbunden; in Spanien begann die Reconquista, die christliche Rückeroberung der maurischen Gebiete. Zugleich kam es außerhalb des lateinischen Westens, aber in diesen hineinwirkend, zu gigantischen Machtverschiebungen: das aus Mittelasien hervorbrechende Turkvolk der Seldschuken unterwarf sich in atemberaubend kurzer Zeit die östliche Hälfte der islamischen Welt und behinderte den Zugang der Christen zum Heiligen Grab. Noch 1064/65 hatte Bischof Gunther von Bamberg eine Jerusalem-Wallfahrt mit angeblich 12000 Pilgern unternehmen können, auf welcher der deutschsprachige „Hymnus von Christi Wundertaten" des Scholasticus Ezzo gesungen worden war und von der noch heute der prächtige byzantinische Purpurmantel im Bamberger Domschatz zeugt. 1071 schlugen die Seldschuken von Rum den byzantinischen Kaiser; das oströmische Kleinreich, von nun an ständig in seinem Bestand bedroht, suchte Rückhalt bei dem in seinen Augen barbarischen und zudem von der Orthodoxie abweichenden Westen.

Bis unmittelbar vor dieser Umbruchszeit war die gesellschaftliche und politische Ordnung des deutschen Reiches ungewöhnlich stabil, und die Verantwortung des deutschen Kaisers für das Heil der Christenheit wurde nicht in Frage gestellt. Eine halkyonische Zeit, deren Fortsetzung durch ein kaum angezweifeltes Geblütsrecht und einen Thronfolger ebenso gesichert schien wie durch gesellschaftlich-politische Ausgeglichenheit. –

Die Jahre um 1200, das Ende der hier behandelten Periode, ist schon von den Zeitgenossen als Einschnitt empfunden worden. „Das Jahr 1200" war kürzlich (1970) Gegenstand und Titel einer Ausstellung und eines Kongresses, und die „Renaissance" (Ch. H. Haskins; Ch. Brooke), die „Vielgestalt" (P. Lehmann) oder schlicht das „Europa" (S. R. Packard) des 12. Jahrhunderts sind als eigenständige Epoche behandelt worden.

Die fränkischen Kreuzfahrerstaaten waren 1187 unter dem Angriff des neuen Sultans Saladin zusammengebrochen, Jerusalem ging verloren, und nachdem der Dritte Kreuzzug in einer Katastrophe geendet, der deutsche Kaiser Friedrich Barbarossa 1190 umgekommen, der französische König sehr bald zurückgefahren war und der englische König Richard Löwenherz nichts hatte ausrichten können, bedeutete der 1204 nach Konstantinopel umgeleitete Kreuzzug eine Perversion des ritterlichen Ideals einer bewaffneten Wallfahrt zum Heiligen Grab. Nach diesem Zeitpunkt haben sich die Könige von Deutschland, Frankreich, England zu gemeinsamer Aktion nie mehr zusammengefunden, und die ehemaligen Kreuzfahrerstaaten wurden immer mehr verlorene Brückenköpfe, die Stück um Stück aufgegeben werden mußten.

Sowohl innerhalb des französischen wie des englischen Reichsverbandes, zugleich im Verhältnis beider Reiche zueinander, fand um 1200 eine folgenschwere Umschichtung statt. Unter Philipp II. August (1180–1223) konnte sich das französische Königtum festigen und den Grundsatz der ligischen Treue durchsetzen, der das Treueverhältnis zum König über alle anderen lehnseidlichen Verpflichtungen stellte. Ausgestattet mit der Riesendomäne der Ile de France ließ Philipp II. 1202 dem englischen König, dessen Vorfahr Wilhelm der Eroberer als normannischer Herzog und damit französischer Kronvasall die englische Königswürde erlangt hatte, die Festlandsbesitzungen auf dem Wege eines Lehnsprozesses absprechen und besetzen. Frankreich wurde ein Einheitsstaat mit moderner Zentralverwaltung; Philipp II. konnte das Krongut vervierfachen und über die mächtigere englisch-welfische Allianz in der Schlacht bei Bouvines 1214 einen glänzenden Sieg erringen. Zwar war dort nicht das geschlossene deutsche Heer geschlagen worden, sondern nur die welfische Partei des deutschen Königs Otto IV., aber in den Augen der Zeitgenossen hatten die Deutschen schlechthin eine entscheidende Niederlage erlitten: „es steht hinreichend fest, daß von diesem Zeitpunkt an das Ansehen der

Deutschen bei den Welschen nachließ", heißt es in einer gleichzeitigen Chronik. Philipp II. ließ die gebrochenen Flügel des Kaiseradlers ausbessern und schickte das durch ihn wiederhergestellte Symbol an seinen staufischen Verbündeten, den zwanzigjährigen deutschen König Friedrich II. Mit der Niederlage von Bouvines mußte der englische König Johann (1199–1216) seine Pläne endgültig aufgeben, den reichen Kontinentalbesitz zurückzuerwerben. Und innenpolitisch mündete sein Kampf gegen die Barone in das berühmteste Rechtsdokument der englischen Verfassungsgeschichte, die Magna Carta von 1215. Frankreich und England waren um 1200 in verschiedener Weise auf dem Weg zur staatlichen Einheit. Die verfassungsrechtlichen Beobachtungen werden von sozial- und strukturgeschichtlicher Seite ergänzt, so daß vorgeschlagen worden ist, ab 1200 eine Großperiode „Alt-Europa" oder bereits die „frühe Neuzeit" beginnen zu lassen, die bis zur Französischen Revolution reiche. Ebenso habe nach Meinung der Kirchengeschichtsforschung der Pontifikat Innozenz' III. (1198–1216) „die Wende des Mittelalters" und die „Hinordnung der ganzen Christenheit zur römischen Kurie hin", d. h. zur modernen Papstkirche (B. Moeller), gebracht.
Wie stand es um das deutsche Reich? Den Tod des jungen, erst zweiunddreißigjährigen Kaisers Heinrich VI. (1197), der einen von deutschen Rittern getragenen Kreuzzug vorbereitete und dem eine Verbindung zwischen dem sizilischen, dem italienischen und dem deutschen Reich zu glücken schien, hat man die „schwerste Katastrophe des deutschen Mittelalters" genannt. Der anschließende Thronstreit zwischen den drei Prätendenten Philipp von Schwaben, Otto IV. und Friedrich II. unter den Augen eines Papstes Innozenz III., der mit der Rolle eines Schiedsrichters die des Stifters des Kaisertums verband, dem deshalb die Auswahl des deutschen Königs zustehe, kennzeichnet die neue, von einem hierokratischen Papsttum bestimmte Lage. Fürsten und Städte gehen ihre Wege ohne das Königtum; Städtebünde und Kaufmannsgilden sorgen für ihren eigenen Schutz, nachdem der König den Landfrieden nicht zu wahren versteht. Die Lehnsstufung verhärtet sich, die Heerschildordnung bildet sich aus. Die alten Stammesherzogtümer werden von Territorialherrschaften abgelöst. Dem Sturz Heinrichs des Löwen 1180 und den damit zusammenhängenden Veränderungen in der Verfassungsstruktur entspricht die Herausbildung stabiler größerer Herrschaftsräume, die sich die nächsten Jahrhunderte gehalten haben, z. B. in Böhmen, im niederrheinischen Raum, in Bayern, von dem gesagt wurde: „Das späte Mittelalter währt von 1180 bis 1506" (P. Moraw). Die deutsche Kaiserherrlichkeit, die

Friedrich Barbarossa und Heinrich VI. so mächtig zur Darstellung gebracht haben, versinkt weitgehend zur Bedeutungslosigkeit, und man hat „die Geschichte Friedrichs II. . . . als ein Nachspiel der alten großen Kaiserzeit" bezeichnet. Auf religiösem Feld zeigen sich neue Formen der Frömmigkeit. Außerhalb der offiziellen Kirche entstehen Gemeinschaften, die — frei vom Ballast diesseitigen Besitzes — in Buß- und Armengenossenschaften ihren seligmachenden Weg suchen. Die Waldenser (genannt nach dem Lyoner Kaufmann Waldes, † vor 1218) bewegten sich bis in die Kleidung hinein in Vorstellungen urkirchlicher Lebensformen und überzeugten vielfach durch ihren sittlich-evangelischen Ernst. Bettelorden mit der leuchtenden Gestalt eines Franz von Assisi († 1226) und der dienenden theologischen Intelligenz eines Dominikus († 1221) erschlossen der Kirche neue Bereiche und gewannen ihr in der Orthodoxie gefährdete Gruppen zurück; Seher und Mystiker wie der kalabresische Abt Joachim von Fiore († 1202) eröffneten neue Perspektiven heilsgeschichtlicher Erwartung.
„The Discovery of the Individual" hat man die Zeit von 1050–1200 umschrieben (C. Morris), und in der Tat vollzieht sich ein Wandel im Bewußtsein des eigenen Intellekts; es wächst die Überzeugung der Rationabilität der Welt. Die mit der Scholastik ausgelöste Frage, „was die Welt im Innersten zusammenhält", empfängt Eigenleben; der Universalienstreit setzt ein und Averroes († 1198) stellt seine aus Aristoteles gewonnene Weltschau bereit, die eines Jenseits nicht bedarf. Die in den traditionellen „sieben freien Künsten" erstarrte Bildung öffnet sich zu einem aufgefächerten Universitätsstudium mit neuen akademischen Berufsständen und nun nicht mehr abreißender geistiger Unruhe. Vielleicht hat sich zu keiner Zeit Europa so energisch der Moderne zugewandt wie in diesen Jahrzehnten.

Erster Teil

„FORTSCHRITT UND VERHEISSUNG": DAS DEUTSCHE REICH UM DIE MITTE DES 11. JAHRHUNDERTS

Der britische Historiker Geoffrey Barraclough hat 1944/45 für ein englisches Publikum ein kenntnisreiches und in vielem originelles Buch „The Origins of Modern Germany" verfaßt, das auch ins Deutsche übersetzt worden ist. In ihm trägt ein Kapitel über die Zeit von 1024–1075 die Überschrift: „Die Ära des Fortschritts und der Verheißung." Verglichen mit der Lage im beginnenden 10. Jahrhundert und gemessen an Frankreich und England „war Deutschland ein einheitliches Land, zusammengehalten von großen und dauerhaften Traditionen und regiert von energischen, klugen Herrschern, die sich als fähig erwiesen hatten, der Auflösung der Gesellschaft, welche die räuberischen Einfälle von Norden und Osten her begleitete, entgegenzutreten und ihr Widerstand zu leisten. Die Führung Europas lag fest in deutschen Händen ... Um die Mitte des 11. Jahrhunderts war das Königreich fest geeinigt unter seiner herrschenden Dynastie und alle Spuren eines Partikularismus schienen im Begriff zu sein, zu verschwinden ... Die einzige Frage war, ob die Krone, die sich so sehr darum bemüht hatte, die neuen Kräfte des deutschen Lebens zu entfesseln, weiterhin die Herrschaft über die wirtschaftlichen und gesellschaftlichen Bewegungen des Jahrhunderts in der Hand behalten und aus ihnen Nutzen ziehen würde ... Deutschland hatte Frankreich und England ... weit überholt und war bereits auf dem Wege zu einer modernen Regierungsform."

I.

Herrschaftsaufbau und soziale Schichtung in ottonisch-salischer Zeit

Die Herrschaftsform des Mittelalters war die Monarchie. In Bildern des Alten Testaments, in Fürstenspiegeln, unter Hinweis auf die Ordnung in der Natur (z. B. beim Bienenschwarm) usw. wurde der König als selbstverständlicher Träger der Herrschaft vorgestellt, auch wenn manches umstritten war, z. B. wie er ins Amt kommen sollte, ob aufgrund seines Geblüts oder durch Wahl, und wenn durch Wahl: durch wessen Wahl, und ob die Erhebung einmalig oder rücknehmbar sei. Zum König gehörte sein Hof; da jedoch der deutsche Herrscher des Hochmittelalters keine feste Residenz, das Reich keine Hauptstadt kannte, sondern, wie man formuliert hat, „der König sein hohes Gewerbe im Umherreisen ausübte", bewegte sich mit dem Herrscher eine ansehnliche Gesellschaft, zu der auch die Königin als consors regni zählte, durch das Land. Durch seine Gegenwart mußte dieser „Reisekönig" seine Rechte immer wieder reaktivieren, und eine seiner ersten Amtshandlungen war ein Umritt durch das Reich, um sich huldigen zu lassen. Welchen Weg der König nahm, war weitgehend eine politische Entscheidung, aber nicht ohne Grund ist die Theorie aufgestellt worden, der König sei nicht zuletzt deshalb im Lande umhergezogen, um die Erträgnisse der Königshöfe „abzuweiden". Wie allerdings das Krongut und seine Verwaltung beschaffen waren, dafür haben wir nur wenige Nachrichten, an erster Stelle das sogenannte „Tafelgüterverzeichnis des römischen Königs", dessen Datierung zwischen 1064 und 1189 hin- und hergeschoben worden ist und das nach den letzten Forschungen in die Zeit um 1152 gehören dürfte. Wohl hatte der König ein grundsätzliches Anrecht auf Verpflegung und Beherbergung bei jedermann, aber dies blieb Theorie. Häufig stieg er in einer Pfalz ab, die von einem königlichen Wirtschaftshof versorgt wurde. Zu einem nicht geringen Teil mag es in der Tat mit dem Verpflegungsproblem zusammenhängen, daß die Könige durch Jahrhunderte hindurch ziemlich dieselben Straßen zogen. Es gab Landschaften, die ein König nie oder selten aufsuchte. Als Heinrich IV. 1071 zu einem Treffen mit dem dänischen König Sven Estridsen nach Bardowick/Lüneburg reiste, meldete eine sächsische Quelle, es sei nicht bezeugt, daß bis zu diesem Datum ein König „in jene Gegend" gekommen sei. Der Adel und die Großen hatten sich zeitig diesem „Königsdienst" (servitium regis), der Fürsorge für den reisenden König, entzogen. Von einem Adligen ist überliefert, er habe auf dem Sterbebette seinen Sohn vor zwei Dingen gewarnt: Krieg zu führen und den König als Gast aufzunehmen. Die Reichskirche hingegen – sämtliche Bistümer sowie Reichsklöster – wurde gerade in der Zeit Heinrichs III. stärker herangezogen, und die Belastung war hoch.

Es sind Berechnungen über den Umfang des königlichen Gefolges angestellt worden, und man hat für den Normalfall mindestens 300 bis gegen 4000 Begleitpersonen ausgerechnet. Um die Versorgung zu gewährleisten, sollte der König vier bis sechs Wochen vor Eintreffen angesagt sein. Das war auch unbedingt nötig, denn der Verzehr konnte gargantueske Ausmaße annehmen. Eine Quelle des 12. Jahrhunderts meldet – wenn auch retrospektiv für das 10. Jahrhundert – einen Tagesverbrauch des königlichen Hofes von 1000 Schweinen und Schafen, 10 Fudern Wein und ebensovielen Fudern Bier, 1000 Maltern Getreide, 8 Rindern „und anderem mehr", was übertrieben sein dürfte. In der Regel blieb der Hof nur kurze Zeit an einem Ort; pro Tag wurden im Durchschnitt 20–30 km des Weges zurückgelegt, doch lassen sich erhebliche Unterschiede in der Reisegeschwindigkeit beobachten: für Friedrich I. sind als größte Leistungen 90 km in anderthalb bis zwei Tagen zu Lande und 135 km in anderthalb Tagen bei einer Fahrt zu Schiff festgestellt worden.

Bis weit in das Hochmittelalter hinein verstand sich das Reich als „Personenverbandsstaat"; die Herrschaft des Königs war stark vom Lehnrecht bestimmt, d. h. einem Lehnsmann wurde gegen entsprechende Leistung ein Lehen überlassen. Aber es wäre schief, diese dingliche Seite – die Ableitung des Dienstes aus dem überlassenen Gut – stark zu betonen. Wohl gibt der Herr dem Mann sein Lehen (beneficium, feudum), dieses aber nicht unter dem Aspekt bester wirtschaftlicher Nutzung. Ein Dienst- und Treueverhältnis zwischen Herrn und Mann ist ebensosehr Grund wie Folge der Landleihe; beide Seiten gehen Verpflichtungen ein. Die Pflichten des Vasallen, von denen die wichtigste der Waffendienst ist, sind von dem Gedanken des Gehorsams, aber auch von dem der Treue (fidelitas) bestimmt. Der Mann verspricht dem Herrn „gegenwärtig" zu sein (praesens ero), ihm stets „Rat und Hilfe" (consilium et auxilium) zu leisten. Auf der Gegenseite war der Herr zur Wahrung des Besitzes und zum Rechtsschutz (defensio) verpflichtet. Der König war Oberlehnsherr; sein Königtum war nicht mehr als eine gesteigerte Adelsherrschaft. Eine Gefahr für eine lehnrechtlich bestimmte Königsherrschaft bedeutete es, daß die Lehen entfremdet werden konnten: wurden Amtslehen erblich, war die Verfügungsgewalt des Königs eingeschränkt. Der Amtscharakter ließ sich besser wahren, wenn die Erblichkeit ausgeschaltet blieb. Aus diesem Grund – aber gewiß nicht aus diesem allein – bot sich die Kirche als Herrschaftsträger an.

Innerhalb des Kirchenwesens besaß der Laie ohnehin Einfluß als Eigenkirchenherr. Aus der Sicht der modernen Lehre von der Eigenkirche hatte der Eigenkirchenherr das Recht, die auf seinem Grund und Boden errichtete Kirche mit einem Priester zu besetzen: ebenso habe im hochkirchlichen Bereich der König Besetzungsrechte wahrgenommen; er sei Eigenkirchenherr der auf Königsland entstandenen Kirchen gewesen. Der König führte den Geistlichen ein, er vollzog die Investitur. Investitura (mittelhochdeutsch gewere) bedeutet im germanischen Recht eigentlich die formgerechte Einweisung des Erwerbers in das Eigentum an einem Grundstück durch den bisherigen Eigentümer. Vom Sachenrecht ist der Begriff in das Lehnrecht übergegangen: einem Lehnsmann wird ein Lehen übertragen, wobei der Lehnsherr sich Treueid und Mannschaft (hominium, homagium) leisten ließ. Weltliche Investitursymbole waren Schwert, Speer und Stab. Die Eigenkirchenherren führten im niederkirchlichen Bereich die Priester mit Kirchenbuch, Glockenseil oder einem Stiftungsgut ein. Bis in die Zeit Heinrichs III. verwendete der König bei der Einsetzung von Bischöfen und Äbten den Stab, wobei weltliche Güter und kirchliche Rechte beim Übertragungsakt nicht einmal begrifflich getrennt wurden.

Hinzu kam seit Otto I. (936—973) die Übertragung hoheitlicher Rechte an die Kirche. Es ließ sich anknüpfen an die schon in karolingischer Zeit ausgebildeten Immunitäten: Jede Bischofskirche und Reichsabtei genoß Königsschutz, war frei von Steuern, vom Zugriff königlicher Beamter und besaß die niedere Gerichtsbarkeit. Jetzt erhielten Bischöfe und Äbte die hohe Gerichtsbarkeit, die durch königliche Bannleihe innerhalb des Immunitätsbereichs begründet wurde; es entstanden „Bannleihbezirke". Zugleich lösten sich die Immunitätsrechte von der Grundherrschaft und konnten unabhängig von ihr übertragen werden. Auch Grafschaftsrechte verlieh der König an Bischofskirchen und Reichsabteien und bezog sie auf diese Weise in die Reichsverwaltung ein; reiche Schenkungen gingen an die Kirche, und Regalien wurden ihr überlassen: Hoheitsrechte wie das Markt-, Münz-, Zoll-, Forst-, Fischereiregal usw. Hier wurde der Grund gelegt für die spätere Fürstenwürde der Reichsbischöfe und Reichsäbte. Diese Herrschaftsform des sogenannten „Reichskirchensystems", das bis zum Ende des alten Reiches 1806 nachgewirkt hat, war nur möglich, weil das deutsche Reich keine mediatisierten (d. h. ohne Beteiligung des Königs eingesetzten) Bischöfe und Äbte kannte, im Gegensatz zu Frankreich, wo über die Hälfte dieser Würden sich in der Hand weltlicher Fürsten befand und von diesen vergeben wurde. Solange die Verbindung von Königsherrschaft und Hochkirchen ungestört blieb, bestand keine Gefahr: bei der Übertragung der Hoheitsrechte war mit einer Entfremdung nicht zu rechnen; der König konnte sich den Kandidaten aussuchen; die verschiedenen Leistungen, z. B. Stellung des vasallitischen Aufgebots und das servitium regis, verblieben ihm. In der Hofkapelle hatte er sich zudem eine Einrichtung zugelegt,

die ihm die wichtigsten Helfer stellte. Ursprünglich betraut mit dem Schutz des königlichen Reliquienschatzes und den gottesdienstlichen Pflichten am Hofe, nahmen Angehörige der Hofkapelle, die sämtlich dem Adel entstammten, immer stärker Aufgaben der zentralen Reichsverwaltung wahr. Einige fungierten als Urkundenschreiber und Notare; ihnen war ein cancellarius an die Spitze gestellt, und dieses Hofamt stieg zu immer größerem Ansehen auf: selbst das Spitzenamt des Erzkapellans ging in dem des Erzkanzlers auf, aus dem im 12. Jahrhundert der Reichskanzler wurde.
Wie sah die normale „Laufbahn" eines Angehörigen der geistlichen Reichsaristokratie aus? Von den hochadligen Eltern zum geistlichen Stand bestimmt, wurde er vielleicht als puer oblatus in eine Klosterschule geschickt, dann der Hofkapelle eingegliedert. Er lebte von einer Pfründe, die mit seinem Hofamt verbunden war. Zu einem passenden Zeitpunkt schlug ihn der König für ein Bischofsamt vor; zuvor hatte das entsprechende Domkapitel vielleicht Wünsche angemeldet, aber entscheidend war das Wort des Königs, obwohl die kanonische Wahl die Beteiligung von Klerus und Volk vorschrieb.
Bis zum 11. Jahrhundert ist der Adel – vom Hochadel abgesehen – wegen der ungünstigen Quellenlage in seiner Schichtung und Gruppierung schwer faßbar. Es ist hervorzuheben, daß der Adel „vielfach nicht stammesgebunden war, sondern oft in seinen Besitz- und Verwandtschaftsbeziehungen weiträumig fluktuierte", und es wäre deshalb vorschnell, „adlige Personen, die wir zunächst nur lokal greifen können, als ‚Kleinadel' oder gar als ‚Ortsadel' zu klassifizieren" (W. Störmer). Z. B. war die Familie der Andechser mit den Ebersbergern und den Öhningern (bei Stein am Rhein) verwandt, die wiederum mit dem ottonischen Herrscherhaus verbunden waren, und zur „Öhninger Gruppe" gehörte auch ein Mann wie der Erzbischof Friedrich I. von Köln (1099–1131) aus dem Geschlecht der Herren von Schwarzenburg und Rötz (bei Cham). Es gelang dem stark untereinander versippten Adel, weitverstreuten Besitz zusammenzuschließen und Machtkomplexe zu bilden. So entstand eine wirtschaftlich und politisch bedeutende Herrenschicht, aber es gab keinen rechtlich abgeschlossenen Adel mit festen ständischen Rechten.
In der ersten Hälfte des 11. Jahrhunderts deutete sich als Stütze des Reiches ein neuer Herrschaftsträger und sozialer Stand an: die Ministerialen (= Dienstleute). Ursprünglich Unfreie, die vom Grundherrn zu Hof- und Kriegsdiensten herangezogen wurden, sonderte sie der Herren- und Waffendienst von den übrigen Hörigen ab, ein Vorgang, der sich in Dienstrechten des 11. Jahrhunderts

ablesen läßt. Im ältesten erhaltenen Hofrecht, in dem des Bischofs Burchard I. von Worms († 1025), sind die Ministerialen innerhalb der familia ohne Spezifizierung einer Aufgabe erwähnt, aber schon in den Bamberger und Kölner Dienstrechten aus der zweiten Hälfte des 11. Jahrhunderts treten sie als eigener genossenschaftlicher Stand auf: neben einer familia servilis steht eine familia ministerialis. Als Dienstmannen, die ihrem Herrn bewaffneten Schutz boten, bildeten sie sich zunächst stärker in geistlichen Herrschaften aus. Indem auch der König Ministeriale zu seinem Dienst heranzog, entstand neben dem Hochadel eine neue, die Königsherrschaft tragende Schicht. Hier – in der Abkehr von der Aristokratie – wird ein ähnlicher Entschluß deutlich, wie er auch in Italien gefallen war. In einem Gesetz für Reichsitalien von 1037 hatte Konrad II. (1024–1039) die Erblichkeit der Lehen der Aftervasallen, der Valvassores, bestimmt, was die großen Lehnsherren, die Capitanei, bislang hartnäckig verweigert hatten. Die Entscheidung hatte schwerwiegende Folgen. Bisher waren die dem hohen Adel entstammenden Reichsbischöfe die Verbündeten des Königs gewesen, und Erzbischof Aribert von Mailand († 1045), der Führer der Capitanei, galt als Hauptvertreter der Interessen des deutschen Königs. Aribert und seine Parteigänger erkannten den Spruch des Königs nicht an, und die Auseinandersetzung endete zunächst mit der von Konrad II. veranlaßten Absetzung Ariberts. Die Tat Konrads II. war richtungweisend: Der König förderte gegen den hohen Adel sowohl den bald diesem zur Konkurrenz werdenden Stand der Untervasallen – so in Italien – wie die im Königsdienst und häufig in Auseinandersetzung mit dem Adel stehenden Ministerialen. Konrad II. selbst übertrug nicht einem Adligen, sondern dem Ministerialen Werner die gesamte Verwaltung des königlichen Fiskus.

Der Stand der Ministerialen ist eine Eigenart des hochmittelalterlichen Deutschland. In England und Frankreich stützte sich der König stärker auf die lehnrechtlichen Bindungen seiner Vasallen. Die Ministerialen waren gefügiger als Vasallen, denn sie empfingen zwar ein Dienstgut – entsprechend einem Lehen –, aber sie blieben unfrei und waren von daher leichter verwendbar. Der Dienst eines ritterlichen Kriegers gliederte sie ein in den niederen Adel, mit dem sie sich bald vermischten, zumal manche verarmten Edelfreien in den Ministerialenstand traten. Von der Zeit Heinrichs III. an wurden die „Reichsministerialen" immer stärker zu Trägern der königlichen Herrschaft, bis sie unter den Staufern ihre große Zeit hatten.

In Deutschland hatte sich eine breite Schicht von Freien gehalten. Freilich gab es weit auseinanderklaffende Unterschiede: Hier ein freier Bauer im Besitz eines einzelnen kleinen Hofes, dort ein Edelfreier mit großem Grundbesitz. Beide jedoch waren Eigentümer ihres Grund und Bodens und rechtlich gleichgestellt. Das Eigengut (Allod) hinderte sie nicht, Lehen anzunehmen, so daß in Gemengelage – besonders umfangreich innerhalb des bayerischen Herzogtums – Eigengut und Lehnsgut nebeneinander lagen, beide zu verschiedenem Recht. Im Gegensatz zu Frankreich konnte hier wegen des ausgedehnten Eigengutes eine geschlossene Feudallandschaft nicht entstehen.

Die Masse der seit dem 11. Jahrhundert auseinanderstrebenden archaischen Gesellschaft stellte fraglos jene riesige Schicht dar, die als Hörige oder Abhängige in verschiedener Weise in einen Personenverband, in eine familia, einbezogen waren. Der nicht immer eindeutige Ausdruck „familia" leitet sich ab von der grundherrlichen Zugehörigkeit zu Haus und Hof im weitesten Sinne. Wichtig war die Bindung an einen Grundherren. Diese Abhängigen konnten, um nur einige Beispiele zu nennen, der familia regis angehören, wie die königlichen Ministerialen, der familia eines dux, eines nobilis usw., auch der familia abbatis oder episcopi, wobei der Kloster- oder Kirchenpatron namengebend sein konnte. Bischof Burchard I. von Worms († 1025) nennt den Hörigenverband seiner Kirche familia sancti Petri, und unter den von ihm erlassenen hofrechtlichen Bestimmungen findet sich eine, in der sich einiges über die Lebensform und die Größe des Personenverbandes andeutet. Im ausführlichsten Paragraphen werden Mord und Totschlag behandelt, „die gleichsam täglich innerhalb der Gemeinschaft des heiligen Petrus nach Art wilder Tiere" aus nichtigem Anlaß und wegen Trunkenheit geschehen: im Laufe eines einzigen Jahres seien 35 Knechte schuldlos – also nicht aus Notwehr oder zur Unrechtabwendung – von Knechten derselben Kirche umgebracht worden, und Burchard versucht durch Strafen und Sühne das Unwesen – besonders die Blutrache – einzudämmen. Wie groß der Anteil derjenigen war, die in Abhängigkeit innerhalb dieser Gemeinschaften lebten, ist schwer zu schätzen. Es ist angenommen worden, daß ihnen „bis zum 11./12. Jahrhundert über 90% aller Mitglieder der Gesellschaft zugehören" (K. Bosl).

Aus dieser weitgehend anonymen Masse der Unfreien gliederten sich seit dem 11. Jahrhundert neue Gruppen aus z. B. Teile der Bürger, der Rodungsbauern, der Handwerker. Zurückblieben die bäuerlichen Hörigen, die in manchen Landschaften Deutschlands – so in Hofverbänden Westfalens – erst gegen 1800 verschwanden.

II.

Rex et Sacerdos — Priesterliches Königtum Heinrichs III. (1039—1056)

„Wenn Könige gut sind, ist es ein Geschenk Gottes; sind sie aber schlecht, ist es die Schuld des Volkes; denn die Lebensführung der Herrscher hängt ab vom Verdienst der Untertanen." Daß der Herrscher mit seinem Amt eine heilsgeschichtliche Aufgabe übernimmt, war bereits Meinung der Kirchenväter gewesen, und Isidor von Sevilla († 636) hat sie weitervermittelt. Kaum ein deutscher König des Hochmittelalters hat seine Aufgabe mit so unerbittlichem Ernst wahrgenommen wie Heinrich III.: „Gott gegenüber das Empfinden tief gebeugter Untertänigkeit, dabei aber das starke Bewußtsein, daß dem eigenen göttlich erleuchteten Willen und Befehl willfährigster Gehorsam gebühre" (G. Tellenbach). Gestalt und Regierung König Heinrichs III. werden gegensätzlich beurteilt: den einen erscheint er als der Vollender des seit der Ottonenzeit ausgebauten und auf einer weltlich-geistlichen Harmonie beruhenden Herrschaftssystems; andere wiederum sehen in ihm eine Art Verzichtpolitiker, der den Ausverkauf königlicher Rechtstitel an die Kirche eingeleitet habe. In die den Zeitgeist spiegelnde Bildergalerie „Die Großen Deutschen", Ausgabe 1935/6, ist nicht er, sondern sein Sohn Heinrich IV. aufgenommen, der Kämpfer gegen ein ausgreifendes Papsttum; in der Nachkriegsausgabe von 1956, als die Idee eines vom Christentum zusammengehaltenen Abendlandes stark war, wurde auf Heinrich IV. verzichtet und Heinrichs III. Biographie eingerückt — dennoch blieb „die größere Größe" gerade Heinrichs III. manchem Kritiker „problematisch" (H. Grundmann).

Kein König vor Heinrich III. war von tieferem religiösen Ernst beseelt: Nach dem Sieg über die Ungarn bei Menfö 1044 hielt er noch auf dem Schlachtfeld eine Dankesfeier ab, warf sich als erster barfuß und in härenem Büßergewand vor dem mitgeführten Splitter des heiligen Kreuzes auf die Knie und zog wenig später obwohl Sieger in gleichem Büßerhabit in Regensburg zum Hoftag ein. Als jedoch ihm gegenüber die hohe Würde des Priestertums betont wurde, fuhr er auf: auch er sei mit heiligem Öle geweiht. Heinrich III., den der Hofpoet Wipo als rex doctus feierte, war trotz seiner Jugend — er kam mit 22 Jahren zur Regierung und starb mit 39 — ein düsterer und ständig kränkelnder Mann, der in sich gekehrt und zurückgezogen lebte. Als er 1043 die nicht minder fromme Gräfin Agnes von Poitou heiratete, wies er die fahrenden Spielleute vom Hoffest. Der Vater Konrad II. hatte derbe Späße geliebt, hatte einen Mann mit Honig einstreichen und von einem Bären abschlecken lassen, um sich an der Angst des Mannes zu weiden, und selbst Heinrich II., der Heilige, hatte Vergnügen daran gehabt, den Bischof Meinwerk von Paderborn bei einer öffentlichen Messe wegen seiner mangelnden Lateinkenntnisse lächerlich zu machen. Bei Heinrich III. wäre dies unmöglich gewesen, und vielleicht hatte seine Haltung vornehmlich in dem Wunsch ihren Grund, christliche Regeln peinlich zu befolgen; hieß es nicht in einer Vorschrift: vor Geistlichen möge jede Art von Späßen unterbleiben? Es widersprach dem Kirchenrecht, daß ein Laie einen Bischof absetze. Konrad II. hatte den Erzbischof Aribert von Mailand seines Amtes enthoben; Heinrich III. söhnte sich sofort (1040) mit ihm aus und beließ ihm seine Würde, obwohl er politisch durchaus nicht mit ihm übereinstimmte. Heinrich III. hat es auch hingenommen, daß sich der Abt Halinard von S. Bénigne in Dijon 1046 weigerte, den Treueid zu leisten, als er zum Erzbischof von Lyon erhoben wurde, denn es bestand ein Schwurverbot für Geistliche, auch wenn es nicht sonderlich ernst genommen wurde, und Heinrich III. selbst hat wenig später das Verbot, daß Kleriker vor Gericht schwören, neu eingeschärft. Schon immer, besonders jedoch seit der Verurteilung durch Gregor I., war die Simonie – ein nach dem Magier Simon der Apostelgeschichte benanntes Vergehen, der dem Petrus die Geisteskraft hat abkaufen wollen und dessen Verfluchung erntete – untersagt, aber man richtete sich nicht danach. Vielmehr wirkte das Königtum bei der Übertragung hoheitlicher Rechte und Güter energisch mit; es fungierte als eine Art Ausgleichspool: der König ließ sich von einem reichen Kandidaten Geld geben, das er häufig weiterreichte, oder versicherte sich eines Dignitärs, der für ein ärmlich ausgestattetes officium über reiche Eigenmittel verfügte. Einwandfrei war dies „Simoniaca haeresis": die Übertragung kirchlicher Ämter aufgrund einer Gegenleistung. Im Widerspruch zum ausdrücklichen Wunsch seines Vaters Konrad II. hat Heinrich III. Geldschenkungen strikt abgelehnt. Der Verzicht auf solcherart Revenuen mußte eine Störung des Herrschaftssystems bedeuten, zumal der König erhebliche Güter und Hoheitsrechte aus der Hand gab: in der Zeit von Otto III. bis Heinrich III. – von 983 bis 1056 – sind mindestens 37 Grafschaften an Kirchen verliehen worden, und Adam von Bremen meldet für die Mitte des 11. Jahrhunderts vom Bischof von Würzburg, dieser habe alle Grafschaften innerhalb seiner Diözese besessen und überdies das fränkische Herzogtum verwaltet.

Heinrich III. verzichtete zwar auf das unkanonische materielle Kompensativ bei Vergabe geistlicher Ämter, beanspruchte jedoch energisch die Investitur: die Übertragung der Güter und Rechte an den Bischof oder Abt. Er fügte sogar dem bisher meist üblichen Investitursymbol, dem Stab, den Ring hinzu, das Zeichen der spirituellen Ehe eines Geistlichen mit seiner Kirche. Das Defizit, das durch die Spiritualisierung des Investiturvorgangs dem königlichen Fiskus beschert wurde, suchte Heinrich III. auf andere Weise auszugleichen, z. B. durch brutale Konfiskationen bei Laien. Am Ende seiner Regierung, an deren Anfang eine Quelle gemeldet hatte, niemand habe den Tod Konrads II. bedauert, jeder die Herrschaft Heinrichs begrüßt, stand er in dem Ruf der „Habsucht und Rücksichtslosigkeit". Seine Haltung entfremdete ihn immer stärker dem besitzenden Adel, zumal er sich mit einem „geheimen Rat" von Ministerialen umgeben hatte.

III.

Stärke und Gefährdung des salischen Königtums

Der Regierung Heinrichs III. und der Stabilität des Reiches wird in modernen Darstellungen häufig hohes Lob gezollt: seine Zeit bedeute den Höhepunkt der deutschen Kaiserzeit (A. Hauck, K. Hampe); er habe das System vollendet, das Otto der Große begründet habe (J. Haller). 1039 war zum ersten Mal seit 973, seit dem Tod Ottos I., der Regierungswechsel reibungslos vonstatten gegangen. Alles war vorbereitet. Bereits 1028 war Heinrich zum deutschen König gekrönt worden und hatte teilgehabt an der Herrschaft, denn zum Zeitpunkt des Todes seines Vaters Konrad II. war er Herzog von Bayern und Herzog von Schwaben, und im selben Jahr übernahm er das durch Tod freigewordene Herzogtum Kärnten. Noch war die Dynastie nicht gesichert, denn 1038 war auf dem anstrengenden Italienzug seine erste Frau Gunhild, Tochter des mächtigen dänisch-englischen Königs Knuts des Großen, kinderlos gestorben. Seine 1043 geschlossene zweite Ehe hatte nicht die gleichen politischen Dimensionen: Agnes war eine Tochter Wilhelms V. von Poitou und Aquitanien, stammte also aus dem Herzogshause, welches das burgundische Reformkloster Cluny gestiftet hatte und das stets eine besondere religiöse Aufgeschlossenheit – z. B. bei Schenkungen oder in der Friedensbewegung – gezeigt hatte. Auch Agnes war von frommem Ernst, der in späterem

Alter zu Bigotterie sich steigern sollte. Es mag offen bleiben, ob sich Heinrich von der besonderen Form burgundisch-cluniazensischer Frömmigkeit angezogen fühlte, doch hat er sich zeitig (1041) von den Großen Burgunds, das seit 1034 als drittes Regnum — neben Deutschland und Italien — zum Imperium gehörte, huldigen lassen.

Drei Herzogtümer — Bayern, Schwaben, Kärnten — in der Hand des Königs bedeuteten eine ungewöhnliche Machtkonzentration. Allerdings war der König auf Träger der Herrschaft angewiesen und gab die Herzogtümer wieder aus: Bayern 1042 an die Grafen von Lützelburg, das 1045 abgegebene Schwaben kam 1048 an den Babenberger Otto von Schweinfurt und Kärnten 1047 an die älteren Welfen, an Welf III. Aber das Selbstverständnis des hohen Adels sah im Königtum eine die eigene Herrschaft einengende Konkurrenz, und Heinrich geriet gerade mit den Herzögen — zu den genannten kamen noch die von Lothringen und Sachsen; Franken als Königslandschaft hatte keinen Herzog — in eine schwere innenpolitische Auseinandersetzung.

Die größte Gefahr ging von Lothringen aus, das ohnehin kein geschlossenes Stammesgebiet, sondern eine Häufung verschiedener Herrschaftsbereiche darstellte. Gozelo, Verwalter ganz Lothringens, war 1044 gestorben; sein Sohn Gottfried II. der Bärtige, bereits Mitherzog in Oberlothringen, forderte unter bewußter Ignorierung des Amtscharakters, als rückte er gleichsam auf dem Erbwege nach, eine Belehnung mit ganz Lothringen. Nach turbulenten Auseinandersetzungen war Gottfried nach Italien ausgewichen und verschaffte sich einen ungewöhnlichen Machtzuwachs: er verheiratete sich 1054 mit Beatrix, der frommen Witwe des 1052 ermordeten Markgrafen von Tuszien Bonifaz I. von Canossa. Beatrix war reich: sie besaß großes lothringisches Eigengut, verfügte über den Besitz des Hauses Canossa und hielt die Markgrafschaft Tuszien in den Händen. Das Reich umgab eine heikle Klammer, deren Gefährlichkeit sich erhöhen mußte, wenn königsfeindliche Kräfte bei Gottfried Rückhalt suchten. Als Heinrich III. 1056 starb, hatte Gottfried für fast anderthalb Jahrzehnte († 1069) freie Hand: anstelle der königlichen Gewalt sorgte er für Ordnung und war der militärische Schutzherr der allmählich auf reichsfeindlichen Kurs gehenden kirchlichen Reformer — von denen viele aus Lothringen stammten. Aber nicht nur Lothringen-Tuszien versuchten aus dem Reichsverband auszubrechen: Konrad von Lützelburg, Herzog von Bayern, konspirierte mit Herzog Welf III. von Kärnten mit dem Ziel, sich den Königsthron zu verschaffen. Die Verschwörung flog auf, beide erst kürzlich mit ihrem Amt betrauten Herzöge wurden abgesetzt und starben wenig später (1055/56). Und ebenso wie zu den drei Herzögen, hatte sich Heinrich III. auch zum Sachsen Bernhard Billung (1011–1059) in Gegensatz gebracht. Die Billunger waren nicht Herzöge „von" Sachsen, sondern „in" Sachsen, hatte doch eine förmliche Übertragung der Herzogswürde nicht stattgefunden.

In Sachsen war der ottonische Familienbesitz Reichsgut geworden, und Heinrich nahm diese Verfügungsrechte energisch wahr. Er erkor die von Heinrich II. angelegte Pfalz Goslar zu seinem Lieblingssitz, intensivierte die Förderung der benachbarten Silbergruben, die damals die ergiebigsten Europas waren, und gründete als capella regia das Domstift St. Simon und Juda. Waren im allgemeinen die Hofkapläne durch ihre Pfründen weit über die Reichskirche verteilt, so gab es jetzt eine Konzentration der Kanonikate im Pfalzstift St. Simon und Juda: des Königs Gehilfen wurden bevorzugt in Sachsen geschult. Die sächsischen Großen empfanden Heinrich um so stärker als Eindringling, als er in dem Erzbischof Adalbert von Hamburg-Bremen (1043–1072), einem Erzfeind der billungischen Güterexpansion, einen Vertrauten sah. Adalbert, Sohn eines thüringischen Grafengeschlechts, ein Fremdling also, war darauf bedacht, das Herrschaftsnetz seiner Kirche auszubauen, erwarb Grafschaften, um einen Dukat (ein Herzogtum im Sinne eines Bündels von Herrschafts- und Besitzrechten) zu begründen, wie ihn der Bischof von Würzburg besaß: so berichtet jedenfalls Adam von Bremen, der ein Buch seiner Geschichte der Bischöfe der Hamburgischen Kirche zu einer Biographie Adalberts ausgestaltet hat: eine der ersten Persönlichkeitsbeschreibungen des Mittelalters, die diesen Namen verdient. Durch Adam kennen wir den weit ausgreifenden Regierungsstil Adalberts, der angeblich die Papstwürde ausgeschlagen hat, erfahren von seinen Missionsbemühungen bis Finnland und zu den Orkneys, die er sich durch päpstliche Legationsurkunden abstützen ließ, wissen von seinem großen Hof mit „Schmeichlern, Gauklern, Heilkünstlern und Schauspielern" und von seinen phantastischen Bemühungen, die hierarchische Stufe eines Patriarchen zu erringen, um nicht Dänemark, das bereits über neun Bistümer verfügte und nach einem eigenen Erzbistum strebte, aus seiner kirchenrechtlichen Aufsicht entlassen zu müssen. Als Heinrich III. einst bei diesem den Sachsen verhaßten Mann zu Gaste war, wäre er beinahe ermordet worden – von Thietmar, dem Bruder des sächsischen Herzogs Bernhard.

Ohne Frage ist es Heinrich III. immer weniger gelungen, die Fürsten an sich und das Reich zu binden. Immerhin hat er durch konsequente Förderung der Ministerialen – in Fortführung der Politik seines Vaters – einen neuen Stand für den Reichsdienst herangezogen, ebenso wie er die Hofkapelle für Angehörige öffnete, die nicht zum hohen Adel zählten.

IV.

Heinrich III. als römischer Patricius und die deutschen Päpste

Heinrichs III. sichtbarste Tat war die Absetzung dreier Päpste im Jahre 1046 und die Einsetzung mehrerer Deutscher als Bischöfe von Rom: von sieben deutschen Päpsten der gesamten Papstgeschichte haben fünf damals – 1046–1058 – regiert. Eine stark dem Nationalgedanken verhaftete Geschichtsschreibung konnte behaupten, der deutsche König habe das Papsttum in das Reichskirchensystem einbezogen und über den römischen Bischofssitz „wie über ein Reichsbistum gewaltet". Mit Sicherheit sind Heinrichs Intentionen hier mißverstanden. Das Sprichwort, der Fisch stinkt vom Kopf, ist mittelalterlich und galt auch damals. Einen Mann von dem religiösen Verantwortungsbewußtsein Heinrichs dürfte die ehrliche Überzeugung geleitet haben, daß eine dem Willen Gottes entsprechende Christenheit ein gereinigtes Papsttum voraussetze – ähnlich wie sich ein König der Simonie zu enthalten habe. Wäre es ihm um politische Ordnungs- und Machtvorstellungen gegangen, hätte er die nicht gerade reichsförderliche Agilität des tüchtigen Papstes Leo IX. (1049–1054), seines von ihm ausgewählten Vetters, nicht hinnehmen dürfen, ebensowenig wie die Eidverweigerung Halinards von Dijon.

Was war in Rom vorgegangen? Seit Jahrzehnten war Rom – damals eine Stadt von etwas über 10000 Menschen, die vielfach in den Überresten antiker Prachtgemäuer mehr hausten als wohnten – von rivalisierenden Adelsgruppen beherrscht, an deren Spitze die Familien der Crescentier und der Tuskulaner standen; die einen neigten eher einer Politik römischer Autonomie zu, die anderen suchten auswärtigen Kontakt, vornehmlich mit Ostrom. 1032 hatten die Tuskulaner zum dritten Mal hintereinander die Wahl eines Familienangehörigen durchgesetzt, des Theophylakt, des Neffen seines Vorgängers, von dem eine von Reformgesinnung durchtränkte Historiographie ein düsteres Bild zeichnete: er sei bei seiner Ordination als Benedikt IX. ein sittenloser zehn- oder zwölfjähriger Knabe gewesen (dreißig Jahre war das vom Kirchenrecht vorgeschriebene Mindestalter für Bischöfe), der ein gänzlich ungeistliches Leben geführt habe usw. Wer allerdings seine wenigen direkten Verlautbarungen durchsieht, vornehmlich seine Urkunden, findet klare, auf kirchenrechtlicher Kenntnis beruhende Entscheidungen, die ihn „als einen Politiker von einer großen Entschlußkraft erscheinen" lassen (P. F. Kehr). Daß auch unter den „ultramontanen" deutschen Päpsten in der Verwaltung, der Liturgie, dem Aufbau der Hofgeistlichkeit vieles wie unter Benedikt geblieben ist, spricht nicht für eine bodenlose Verkommenheit. Schwierigkeiten hatte Benedikt mit seinen Urfeinden, den Crescentiern, die im Zusammenhang mit einem stadtrömischen Aufstand einen eigenen Papst kreierten: Silvester III., den Bischof von Sabina, wo die Hausgüter der Crescentier lagen. Aber der im Januar 1045 Geweihte war schon im Februar aus Rom in sein Heimatbistum entwichen. Allerdings war Benedikt ohnehin geneigt, die Papstwürde abzugeben, und es war auch schon der Nachfolger da: Johannes Gratian, Erzpriester der Kirche S. Giovanni an der Porta Latina, in irgendeiner Weise mit der jüdisch-römischen Bankiersfamilie Pierleoni verbunden, von der auch die Ablösungssumme stammte. Denn Benedikt — in politischer Not, in der er offenbar war — ließ sich den Handel (angeblich mit 2000 Silberpfunden) gut bezahlen, und am 1. Mai 1045 wurde der neue Papst, der sich Gregor VI. nannte, geweiht. Die römischen Reformer, an ihrer Spitze Petrus Damiani, haben ihm, dem ganz aufs Geistliche ausgerichteten sittenstrengen Mann, zugejubelt. In dieser Lage zog Heinrich III. nach Italien. In Piacenza kam ihm der neue Papst Gregor VI. entgegen; dennoch wurde über ihn und über Silvester III. in beider Anwesenheit in Sutri am 20. Dezember 1046 verhandelt und ein Absetzungsdekret verkündet. Wegen seines großen Anhangs wäre die Anwesenheit Gregors VI. in Italien gefährlich gewesen, und Heinrich schickte ihn — entsprechend einer schon von Otto I. geübten Praxis — nach Deutschland „ad ripas Rheni" (vermutlich nach Köln) ins Exil. In seiner Begleitung befand sich ein Mönch des Marienklosters auf dem Aventin: Hildebrand; als Papst Gregor VII. sollte er ein Menschenalter später schreiben: „Unwillig bin ich mit dem Herrn Papst Gregor über das Gebirge gezogen." In Rom bereinigte Heinrich III. die unübersichtliche Lage, indem er auf einer Synode am 24. Dezember 1046 auch Benedikt IX. trotz dessen Resignation förmlich absetzen ließ. Am selben Tag wurde aus dem Gefolge Heinrichs Bischof Suidger von Bamberg zum Papst erhoben, ein Vertreter des deutschen Reichsepiskopats mit der typischen Karriere: aus sächsischem Adel war er über Domkanonikat, Hofkaplanspfründe zum Bischof von Bamberg aufgestiegen (1040). Als Clemens II. ist er am Weihnachtstag 1046 inthronisiert worden und hat schließlich Heinrich III. und Agnes zu Kaiser und Kaiserin gekrönt. Zugleich empfing Heinrich die Würde eines Patricius als erblichen Titel. Hervorgegangen aus dem byzantinischen Staatsrecht tauchte „Patricius" als stadtrömischer Titel für den kirchlichen Schutzvogt Ende des 10. Jahrhunderts auf; Otto III. hatte ihn 996 zusammen mit dem Kaisertum empfangen, und nach dessen Tod war er von den Crescentiern okkupiert worden. Seit 1012 ist kein Patricius mehr nachweisbar. So wenig eindeutig die mit der Patriciuswürde verbundenen Rechte auch gewesen sein mögen: nach damaliger Auffassung durfte der Inhaber bei einer Papstwahl seine Stimme als erster abgeben. Der deutsche König und Kaiser als römischer Patricius schloß einen Einfluß des römischen Adels bei künftigen Papsterhebungen weitgehend aus.

Zwölf Jahre regierten nun fünf deutsche Päpste mit auffallend kurzen Pontifikaten: Clemens II. (1046–1047), Bischof Poppo von Brixen als Damasus II. (1048), Bischof Bruno von Toul als Leo IX. (1049–1054), Bischof Gebhard von Eichstätt als Viktor II. (1055–1057), Friedrich von Lothringen, Abt von Montecassino, als Stephan IX. (1057–1058). Petrus Damiani fand, daß die Last des Papstamtes eine kurze Lebensspanne zur Folge habe. Gerüchte, es sei beim Ableben dieser fremden Deutschen manches nicht mit rechten Dingen zugegangen, sind früh aufgekommen, und als der Sarkophag des in seinem Heimatbistum beigesetzten Clemens, der auch als Papst seine Diözese Bamberg nicht abgegeben hatte, 1942 geöffnet und ein hoher Bleigehalt in den Knochen gefunden wurde, schien der Verdacht bestätigt, und es ist von der „erwägbar gewordenen Vergiftung" Clemens' II. gesprochen worden (K. Hauck). Für die übrigen genannten Päpste gilt der Giftmord als unwahrscheinlich.

Der bedeutendste unter den „deutschen Päpsten" (so der Titel eines einflußreichen Werkes der katholischen Romantik von C. Höfler, 1839) war Bruno von Toul-Leo IX., aus dem Hause der elsässischen Grafen von Egisheim. Er hat das Papsttum aus seiner römischen Enge herausgeführt und einen Kreis von Anhängern um sich gesammelt, der klar und unerbittlich die Ziele der Reform herausstellte und verbreitete. Während die Crescentier- und Tuskulanerpäpste unbeweglich in Rom und Mittelitalien residiert hatten, zeigte Leo sich dem Christenvolk: nur sechs Monate seines fünfjährigen Pontifikats war er in der Stadt. Sein Itinerar ist atem-

beraubend: dreimal reiste er nach Frankreich, ebensooft nach Deutschland, sechsmal nach Süditalien. Insgesamt hat er zwölf Synoden abgehalten. Auf seinem ersten Laterankonzil 1049, das geradezu universales Ansehen erhielt, wurden radikale Forderungen erhoben: Alle von simonistischen Priestern erteilten Weihen seien ungültig, und sämtliche Priesterfrauen und Priestersöhne würden Hörige der Kirche. Die erste Forderung war so extrem, daß sie — wäre sie rigoros angewendet worden — die Kirche als Verteilerin der Gnadenmittel hätte zusammenbrechen lassen, und es setzte sich die mildere Auflage Clemens' II. durch, eine vierzigtägige Buße zu leisten. Indem Klerikersöhne auf den Hörigenstand absanken und Sklaven (servi) nicht Priester werden durften, war (von der sittlich-moralischen Seite abgesehen) jener gerade in Italien übliche Erbgang unterbunden, daß Söhne Pfründe und Amt des Vaters übernahmen. Es wird berichtet, daß manche Kanonikate bereits durch mehrere Generationen sich in der Hand einer Familie befunden hätten. Heinrich III. hat diese Konzilsbeschlüsse Leos IX. wo nicht gebilligt, so doch hingenommen, anders als der französische König Heinrich I. (1031—1060), der seine Prälaten zur Heerfahrt aufrief, um sie von einem Papstkonzil in Reims fernzuhalten.

Nicht kirchlich, sondern politisch ist Leo denn auch gescheitert. Er hat die normannische Expansion von Unteritalien nordwärts auf Benevent aufhalten wollen, denn Benevent hatte den Papst um Schutz gebeten, und Leo eilte hilfesuchend nach Deutschland. Er verzichtete auf Einkünfte in Bamberg, Fulda und anderen Orten und erhielt Benevent als Vertreter der Reichsgewalt. Heereshilfe ist ihm allerdings verweigert worden; sein Gegensprecher war Bischof Gebhard von Eichstätt — bald sein päpstlicher Nachfolger. Leo rief, um militärische Hilfe zu mobilisieren, den heiligen Krieg aus, und in der Tat fand sich eine Schar deutscher Freiwilliger, die mit dem Papst nach Italien zogen. Sie wurden im Juni 1053 bei Civitate (einem untergegangenen Ort nordwestlich von Foggia) von den modern ausgerüsteten und kampferprobten normannischen Rittern zusammengehauen. Von der Stadtmauer aus hat Leo die Niederlage beobachten können. Die Normannen nahmen ihn gefangen, behandelten ihn ehrenhaft und ließen ihn nach acht Monaten wieder frei. Aber Leos Energie war gebrochen: er starb wenig später.

V.

Ziele und Anfänge der Kirchenreform

Das Wort „Reform" wird für die Zeit um und nach der Mitte des 11. Jahrhunderts in mehrfacher Verbindung gebraucht: man spricht von früh- oder vorgregorianischer Reform, von Reformpapsttum u. ä. Die zentrale und epochenbestimmende Figur ist Gregor VII. (1073–1085), auf den die meisten Bezeichnungen ausgerichtet sind. Vorgregorianische oder Frühreform sind die Jahre, als Hildebrand-Gregors Einfluß noch nicht so stark die Reformgedanken gestaltete, als Persönlichkeiten wie Humbert von Silva Candida († 1061) und Petrus Damiani († 1072) die Diskussion mitbestimmten. Der am weitesten gefaßte Begriff, das Reformpapsttum, gilt der Zeit von Sutri 1046 bis zum Schisma von 1130 zwischen Innozenz II. und Anaklet II. Auf manchen Feldern wurde die Reform abgelöst oder überdeckt von der „Renaissance des 12. Jahrhunderts" (Ch. H. Haskins), und beide geistigen Bewegungen sind vom Sinngehalt her streng zu trennen: Renaissance, rinascità apostrophiert Wiedergeburt (meist, aber nicht immer: der Antike) und ist gleichsam die biologische Wiederholung von etwas früher Dagewesenem; Reform, reformatio akzentuiert die Erneuerung durch Reinigung und versteht sich als konservative, das Wesen bewahrende Anstrengung. Für die vom Papsttum entscheidend mitgetragene Reformbewegung ist auch der Begriff der „Papstrevolution" (E. Rosenstock-Huessy) eingesetzt worden, denn vom römischen Zentrum her sei eine Umwälzung versucht worden, „die ein für allemal ein neues Lebensprinzip in die Weltgeschichte hat einführen wollen". Die Absicht der Reform ist es aber gewiß nicht gewesen, „ein neues Lebensprinzip" einzuführen; daß mit dem Wunsch, der geoffenbarten alten Wahrheit zu folgen, etwas Neues bewirkt wurde, lag außerhalb der Absicht und des Selbstverständnisses der Reformer.

Mit Leo IX. war eine Gruppe hauptsächlich lothringischer Kleriker nach Rom gekommen, wenn auch gewiß die These überspitzt ist, daß die in den Grundgedanken ausgebildete Reform aus dem lothringischen Raum nach Rom und Italien übertragen worden (A. Fliche), die Reform eine „lothringische Erfindung" sei. Das lärmende Selbstbewußtsein der neuen römischen Reformer und ihre abwertenden Töne über das, was sie vorgefunden haben, darf den Blick auf den Tatbestand nicht trüben, daß es in Italien und zumal in Rom durchaus Kreise gab, die Reformen und eine sittenstrenge Kirche anstrebten. Das Marienkloster auf dem Aventin etwa, das römische Absteigequartier der Äbte von Cluny, wo jener

Johannes Gratian (Gregor VI.), aber auch der aus dem Kloster Montecassino stammende hochgebildete Erzbischof Laurentius von Amalfi († 1049), der Lehrer Hildebrands und Freund Odilos von Cluny, verkehrten. In Rom ist auch der damalige Stadtpräfekt Cencius zu den Reformern zu zählen. Oder die vielen Siedlungen von Mönchen, die in einer stärker im griechischen Osten gepflegten eremitischen Form der Askese zusammenlebten; von ihrem Ernst war Petrus Damiani tief ergriffen, und er hat das entsagungsvolle und sittenstrenge Leben eines der Hauptvertreter, des Romuald von Camaldoli († 1027), pietätvoll beschrieben. Was freilich in diesen Zirkeln sich noch nicht ausgebildet hatte, war die unbedingte Ausrichtung der Religiosität auf den römischen Bischof: die Überzeugung, daß das Papsttum „in der Kirchenfrömmigkeit" den zentralen Platz einnehmen müsse. —

Als Hinweis darauf, daß sich in Lothringen ein vom Laientum sich abwendendes geistliches Reformbewußtsein entwickelt habe, gelten Stimmen wie die des Bischofs Wazo von Lüttich (1047—1048), der dem König das Recht bestritt, einen Bischof abzusetzen, und jeden laikalen Einfluß von der Kirche ferngehalten wissen wollte, oder der anonyme Verfasser jenes Traktats „Über die Papsteinsetzung", der die Absetzung des Papstes durch Heinrich III. scharf verurteilte. Von den römischen Neuankömmlingen aus dieser Landschaft, die Bruno von Toul-Leo IX. begleiteten, seien genannt: Hugo Candidus, Mönch aus Remiremont (Diözese Toul), der im Kampf zwischen Gregorianern und Antigregorianern mehrfach die Parteien wechseln sollte, um als Gegner der Reformpäpste 1098 zu sterben; Friedrich, Archidiakon aus Lüttich, Bruder Gottfrieds des Bärtigen, der spätere Papst Stephan IX. († 1058); Humbert aus dem Kloster Moyenmoutier, 1050 Erzbischof von Sizilien, 1051 Kardinalbischof von Silva Candida († 1061). Humbert hat man die „graue Eminenz Leos IX." genannt, und in der Tat scheint sein radikaler Einfluß erheblich gewesen zu sein. Er leitete die Kanzlei bei Leos Abwesenheit und scheint die wichtigsten Schreiben verfaßt zu haben. Auf ihn geht auch der Bruch mit der griechischen Kirche zurück. Zwar war die dogmatische und liturgische Entfremdung zwischen lateinischer West- und griechischer Ostkirche seit dem 9. Jahrhundert immer größer geworden, und zu Beginn der 50er Jahre lebte ein heftiger Disput auf, aber den letzten Schritt vollzog Humbert von Silva Candida, als er am 16. Juli 1054 auf dem Altar der Hagia Sophia in Konstantinopel die Bannschrift gegen den dortigen Patriarchen niederlegte, die sogleich mit dem griechischen Gegenbann beantwortet worden ist. Um in der Sprache der gegenseitigen Vorwürfe zu reden: Die „der Glaubensmitte entbehrende" griechisch-orthodoxe Apostelkirche trennte sich für die Zukunft von der „die Bruderliebe verletzenden" römisch-katholischen Papstkirche, und die Zurücknahme der Verfluchung durch Papst Paul VI. 1963 hat kaum mehr als deklamatorischen Charakter. Humbert hat als Gesandter des Papstes den Bannfluch ausgesprochen, aber zu diesem Zeitpunkt war Leo IX. bereits tot; aus formalrechtlicher Sicht war Humberts Anathem möglicherweise unwirksam – trotz der Folgen.

Von gleicher Hitzigkeit wie in der Auseinandersetzung mit der Ostkirche war Humbert in seiner Schrift „Wider die Simonisten" (1054–1057/8). Gegen die Simonie waren alle Reformer, aber Humbert dachte besonders radikal. Eingedenk seines eigenen Schicksals, denn er war vermutlich von einem Simonisten geweiht worden, hatte Petrus Damiani gratis gespendete Weihen aus der Hand eines Simonisten als gültig angesehen, wenn nur der zu Weihende nicht Simonist sei: das Sakrament sei (wie Augustin gelehrt habe) von der Qualität des Priesters unabhängig. Humbert dagegen behauptete: Solcherart Weihen seien ungültig, denn der simonistische Priester sei wegen seiner Unwürdigkeit des Weihesakraments gar nicht teilhaftig geworden, konnte also ein Sakrament auch nicht weitergeben. Unerlaubt, weil Häresie, sei auch, daß ein Priester seine Kirche aus Laienhand empfange. Bei Humbert deuteten sich bereits die Hauptforderungen der Reform an: Wider die Simonie, für den Zölibat und gegen die Laieninvestitur. Noch war dieser Rigorismus theoretisch; Humberts kirchenrechtliche Argumentation hat keinen besonderen Eindruck gemacht: es ist zum Beispiel „geradezu auffällig, wie achtlos Gregor (VII.) an dem reichen Arsenal gelehrter Kanonistik in den Schriften Humberts, dessen Ideen er doch weitergebildet und in die Praxis umgesetzt hat, vorübergegangen ist" (E. Caspar).

VI.

Der Abstand der anderen: Frankreich, England und der Norden

In Frankreich hatte sich nichts geändert als das Herrscherhaus: Auf die Karolinger folgte 987 die Dynastie der Kapetinger. Ihr Aufstieg zum Königtum bewirkte, daß die Grafen von Anjou als ihre bisherigen Untervasallen zu Kronvasallen aufrückten und ihren

Lehnsbesitz gewaltig ausbauten. Das Königtum wurde mediatisiert durch die Kronvasallen, diese wiederum durch ihre Untervasallen mattgesetzt, so daß der Satz gelten konnte: „Der Vasall meines Vasallen ist nicht mein Vasall." Eine solche Lehnsanarchie führte zu grotesken Situationen, daß z. B. der Sieger den Besiegten zwang, sein Lehnsherr zu werden, denn dieser hatte ihm Schutz und militärische Hilfe zu bieten, während er sich seinen Vasallenpflichten zu entziehen hoffte. Das Königtum war in eine solche Zwangslage geraten, daß es Paris durch Belehnung abtreten und sich ins Orléanais zurückziehen mußte. Die Möglichkeit einer Neugestaltung des Reiches zeigte sich im Herzogtum Normandie. Bei den seit Anfang des 10. Jahrhunderts seßhaft gewordenen Normannen war — Ausfluß der strengen militärischen Disziplin — ein starres Lehnssystem entstanden, dem selbständige Naturen — wie etwa die Familie der nach Unteritalien auswandernden Herren von Hauteville — sich entzogen. Aber im Umkreis des normannischen Lehnrechts bildete sich auch der zentralistische Rechtsgrundsatz der Ligesse aus: daß bei der Lehnsaufforderung des „ligischen Herrn" alle anderen Lehnsbindungen zu ruhen hätten (dominus ligius ante omnes). Dieser Maxime gehörte um so mehr die Zukunft, als Normannen in manchen Teilen Europas rational durchgebildete Staaten aufbauen konnten, wie in Unteritalien und in England.
Der Dänenkönig Knut der Große, dessen Reich England, Dänemark mit Schonen und Norwegen umfaßte, hatte dem Ausgleich zwischen Angelsachsen und Dänen gelebt. Seine Leibwache besetzte er mit Angelsachsen, und angelsächsische Missionare schickte er nach dem noch stark heidnischen Skandinavien. Nach Knuts Tod (1035) konnte der angelsächsische Königssohn Eduard der Bekenner (1042—1066) auf die Insel zurückkehren, dessen Erbe wiederum Wilhelm, Herzog von der Normandie, wo Eduard Jahre seines Exils verbracht hatte, beanspruchte. Der Sieg von Hastings 1066 (Sussex) hat Wilhelm den Beinamen des Eroberers eingetragen, und nach den Worten eines britischen Historikers stellt die normannische Besetzung der Insel für England das wichtigste Ereignis seit Caesars Landung dar. Noch der heutige Engländer registriert die Folgen dieser Eroberung: 900 Jahre Hastings ist groß gefeiert worden, und „1066 and All That" heißt eine witzige Parodie auf die englische Geschichte. Nach den blutigen Heckenkämpfen der verschiedenen angelsächsischen Klans legten die normannischen Eroberer den Grund für ein fast modern anmutendes Staatswesen. Im Domesdaybook von 1085/86, einer Art Reichsgrundbuch, wurden alle Liegenschaften und dem König geschuldeten Leistungen festgehalten, noch heute Grundlage der Staatsverwaltung, 1783 amt-

lich gedruckt und im Original an seinem Aufbewahrungsort, dem Public Record Office, von jedermann einsehbar. Wilhelm hatte behauptet, lediglich Eduards Rechte zu beanspruchen, aber er zog die Güter vieler angelsächsischer Adliger ein – man hat ausgerechnet, daß nur acht Prozent der Ländereien in deren Besitz blieb – und verdoppelte rücksichtslos den Grundbesitz der Krone; seinen staatskirchlichen Vorstellungen entsprach es, daß er die Verbindung der englischen Kirche mit Rom überwachte. Er vergab zahlreiche Lehen – sogar Kirchenlehen – an Soldritter, sicherte sich jedoch die absolute Lehnshoheit, indem er sich – grundlegend für die Zukunft – in Salisbury 1086 von allen im Lehnseid stehenden Personen Gehorsam schwören ließ: er war „dominus ligius", bei dessen Ruf alle anderen Lehnsverpflichtungen ruhten. Um seine Hoheitsrechte und seinen Besitz wahrzunehmen, bedurfte der deutsche König der Ministerialen; in England und in der Normandie verbürgte das Lehnssystem eine straffe und zentrale Verwaltung, die je später um so stärker institutionalisiert wurde. In der Funktion schon vorher tätig, ist die curtis ad scaccarium („der Hof am Schachbrett", dem Zahlbrett) 1118 zum ersten Mal nachweisbar, zunächst eine Art Rechnungsprüfungsstelle, dann ein förmlicher Finanzgerichtshof, aus welchem sich der heutige Court of Exchequer entwickelte. Verglichen mit dieser straffen Administration befand sich das deutsche Königreich in einem schwerfälligen archaischen Zustand.

Zweiter Teil

VOM CHRISTUS DOMINI ZUM ANTICHRIST: DAS DEUTSCHE KÖNIGTUM UND DER INVESTITURSTREIT

Es ist ein verbreiteter Irrtum, daß der Ausdruck christus Domini den Bischof bezeichne. Vom biblischen Hintergrund her und bis in das Hochmittelalter hinein ist damit meist der König gemeint: der „Gesalbte des Herrn", gegen den „die Hand zu erheben" sündhaft sei. Der König war über die profane Welt hinausgehoben: Nach seiner Krönung wurde der König in mehrere Dom- und Stiftskapitel aufgenommen, nachdem er — wie einige Krönungsvorschriften vorsehen — zum „Kleriker gemacht" worden ist. Der sakrale Charakter des Königtums ist gerade von Heinrich III. energisch betont worden, doch wenige Jahrzehnte später wird der deutsche König nach den Worten des Papstes und seiner Anhänger zu einem Werkzeug des Antichrist, der das Böse in die Welt bringt. Ihn, die leibhaftige Pest, und seine Anhänger zu vertilgen, sei kein Mord, sondern eine gute Tat und für die umgebrachten Ketzer selbst sogar günstig: denn es ist offensichtlich „viel besser . . . , deren Wahnsinn durch den Tod abzukürzen, als daß dieser Wahnsinn, der nur durch das ewige Feuer ausgebrannt werden kann, weiter verlängert wird". Der Umbruch der Werte ging ungewöhnlich schnell vor sich; das herausragende Ereignis war die Absetzung des deutschen Königs Heinrich IV. 1076: „Wieder und wieder lese ich die Geschichte der römischen Könige und Kaiser, und nirgends finde ich, daß einer vor Heinrich IV. vom römischen Papst exkommuniziert und seines Königtums beraubt worden sei", schrieb Bischof Otto von Freising († 1158), der Enkel Heinrichs IV., als er in seiner Chronik die als Heilsgeschichte begriffene Weltgeschichte überblickte.

I.

Heinrich IV. und die Folgen

1. Das Papsttum und die vormundschaftliche Regierung

„Weh dem Land, dessen König ein Kind ist und dessen Fürsten in der Frühe speisen": unter den Mißständen, die in die Welt kommen, ist in frühmittelalterlichen Traktaten eigens dieser Fall

angeführt, eingekleidet in den Vers des Predigers Salomo (10,16), und in der hochmittelalterlichen Chronistik ist beim Tode Heinrichs III. auf dieses Schicksal angespielt. Als Kaiser Heinrich III. am 5. Oktober 1056 in der Pfalz Bodfeld im Harz starb, war sein Sohn Heinrich IV. sechs Jahre alt und seit 1053/4 König, seit 1055 verlobt mit der etwa gleichaltrigen Grafentochter Bertha von Turin. Auf dem Sterbebette hatte Heinrich III. seinen Sohn dem Schutz des Papstes Viktor II. (des früheren Bischofs von Eichstätt und ehemaligen Kanzlers) anvertraut, und Viktor hatte die Fürsten auf Einhaltung der Thronfolge verpflichtet. Nach germanischem Recht war auch ein minderjähriger König regierungsfähig; er bedurfte nur eines Vormunds, als welcher seine Mutter Agnes auftrat, die freilich von sich sagte, sie wolle lieber den Schleier nehmen als die Last der Reichsregentschaft. Viktor II. scheint ein Mann klarer Vorstellungen und Entscheidungen gewesen zu sein; mit Zustimmung Heinrichs III. war er im April 1055 geweiht worden und suchte offenbar, gestützt auf die lothringische Reformpartei, einen vernünftigen Ausgleich mit Herzog Gottfried dem Bärtigen, dem militärischen Arm der Reformer, der Mittelitalien weitgehend beherrschte. Gottfried wurde bereits Ende 1056 in die lothringische Herzogswürde wieder eingesetzt, sein Bruder Friedrich im Juni 1057 zum Kardinal erhoben. Aber die Ausgleichsbemühungen wurden sinnlos, als Viktor II. im Juli 1057 starb, und die folgenden Papstwahlen können geradezu als Indiz der allmählichen Entfremdung zwischen den römischen Reformkreisen und dem deutschen Königshof gelten. Ohne das Erstwahlrecht des Patricius zu beachten, erbat man bezeichnenderweise von Friedrich von Lothringen Vorschläge geeigneter Papstkandidaten und wählte ihn schließlich selbst. Nach dem Heiligen des Konsekrationstages nannte er sich Stephan IX. Eine Gesandtschaft, zu der Hildebrand und Bischof Anselm I. von Lucca gehörten, beeilte sich, vom deutschen Königshof wenigstens eine nachträgliche Zustimmung einzuholen, aber noch vor ihrer Rückkehr war Stephan IX. gestorben. Und wiederum fand die Wahl sofort und ohne Rücksicht auf die Rechte des deutschen Königs statt: erhoben wurde der Bischof Gerhard von Florenz-Nikolaus II., ein gebürtiger Burgunder aus der Landschaft Clunys. Vielleicht war es nicht nur Autarkiestreben, das die Reformer zum Handeln drängte, sondern die Abwehr einer Initiative der römischen Tuskulaner-Partei, die sich ihren eigenen Papst mit dem für sie gleichsam reservierten Namen Benedikt X. erhob.
Zweimal hatten die Reformer ihre Selbständigkeit erproben können, und es ist gewiß kein Zufall, daß in dieser Zeit nach dem Tod Viktors II. der Ruf nach der „Libertas ecclesiae" laut wurde. Die-

ser kirchliche Freiheitsbegriff darf nicht mit jener absoluten Freiheit verwechselt werden, wie sie, zumal in späterer Zeit christliche Ketzergruppen forderten, die die Ordnung der Kirche überhaupt ablehnten. Für die Reformer war Freiheit eingebunden in die Verpflichtung, Gottes Plan zu entsprechen, der in der glaubensmäßigen und disziplinären Ausrichtung auf die römische Mitte bestand. Wie sehr die Freiheit der Reformer die Bindung an Rom bedeutete, kam in vielen Zeugnissen zum Ausdruck, und Hildebrand-Gregor VII. nannte es den „Zustand eigener Freiheit", keinem „außer der heiligen und umfassenden römischen Mutterkirche unterworfen" zu sein, die „keine Unterworfenen wie Sklaven besitzt, sondern alle wie Söhne aufnimmt". Und gerade Hildebrands Einfluß nahm unter Nikolaus II. zu, so daß der Spruch umlief, Hildebrand füttere „seinen Nikolaus im Lateran wie einen Esel im Stall". Das zentrale Ereignis des Pontifikats Nikolaus' II. war die Lateransynode von 1059, an die sich in den folgenden Jahren weitere Konzilien anschlossen, so daß die Beschlüsse häufig austauschbar sind. 1059 wurde eine neue Ordnung der Papstwahl verkündet; zugleich soll das Verbot der Laieninvestitur ausgesprochen worden sein. Beim „Papstwahldekret" ist eine Ambivalenz offenkundig: die Erhebung Nikolaus' war mit Unregelmäßigkeiten verbunden gewesen, die nun nachträglich legitimiert wurden. Zukunftweisend behält das neue Dekret die Wahl des römischen Bischofs den Kardinälen vor und leitet zu einer Ordnung über, die noch heute gilt. Ursprünglich hatten die Kardinäle als eigenes Gremium mit der Papstwahl wenig zu tun. Sie waren im stadtrömischen Gottes- und Fürsorgedienst tätig: an S. Giovanni in Laterano (denn nicht Sankt Peter, sondern die Lateranbasilika war bis in das 12. Jahrhundert hinein die „Mutterkirche aller Kirchen"), und an den vier Patriarchalbasiliken S. Pietro, S. Paolo fuori le mura, S. Lorenzo fuori le mura, S. Maria Maggiore taten sieben Kardinalbischöfe und 28 Kardinalpriester liturgischen Dienst, entsprechend der Siebenzahl der Wochentage. Die Kardinaldiakone standen der Caritas der damals 18 bis 19 Stadtbezirke vor. Aus diesen gottesdienstlichen und karitativen Helfern des Bischofs von Rom wurden unabhängige Wähler ihres päpstlichen Herrn, und obwohl noch im heutigen Kirchenrecht ausdrücklich festgehalten ist, daß „jeder Katholik" wählbar sei, lehrt die geschichtliche Erfahrung, daß seit 1378 nur Kardinäle – wie schon vorher meist – als papabili angesehen wurden. Anscheinend um eine Wahlzersplitterung zu vermeiden, ist im Papstwahldekret von 1059 den Kardinalbischöfen eine Art Vorstimmrecht eingeräumt, und der Kandidat soll vorzugsweise der römischen Kirche entnommen werden, „unbeschadet der gebührenden Ehre und Achtung vor unserem geliebten Sohn Heinrich (IV.)“ und vor seinen Nachfolgern. Dieser sogenannte „Königsparagraph“ betonte zwar die Unversehrtheit des Einwirkungsrechts des deutschen Königs und künftigen Kaisers, war aber inhaltlich unbestimmt. Künftige Doppelwahlen – hie Reformpapst, dort königlicher Papst – und das Schisma nach dem Tode Nikolaus' II. sollten es beweisen. Es ist gerätselt worden, wessen Hand diesen rom- und papstbewußten Beschluß geformt hat: Humbert von Silva Candida, Petrus Damiani oder bereits Hildebrand, doch könnte die etwas verquollene Latinität auf eine mit Kompromissen verbundene Gemeinschaftsarbeit deuten.

Auch ein zweites Laterangebot war dem deutschen Königtum abträglich oder konnte es für die Zukunft sein: Von einem Laien sollte kein Geistlicher eine Kirche erhalten, „weder gratis noch für Geld“ (Ut per laicos nullo modo quilibet clericus aut presbyter obtineat aecclesiam nec gratis nec pretio). Hier ist nicht nur die Simonie bekämpft, die auch Heinrich III. streng gemieden hatte, sondern die Laieninvestitur schlechthin. Vielleicht aber ging das Verbot nur auf die Niederkirchen, nicht auf die das Reichsregiment tragenden Bischofskirchen und Reichsabteien. Jedenfalls blieb diese Ankündigung die nächsten anderthalb Jahrzehnte Theorie.

Die Abwesenheit des deutschen Königs von Italien führte dazu, daß sich das politische Gefüge änderte. Die Normannen, bislang Feinde des Papsttums, suchten die Lehnsverbindung mit dem römischen Bischof. Mit ihnen hatte es harmlos angefangen. Bei der Rückkehr von einer Pilgerfahrt in das Heilige Land sollen die ersten Normannen in Süditalien gelandet und als Soldritter angeworben worden sein; 1038 hatte Konrad II. den normannischen Grafen Rainulf I. von Aversa als Lehnsmann des Fürsten von Salerno bestätigt. In den vierziger Jahren kamen immer mehr normannische Ritter ins Land, unter ihnen angeblich die elf Söhne Tancreds von Hauteville. Dieser Familienklan, der sich gegen Konkurrenten immer stärker durchsetzte, unterstellte sich jeweils einem aus ihrer Mitte, und es sind berühmte Kämpfer unter ihnen: Wilhelm Eisenarm (bis 1046), Drogo (1046–1051), Humfred (1051–1057) und schließlich Robert Guiscard (Schlaukopf), der seinen Namen zu Recht trug. In festen Lehnsvorstellungen aufgewachsen, suchte Robert Schutz und fand ihn beim römischen Papst. Er ließ sich 1059 von Nikolaus II. mit Apulien, Kalabrien und Sizilien belehnen, zugleich nahm Richard von Aversa, der Erbe Rainulfs, die Herrschaft Capua, deren er sich gerade bemächtigt hatte, vom Papst zum Lehen. Beide Normannen leisteten dem Papst den Lehnseid, versprachen Hilfe, Robert Guiscard mit dem Zusatz, diese auch zu leisten, wenn

er von den „besseren Kardinälen" aufgefordert würde — eine Vorbeugung gegenüber einem drohenden Papstschisma. Noch waren die Normannen nicht „Schlüsselsoldaten" im Sinne direkter und angeworbener Soldtruppen; sie hatten die in ihrem normannischen Herrschaftsverband ausgebildeten Lehnsvorstellungen nach Italien übertragen und waren willens, sich nach ihnen zu richten. Die Umorientierung des Papsttums, zusammen mit der Auflösung der vom Kaiser gestifteten Lehnsverbindung, war ein folgenschweres Ereignis. Das Papsttum verzichtete auf den Schutz des deutschen Kaisers, obwohl die defensio ecclesiae ein Wesensmerkmal des Kaisertums ausmachte. Die neue normannische Schutzmacht war sogar gegen den deutschen König und Kaiser zur Hilfeleistung verpflichtet. Zugleich war den Normannen ein Raum zugestanden, wo sie ihre Herrschaft ausbauen konnten. Denn von den übertragenen Gebieten war Sizilien noch in sarazenischer, waren Teile Apuliens noch in griechischer Hand, und den Lehnseid leistete Robert als „Herzog von Apulien und Kalabrien und ... künftig von Sizilien". Daß der Papst über die „Insel" Sizilien verfügte, könnte ein Indiz dafür sein, daß man wieder die Konstantinische Schenkung hervorgeholt hatte, die wenige Jahre früher von Humbert von Silva Candida mit einer byzanzfeindlichen Zuspitzung gegen die Griechen ausgespielt worden war. In der Fälschung war der Besitz „verschiedener Inseln" den Päpsten zugestanden worden. Das Papsttum besann sich jetzt aller möglichen Rechts- und Besitztitel.
In Norditalien verschafften die Reformideen dem Papsttum kräftigen Zulauf. Über das sittliche Verhalten des italienischen Klerus liegen düstere Nachrichten vor, und das Kirchenvolk war offenbar nicht länger bereit, diese heilsgefährdenden Zustände hinzunehmen, hatten doch Reformer wie Humbert gelehrt, daß die Sakramente unwürdiger Priester nicht wirksam seien. Es kam hinzu, daß die religiösen Auflehnungen sich mit sozialen und politischen verbanden. Der hohe Adel, die Capitanei, verweigerte Eigenbesitz und Rechtserweiterungen dem hintersässigen niederen Adel, den Valvassores, die in den Bürgern Verbündete fanden. Wie in Deutschland, so war auch in der Toskana und in der Lombardei die Kirche eine Adelskirche; zumal die Kanoniker führten — versorgt mit Pfründen, die wie Familienbesitz angesehen wurden — das Leben vornehmer Herren mit Jagd, Gesellschaften, pomphafter Selbstdarstellung. Angelehnt an Valvassores und Bürger standen auch Handwerker, Tagelöhner und niederes Volk in Opposition zur reichen Geistlichkeit. Von dem Mailänder Markt der Trödler und Lumpenhändler könnte sich der Name Pataria ableiten, der der Bewegung gegeben wurde; sie selbst nannten sich anspruchsvoll und

fast ketzerhaft „Gottesplan" (placitum Dei). Systematisch sollten die ein ungeistliches Leben führenden Priester bekehrt werden; man drang in deren Wohnung ein, nahm ihnen die Reichtümer, vertrieb ihre Frauen als Kebsweiber. Die hohe Gesellschaft wehrte sich, zumal sogar Erzbischof Wido von Mailand angegriffen worden war, konnte aber mit einer Unterstützung durch das deutsche Königtum nicht rechnen. Rom hatte die Pataria anfangs anscheinend ignoriert. Jedoch seit Stephan IX. ergaben sich engere Kontakte zwischen den römischen Reformern und der Pataria, deren Wirken Herzog Gottfried der Bärtige offenbar nicht ungern sah, denn sie wandte sich gegen die hohe Geistlichkeit und damit gegen die Hauptstütze des Reiches. Nach dem Tode Nikolaus' II. 1061 wird in Rom ein Freund der Patarener, deren Bewegung sich in den lombardischen Städten wie Piacenza, Brescia, Cremona ausgebreitet hatte, zum Papst erhoben: Bischof Anselm I. von Lucca, hervorgegangen aus der angesehenen Mailänder Familie der Baggio, der sich aus besonderer Verehrung zum gleichnamigen Märtyrerpapst Alexander II. nannte. Alexanders Wahl bedeutete die endgültige Wende zu einem römischen Zentralismus. Hatte noch Nikolaus II. Geistliche aus Florenz nach Rom gezogen, so stützte sich Alexander ganz auf den schon in Rom wirkenden Reformzirkel, dessen Führung der Archidiakon Hildebrand immer energischer übernahm, offenbar nicht ohne Zusammenstöße mit dem regierenden Papst, dem er später — wegen mangelnder Strenge — Nachlässigkeit vorwerfen sollte.

Daß Alexanders Wahl von den konservativen Reichsbischöfen Norditaliens nicht hingenommen würde, war zu erwarten: aus ihrer Mitte wählten sie den farblos-braven Bischof Cadalus von Parma zum Papst (Honorius II.), und in diplomatischen Aktivitäten versuchten beide Parteien, außerhalb Italiens Anhang zu gewinnen. Frankreich neigte Alexander zu, der deutsche Episkopat war gespalten: Eine Gruppe um Erzbischof Anno II. von Köln sprach sich sofort für Alexander aus, eine andere, zu der offenbar der Hamburger Metropolit Adalbert gehörte, eher für Cadalus. Allerdings gelang es nicht, Cadalus — gegen den sich mit offenen Briefen der angesehene Petrus Damiani wandte — nach Rom zu führen, und auf der Synode von Mantua (1064), an der Anno von Köln mitwirkte, wandte man sich von ihm ab.

Verglichen mit der zielgerichteten Energie der Reformer war die Situation der deutschen Reichsgewalt trostlos. Als wollte sich die Königsmutter, von Klostersehnsucht erfüllt, durch Schenkungen Ruhe verschaffen, vergab sie Besitz und Ämter: dem monastischen Reformen gegenüber aufgeschlossenen Grafen Rudolf von Rhein-

felden 1057 das schwäbische Herzogtum zusammen mit der Verwaltung Burgunds, dem mächtigen Otto von Northeim 1061 das Herzogtum Bayern und im gleichen Jahr dem Schwaben Berthold, dessen Geschlecht wenig später nach der Burg Zähringen im Breisgau seinen Namen erhalten sollte, das Herzogtum Kärnten. In Sachsen folgte auf den 1059 verstorbenen Bernhard II. der unruhige Ordulf, der den Dauerstreit mit Adalbert von Bremen noch verstärkte. Bezeichnend für die Lage ist die Rücksichtslosigkeit, mit der Erzbischof Anno II. von Köln (1056–1075) vorgehen konnte. Anno, ein düsterer und asketischer Mann, den noch Heinrich III. investiert hatte, übernahm 1057 – nachdem das Erzkanzleramt für Italien mit dem Kölner Erzstuhl fest verbunden war – die Würde eines Erzkanzlers der römischen Kirche. 1062 entführte er den sich verzweifelt wehrenden kleinen König beim Pfalzort Kaiserswerth mitsamt den Kroninsignien nach Köln. Es war blanker Hohn, wenn Anno seine Handlungsweise mit seiner Pflicht als Reichsbischof begründete: er habe für den in seinem Sprengel reisenden König zu sorgen gehabt. Kaiserin Agnes resignierte: hatte sie schon vorher den Schleier genommen, so begab sie sich jetzt nach Rom und vertraute sich Hildebrand als Seelenführer an.
Während sich Anno um eine Zusammenarbeit mit den Reformanhängern in Italien bemühte, gewann Adalbert von Bremen wieder stärkeren Einfluß auf Heinrich IV. und die Reichspolitik, nicht ohne sich reiche Schenkungen – wie die Klöster Lorsch und Corvey – übertragen zu lassen. Auch als der junge König 1065 für mündig und waffenfähig erklärt wurde, behauptete Adalbert seine Stellung und verhinderte einen Italienzug in der berechtigten Furcht, daß dann Anno als italienischer Kanzler ihn verdrängen würde. Aber auf dem Hoftag zu Tribur 1066 wurde Heinrich gezwungen, Adalbert zu entlassen: ein Signal für einen wendisch-obodritischen Aufstand, in dessen Verlauf sogar Hamburg geplündert wurde. Keiner der beiden konkurrierenden Reichsfürsten, Anno und Adalbert, sollte die Reichspolitik noch entscheidend bestimmen; Heinrich versuchte auf seine Weise, die Lage des Königtums zu verbessern.

2. *Canossa als Wende*

Canossa ist nicht nur eine heute als Ruine darniederliegende Felsenburg am Nordostabhang des Appenin, ca. 30 km südwestlich von Reggio nell'Emilia, deren frühere Gestalt durch archäologische Grabungen festgestellt ist: Canossa ist zugleich ein immer wieder angeführtes Symbol, und Bismarcks Ausspruch vom 14. Mai 1872 vor dem Reichstag „Nach Canossa gehen wir nicht" ist nur ein Beispiel unter vielen. Schon den Zeitgenossen ist das Ungeheuerliche des Geschehens offenkundig gewesen: Als die Bannung des Königs unterm Volk bekannt geworden sei, „erzitterte unsere ganze römische Welt", schreibt der Gregorianer Bonizo von Sutri. Gregor selbst stellte seine Handlungsweise als natürliche Ausübung seines Amtes hin: schon der Kirchenvater Ambrosius von Mailand habe an Kaiser Theodosius dem Großen so gehandelt, als er ihm die Kirchengemeinschaft bis zur Ableistung der Buße verwehrte. Aber weder hatte Ambrosius den Kaiser abgesetzt, noch hatte er verkündet, daß die priesterliche Gewalt dem höchsten Laien übergeordnet sei. Die Tat des Seelsorgers Ambrosius ist von anderer Art als die des über allen Laien stehenden geistlichen Richters Gregor: der Reformpapst hat die Ordnung der Welt verändert, und wenn Bonizo von Sutri vom „erzitternden römischen Erdkreis" schreibt, so sieht er einen eschatologischen Zusammenhang in ähnlicher Weise wie Otto von Freising, der in seiner Weltchronik die Absetzung als Zeichen der Endzeit wertet: Die Kirche habe das Reich „in seinem Schlußstadium . . . zerschmettert, als sie beschloß, den römischen König nicht wie den Herrn der Welt zu achten, sondern wie ein aus Lehm nach Menschenart geformtes Geschöpf mit dem Bannschwert zu schlagen".

a) Gregor VII. und Heinrich IV.

Das Ereignis von Canossa ist von den Persönlichkeiten Gregors VII. und Heinrichs IV. geprägt. Ohne dem Grundsatz zu huldigen, daß es allein Männer seien, die Geschichte machen, dürfte kein Zweifel darüber bestehen, daß die Zuspitzung auf Canossa hin von beiden heraufgeführt worden ist, mögen sie auch Träger verschiedener Weltsysteme, Verkörperungen zweier Prinzipien darstellen: Auf der einen Seite ein päpstlicher Zentralismus, der im Bewußtsein höchster und nur Gott Rechenschaft schuldiger Verantwortung um die heiligenden Bedingungen in dieser Welt kämpfte, auf der anderen Seite ein Königtum, das sich als Träger einer von Gott gestifteten Herrschaft empfand und von der ineinanderwirkenden Harmonie von Kirche und Reich ausgehen mußte. Der Kampf, dem etwas Unausweichliches anhaftete, war geprägt von den persönlichen Charakteranlagen beider Protagonisten, von der fanatischen Unduldsamkeit Gregors VII. und der Mischung von Heimtücke, Leichtsinn, aber auch charismatischem Herrscherbewußtsein bei

Heinrich IV. Der Kirchenbann war in gleicher Weise Gregors ureigenes Werk wie der Gang nach Canossa das Heinrichs war.

Dramatis Personae:
Gregor VII. mit dem Taufnamen Hildebrand, was nicht erst Luther, sondern schon feindselige Zeitgenossen zu der Wortbildung „Höllenbrand", „Prandellus" u. ä. anregte, war 1020/25 wahrscheinlich in Soana in der südlichen Toskana (nicht weit von Bolsena) geboren. Vom Vater her scheint er nichtadliger Herkunft gewesen zu sein. Über seine weitere Verwandtschaft – ob eine Verbindung zur jüdischen Bankiersfamilie der Pierleoni aus dem römischen Ghetto besteht oder etwa eine Herleitung von Waldrada, der Friedelfrau König Lothars II. († 869) – gibt es nur Vermutungen; zumindest scheint sein Onkel Abt des reformoffenen Marienklosters auf dem Aventin gewesen zu sein. Vielleicht auch leistete er im Aventin-Kloster (kaum im burgundischen Cluny) die Profeß. Nach seiner Exilzeit mit Gregor VI. am Niederrhein und der Rückkehr als Subdiakon 1049 mit Leo IX. übernahm er die Leitung des Paulsklosters vor den Mauern. Päpstliche Legationen führten ihn, der auf diesen Reisen vor König Heinrich III. eine Predigt hielt, 1054 und 1056 nach Frankreich, 1058 zur Kaiserin Agnes, um die Zustimmung für die Wahl Stephans IX. einzuholen. Als Archidiakon (1059) war er Vermögensverwalter der römischen Kirche und seit Beginn der sechziger Jahre die zentrale Figur des päpstlichen Hofes (s. oben S. 67 f.). In tumultuarischer Weise – im Verstoß gegen das Papstwahldekret von 1059 – ist Hildebrand während der Begräbnisfeierlichkeiten für Alexander II., als der Trauerzug an der Kirche S. Pietro in Vincoli vorbeikam, unter der demagogischen Regie des Kardinals Hugo Candidus zum Papst erhoben und in der genannten Titelkirche spontan inthronisiert worden. Nach dem Musterpapst des Mittelalters, nach Gregor I., dessen Worte: „Ich bin in die Tiefe des Meeres geraten, und die Flut will mich verschlingen" er aufnahm, nannte sich Hildebrand Gregor VII.: „Wie Wahnsinnige haben sie sich auf mich gestürzt und mir keine Gelegenheit zum Sprechen oder zur Beratung gelassen", beteuerte er in den Wahlanzeigen, die an verschiedene Adressaten gingen, jedoch nicht an den deutschen König. Seine Gestalt wird als klein beschrieben, schwarzhaarig, mit einem von manchen Schriftstellern als häßlich bezeichneten Gesichtsausdruck. Mit Wachs umkleidet liegt sein Leichnam, 1954 „auf kanonische Weise anerkannt" (canonicamente riconosciuto), in einem in den Altar eingelassenen Glassarkophag in einer Seitenkapelle der Kathedralkirche von Salerno. Sein unduldsames Wesen machte ihn seiner Umgebung unheimlich, und

selbst der friedfertige Petrus Damiani nannte ihn einen „heiligen Satan", einen Menschen, der ihm hoffentlich nicht zum Wolfe werde.
Die Hauptquelle für Gregors zwölfjährigen Pontifikat ist sein in der Kanzlei entstandenes Briefregister mit über 360 Stücken; wenn man von Gregor I. (590–604) absieht, sind von keinem früheren Papst in dieser Form und in dieser Zahl Briefe erhalten, obwohl sie nur den geringeren Teil der abgeschickten Schreiben darstellen, die man auf gegen 1500 schätzt (H. Hoffmann). Trotz seiner schon von der Mitwelt anerkannten Bedeutung hat er — vielleicht Zeichen seiner bis zur Unmenschlichkeit reichenden Zielstrebigkeit — keinen adäquaten Biographen gefunden, anders als die zahllosen schlichten und unauffälligen mittelalterlichen Äbte und Bischöfe, denen ein anhänglicher Schüler oder ein Ortschronist eine liebevolle Vita widmete. Der Regensburger Augustinerchorherr Paul von Bernried hat rund zwei Generationen später (ca. 1128) eine Biographie verfaßt, die als Indiz der Nachwirkung aufschlußreicher ist als für Gregor selbst. Gregor VII. war ein ungeliebter Papst, trotz der berichteten Wunder zu Lebzeiten und an seinem Grab. 1606 hat Paul V. den lokalen Kult in Salerno zugelassen, 1728 wurde dieser zwar auf die ganze Kirche ausgedehnt, aber von katholischen absolutistischen Staaten abgelehnt.
Wie ist Gregor zu verstehen? Während eine deutschnationale Geschichtsschreibung Gregor unter die „Meister der Politik" eingereiht hat, dem Religion kaum mehr als ein Mittel zur Ausübung von Macht gewesen sei (J. Haller), ist ihm in jüngster Zeit eher die Bezeichnung eines „religiösen Genies" zuteil geworden (G. Tellenbach). Ihm als Petrusnachfolger, so war seine tiefe Überzeugung, kam allein die Verantwortung für das gesamtkirchliche Heil zu: „Gott gehorchen heißt der Kirche gehorchen und das wiederum heißt dem Papst gehorchen und umgekehrt. Mystik und Recht sind in einer Ekklesiologie zusammengeflossen, die zugleich sehr spirituelle und sehr institutionell-kirchenrechtliche Züge trägt" (Y. Congar).
Ähnlich wie Leo IX. benutzte Gregor Synoden, um Grundsätze und Programme zu verkünden. Bei ihm sind es die römischen Konzilien der Fastenzeit, und nach der Fastensynode von 1075 ist im Briefregister Gregors VII. der sogenannte „Dictatus Papae" eingetragen: „27 päpstliche Leitsätze" (E. Caspar), die neben altem Rechtsgut auch Forderungen stellen, die von der Tradition nicht voll abgedeckt sind. Niemand z. B. hatte vorher behauptet, daß der Papst mit der kanonischen Ordination „unzweifelhaft heilig" würde, daß er Abwesende und daß er den Kaiser absetzen könne, daß alle Fürsten

nur des Papstes Füße küssen sollten. Diese Leitsätze waren wahrscheinlich ausgeformt, bevor es zu Canossa kam. –
Heinrich IV. war – 1050 geboren – rund eine Generation jünger als Gregor VII.; ihm fehlte der religiöse Ernst des Vaters, aber auch dessen freudlose Düsternis. Für einen Laien seiner Zeit hat er eine vorzügliche Ausbildung genossen, war lese- und auch schreibkundig, hatte Lateinkenntnisse und besaß Freude an der Lektüre, wie er auch Künstlern gegenüber aufgeschlossen war. Die Kindheitseindrücke dürften von nicht zu unterschätzendem Einfluß auf seine späteren Entscheidungen gewesen sein: die nach Selbstheiligung trachtende egozentrische Religiosität der Mutter, bei der er bis zum zwölften Lebensjahr aufwuchs; die brutale Entführung durch Erzbischof Anno von Köln bei Kaiserswerth 1062, der er sich durch einen Sprung über Bord des ablegenden Schiffes in den Rhein hat entziehen wollen; der ständige Druck der Fürsten, ihnen durch Rechtsübertragungen zu Willen zu sein; der folgenlose Friedensruf des dreizehnjährigen Königs bei einer Pfingstfeier in der Kirche zu Goslar, als es zwischen den Ministerialen des Bischofs von Hildesheim und des Abtes von Fulda über der Frage, welcher der Prälaten den vornehmeren Platz einnehmen dürfe, zu Mord und Totschlag kam; sodann der großzügige und prachtliebende Regierungs- und Lebensstil des Hamburger Metropoliten Adalbert, dem er, gerade eben für mündig erklärt, von den Fürsten gezwungen 1066 seine Huld entziehen mußte – eine förmliche Bestrafung. Dieses Herumgestoßenwerden erzeugte bei Heinrich offenbar das Bewußtsein, auf die Fürsten sich letztlich nicht verlassen zu können und seine Entscheidungen allein fällen zu müssen. So erklärt sich der für seine Zeit unerhörte, 1069 öffentlich geäußerte Wunsch, sich von seiner Frau Bertha von Turin, die ihm nach zehnjähriger Verlobung 1065 angetraut worden war, zu trennen. Niemand hielt dem jungen König die Unbilligkeit seines Verlangens vor Augen. Der Einsiedler Petrus Damiani übernahm diese Aufgabe, und der König zog seine Scheidungsforderung zurück. Es deuten sich Leichtsinn, Skrupellosigkeit und eine Portion Hinterhältigkeit an, die ihm später seine Gegner vorwerfen sollten. Stets aber – und das hat auch Lampert von Hersfeld, einer seiner ärgsten literarischen Gegner zugestanden – war Heinrich von der Würde seines Königtums durchdrungen, die er auch äußerlich – ein hochgewachsener, ansehnlicher Mann – zur Schau trug: „Jener Mann, als Herrscher geboren und auferzogen, zeigte ... bei allen Mißgeschicken stets einen königlichen Sinn; er wollte lieber sterben als unterliegen." Im Gegensatz zu Gregor VII. hat Heinrich einen zeitgenössischen Biographen gefunden, der seine Lebensbeschreibung mit der Klage des

Propheten Jeremias anheben läßt: „Wer wird meinem Haupte Wasser reichen und einen Tränenquell für meine Augen, auf daß ich trauere." Die erschütternde Totenklage, die den König u. a. als besonderen Beschützer der Armen preist, ist anonym, wahrscheinlich aus Furcht des Verfassers, „nach dem Tod Heinrichs IV. als dessen Anhänger noch persönlichen Nachteil zu erfahren" (F.-J. Schmale).

b) Heinrich IV., die Fürsten und die sächsische Opposition

Welcher Unterschied zwischen den Regierungsanfängen Heinrichs III. und denen seines Sohnes! Heinrich III. hatte drei Herzogtümer (Bayern, Schwaben, Kärnten) in seiner Hand, Heinrich IV. keines. Zum großen Teil war auch das Königs- und Reichsgut entfremdet, zusammen mit dem liudolfingischen Hausgut. Beim entglittenen Reichsgut im thüringisch-sächsischen Raum setzte Heinrich etwa ab 1068 mit seiner energischen Wiedererwerbspolitik ein, ohne der mannigfaltigen sächsischen Sonderrechte zu achten, die noch Heinrich II. und Konrad II. bestätigt hatten. Konnte z. B. nach germanisch-sächsischer Auffassung strittiger Besitz durch Zeugen und gerichtlichen Zweikampf entschieden werden, so ließ Heinrich eine Art Inquisitionsverfahren anwenden: der Tatbestand wurde ermittelt. Werkzeuge seines Vorgehens waren hauptsächlich schwäbische Ministeriale, landfremde Unfreie also. Diese Dienstmannen sollten Rückhalt in festen Königsburgen finden, für die wiederum sächsische Bauern zu Hand- und Spanndiensten herangezogen wurden.
Als Hauptgegner des Königs mußte Otto von Northeim erscheinen, der über reichen Eigenbesitz am West- und Südharz verfügte und dem die Kaiserinwitwe Agnes 1061 das Herzogtum Bayern übertragen hatte. Heinrich bezichtigte Otto einer Attentatsabsicht, lud ihn vor Gericht und verhängte über ihn die Acht wegen Kontumaz, als er die Aufforderung zu einem unter fraglos unbilligen Bedingungen angesetzten Zweikampf ablehnte. Das Herzogtum Bayern wurde Otto genommen und 1070 Welf IV., dem Begründer des jüngeren Welfenhauses, übertragen. Otto von Northeim verband sich mit dem Sachsenherzog Magnus Billung, doch mußten sich beide unterwerfen und wurden in Haft genommen. Während Otto bereits 1072 freikam, blieb Magnus Billung in Gewahrsam, obwohl in dieser Zeit sein Vater gestorben war. Die sächsischen Großen sahen darin eine Ungerechtigkeit gegenüber ihrem Standesgenossen und verweigerten 1073 die Heeresfolge. Als Heinrich

sich auch die süddeutschen Herzöge entfremdete – Rudolf von Schwaben, Berthold von Kärnten und selbst Welf IV. von Bayern –, die sogar Absetzungspläne erwogen haben sollen, mußte er von seiner Feste Harzburg heimlich entweichen, suchte und fand Schutz bei den Bürgern von Worms. Heinrich erklärte sich schließlich bereit, die Burgen zu schleifen. Als er zögerte, die Harzburg niederzulegen, wurde sie von sächsischen Bauern gestürmt, die in ihrer Zerstörungswut auch die Gräber der dort beigesetzten Mitglieder der königlichen Familie schändeten. Die Stimmung schlug gegen die Sachsen um. Das aufgerufene Reichsheer, angeführt vom Schwabenherzog Rudolf von Rheinfelden, überrannte das sächsische Bauernheer. Der sächsische Adel unter Otto von Northeim lenkte ein, als der König günstigere Bedingungen stellte. Otto von Northeim erhielt alle Reichslehen zurück, allerdings nicht das bayerische Herzogtum; stattdessen bestellte ihn Heinrich zum Verweser Sachsens und hoffte wohl auf seine Unterstützung.
Ende 1075 war der König Herr der Lage und hatte reichlich Reichsgut zurückgewonnen. Aber er hatte wieder taktische Kniffe angewandt: Magnus Billung über Gebühr in Haft gehalten; die Herzöge dem Reichsregiment weiter entfremdet und sich auf unfreie Dienstmannen gestützt; die Zusage, die Burgen zu schleifen, nur lau erfüllt. Dennoch: so hoch wie 1075 hatte das königliche Ansehen seit über zwei Jahrzehnten nicht gestanden.

c) Von Tribur nach Canossa

Im gleichen Jahr 1075 hatte die Spannung zwischen Gregor VII. und Heinrich IV. zugenommen. 1073 waren einige Räte „de familia Heinrici regis" gebannt und der König aufgefordert worden, sich von diesen zu trennen. Heinrich, damals in die sächsischen Kämpfe verwickelt, schickte eine Ergebenheitsadresse, über die Gregor VII. erstaunt war: so ehrerbietig habe noch kein Herrscher an den Papst geschrieben. Jetzt, 1075, nach dem guten Ausgang der sächsischen Kämpfe, nahm Heinrich eine andere Haltung ein. Zur Kraftprobe wurde die Besetzung des Mailänder Metropolitenstuhles. 1070 hatte – zermürbt von den Kämpfen mit den Patarenern – Erzbischof Wido, ein Capitaneo, resigniert, in damaliger Zeit eine Ausnahme. Heinrich IV. investierte 1072 Gottfried, einen farblosen Mailänder Adligen, gegen den die Patarener und die Mailänder Bürgerschaft Atto, einen im Kirchenrecht bewanderten Reformer, erhoben. In der Stadt Mailand selbst waren anarchische Zustände ausgebrochen; es kam zu Straßenschlachten, in deren Verlauf auf Patarener-Seite der valvassorische Ritter Erlembald erschlagen worden ist; Erlembald galt als Märtyrer: „der erste ritterliche Heilige der Weltgeschichte" (C. Erdmann). Heinrich glaubte offenbar, die Schwäche der reichsfeindlichen Pataria ausnützen zu sollen und ersetzte Gottfried durch seinen neu investierten Hofkaplan Tedald. Jetzt ging Gregor VII. energisch gegen die königlichen Räte vor, zugleich gegen diejenigen Reichsbischöfe, denen Ungehorsam oder simonistischer Amtserwerb vorgeworfen wurde, z. B. gegen Liemar von Bremen, Werner von Straßburg, Heinrich von Speyer, Hermann von Bamberg.

Im Hochgefühl seiner Stärke hielt Heinrich in Worms am 24. Januar 1076 eine Versammlung ab, die im Stil damaliger Zeit Reichstag und Reichssynode zugleich war. Zwei deutsche Erzbischöfe und 24 Bischöfe waren erschienen, zu denen der Scharfmacher Kardinal Hugo Candidus stieß, der — obwohl der Regisseur der tumultuarischen Wahl Gregors VII. — in Rom in Ungnade gefallen war. Hugo Candidus wußte mit schweren sittlichen Vorwürfen gegenüber Gregor aufzuwarten, und in dieser angeheizten Stimmung wurden zwei Schreiben abgefaßt, ein kürzeres an den Papst, ein längeres für die Verbreitung in Deutschland bestimmt — zum ersten Male begegnet so etwas wie amtliche Propaganda in der deutschen Geschichte. Rauhe Töne waren angeschlagen, und das längere, manifestartige Schreiben war adressiert: „Hildebrand, nicht mehr Papst, sondern dem falschen Mönch" (Hildebrando non iam apostolico, sed falso monacho); am Schluß hieß es: „Wir, Heinrich, König von Gottes Gnaden, mit allen unseren Bischöfen sagen dir: steige herab, steige herab" (erst eine spätere Zeit hat die Worte angehängt: „in Ewigkeit Verdammenswerter").

Die Vorgänge erhielten etwas Szenisches, denn der Wormser Brief erreichte den Papst im Februar 1076, gerade während der Fastensynode, wo Gregor Programmerklärungen abzugeben pflegte. Gregors Antwort 1076 war die Absetzung und Bannung Heinrichs IV., die er in eine besonders feierliche Form, in ein Gebet an den Apostel Petrus, kleidete: „Heiliger Petrus, Fürst der Apostel, höre mich, deinen Knecht . . . Kraft deiner Vollmacht, zur Ehre und zum Schutz deiner Kirche, im Namen des allmächtigen Gottes untersage ich dem König Heinrich, Kaiser Heinrichs Sohn, der gegen deine Kirche mit unerhörtem Stolz sich erhoben hat, die Regierung des deutschen Reiches und Italiens, entbinde alle Christen des Eides, den sie ihm geleistet haben und noch leisten werden, und untersage hierdurch, daß irgendjemand ihm als König diene."

Es dürfte für Heinrich IV. eine schmerzliche Erfahrung gewesen sein, daß er in diesem kritischen Augenblick von den Männern, die ihm das Absetzungsschreiben suggeriert hatten, im Stich gelassen

wurde. Die Nachricht, daß Heinrich gebannt und abgesetzt sei, führte geradezu schlagartig zur Herausbildung mehrerer Interessengruppen. Da war der Papst mit einem Teil des deutschen Episkopats, in Kontakt mit der oberdeutschen und sächsischen Fürstenopposition, der bislang inhaftierte und jetzt freigelassene sächsische Adlige zuströmten, und schießlich als wohl schwächste Partei der König und sein Anhang, zu dem besonders die oberrheinischen Städte gezählt werden konnten. Die Fürsten kamen in Tribur im Oktober 1076 zusammen, um zu beraten, wie mit dem abgesetzten und exkommunizierten König zu verfahren sei, und nach Tribur kamen auch Gesandte des Papstes. Auf der anderen Rheinseite, in Oppenheim, lagerte Heinrich IV. und wartete auf den Fürstenspruch. Heinrich fand sich bereit, die ihm treue Stadt Worms preiszugeben und sich von den gebannten Räten zu trennen. In schriftlicher Form versprach Heinrich dem Papst Gehorsam und Buße. Eine Sondervereinbarung mit den Fürsten legte fest, daß sie Heinrich nicht mehr als ihren König betrachteten, wenn er sich nicht binnen Jahresfrist vom Banne löse. Zugleich forderten die Fürsten Gregor VII. auf, als Schiedsrichter zum 2. Februar 1077 nach Augsburg zu kommen — als rechneten sie nicht damit, daß Heinrich sich vom Bann lösen könne.
Wie sollte er auch? Die drei süddeutschen Fürsten Rudolf von Schwaben, Welf von Bayern und Berthold von Kärnten, standen fest im Lager der Feinde und versperrten die nächstliegenden Alpenpässe. Gregor VII. brach zu seiner Schiedsrichterrolle auf, und hinzu sollte ein Jahrhundertwinter kommen (s. oben S. 20). Mit seiner Gemahlin Bertha und dem zweijährigen Söhnchen Konrad wich Heinrich nach Burgund aus und überwand die Alpen von Westen her über den rund 2000 m hohen Gebirgspaß des Mont Cenis — im Januar. Von Bergführern hat sich Heinrich geleiten lassen, und der Abstieg in die piemontesische Ebene, das Herrschaftsgebiet seiner Schwiegermutter Adelheid von Turin, erhielt selbstmörderische Ausmaße: „bald kroch (die Gruppe) auf Händen und Füßen vorwärts, bald stützten sie sich auf die Schultern ihrer Führer und manchmal, wenn sie auf dem glatten Boden ausglitten, fielen sie auch hin und rutschten ein ganzes Stück hinunter ... Die Königin aber ... setzte man auf Rinderhäute ... Die Pferde ließen sie teils mit Hilfe gewisser Vorrichtungen hinunter, teils schleiften sie sie auch mit zusammengebundenen Beinen hinab. Dennoch kamen viele beim Hinunterschleifen um, viele wurden schwer verletzt, und nur ganz wenige entrannen heil und unverletzt der Gefahr."
In der Lombardei verbreitete sich das Gerücht vom Nahen Heinrichs IV., und königstreue Anhänger strömten zusammen in der An-

nahme, es ginge mit Waffen gegen den Papst. Gleiches nahm Gregor an; er war auf der Höhe Mantuas, wo ihn ein deutscher Herzog nach Augsburg abholen sollte, als ihn die Meldung vom Kommen Heinrichs erreichte. Er machte sofort kehrt und zog sich in die Burg Canossa zurück, eine dreifach ummauerte uneinnehmbare Festung seiner treuen Beschützerin, der Markgräfin Mathilde von Tuszien. Mathilde, 1046 als Tochter der Beatrix und des Markgrafen von Tuszien geboren, hatte Gottfried den Buckligen, den Sohn ihres Stiefvaters Gottfried des Bärtigen von Lothringen, geheiratet. Seit 1076 war sie Witwe, zugleich Erbin der Allode und Reichslehen in Tuszien, Emilia und Lombardei, gepriesen als „Tochter des heiligen Petrus" unterhielt sie einen großen Hof mit Panegyrikern und Theologen. Heinrich kam zu Mathildes Burg als Büßer, nicht als Feldherr. In einem weit verbreiteten Brief hat Gregor später verkündet, in welchem Aufzug Heinrich „ohne alles königliche Gepränge, vielmehr ganz erbarmungswürdig, nämlich barfuß und in härenem Gewand", vor dem Burgtor erschienen sei. Vor und neben der Bußleistung liefen intensive Verhandlungen, und bei aller zur Schau getragenen Reue scheint Heinrich doch mit Berechnung vorgegangen zu sein, als er am 25. Januar 1077, am Tage der Bekehrung des Apostels Paulus, einem Mittwoch, – eingelassen in den inneren Mauerring – mit der Buße begann, die drei Tage dauerte. Der Bußübung konnte Gregor die Rekonziliation schwer verweigern, und es scheint, daß die Anwesenden, Gräfin Mathilde, Heinrichs Taufpate Abt Hugo von Cluny und Heinrichs Schwiegermutter Adelheid von Turin, Gregor überzeugt haben, daß er die Absolution erteilen müsse. Vorher aber ließ sich Gregor schriftlich und eidlich versichern, daß Heinrich sich dem Urteilsspruch des Papstes fügen und dessen Reise „über das Gebirge oder in andere Teile der Welt" sichern würde. Sodann hob Gregor den vor ihm in Kreuzesform mit ausgebreiteten Armen auf dem Boden liegenden Heinrich auf, reichte ihm und seinen Begleitern das Abendmahl. Beim anschließenden Versöhnungsessen soll Heinrich sich finster und wortkarg gegeben haben; die Speisen habe er nicht angerührt und mit den Fingernägeln auf der Tischplatte herumgekratzt.

Das Geschehen von Canossa hat bereits die Zeitgenossen zu widersprüchlicher Beurteilung herausgefordert. Fraglos hatte Heinrich einen Augenblickserfolg errungen; der Papst hatte ihn vom Banne gelöst; er war wieder rechtmäßiger König – gegen die Erwartung der Fürsten. Aber das Gottesgnadentum, die Gottesunmittelbarkeit seines Herrscheramtes, war angetastet: auch der König steht sichtbar unter der Kirchenhoheit als ein Sünder, den der Papst prüft und richtet. Gregor VII. hat selbst dieses Richteramt betont; schon seine

Vorgänger Zacharias und Stephan hätten Pippin zum König gemacht. Heinrich war in die Kirche aufgenommen, aber seine Ersetzbarkeit war sichtbar geworden.

d) Gespaltenes Reich und gespaltene Kirche

Auf den 2. Februar 1077 hatten die Fürsten das Augsburger Treffen mit dem Papst anberaumt: wenige Tage vorher war Heinrich von Gregor vom Bann gelöst worden. Die Fürsten fühlten sich geprellt: „Zurückweichen ist unehrenhaft", wie es in einem ihrer Briefe an Gregor VII. hieß. Auf einem Fürstentag im fränkischen Forchheim – in einer Königslandschaft also – wählten sie mit Billigung des päpstlichen Legaten den Schwabenherzog Rudolf von Rheinfelden zum deutschen König: das erste deutsche Gegenkönigtum, die erste freie deutsche Königswahl. Freilich sollte der Akt von Forchheim nicht überschätzt werden; nur 10–15 Fürsten haben teilgenommen. Rudolf stand dem salischen Herrscherhaus nahe, hatte er doch vor Übernahme des schwäbischen Herzogtums eine Schwester Heinrichs IV. geheiratet, die allerdings frühzeitig starb. Immerhin mußte Rudolf auf die Designation seines Sohnes als Nachfolger verzichten. Dem Papst sagte er freie Wahl der Bischöfe zu und versprach unbedingten Gehorsam; sein Eid hatte vasallitische Form.
Mit Recht konnte Heinrich hoffen, daß von dem Gegenkönig keine tödliche Gefahr ausging, solange dieser vom Papst nicht unterstützt wurde, und Gregor verhielt sich neutral. Zwar hat Gregor, ohne Heinrich am Verfügen über kirchliches Reichsgut zu hindern, das Verbot der Laieninvestitur 1078 erneuert, aber offenbar war er der Meinung, daß seine Sache, Gottes Sache, von sich aus zum Siege kommen müsse. Nach dreijährigem Stillehalten schlug er zu: Auf der Fastensynode 1080 bannte und entsetzte er Heinrich abermals, wiederum in Form eines Gebets. In einer Osterpredigt prophezeite er Heinrich einen baldigen Untergang als Gottesstrafe, wenn er nicht umgehend Buße täte. Gregor erklärte jetzt Rudolf von Schwaben zum allein legitimen König, aber Rudolf starb schon im Oktober 1080, nachdem ihm in der Schlacht die „verfluchte" rechte Hand abgehauen worden war, mit der er Heinrich Gehorsam geschworen hatte. Der Untergang Rudolfs wirkte wie ein Gottesurteil. Zwar erhoben die Fürsten einen Nachfolger, vermieden aber deutlich die Wahl eines mächtigen Magnaten. Der Lützelburger Graf Hermann von Salm konnte sich als König kaum halten, mußte vorübergehend nach Dänemark ausweichen, und als er 1088 bei der Belagerung einer lothringischen Burg fiel, erlosch ein bedeutungsloses, von den Fürsten nicht getragenes Gegenkönigtum.

Die zweite Bannung und Absetzung Heinrichs IV. fand ein gespaltenes Echo; sie wurde von nicht wenigen als ungerecht angesehen. Obwohl der weitere Umgang mit Heinrich IV. gemäß Kirchenrecht die automatische Exkommunikation nach sich zog, hielt der größere Teil des deutschen Episkopats zum gebannten König, so die Erzbischöfe von Köln, Trier, Hamburg-Bremen und nach 1084 auch der von Mainz. Im Süden bildeten die von ihren Residenzen vertriebenen Gebhard von Salzburg und Altmann von Passau die Stützen der gregorianischen Partei. In Sachsen besaß sie mit Erzbischof Hartwig von Magdeburg und seinem Anhang das Übergewicht. Manche Diözesen waren doppelt besetzt, von einem königlichen und einem päpstlichen Parteigänger; dieser verwirrende Zustand herrschte z. B. in Paderborn, Minden, Konstanz und Augsburg, und Altmann von Passau konnte sich wohl im östlichen Teil der Diözese aufhalten, in Passau selbst aber herrschten königlich gesinnte Domherren. Der Augsburger Annalist klagt: „O bejammernswertes Antlitz des Reiches. Wie man bei einem Komödiendichter (Plautus) liest: Alle sind gedoppelt; so sind die Päpste gedoppelt, die Bischöfe gedoppelt." Denn Heinrichs IV. Antwort auf die erneute Bannung war die Erhebung des Erzbischofs Wibert von Ravenna zum Papst Clemens III. (Brixen, Juni 1080), den er nach Rom zu führen gedachte. Aber die alljährlich unternommenen Vorstöße hatten erst Erfolg, als Gregor von den Römern und von seiner nächsten Umgebung verlassen wurde: 1084 gingen dreizehn Kardinäle zu Heinrich über, und die Römer öffneten die Stadt. Gregor zog sich in die uneinnehmbare Engelsburg zurück. Wenige hundert Meter entfernt wurde Ostern 1084 in der Peterskirche Clemens III. inthronisiert; von ihm empfingen Heinrich IV. und Bertha die Kaiserkrone. Gregor VII. wurde zwar von den Normannen entsetzt, die ihrem päpstlichen Herrn, entsprechend der Lehnspflicht, zu Hilfe kamen, aber ihre Plünderungen und Übergriffe brachten die römische Bevölkerung so sehr auf, daß Gregor VII., den man für das Unglück verantwortlich machte, mit seinen Befreiern die Stadt verlassen mußte. In Salerno, unter dem Schutz der Normannen, ist Gregor VII. am 25. Mai 1085 gestorben. Seine letzten Worte – eine Abwandlung des 44. Psalms – scheinen historisch gesichert: „Ich habe die Gerechtigkeit geliebt und das Unrecht gehaßt: deshalb sterbe ich in der Verbannung." Es ist die Haltung des märtyrerhaften Bekenners, der sich selbst in der Todesstunde sein richtiges Handeln bestätigt: nur eine heilsabgewandte Welt konnte ihm, dem Beauftragten Gottes, ein solches Schicksal bereiten.
Der hierokratische Anspruch des Papstes schien zusammengebrochen. Heinrich bereinigte die Lage in Deutschland; die Gefahr der sächsi-

schen Opposition schwand nach dem Tode Ottos von Northeim († 1083) und endgültig nach der Ermordung des geächteten Grafen Ekbert von Meißen († 1090). Gemeinsam mit dem Reichsepiskopat konnte Heinrich 1085 für das ganze Reich einen Gottesfrieden verkünden. 1087 ließ Heinrich seinen ältesten Sohn Konrad zum deutschen König krönen, 1089 – Bertha war 1087 gestorben – heiratete er Adelheid (Eupraxia, Praxedis), eine russische Fürstentochter und Witwe des Markgrafen der Nordmark. Als Heinrich 1090 nach Italien zog, durfte er glauben, seine Gegner überwunden zu haben.

Nach einem kurzen Zwischenpontifikat des sich gegen die Wahl sträubenden Mönchspapstes aus Montecassino Viktor III. (1086–1087) war Urban II. (1088–1099) erhoben worden, vormals Kardinalbischof Otto von Ostia, ein Nordfranzose, einst Prior von Cluny, der als päpstlicher Legat 1084/85 Deutschland kennengelernt hatte und unter den von Gregor VII. zur Nachfolge ausersehenen Kandidaten sich befunden hatte. Urban II., der seinen Papstnamen vielleicht aus Reverenz gegenüber dem Märtyrerpapst Urban I. wählte, dem eine fiktive Tradition die Stiftung der apostolischen Lebensform (vita apostolica, vita communis) untergeschoben hatte, war ein Mann von taktisch-politischem Genie: nicht nur gelang ihm schließlich 1093 die gesicherte Rückkehr nach Rom, er stiftete eine politische Ehe zwischen der dreiundvierzigjährigen Mathilde von Tuszien und dem siebzehnjährigen Welf (V.) von Bayern, der seiner ältlichen Gemahlin zwar bald davonlief, aber in den entscheidenden Jahren nach 1089 eine königsfeindliche Kräftekonzentration herbeigeführt hatte. 1093 sagte sich der junge König Konrad von seinem Vater los, Adelheid-Praxedis trennte sich von Heinrich IV. und brachte die unsinnigsten Beschuldigungen sittlicher Verfehlungen über ihren Gatten vor. Innerhalb kurzer Zeit hatte sich das Blatt gewendet. Heinrich saß sieben Jahre – 1090–1096 – in einer Burg bei Verona und konnte sich nicht rühren, ohne Gefahr zu laufen, gefangengenommen zu werden. Weltgeschichtliche Veränderungen gingen vor, als existiere ein Kaiser, ein deutscher König, ein Heinrich IV. nicht.

3. Die Streitschriften-Literatur und die Anfänge scholastischen Denkens

Mit dem Streit um die Investitur und Reform kommt eine heftige Diskussion auf, die sich auch in der Literatur niederschlägt und die übliche Quellentypologie sprengt. Es werden von einer „willkürlichen" Gestaltung auch Literaturgattungen erreicht, die früher eher

in trocken annalistischer Form von dem Geschehen berichteten, wie Annalen und Chroniken. Die Parteiungen gehen mitten durch die Konvente und Gemeinschaften. Lampert – dessen Annalen sich von 1069–1077 zur Reichsgeschichte ausweiten und eine konsequent königsfeindliche Haltung offenbaren – lebte als Mönch im vorwiegend königsfreundlichen Kloster Hersfeld, bis er 1081 in das vom Kanonikerstift zum Benediktinerkloster umgewandelte Hasungen überwechselte und dessen erster Abt wurde. Hasungen war Eigenkloster des Erzbischofs Siegfried von Mainz, eines erklärten Gregorianers. Dessen Nachfolger Wezilo hielt zu Heinrich IV. und zwang die inzwischen zur Hirsauer Reform sich bekennenden Mönche, Hasungen zu verlassen. Dem Königsgegner Lampert († nach 1081), dessen Annalen Ranke „nie ohne eine gedrückte Stimmung aus der Hand" hat legen können, steht Bruno nahe, ein Kleriker aus der Umgebung des Erzbischofs Werner von Magdeburg, mit seinem „Buch vom Sachsenkrieg", dessen königsfeindlicher, streng sächsischer Standpunkt offen zutage tritt, einbezogen in eine augustinische staatabwertende Grundhaltung. Auch die Bodenseechronistik trägt Züge oppositioneller Haltung: Gregorianer sind Berthold von Reichenau († 1088) und Bernold von Konstanz († 1100), dessen noch als Autograph erhaltene Weltchronik viele Vorgänge singulär berichtet.
Man sieht die „Anfänge der staatlichen Propaganda" in Heinrichs IV. Wormser Absetzungsschreiben von 1076, aber der Erfolg scheint nicht eben groß gewesen zu sein, im Gegensatz zu Zeugnissen päpstlicher Rührigkeit. Mehrere Briefe Gregors VII. weisen eine breite Überlieferung auf und lösten vielfältige Antworten aus, zumal sie zugleich in literarische Werke eingerückt wurden. Die königliche Seite war der päpstlichen hier fraglos unterlegen, denn die königliche Kanzlei war auf solcherart propagandistische Aktivitäten nicht eingerichtet; auch standen dem Papst zahlreiche Zwischenträger für seine Botschaften zur Verfügung, so etwa die Hirsauer Mönche, die sowohl als Boten wie als Volksredner auftraten. Als „Herumstreuner" (gyrovagi), die durch die Lande schweiften und schlichtere Gemüter täuschten, sind sie von den Lorscher Mönchen verspottet worden, die zugleich die Sorge äußern, daß „die ganze Erde von häufigen Streitereien Schmerz empfinde". Gregor VII. selbst wurde der Vorwurf gemacht, daß er „die Einheit zerstört und seine Schriften über den Erdkreis verstreut" habe. Jeden spannte er ein. Den Grafen Robert von Flandern wies er an, „diese unsere Worte häufig zu lesen ... und alle Geistlichen und Laien dazu anzuhalten, diese Wahrheit zu verkünden". Ein zentrales Stück der Propaganda Gregors VII. war jener lange Brief vom

März 1081 an Bischof Hermann von Metz, in welchem er die Gründe für die zweite Absetzung Heinrichs IV., die selbst in gregorfreundlichen Kreisen auf Unverständnis stieß, breit darlegte.

Die geistig-geistliche Unruhe, die damals weite Teile der Bevölkerung erfaßte, scheint groß gewesen zu sein, doch äußerte sie sich anders, als die Literaturgeschichten und Quellenkunden es erkennen lassen. Es gab einzelne Lehrer in Deutschland, die keiner Korporation angehörten und somit ohne feste Stellung und Einkommen waren; sie waren die ersten, die es wagten, von ihrem Lehrberuf zu leben. Benno von Osnabrück scheint Schüler eines solchen freien Magisters gewesen zu sein, und Manegold von Lautenbach zog mit Frau und Töchtern als Wanderlehrer durch Frankreich, bis er nach „vielen Umtrieben" in das Augustinerchorherren-Stift Lautenbach im Elsaß eintrat. Italien kannte schon lange den mit seiner Bildung protzenden Wander-Grammatiker. Auch wurde es üblich, sich nicht an seinem Heimatort unterrichten zu lassen, sondern in der Fremde, und wer nur an einem Ort studiert hatte, wurde fast verachtet. Frankreichs Schulen erhielten starken Zustrom aus Deutschland; Adalbero von Würzburg und Gebhard von Salzburg hatten in Paris studiert, Friedrich von Köln in Angoulême. Zugleich fand ein Austausch der Lehrer statt: der Sachse Bernhard war vorübergehend in Konstanz; Benno, Scholasticus in Hildesheim, kam aus Schwaben; in Würzburg lehrte der Schotte David. Zu dieser geistigen Unruhe kam die Diskussion über Themen der Reform. 3600 Geistliche der Diözese Konstanz hatten sich 1075 zu einer Synode zusammengefunden, veranlaßt durch das strenge gregorianische Gebot des Zölibats: sie verwarfen es, denn es war vor allem der niedere Klerus, der sich gegen die Ehelosigkeit wehrte. Briefe, die auf Tagesereignisse Bezug nahmen, wurden durch das Land geschickt und Lehren von der Kanzel verkündet. Bruno schildert, wie 1075 in Mainz während der Osterpredigt bei Anwesenheit des Königs ein Bote mit einem Schreiben der Sachsen eintrifft; der Bote fordert, daß es von der Kanzel „allem Volk vorgetragen und ausgelegt werde"; als dies verhindert wird, erklärt der Bote selbst den Inhalt dem Volk. Mit Empörung berichten einige Autoren, daß lateinische Schriften von Handwerkern, Kaufleuten und Frauen behandelt würden, daß sie also in die Volkssprache — wahrscheinlich mündlich — übertragen wurden, und Manegold von Lautenbach wirft seinem Gegner Wenrich von Trier vor, seine Schrift würde „durch alle Straßen und abseitigen Gassen zum Gespött der Kirche verbreitet" — während Manegolds Abhandlung gegen Wenrich nur in einer einzigen Handschrift auf uns gekommen ist.

Das ist zu beachten: Es wird von „Streitschriften-Literatur", „Flugschriften" und „Publizistik" gesprochen, aber die Überlieferung nicht weniger dieser Werke ist so schmal, daß sie in ihrer Zeit kaum die Funktion einer Streit- oder Flugschrift gehabt haben dürften, die die Öffentlichkeit erreicht hat. Humberts von Silva Candida „Drei Bücher wider die Simonisten", die Werke Manegolds von Lautenbach, die Traktate des sogenannten Normannischen Anonymus sind jeweils nur in einer einzigen Handschrift überliefert, und vom Liber de unitate ecclesiae conservanda, einer königsfreundlichen Ausgleichsschrift, existiert nur ein von Hutten besorgter Druck. Die Verbreitung einer Schrift ist kein Gradmesser für ihre intellektuellen und moralischen Qualitäten. Gerade die genannten Werke gehören zu den gehaltvollsten der gesamten Investiturstreitsliteratur — ohne diese sichtbar beeinflußt zu haben.

Die geistige Aktivität nahm sprunghaft zu. Man hat ausgerechnet, daß im 11. Jahrhundert und bis zur Zeit des Wormser Konkordats 1122 mindestens fünfmal so viele geschichtliche Werke geschrieben worden sind wie im Jahrhundert davor. Zahlreiche Schriften mit Reformthemen treten auf, bekannt sind weit über 150 von beinahe hundert Autoren. Fast alle waren Geistliche, die häufig Einzelfragen behandelten: die Simonie, den vom niederen Klerus vielfach abgelehnten Zölibat, die Laieninvestitur und am häufigsten, ob Gregor VII. den deutschen König Heinrich IV. habe absetzen dürfen. Schimpf- und Schmähworte flogen hin und her: solche typologischer Art, daß Erzbischof Anno von Köln z. B. ein neuer Hoherpriester Annas, Schwiegervater des Kaiphas, und Heinrich IV. ein anderer Nero sei, oder Namen wurden verunstaltet: Urbanus wurde zu Turbanus (dem Durcheinanderbringer) usw. Der einzige Laie unter den Streitschriftenautoren scheint der zum Kreis um Wibert von Ravenna (Gegenpapst Clemens III.) gehörende Petrus Crassus gewesen zu sein, der die Selbständigkeit und Unabsetzbarkeit des Königs aus dem römischen Recht hat beweisen wollen. Seine Argumentation ist Zeichen einer Neuorientierung: von nun an riß die Beschäftigung mit dem römischen Recht nicht mehr ab. Über ein halbes Jahrtausend wurde eine Brücke geschlagen; seit der Zeit Papst Gregors I. (590—604) waren die Digesten — der Teil des Corpus Iuris Civilis, in welchem die Stellungnahmen der römischen Juristen gesammelt waren und der sich zum Erörtern von Rechtsproblemen besonders eignete — nicht mehr zitiert worden. Jetzt wurden sie in Bologna unter dem Magister artium Irnerius-Werner (ca. 1075—1130), möglicherweise einem Deutschen, zum Hauptgegenstand der Rhetorik-Studien erhoben, bis bald eine

eigene Rechtsschule entstand, die im 12. Jahrhundert immer mehr Studenten anzog.
Das Abwägen des Für und Wider wurde, erzwungen durch die Diskussion, zum festen Bestandteil einer Argumentation. Es genügte nicht mehr, Autoritäten aneinanderzureihen, es bedurfte der Einbeziehung der widersprechenden Argumente, um eine Lösung anzubieten. Die Herausbildung der dialektischen Methode ist bereits bei Bernold von Konstanz († 1100) greifbar, bevor sie Abaelard (1079–1142) mit seinem „Sic et Non" anbietet. Indem die rationale Begründung zum Pro und Contra gehört, damit die conclusio gezogen werden kann, beginnt die Vernunft Eigenständigkeit zu erwerben: der Geist beginnt zu experimentieren. Der Investiturstreit mit seinem geistig-agonalen Charakter ist eine Voraussetzung für die heraufkommende Scholastik. Man wird sich bewußt, daß Glauben und Denken einander nicht ausschließen; daß im Gegenteil die heilige Tradition durch den Intellekt tiefer erfaßt und damit stärker gesichert werden kann. Die Abfolge ist freilich unumstößlich: Credo, ut intelligam (Ich glaube, also begreife ich), oder in noch präziserer Umschreibung des heuristischen Verfahrens: Fides quaerens intellectum (Der Glaube, der das Verständnis sucht). Beide Axiome stammen vom ersten großen Vertreter der Frühscholastik, von Anselm von Canterbury († 1109), dessen erklärtes Ziel es war, den ungläubigen Gegner von der Vernunftmäßigkeit der Glaubenswahrheiten zu überzeugen; daher seine Frage, „warum Gott Mensch" geworden sei (Cur deus homo), daher sein Gottesbeweis, der erste in einer langen Reihe. Auf ontologischem Wege versucht er darzulegen, daß aus dem Begriff der Vollkommenheit, die Gott zugehört, auch seine Existenz abzuleiten sei.
Man wird nicht sagen können, daß die Deutschen bei diesem geistigen Aufbruch abseits standen, aber die starke Politisierung innerhalb des deutschen Reiches band die geistige Kraft.

4. *Die Erweiterung des Abendlandes und der Beginn der Kreuzzüge*

Gegen Ende des 11. Jahrhunderts gehen in Europa und im Mittelmeerraum Veränderungen vor, an denen das deutsche Reich und der deutsche Raum seltsam unbeteiligt waren: der Weg in eine vom übrigen Europa abweichende Entwicklung deutet sich an. Es beginnt sich so etwas wie ein Staatensystem aufzubauen; das Reformpapsttum wirkt an der Konsolidierung neuer Reichsgebilde mit und begreift sich selbst als politisches Integrationszentrum. In Spanien setzte die Reconquista ein: die Rückeroberung der maurischen Gebiete. Dem brutalen Ferdinand I. (1035–1065) gelang der

Zusammenschluß der Reiche von León, Navarra, Aragón und Kastilien, deren militärische Kraft sein Sohn Alfons VI. (1065–1109) nach Süden lenkte. Die Leitfigur des christlichen Ritters der „Frontera" ist der Cid (1045–1099) mit dem Beinamen el Campeador, der Kämpfer, der sich hauptsächlich seinem ritterlichen Ehrencodex, der auch den Kampf auf der Seite der Mauren zuließ, verpflichtet fühlte. Sein Ziel war es, eine eigene Herrschaft, eine eigene Immunität, aufzubauen. Aber diese vielgestaltigen, einander sich aufhebenden Kleinherrschaften gingen bald unter.

Die erstaunlichste Neugründung war das Normannenreich in Süditalien: die Normannen nützten dort die undurchsichtige Lage, wo griechische Enklaven neben Sarazenensiedlungen, alte langobardische Fürstentümer neben kirchlichen Patrimonien lagen, und eroberten von einem Brückenkopf bei Neapel ausgehend Landstrich um Landstrich: 1071 fiel mit Bari die letzte byzantinische Bastion in Italien; nach harten Kämpfen wurde auch das sarazenische Sizilien erobert. Zuletzt ergab sich Syrakus 1091. Von Sizilien aus wurde jener berühmte, straff organisierte Lehnsstaat aufgebaut, dem ein in der späteren Staatstheorie wichtiges Strukturmerkmal eigen war. Dem Herrscher von Sizilien übertrug Papst Urban II. 1098 die geistlichen Legatenaufgaben. Damit war der Grund zu jener Monarchia Sicula gelegt, bei der weltliche und geistliche Leitung in einer Hand vereinigt sind. Behindert wurde die normannische Expansion in den Mittelmeerraum durch die Byzantiner, und in seiner zupackenden Art hatte Robert Guiscard den Krieg von Italien auf den Balkan getragen. Der Feldzug ließ sich 1080 gut an; Dyrrhachium/Durazzo wurde von den Normannen erobert, aber ihre Flotte von den verbündeten venezianisch-byzantinischen Schiffen vernichtet. 1085 starb Robert Guiscard mitten in einem neuen Feldzug auf der Insel Kephallenia.

Daß die Normannen nicht das erwartete leichte Spiel mit den Byzantinern hatten, lag an der Reorganisation, die der Militäradel dort durchführte. Als ihr Vertreter hatte Alexios Komnenos (1081–1118) den Thron bestiegen. Um die militärische Kraft zu stärken, suchte Alexios Anlehnung an den Westen und leitete Unionsverhandlungen mit Papst Urban II. ein. Offenbar sollten abendländische Ritter in byzantinischen Sold treten, und 1095 erschien auf der päpstlichen Synode von Piacenza eine griechische Gesandtschaft mit einem Hilfeersuchen: daß durch päpstliche Initiative ein Kreuzzug nach Jerusalem daraus würde, scheint von den Byzantinern nicht beabsichtigt gewesen zu sein.

Seit Beginn der Reform verstanden sich die Päpste als Vorkämpfer gegen das Heidentum. Alexander II. hatte den Rittern, die gegen die spanischen Mauren zogen, Ablaß gewährt, und Gregor VII., den man – an seiner Gesinnung gemessen – den kriegerischsten Papst nannte, der je auf dem Stuhle Petri saß (C. Erdmann), hatte im Dezember 1074 allen Ernstes die Absicht, persönlich ein Heer in den Orient zu führen, um gegen die Araber zu kämpfen. Es ist gewiß kein Zufall, daß von den Päpsten der Reform der religiöse Anspruch mit einem politischen verbunden wird. Wie über die Normannen versuchte das Papsttum auch andere Lehnsoberhoheiten zu errichten, teilweise mit sehr massiven Mitteln. Französischen Rittern, die nach Spanien ziehen wollten, teilte Gregor VII., der den Feldzug zum heiligen Krieg erklärt hatte, mit: „Wenn ihr euch nicht zur Wahrung der Rechte des heiligen Petrus verpflichtet, wollen wir euch lieber verbieten, überhaupt nach Spanien zu ziehen." Zwar gelang es zunächst nur, einzelne Grafschaften in eine Lehnsabhängigkeit zu bringen, aber unter Paschal II. (1099–1118) wird die Grafschaft Barcelona und Katalanien dem päpstlichen Stuhl lehnspflichtig, so daß schließlich der ganze Nordosten Spaniens den Papst als Feudalherrn anerkennt. Kein Glück hatte der Papst bei Wilhelm dem Eroberer, den er mit der Petersfahne versah: Wilhelm ignorierte den Versuch, mit der Fahne eine lehnrechtliche Abhängigkeit anzudeuten. Hätte in Deutschland das Gegenkönigtum gesiegt, so wäre es vom Papsttum lehnsabhängig geworden, denn beide Gegenkönige, Rudolf von Rheinfelden und Hermann von Salm, hatten das Versprechen geleistet, Vasallen des Papstes zu werden, und aus päpstlicher Sicht war folgerichtig der deutsche König nur ein rex Teutonicorum, ein König unter anderen. Insgesamt sind die Anstrengungen, den Papst als Oberlehnsherrn durchzusetzen, größer als die Erfolge: In Frankreich unterstellten sich nur einige Grafschaften; Versuche, Dänemark und Ungarn anzugliedern, fanden keine Resonanz. Lediglich einige kleinere Fürsten banden sich an den Papst: 1076 nahm König Demetrius von Kroatien und Dalmatien sein Land zu Lehen, und vielleicht bestand auch eine Feudalverbindung zum Fürsten Isjaslaw von Kiew.

Neben dieser Tendenz, Oberlehnsverhältnisse zu begründen, stehen reiche Gütergewinne der bis zum 12. Jahrhundert armen römischen Kirche, an ihrer Spitze die sogenannten Mathildischen Güter. Die Markgräfin Mathilde war die einzige Erbin der Reichslehen und Allode in Tuszien, Emilia und der Lombardei, die sie – ungeachtet eventueller entgegenstehender königlicher Rechte – 1079 der römischen Kirche mit dem Vorbehalt eines persönlichen Verfügungsrechts übertrug.

Die vielen neuen finanziellen und verfassungsrechtlichen Aufgaben erforderten den Ausbau einer zentralen Verwaltung. Unter Papst Urban II. taucht 1089 zum erstenmal der Ausdruck „Kurie" auf; die „curia Romana" ist gleichsam eine Analogie zum weltlichen Hofstaat, zur „curia regis". Auch die päpstliche Kanzlei wird neu geordnet, um die vielfältige Korrespondenz zu erledigen. Zugleich werden eine Finanzverwaltung — Urban II. verlangte zum Beispiel die Vorausbezahlung von Prozeßgebühren — und eine Vermögensverwaltung aufgebaut: die päpstliche Kammer, deren erster Leiter — bezeichnend genug — der Mönch Petrus aus dem Kloster Cluny wurde. Damals und beinahe schlagartig setzen die Satiren auf den Geiz und die Bestechlichkeit der römischen Kurie ein. Der Verwaltungsapparat ist so ausgedehnt, daß verschiedene Aufgaben manchen Kardinälen — Kurienkardinälen, wie man sie später nannte — übertragen werden, und den Papst beginnt als ständige Einrichtung das Konsistorium der Kardinäle zu beraten. Neben der fast als technokratisch anzusprechenden päpstlichen Zentralverwaltung nimmt sich das deutsche Reisekönigtum aus dem Sattel geradezu primitiv aus.
Obwohl der deutsche Kaiser sich als „Verteidiger der Christenheit" verstand, vollbrachte die lateinische Christenheit ihre größte militärische Leistung ohne ihn. Der Erste Kreuzzug, zu dem Papst Urban II. 1095 auf der französischen Synode von Clermont-Ferrand aufgerufen hatte, wurde hauptsächlich von französischen und normannischen Rittern getragen und stand unter der Leitung des Papstes, und klarsichtig hat Otto von Freising das Fehlen der Deutschen „mit der Spaltung, die damals zwischen Königtum und Papsttum bestand", begründet. Der wegen seiner Selbstlosigkeit und Tapferkeit allgemein verehrte Gottfried von Bouillon war zwar als Herzog von Niederlothringen deutscher Lehnsträger und sogar Anhänger Heinrichs IV., aber als 1099 nach der Eroberung Jerusalems ein Kreuzfahrerreich eingerichtet wurde, zu dessen Führer man Gottfried erhob, der sich „Vogt des heiligen Grabes" nannte — nicht „König", was erst sein Bruder und Nachfolger Balduin I. (1100—1118) besorgte —, spielte die Lehnsbeziehung zum deutschen König gar keine Rolle.
Die neuen Kreuzfahrerstaaten hatten eine strenge Feudalordnung. Das war um so notwendiger, als der Zustrom von Menschen in das Heilige Land stockte. Der anarchische Volkskreuzzug unter Führung des Einsiedlers Peter von Amiens, der sich auf einen Himmelsbrief berief, war kümmerlich mißglückt; seine Abenteurerbanden hatten in den Rheinlanden blutige Judenpogrome ausgelöst und waren bereits in Ungarn 1096 bei ihren ausschwärmenden Plünderungs-

zügen zum großen Teil erschlagen worden. Mehrere volkreiche Pilgerfahrten hatten ebenfalls wenig Erfolg. 1101 scheiterte ein Zug, für den die phantastische Zahl von 150000 Teilnehmern aus der Lombardei, aus Südfrankreich und aus Deutschland gemeldet wird. Wenig später ist eine Pilgertruppe unter Führung Wilhelms IX. von Poitiers und Welfs IV. von Bayern mit ca. 60000 Menschen aufgerieben worden. Der Kampf der Christenheit ruhte auf den „Franken", so daß in der Selbsteinschätzung die „Taten der Franken" (Gesta Francorum) zu den „Taten Gottes durch die Franken" (Gesta Dei per Francos) werden konnten. Die westlichen Nachbarn der Deutschen waren auf dem Weg zur „allerchristlichsten" Nation.

Mit den Kreuzzügen ist nicht nur der politische und wirtschaftliche Raum des Abendlandes erweitert worden; es erschlossen sich den abendländischen Rittern und Pilgern auch neue Lebensformen und Erfahrungen außerhalb der christlichen Welt. Man lernte den Islam kennen, die Figur des „edlen Heiden" kam auf, und der schon in Jerusalem geborene Wilhelm von Tyrus († 1186) konnte von seinem Zeitgenossen, dem Sultan Saladin, sagen, er sei ein „über die Maßen großzügiger Mann".

5. *Die Stadt als Rechts- und Lebensform*

Die Kreuzzüge brachten den italienischen Seestädten einen großen Aufschwung, waren sie es doch, die viele Kreuzfahrer in das Heilige Land transportierten und die ständige Verbindung dorthin aufrechterhielten. Vor allem Genua und Pisa verschafften sich Hafenmonopole, während Venedig sich den zoll- und abgabefreien Handel mit Griechenland verbriefen ließ und erst später auf das Heilige Land ausgriff. Von dem Seehandel profitierten auch die oberitalienischen Binnenstädte, und in den reich gewordenen Kommunen, die sich zuweilen in Fahnenwagen selbstbewußte Symbole gaben, kam es zu Spannungen und Kämpfen über Fragen der städtischen Verfassung. Die unteren Schichten drängten auf Beteiligung neben dem hohen und dem mit dem Bürgertum meist zusammengehenden niederen Adel; Behörden und Behördenhäupter wurden geschaffen, consules, die anfangs häufig als militärische Führer auftraten – 1080 in Lucca, 1084 in Pisa, 1097 in Mailand, 1099 in Genua –, dann aber Verwaltungsaufgaben übernahmen. Auf der Grundlage des römischen Rechts, das zu einem „diritto comune" fortgebildet wurde, entstanden Stadtrechte, die nach der Gleichheit aller Bürger trachteten. Allerdings war die bürgerliche Gemeinschaft kein geschlossener genossenschaftlicher Verband: jeder Bürger haftete für sich, und der Eid einer Stadt bestand aus der Summe der Einzeleide der eidesfähigen Bürger. Nach Größe und Rechtsform hatten die oberitalienischen Städte einen erheblichen Vorsprung vor anderen Stadtgebilden in Europa, auch wenn zur gleichen Zeit im Bereich des deutschen Reiches städtische Autonomiebestrebungen sich bemerkbar machten.

Der erste städtische Freiheitsbrief, der überliefert ist, galt dem flämischen Huy in der Diözese Lüttich. Der Graf von Flandern, ein Feind des Bischofs, hatte in einer Fehde den Ort zerstört; um die Bewohner zur Rückkehr zu veranlassen, verkündete der Bischof von Lüttich als Stadtherr 1066 jenen Freiheitsbrief. Die Abgabeverpflichtung wurde stark eingeschränkt; den Bürgern — zum ersten Mal taucht das Wort burgenses auf — ist eine partiell eigenständige Gerichtsbarkeit zugestanden: Wer außerhalb der Stadt ein Kapitalverbrechen beging, in die Stadt jedoch flüchten konnte, unterstand dem Schutz des städtischen Friedensbezirks, wenn er den städtischen Urteilsspruch anerkannte. Auf diese Weise läßt die Handfeste von Huy die Stadt als Rechtskörperschaft und als Friedenswahrerin erscheinen.

Von dieser Stufe der Autonomie waren die Städte in den Zentrallandschaften des deutschen Reiches noch weit entfernt, zumal die ersten Versuche einer Loslösung vom Stadtherrn häufig fehlgeschlagen waren. In Trier hatten 1066 die führenden Familien der Stadt einen Kandidaten zum Metropoliten erhoben, dem der Erzbischof Anno von Köln jedoch die Ordination verweigerte. Er wollte seinen eigenen Neffen Kuno durchsetzen, doch schon auf dem Wege zur Stadt wurde er vom Trierer Kirchenvogt abgefangen und umgebracht. Hier war es das Selbstbewußtsein der Trierer, das den fremden Kandidaten nicht dulden wollte, gegen den überdies das Kirchenrecht stand.

Die Auseinandersetzung zwischen König und Fürsten, in die der deutsche Episkopat hineingezogen war, gab manchen Städten Gelegenheit, sich vom bischöflichen Stadtherrn zu lösen. Als Heinrich IV. 1073 Sachsen überstürzt verlassen mußte, fand er Zuflucht bei den Wormsern, die ihren Bischof Adalbert und dessen Ministerialen vertrieben und den König jubelnd in der Stadt aufnahmen. Des Königs Gegenleistung war ein 1074 noch in Worms ausgestelltes Privileg zugunsten der „Einwohner der Stadt Worms", denen der Zoll bei den königlichen Orten Frankfurt, Boppard, Hammerstein, Dortmund, Goslar und Enger (bei Herford) erlassen wird. Nicht die Stadt selbst, die „Bürger", sind mit Rechtsvorteilen bedacht, sondern die in ihr wohnenden Kaufleute. Die Herrschaftsrechte des bischöflichen Stadtherrn sollten offensichtlich nicht angetastet werden. In einer langen Arenga wird für die „Einwohner aller Städte" königliche Freigebigkeit in Aussicht gestellt, „welche die Wormser hierdurch erlangt haben". Das Wormser „üble Beispiel", wie der königsfeindliche Lampert von Hersfeld vermerkt, blieb nicht ohne Folgen.

Als im April 1074 der rücksichtslose Erzbischof Anno II. von Köln (1056–1075) das bereits befrachtete und zur Ausfahrt bereitliegende Schiff eines reichen Kölner Kaufmanns beschlagnahmte, um es seinem zu Gast weilenden Suffragan Friedrich von Münster als Transportmittel zur Verfügung zu stellen — ein nur im Falle der Heerfahrt erlaubter Zugriff —, kam es zum offenen Aufruhr. Die erzbischöfliche Residenz wurde gestürmt, Anno floh verkleidet durch einen Stollen in der Stadtmauer. Auch in Köln waren es vornehmlich die Kaufleute, die sich gegen den bischöflichen Stadtherrn erhoben, hatte sich doch der Fremdling Anno — er stammte aus einem Geschlecht schwäbischer Edelfreier — wie in der Stadt, so auch im Klerus Feinde geschaffen. Aus dem piemontesischen Kloster Fruttuaria hatte er Reformmönche cluniazensischer Gesinnung und Gewohnheiten in das stadtkölnische Kloster St. Pantaleon gebracht, nachdem der alte Konvent einfach vertrieben worden war — die neuen landfremden Mönche wären bei dem Aufstand, so heißt es, „allesamt" fast erschlagen worden —; auch die Klöster Grafschaft (Kreis Meschede) und vor allem Siegburg sind mit Mönchen aus Fruttuaria belegt worden. Annos hemmungslose Reform- und Erwerbspolitik, die sich auf Ämterbesetzungen ebenso erstreckte wie auf Liegenschaften und Klöster, hat ihn zu einem verhaßten Mann werden lassen, den die eigenen Dienstleute umbringen wollten; er hätte dann dasselbe Schicksal erlitten, das mehreren seiner Verwandten bereitet worden ist: nicht nur sein Neffe, den er als Trierer Metropoliten hat durchsetzen wollen, war ermordet worden; Annos Bruder Werner, der 1063, als Anno nach dem Raub von Kaiserswerth die Zentralgewalt in der Hand hatte, auf den Erzbischofsitz von Magdeburg befördert worden war, starb 1078 eines gewaltsamen Todes, und sein Neffe Bischof Burchard von Halberstadt wurde 1088 bei einem Aufstand in Goslar von den Bürgern seiner eigenen Diözese tödlich verwundet.

Anno strafte die unbußfertige Bürgerschaft Kölns hart, indem er die Ende April 1074 wiedergewonnene Stadt zur Plünderung freigab. Gegen 600 Kölner Bürger sollen zum König geflohen sein und diesen um Hilfe gebeten haben. Heinrich bewog Anno im Juni 1074, der Stadt Köln Verzeihung zu gewähren, erteilte aber kein Privileg entsprechend dem Wormser. Anno hob die Exkommunikation und Verbannungen auf und zog sich wenig später in sein Lieblingskloster Siegburg zurück, das er zu seiner Grablege bestimmt hatte; bereits Ende 1075 starb er. Es war das dankbare Andenken der Siegburger Mönche – nicht Kölns –, welches Annos Leben mit Zeichen und Nachrichten der Heiligmäßigkeit umgab, und der Abt von Siegburg hat 1183 Annos Kanonisation in Rom betrieben.

Mit der Kölner Bürgerschaft wird ein Versuch in Zusammenhang gebracht, die Stadtfreiheit durchzusetzen. Eine coniuratio pro libertate, von der zum Jahre 1112 berichtet wird, habe sich gegen den erzbischöflichen Stadtherrn gestellt. Allerdings ist die chronologische Einordnung ebenso umstritten wie der Charakter des Schwurverbandes, der sich zur Wahrung der Eigenständigkeit gegenüber dem Kaiser zusammengeschlossen haben könnte. Immerhin erwarb die Kölner Bürgerschaft in den ersten Jahrzehnten des 12. Jahrhunderts eigene Rechte: sie legte sich ein Stadtsiegel zu, ein Schöffenkolleg bildete einen eigenen, vom erzbischöflichen Stadtherrn unabhängigen Gerichtsstand, die Schreinsbücher (ähnlich unseren Grundbüchern) wurden eingerichtet.

Vielfach suchten die Städter beim König Schutz gegen ihren bischöflichen Stadtherrn, während der König wiederum Hilfe und Unterstützung von den Bürgern erwartete. 1102 leisteten die Bürger von Cambrai, die sich zu einer Kommune zusammengeschlossen hatten, ihrem Bischof einen Treueschwur, der nur gelten sollte, solange dieser zum Kaiser stände, und dem Kaiser sagten die Cambreser Gefolgschaft zu, solange er ihnen gegen den Grafen von Flandern half. Ein beredtes Zeugnis übereinstimmender Interessen zwischen Städtern und König Heinrich IV. ist ein auf 1105 datierter Brief der Mainzer Bürgerschaft, die ihren Erzbischof vertrieben hatte: sie wolle weiter zu ihm – dem Kaiser – halten, denn sie hätten gemeinsame Feinde: „Wenn uns Gott den Sieg schenkt, dann werden wir gesichert sein, du auf deinem Thron und wir an unserem Platz." Köln und Lüttich verhielten sich ähnlich.

Auf dem Wege in die Stadtfreiheit befand sich nicht nur ein Teil der alten Bischofsstädte mit einer manchmal bis in die römische Zeit zurückreichenden Siedlungskontinuität. Bei Gründungen aus wilder Wurzel sind gewisse Freiheiten vom Gründungs- und Stadtherrn sogleich zugestanden worden. Das früheste erhaltene Beispiel einer landesherrlichen Gründung dürfte das Stadtrecht von Freiburg im Breisgau 1120 sein. Die Zähringer hatten auf Allodialgut 1091 eine Burg, mit einem suburbium errichtet: „vriburg"; 1120 sind durch Boten Kaufleute zusammengerufen worden; mit ihnen wurde eine „eidliche Vereinbarung" (coniuratio) über einen zu gründenden Marktort getroffen. Diesem sicherlich über eine gewisse Zeit sich hinziehenden Siedlungs- und Rechtsstiftungsakt schloß sich 1122 ein Beurkundungsvorgang an, der von zwölf Ministerialen der Zähringer beschworen wurde. Zu den zugestandenen Rechten dieser frühen Phase dürfte gehört haben, daß jedem Kaufmann ein Stück Grund und Boden zugewiesen wurde, auf welchem er ein Haus zu eigen errichten konnte; der Stifter sorgte für Frieden und Sicherheit für alle, die den Markt aufsuchten, und war bereit, geraubtes Gut auszulösen; Zoll und freier Erbgang war den Kaufleuten und Bürgern zugestanden; sie selbst durften sich den Vogt und den Priester wählen; Streitigkeiten sollten sie nach eigenem Recht oder nach Kaufmannsrecht, „besonders dem der Kölner", entscheiden; in Not stand ihnen das Recht zu, ihren Eigenbesitz ungehindert zu verkaufen. Kern der Bürgerschaft, die bald mercatores, bald burgenses heißen, waren offenbar 24 Marktgeschworene (coniuratores fori), die z. B. einen erbenlosen Nachlaß über Jahr und Tag verwalteten, um ihn dann als Seelstiftung für den Erblasser, für den Stadtausbau und für den Stadtherrn zu dritteln. Sie dürften den Bürgermeister (rector, causidicus) aus ihrer Mitte bestimmt haben. Im Laufe des 12. Jahrhunderts scheint aus Marktgeschworenen der Rat der Stadt hervorgegangen zu sein. Vom Freiburger übernahmen eine ganze Reihe anderer Orte ihr Stadtrecht z. B. Diessenhofen (1178), Freiburg im Üchtland (1170/80), Bern (ca. 1191). Bei solchen Stadtrechtsfamilien konnte, aber brauchte nicht ein Rechtszug zu einem gerichtlichen Oberhof in der Mutterstadt bestehen.

Mit der heraufkommenden autonomen Stadt war der Begriff der städtischen Freiheit, d. h. des Freiseins von jeder Form der Grundhörigkeit verbunden. Auch Hörige, die sich dem Zugriff des Grundherrn entzogen hatten und in die Stadt gegangen waren, konnten diese Freiheit erlangen, wenn sie vom Grundherrn nicht binnen einer bestimmten Frist zurückgefordert wurden. Königliche Freiheitsbriefe sicherte sie in ihrer neuen Stellung als Bürger (1111 Worms; 1114 Speyer). Im niederfränkischen Raum tauchte zuerst der Rechtsgrundsatz „Stadtluft macht frei" auf. Unfreiheit ist hier anders gesehen als etwa in der Antike. In der Antike blieb ein herrenloser Sklave seinem Stand nach ein Sklave, eine herrenlose Sache, und der Herr konnte ihn jederzeit „in die Knechtschaft zurückführen". Im mittelalterlichen Recht erlosch die Hörigkeit, wenn der Herr — etwa durch Verschweigen — sie nicht wahrnahm.

In ihrer baulichen Gestalt muß die Stadt des 11. und auch noch des 12. Jahrhunderts ein kümmerliches Aussehen gehabt haben. Wohl alle Häuser waren einräumig und aus Holz, gebaut wie Bauernhütten, und selbst die Handwerker, die Öfen und Essen für ihre Arbeit benötigten wie Bäcker und Schmiede, hatten nur gemauerte Feuerstellen oder separate steinerne Ofenhäuser. Rund 30 × 15 m waren die Areale groß, die z. B. die Kaufleute nach Freiburg locken sollten; Wehrbauten um den Ort – meist Erdwälle mit Holzpalisaden – durften nur mit Genehmigung oder Anregung des Markt- oder Stadtherrn ausgeführt werden. Große Städte hatten stärkere Anlagen. Für eine ernsthafte Verteidigung mußte die städtische Fortifikation allerdings meist erst hergerichtet werden. Als sich Heinrich IV. 1106 in die Stadt Köln warf, befahl er, die Stadt mit Wall, Graben und Torbogen zu umschließen, und in der Tat konnte die Stadt gehalten werden, nachdem dreißig Jahre früher – 1074 beim Kölner Aufstand – ein Verteidigungsring die erzbischöflichen Truppen offenbar kaum aufgehalten hatte. Aachen, Soest, Braunschweig und nur wenige andere Städte wurden erst auf das Ende des 12. Jahrhunderts zu mit einem gemauerten Ring umschlossen.

II.

Der Weg zum säkularisierten Staat und zur Priesterkirche

1. *Investiturstreitigkeiten in Frankreich und England*

Selbstverständlich sind auch außerhalb des deutschen Reiches Simonie und Laieninvestitur geübt worden, und um die Ämter wurde sogar in einer Weise geschachert, die der deutschen Kirche fremd war. Vom Erzbistum Narbonne weiß man z. B., daß es 1016 für 100 000 Goldschillinge zu haben war, Albi kostete 1038, als es bei Lebzeiten des Bischofs verkauft wurde, 5000 Schillinge, und der Vater des Florentiner Bischofs Petrus Mezzabarba, ein reicher Pavese, stöhnte 1062: „3000 Goldstücke hat mich der Pontifikat meines Sohnes gekostet." Daß Benedikt IX. 1045 seine Papstwürde an Gregor VI. verkaufte, verliert in dieser Nachbarschaft das Außergewöhnliche. Obwohl die Mißstände in Frankreich und Italien viel größer gewesen sein dürften, hat der Kampf zwischen römischer Kirchenreform und Laienherrschaft nirgendwo so auszehrende Ausmaße angenommen wie in Deutschland. Der deutsche König war als potentieller oder wirklicher Kaiser der hervorgehobene Repräsentant der Laienherrscher, und die Verwobenheit weltlicher

Rechte und kirchlicher Ämter im sogenannten ottonisch-salischen Reichskirchensystem ließ eine problemlose Trennung nicht zu.
Die Reformer hatten mit ihren Forderungen des Verbots der Laieninvestitur vor *Frankreich* keineswegs haltgemacht, aber vom Investiturverbot waren die französischen Magnaten fast mehr betroffen als der König. Die Hauptauseinandersetzung zwischen Papsttum und französischer Krone spielte in der Regierungszeit Philipps I. (1060–1108) und verlief ohne die Dramatik des deutschen Investiturstreits, denn sie zerfiel in einzelne Streitereien, die zudem verdeckt waren durch Probleme anderer Art. Philipp war gewiß kein Freund und Förderer der gregorianischen Reform und des römischen Zentralismus, aber noch weniger waren es einige französische Kirchenfürsten wie etwa der Erzbischof Manasse I. von Reims. Von ihm, dem man ohnehin nachsagte, daß er Kriegsleute mehr schätze als Geistliche, kursierte das Wort, Erzbischof sein sei ja schön und gut, wenn nur das Messelesen nicht wäre: was nicht darüber hinwegtäuschen sollte, daß Manasse ein Mann von hoher Bildung, kirchenrechtlichen Kenntnissen und nicht ohne Reformbereitschaft war. Was ihn in Gegensatz zu Rom brachte, war seine Weigerung, die Kompetenz eines gallischen Legaten anzuerkennen; er verlangte ein römisches Forum. Nach jahrelangem Hin und Her wurde Manasse 1081 endgültig für abgesetzt erklärt, ohne daß es – trotz des gallikanischen Kerns der Frage – zu einer Solidarisierung des französischen Episkopats gekommen war. Gregor VII. hatte wiederholt in scharfem Ton an Philipp geschrieben, ging jedoch gegen ihn nicht so hart wie gegen Heinrich IV. vor. 1092 verstieß Philipp nach zwanzigjähriger Ehe seine Gemahlin Bertha von Holland und lebte (nach kirchlicher Auffassung) im Konkubinat mit der Gräfin Bertrada von Montfort. Als kirchliche Mahnungen, selbst mehrfach ausgesprochene Exkommunikationen, nichts verschlugen, wurde er auf der großen Reform- und Kreuzzugssynode von Clermont-Ferrand 1095 in den Kirchenbann getan; zugleich untersagten die Synodalen jedem Bischof, einem Laien den Lehnseid zu leisten.
Die Frage schien sich zu einer grundsätzlichen Auseinandersetzung auszuwachsen, doch war Urban II. – geborener Franzose, der Frankreich die filia specialis der römischen Kirche nannte – nicht von der unduldsamen Härte eines Gregor VII. An der Ausübung der Herrschaft ist Philipp nicht gehindert worden, obwohl er sich von Bertrada nicht trennte und an seinem Investiturrecht festhielt. Schon vor dieser Zuspitzung zeichnete sich in den Streitschriften der Zeit das Bemühen ab, das Investiturproblem zu lösen. Reflexionen über die Trennung von geistlichem Amt und weltlichem Besitz

hatten speziell in Frankreich Tradition; schon der Abt Abbo von Fleury († 1004) hatte Überlegungen über die Verschiedenheit beider Bereiche angestellt. Der für die Lösung des Investiturproblems wichtigste Vorschlag kam vom gelehrten Bischof Ivo von Chartres († 1116), der durch die Schule Lanfrancs von Bec gegangen war und in der Theologie wie im Kirchenrecht die Fähigkeit begrifflicher Trennung erworben hatte. Von 1097 an, nachdem Ivo bereits mehrere kirchenrechtliche Werke verfaßt hatte, läßt sich in seinen Schriften das Auseinanderhalten von geistlicher Würde und von weltlicher Ausstattung, in die ein Laie einweist, beobachten: die Distinktion von Spiritualia und Temporalia. Papst Urban II. nahm den von Ivo vorbereiteten und von König Philipp I. approbierten Vorschlag an, der zum ersten Mal 1098 bei der Erhebung des Erzbischofs Daimbert von Sens geübt wurde: Philipp verzichtete bei dem mit seiner Billigung gewählten Daimbert auf die Investitur mit den kirchlichen Symbolen Ring und Stab und gab sich mit dem Treueid zufrieden, indem er auf das Hominium – die von einem Lehnsmann beeidete Mannschaftsleistung – verzichtete; nach einem Fidelitätsschwur erhielt der Bischof seine Güter. Es spielte sich die Abfolge ein: nach der kanonischen Wahl keine königliche Investitur, sondern ein Treueid des Elekten gegenüber dem König und anschließend Einweisung in die Güter. Es war letztlich eine gemilderte Investitur ohne die Provokation durch kirchliche Symbole. Verborgen unter Querelen verschiedener Art blieb es bei der Regelung ohne einen förmlichen Vertrag.

Das *anglonormannische Reich* war in einer besonderen Lage: Wilhelm der Eroberer hatte 1066 zu dem der französischen Krone unterstehenden Herzogtum Normandie das englische Königreich hinzugewonnen, wo er neue Herrschaftsformen einrichten konnte. Wie er mit dem Reichskataster des Domesdaybook den König als alleinigen Eigentümer allen Grund und Bodens erscheinen lassen konnte, so begriff er sich als Leiter und Beschützer der englischen Kirche. Er brachte französische Prälaten auf die Insel, an der Spitze den in gleichem Grade gelehrten wie raffinierten Lanfranc von Bec, der als Erzbischof von Canterbury (1070–1089) das englische Kirchenrecht nach den Grundsätzen der pseudoisidorischen Dekretalen durchorganisierte. Wilhelms Beziehungen zum Reformpapsttum waren recht kühl, und Gregor VII. konnte eine Zeitlang gar nicht sicher sein, ob sich Wilhelm nicht für den kaiserlichen Gegenpapst Wibert von Ravenna-Clemens III. erklärte. Wilhelm respektierte wohl den Eigencharakter der Kirche, indem er selbständige kirchliche Gerichtshöfe einrichtete, ließ sich aber einen staatlich gelenkten Zentralismus nicht abhandeln: Synoden bedurften seiner

Einberufung; er ernannte die Bischöfe und duldete keine Romreisen seiner Prälaten ohne seine Genehmigung. Nach Wilhelms Tod 1087 drohte das anglonormannische Reich auseinanderzufallen. Wilhelm II. Rufus, König von England, verschloß sich den kirchlichen Reformen: er verweigerte zunächst Papst Urban II. die Anerkennung und nahm unbeirrt das Spolienrecht wahr, d. h. der König zog den beweglichen Nachlaß eines verstorbenen Bischofs ein und verwaltete das Bistum, bis ein Nachfolger bestellt war, wobei die Einkünfte der Krone zuflossen. Daß ein Mann wie der neue Erzbischof Anselm von Canterbury (1093–1109), der sich in der dünnen Luft scholastischer Theorien bewegte, ins Exil getrieben wurde, kann nur natürlich erscheinen. Als Wilhelm II. bei einem Jagdunfall 1100 ums Leben kam, übernahm dessen jüngster Bruder Heinrich I. die englische Königswürde, ein Mann, bei dem sich Elastizität mit Energie verband. Er setzte seinen älteren Bruder Robert Kurzhose, den Herzog von der Normandie, einen Helden des Ersten Kreuzzugs und Miteroberer Jerusalems, 1106 gefangen und vereinigte die Normandie wieder mit England. Heinrich suchte den Ausgleich mit dem Papsttum und mit seinem Primas Anselm von Canterbury, aber er schickte ohne Bedenken den zurückgerufenen Anselm, der eine Bindung von Sakramentsträgern an irdische Herrschaftsträger weiterhin nicht zulassen wollte, 1103 wieder ins Exil. Im normannischen Kloster Bec, wo Lanfranc und Anselm gewirkt hatten, wurde 1106 eine Formel vorbereitet, die 1107 dem sogenannten Londoner Konkordat zugrunde gelegt wurde: Nach der in Anwesenheit eines königlichen Vertreters vollzogenen kanonischen Wahl sollte zwar keine Investitur stattfinden, aber der Gewählte hatte vor der Weihe eine förmliche Lehnshuldigung mit Mannschaftseid (nicht nur einen Treueid wie in Frankreich) zu leisten für die übergebenen Temporalien – ein glatter Bruch des von Urban II. und dem Konzil von Clermont 1095 ausgesprochenen Verbots des Lehnseides.

2. *Die Anfänge Heinrichs V.*

Papst Urban II. hatte Heinrich IV. mattgesetzt. Daß Heinrich politisch wieder ins Spiel kam, verdankte er letztlich nicht eigener Kraft, sondern neuen Umständen. 1095 trennte sich der 23jährige Welf V. von seiner fast dreißig Jahre älteren Gemahlin Mathilde von Tuszien; Welf IV., sein Vater, einer der Führer der Opposition, söhnte sich mit Heinrich IV. aus und empfing von diesem wieder das Herzogtum Bayern zu Lehen. Auch Schwaben konnte für Heinrich gesichert werden, denn die Zähringer, die als Anhänger des Gegenkönigtums die Nachfolge Rudolfs von Rheinfelden angetreten hatten, verzichteten endgültig auf das Herzogtum zugunsten des mit einer Tochter Heinrichs vermählten Friedrich I. von Staufen, der seinen Sitz auf den Berg Staufen bei Göppingen verlegte. Daß die Zähringer den Herzogtitel beibehielten, kennzeichnet die Situation, denn ihre Herrschaftsgebiete bildeten zu Territorien zusammenwachsende Sondergewalten, hauptsächlich im Breisgau, in der Schweiz und in Oberschwaben, in denen die herzogliche Gewalt der Staufer nicht galt.

1098 hatte sich Heinrich IV. so weit durchgesetzt, daß er in Mainz einen Reichstag abhalten und die Thronfolge neu regeln konnte. König Konrad, der älteste, zu Urban übergegangene Sohn wurde von der Nachfolge ausgeschlossen und abgesetzt († 1101); an seine Stelle trat dessen jüngerer Bruder Heinrich V., damals vielleicht erst zwölf- bis dreizehnjährig; der neue König mußte sich eidlich verpflichten, den Reichsgeschäften zu Lebzeiten seines Vaters fernzubleiben. Auch das Verhältnis zu Papst und Kirche konnte in eine neue Phase treten: Urban II. hatte es anscheinend vermieden, den Kaiser zu bannen, und als der kaiserliche Papst Clemens III.-Wibert von Ravenna starb († 1100), verzichtete auf der Gegenseite Heinrich IV. darauf, einen neuen Papst zu erheben, obwohl stadtrömische Cliquen hintereinander drei Kandidaten aufboten. Aber Urbans Nachfolger Paschal II. (1099–1118), ein düster-ernster Cluniazenser, monastischen Idealen hingegeben und von einer Alles-oder-Nichts-Gesinnung, der die Leichname Exkommunizierter aus der geweihten Erde der Friedhöfe reißen und die Asche Wiberts-Clemens III. in den Tiber streuen ließ, belegte Heinrich 1102 erneut mit dem Bann, von welchem ihn auch nicht das Gelübde einer Jerusalemfahrt löste. Heinrich nahm unbeirrt seine königlichen Aufgaben wahr. Auf einer Mainzer Reichsversammlung 1103 wurde ein Friedensgebot verkündet, das kontinuierlich vier Jahre gelten sollte: „die Friedensbewegung (wurde hier) zum ersten Mal vom Kaiser aufgegriffen und auf das ganze Reich ausgedehnt" (E. Wadle). Heinrich, der vielleicht römisch-rechtliche Vorstellungen aus der Lombardei nach Deutschland herübergenommen hat, meinte es ernst: es sind Leibes- und Todesstrafen für jeden Friedensbrecher, ungeachtet des Standes, festgelegt; ausdrücklich wurden die Juden, die beim Aufbruch zum Kreuzzug schweren Pogromen ausgesetzt waren, in den Friedensschutz einbezogen. Die Gegnerschaft zwischen Heinrich IV., der zur Stärkung der Ordnung den Blutbann an königliche Vögte verlieh, und dem hohen Adel hatte sich schon verschiedentlich angedeutet; 1104 brach sie offen aus, als Ministeriale und Bürger von Regensburg, unzufrieden mit einem Schiedsspruch des königlichen Vogtes, eines Grafen von Burghausen, fast unter den Augen Heinrichs IV. sich des Grafen bemächtigten und ihn kurzerhand köpften. Heinrich ließ den Dingen ihren Lauf und schritt nicht ein. Heinrich V. machte sich die Empörung des Adels und der Fürsten zunutze, entwich vom Hofe und sagte sich zu Beginn des Jahres 1105 vom Vater los; von dem Verzichtseid von 1098 befreite ihn ein Spruch des Papstes. Gestützt auf den hohen Adel berief Heinrich V. Ende 1105 einen Reichstag nach Mainz. Dem Kaiser wurde freies Geleit zugesagt, und Heinrich IV. wollte sich stellen, zumal der ihm treu ergebene Schwabenherzog Friedrich von Staufen gestorben war und er sich in dieser kritischen Lage von seinem persönlichen Auftreten einige Wirkung erhoffen mochte. Hinterhältig wurde der Kaiser gefangengenommen und in der Pfalz Ingelheim die Herausgabe der Reichsinsignien erzwungen. Vor den Fürsten und dem päpstlichen Legaten erklärte sich Heinrich IV. zur Bußleistung bereit, doch lehnte er ein öffentliches Sündenbekenntnis ab, denn ein Schuldbekenntnis hätte wohl die dauernde Absetzung zur Folge gehabt. Die Übergabe der Reichsinsignien schien in den Augen des jungen Heinrich V. den Thronverzicht auszudrücken, und er ließ sich noch auf dem Mainzer Reichstag zu Beginn des Jahres 1106 als alleiniger und rechtmäßiger König anerkennen. Aber Heinrich IV. konnte entkommen und fand Rückhalt bei den rheinischen Städten. Das auf seinen Befehl befestigte Köln konnte die nachrückenden Truppen Heinrichs V. abweisen, und als Heinrich V. mit seinem Hof durch das oberelsässische Rufach zog, überfielen ihn die Bürger, entwanden ihm die Reichsinsignien und gaben sie erst nach weitgehenden Zugeständnissen zurück. Zahlreiche Ministeriale strömten dem alten Kaiser zu, dem das niederlothringische Lüttich zum Rekrutierungsfeld diente: „In diesen Orten – in Köln und in Lüttich – habe ich stets ergebene und in ihrer Treue zum Reich unerschütterliche Anhänger gefunden", schrieb Heinrich IV., und vor der Stadt Lüttich ist das Aufgebot Heinrichs V. vernichtend geschlagen worden. Heinrich IV. machte sich zu einem Gegenangriff bereit, so daß eine Ausweitung des Bürgerkriegs unabwendbar schien.

Aus diesen Monaten existieren einige Briefe Heinrichs IV. – an seinen Paten Abt Hugo von Cluny, an König Philipp I. von Frankreich, an den Sohn Heinrich, an die Reichsfürsten –, die zum Teil von der propagandistischen Aktivität des alternden Königs zeugen und zugleich von dessen Willen, keinesfalls aufzugeben. Mitten in den Vorbereitungen ist Heinrich 56jährig am 7. August 1106 in Lüttich gestorben. Vom Sterbelager hatte er Schwert und Ring dem

Sohne geschickt und für seine Anhänger um Verzeihung gebeten; für sich wünschte er ein Grab im Dom zu Speyer, dessen Ausbau er persönlich betrieben hatte. Als sein Leichnam in einer ungeweihten Kapelle beigesetzt wurde, seien — so erzählt die Vita Heinrici IV. — die Witwen, Waisen und „alle Armen" zusammengeströmt, um in dauernder Klage, den Tod des barmherzigen Königs zu beklagen, und schon auf dem Weg von Niederlothringen an den Oberrhein hatten Bauern Erde auf den Sarg gelegt, um sie anschließend als fruchtspendend auf die Äcker zu streuen. Seine charismatische Ausstrahlung hatte Heinrich IV. bei den unteren Schichten zu erhalten gewußt, obwohl sein unausgeglichener Charakter engste Familienangehörige von seiner Seite vertrieb: seine zweite Frau Praxedis, seine beiden Söhne Konrad und Heinrich. Die Tiefe der Reform und der damaligen Veränderungen dürfte ihm kaum klar geworden sein; die Förderung der Bürger und Städte, der Rückhalt bei den unteren Schichten, entsprang kaum einem Programm, sondern der taktischen Überlegung, dort Hilfe zu nehmen, wo sie sich bot.

3. Die Etappen zum Wormser Konkordat (1122)

Heinrich V. hatte sich von dem Eide, den er seinem Vater geleistet hatte, durch die Kirche lösen lassen und Rückhalt bei den Fürsten gesucht. Sofort zu Beginn der Alleinherrschaft zeigte sich jedoch, daß Heinrich nicht beider Kreatur sein wollte. Unbeirrt übte er weiter die Investitur. Eine päpstliche Synode in Guastalla (Prov. Emilia) im Frühjahr 1106 erneuerte das Verbot der Laieninvestitur; der Abgesandte Heinrichs V. auf dieser Synode, Erzbischof Bruno von Trier, behauptete dagegen unbeeindruckt das Recht des Königs auf Investitur. Beide Seiten gaben sich grundsätzlich, duldeten aber den Widerspruch, und der Papst erkannte fast alle vom König investierten Bischöfe an. Verhandlungen mit dem deutschen König wurden eingeleitet. Jetzt, 1107, wurde zum ersten Mal definiert, was unter Regalien zu verstehen sei. Aber Heinrich, mit Ostkriegen und fürstlicher Opposition beschäftigt, konnte das Gespräch nicht weiterführen.

Abrupt, wie es seine Art war, kündigte er 1110 einen Romzug an. Es war nicht nur die politisch günstige Situation, die ihn zu diesem Entschluß bewogen haben dürfte, sondern auch die reiche Mitgift von 10000 Mark Silber, die seine Verlobte Mathilde, die Tochter des englischen Königs Heinrich I., eingebracht hatte. Mit mächtigem Truppenaufgebot zog Heinrich über den Großen Sankt Bernhard nach Italien; 1109 hatten königliche Unterhändler der Kurie eine Abhandlung vorgelegt, in welcher – gestützt freilich auf manche Dokumente, die als Fälschungen erst wenige Jahrzehnte vorher entstanden waren – dem deutschen Herrscher ausdrücklich das Investiturrecht zugesprochen war. Dieser anonym überlieferte Traktat „Über die Investitur der Bischöfe" stammte aus der Feder des königlich gesinnten Mönches Sigebert von Gembloux († 1112), der bereits einmal Papst Paschal energisch entgegengetreten war, als dieser den vom Kreuzzug zurückgekehrten Grafen Robert II. von Flandern zu gewaltsamem Vorgehen gegen die kaiserlichen Orte Cambrai und Lüttich aufforderte: Schlimmer als Alarich sei Paschal, denn der gotische Barbar habe wenigstens die Kirchen des eroberten Rom geschont. Sigebert verstand es, dem Papst peinliche Tat- und Rechtsbestände geschickt zu formulieren. Die Vorgespräche mit der Kurie hatten keine Fortschritte erzielt, als König Heinrich V., der auf dem Romzug das zusammengebrochene Reichsregiment in der Lombardei wiederaufrichten konnte, zu Beginn des Jahres 1111 entscheidende Verhandlungen einleitete.

Seine Abgesandten erklärten dem Papst, der König könne die angeblich seit Karl dem Großen geübte Praxis der Investitur keinesfalls aufgeben. Paschal reagierte mit einem theoretisch einleuchtenden Vorschlag: Der König möge auf die Investitur verzichten; alle Hoheitsrechte und das den Kirchen überlassene Reichsgut sollten ihm zurückerstattet werden, denn die Kirchen könnten sehr wohl vom Zehnt und den Schenkungen leben. Es ist gerätselt worden, was Paschal II. zu dieser weltfremden Antwort bewogen haben könnte: seine militärische Hilflosigkeit, die ein Einlenken angeraten erscheinen ließ (denn sein Appell an die Städte der Lombardei und selbst sein Notruf an die päpstlichen Lehnsleute, an die Normannen, blieben ungehört), oder seine monastische Weltfremdheit. Auf jeden Fall dürfte Paschal das Ausmaß der Verquickung von kirchlichen Ämtern und weltlichen Gütern in Deutschland unterschätzt haben. Der päpstliche Vorschlag wurde in geheimen Beratungen am 11. Februar 1111 in der Kirche S. Maria in turri – einem kleinen Bau, der im 16. Jahrhundert dem neuen Petersdom weichen mußte – in eine Art Vertragsform gebracht: Der König sollte bei der Kaiserkrönung auf jegliche Investitur von Geistlichen verzichten und eidlich dies auch für die Zukunft zusichern; der Papst würde dann unter Bannandrohung befehlen, daß die Geistlichen die Regalien zurückgeben. Als Datum der Krönung und Verkündung war der nächste Tag, der 12. Februar 1111, ein Samstag, vorgesehen.

In feierlichem Zeremoniell wurde Heinrich V. in die Peterskirche hineingeleitet. Vor dem Krönungsakt sollten die beiden vorgefertigten Urkunden verlesen werden. Als die königliche vorgetragen wurde, entstand schon Unruhe, die sich bei der päpstlichen zu einem Proteststurm steigerte: „Wir untersagen auch und verbieten, daß ein Bischof oder Abt, jetzt und in Zukunft, diese Regalien wahrnimmt, das heißt: Städte, Herzogtümer, Markgrafschaften, Grafschaften, Münzrechte, Zölle, Märkte, Reichsvogteien, niedere Gerichtsbarkeiten und Königshöfe mit ihrem Zubehör, Kriegsmannschaft und Burgen des Reiches." Die Bischöfe und Äbte protestierten, weil sie auf ihre Reichslehen verzichten sollten, und die weltlichen Fürsten, weil sie auch kirchliche Lehen übernommen hatten und sie aufgeben mußten. Die Urkunde sei falsch, sei nicht rechtsgültig, sei Ketzerei, wurde durcheinandergebrüllt, und der Tumult war so groß, daß die Kaiserkrönung nicht erfolgen konnte. Da der Papst den Vertrag nicht erfüllt hatte, kehrte Heinrich zur Forderung der vollen Investitur zurück. Jetzt weigerte sich Paschal, die Kaiserkrönung vorzunehmen. Kurzentschlossen brachte Heinrich Paschal und die Kardinäle in seine Gewalt, durchbrach den Ring der bewaffneten Römer um die Peterskirche und zog sich verwundet auf feste Burgen in der Nähe Roms zurück. Die nächsten Wochen in der Hand des deutschen Königs zermürbten den Papst. Am 11. April 1111 kam es in Ponte Mammolo bei Tivoli zu einem neuen Vertrag. Der Papst gestand dem deutschen König die Investitur im ganzen Reich mit den Symbolen Ring und Stab zu, vorausgesetzt, der Gewählte sei ohne Simonie ins Amt gekommen. Paschal gelobte, Heinrich wegen der Übertretung des Verbots der Laieninvestitur nicht zu bannen, und sagte die Kaiserkrönung zu. Heinrich versprach als Gegenleistung die Freilassung von Papst und Kardinälen. Am 13. April, an einem gewöhnlichen Donnerstag – ein Zeichen der Eile –, fand die erpreßte Kaiserkrönung statt. Beide Seiten gaben Rechtfertigungsschreiben heraus, die die Spannung eher noch verstärkten. Auf einer Lateransynode 1112 beteuerte der freigelassene Paschal, er sei vom Pfad seiner Vorgänger Gregor VII. und Urban II. nicht abgewichen. Das abgezwungene Privileg von Ponte Mammolo wurde bald als „Pravileg", als Schandrecht, verschrien. Paschal waren durch den Eid die Hände gebunden, aber eine von dem Erzbischof Guido von Vienne abgehaltene südfranzösische Synode sprach über den Kaiser, einen „zweiten Judas", das Anathem aus, und Paschal bestätigte die Beschlüsse.

Heinrich V. war nach Deutschland zurückgekehrt, wo sich eine Opposition mit dem Zentrum in Sachsen aufgebaut hatte. Hier war 1106 mit Magnus Billung das Haus der Billunger in männlicher Linie ausgestorben, und Heinrich hatte das Herzogtum ohne Rücksicht auf andere Anwartschaften an Lothar von Supplinburg ausgegeben. Wie immer sich Heinrich verhielt, in irgendeiner Weise mußte er Fürsten- und Dynasteninteressen verletzen, und er begann, auf die Stützen der Politik seines Vaters zurückzugreifen: auf die Ministerialität und auf die Städte. Daß Sachsen zum Hort des Widerstands wurde, war nicht nur eine gewisse Tradition; Heinrich V. hatte hier Erbansprüche brutal verletzt, und der neue Herzog von Sachsen Lothar versuchte seine Herrschaft auszubauen. 1111 übertrug er die Grafschaften Holstein und Stormarn an den Grafen Adolf von Schauenburg. Holstein und Stormarn waren noch altsächsische Volksgaue, wo es keine Ministerialität und kein Lehnswesen gab, so daß eine gewisse Autonomie gegenüber dem Reich gegeben war. Als sich der christliche Obodritenfürst Heinrich — ein Sohn des 1066 im Wendensturm umgekommenen Königs Gottschalk und ein Enkel des Dänenkönigs Sven Estridsen — einen neuen Herrschaftsbereich mit dem Zentrum in Alt-Lübeck (nordöstlich des heutigen Lübeck) aufbaute, fand er Rückhalt bei Lothar, der hier einen Brückenkopf christlicher Mission sah. Sachsen war stark entfremdet, als Heinrich V. 1112 eingreifen und die königliche Herrschaft stärker ausbauen wollte.

Die Seele des fürstlich-sächsischen Widerstands war jener Erzbischof Adalbert I. von Mainz (1109–1137), der 1106 als erster Kanzler Heinrichs V. und später als maßgeblicher Berater mit der Kurie verhandelt hatte; ihn dürfte hauptsächlich die Abweichung der königlichen Politik von fürstlichen Interessen in die Opposition getrieben haben. Kurzentschlossen setzte ihn Heinrich 1112 gefangen. Das energische Vorgehen brachte zunächst Erfolg; selbst Lothar von Supplinburg unterwarf sich 1114. Aber der Widerstand flackerte wieder auf, als Heinrich eine allgemeine Reichssteuer nach englischem Vorbild einführen wollte; die Übertragung einer solchen modernen Steuerabgabe von einem straff durchorganisierten und mit starker Zentralgewalt versehenen Staat auf eine Herrschaft, die ihren Hauptrückhalt in der Anhäufung einiger Rechte und in der Nutzung von ständig gefährdetem Reichs- und Eigengut besaß, war offensichtlich unmöglich. 1115 wurde der kaiserliche Feldherr Graf Hoyer von Mansfeld von den Sachsen am Welfesholz (nördlich Eisleben) vernichtend geschlagen; Graf Hoyer fiel. Heinrich, dem militärische Fähigkeiten abgingen, mußte Sachsen fluchtartig verlassen.

Vor weiteren Rückschlägen wurde Heinrich durch den Tod der Markgräfin Mathilde von Tuszien († 24. VII. 1115) bewahrt. Ohne Reichsheer, lediglich mit kleinem Gefolge, brach Heinrich nach Italien auf. Hauptsächlich ging es um die schon legendären „Mathildischen Güter", denn Mathilde hatte in ihrem siebzigjährigen Leben ihren Sinn mehrfach geändert: 1079 ihre Güter an die römische Kirche geschenkt, die Schenkung jedoch zurückgenommen, 1102 wieder erneuert, 1111 schließlich Heinrich V. als Erben eingesetzt, der nicht nur die Reichslehen, sondern auch das Privatvermögen beanspruchte. Der Romzug 1116 erwies Heinrich V. als Meister politischer Winkelzüge. Auf seinem Wege verteilte er großzügige Stadtprivilegien und nahm zeitig Verbindung mit der römischen Opposition des Papstes auf, zu der zuletzt auch Mathilde Kontakt gehalten hatte. Als Verhandlungen mit der Kurie ergebnislos verlaufen waren, die weiterhin die Zurücknahme des „Pravilegs" und den Verzicht auf jede Investitur eines Geistlichen forderte, nützte Heinrich den Tod seines Gegenspielers Paschal († 21. I. 1118), um einen eigenen Papst zu erheben, den Erzbischof Mauritius von Braga, der die Rechte seiner Kirche durch Paschal verkürzt wähnte. Der neue Papst, den immerhin die Frangipani in Rom und der Bologneser Rechtsgelehrte Irnerius unterstützten, nahm den Namen Gregor VIII. an, zeigte also durchaus ein Bekenntnis zur Reform. Von den Kreisen um Paschal war der bisherige Kanzler der römischen Kirche Johannes von Gaeta als Gelasius II. gewählt worden, der jedoch die Stadt verlassen mußte. Aber auch Gregor VIII., dem seine Gegner den Namen „Burdinus" (spanischer Esel) gaben, sah sich bald im Stich gelassen und schließlich aufgegeben, als nach dem Tode des Gelasius in Cluny im Januar 1119 am selben Ort Kalixt II. zum Papst erhoben wurde: jener Erzbischof Guido von Vienne, der in päpstlichem Sinne ohne offenen päpstlichen Auftrag 1112 Kaiser Heinrich V. gebannt hatte. Die Erhebung Kalixts-Guidos ist in mehrfacher Weise bemerkenswert: er entstammte dem burgundischen Hochadel und war entfernt verwandt mit dem salischen Hause; nach Gregor VII., nach fast einem halben Jahrhundert mönchischer Päpste also, war er der erste Weltgeistliche; obwohl nicht Mönch, war er in den Mauern des mächtigsten und reichsten Klosters der damaligen Christenheit gewählt worden. Wenn man von ihm nach Jahrzehnten starrer Politik ein Eingehen auf die Erfordernisse der Situation erwartete, so war man an den richtigen Mann geraten, und kaum etwas kennzeichnet seinen pragmatischen Geist besser als die Tatsache, daß er als Papst Kalixt II. Privilegien bestätigte, die er als Metropolit von Vienne hatte fälschen lassen.

Heinrich V. konnte sich nicht verhehlen, daß der Vertrag von Ponte Mammolo von 1111 letztlich einen Fehlschlag darstellte, denn weder war er durchführbar, noch war ein Ausgleich zustandegekommen. Bald nach Pontifikatsbeginn Kalixts, der die nächsten Monate in Frankreich blieb, begannen Verhandlungen, die auf päpstlicher Seite Abt Pontius von Cluny und Bischof Wilhelm von Champeaux führten. Wilhelm war vor seiner Erhebung zum Bischof von Châlons-sur-Marne (1113) einer der Begründer der Schule von St. Victor gewesen, berühmt wegen seines Unterrichts in Dialektik und Rhetorik – Petrus Abaelard hatte ihn mehrere Jahre gehört –, zugleich einer der Mitbegründer der die Distinktionsfähigkeit fördernden Quästionenliteratur; wenn auch in seiner Argumentation die auctoritas noch Vorrang genießt, so nimmt die ratio, das Vernunftargument, doch einen weiten Raum ein. Schon bei ersten Verhandlungen in Straßburg machte sich die Unterscheidungsfähigkeit der neuen päpstlichen Unterhändler bemerkbar: mit dem Verzicht auf eine Investitur in ein geistliches Amt verliere der deutsche König – so wurde Heinrich bedeutet – durchaus nicht die Leistungen der Reichskirche. Auf den 24. Oktober 1119 wurde ein Treffen zwischen Papst und Kaiser in Mouzon nahe bei Reims, wo zur gleichen Zeit ein Konzil tagte, vereinbart. Diese Darbietung geistlicher Macht mag die Kurie zu stärkerem Selbstbewußtsein geführt und schließlich bewogen haben, von Heinrich den Verzicht auf jegliche Investitur zu fordern. Heinrich ließ nun von der geplanten Zusammenkunft mit Kalixt ab, und unter erneuter Bannung verbot der Papst die königliche Investitur für Bistümer und Abteien: der weltliche Besitz, die Temporalia, wurden nicht erwähnt.

Neben dem König und neben einer unnachgiebigen Opposition, an deren Spitze Erzbischof Adalbert von Mainz als päpstlicher Legat stand, bildete eine Gruppe von Fürsten eine dritte Kraft; sie arrangierte im Herbst 1121 eine Friedenskonferenz in Würzburg, die als „Fürstenweistum" eine Zusammenkunft empfahl. Sie kam in Worms zustande, wo Heinrich V. 1122 gerade eine Herbstsynode abhielt. Eine päpstliche Gesandtschaft mit weitgehenden Vollmachten unter Führung des Kardinalbischofs Lambert von Ostia, des späteren Papstes Honorius II. (1124–1130), verhandelte mit dem König. Am 23. September 1122 wurde auf der heute nicht mehr lokalisierbaren „Laubwiese" – der Allmende also – bei Worms das sogenannte Wormser Konkordat verkündet, nach herkömmlicher Einschätzung, nach welcher darunter ein „völkerrechtlicher Vertrag zwischen dem Heiligen Stuhl und einem Staat über ihre kirchenrechtlichen Beziehungen" zu verstehen sei, „das älteste Konkordat deutscher Nation": so hat es als erster Leibniz 1693 genannt. Formal ist es in je einem „Privilegium" festgelegt, nach den Ausstellern Heinricianum und Calixtinum genannt. Während die Urkunde Heinrichs noch heute im Original beim Empfänger liegt – im päpst-

lichen Archiv –, ist der Text des Calixtinum nur in Abschriften überliefert.
Was sagen die beiden Urkunden, bei denen man glaubt, das Ringen um jedes Wort zu spüren? Heinrich verzichtete auf die Investitur mit Ring und Stab, den geistlichen Symbolen; damit wurde deutlich, daß nicht eine Laieninvestitur in ein geistliches Amt vorgenommen wurde. Das Investitursymbol war das neutrale Zepter (im Gegensatz zur Fahne bei weltlichen Lehnsträgern); der König sagt die kanonische Wahl und die freie Weihe zu; zugleich verspricht er die Rückgabe entfremdeten Gutes sowohl an die römische wie an die anderen Kirchen. In Übereinstimmung mit seiner kaiserlichen Pflicht verspricht Heinrich dem Papst und den Seinen Hilfe. Auf der anderen Seite gesteht Kalixt zu, daß „die Wahlen von Bischöfen und Äbten des deutschen Reiches" in Gegenwart Heinrichs stattfinden, „ohne Simonie und Gewalt". Bei unentschiedener Wahl möge er „dem besseren Teil" (sanior pars) – ein kirchenrechtlicher Begriff – Zustimmung und Hilfe leisten. Der Erwählte soll die Regalien mit dem Symbol des Zepters empfangen, und zwar in Deutschland vor der Weihe, während in Italien und Burgund die Regalieninvestitur innerhalb der nächsten sechs Monate auf die Weihe folgen sollte; der Kirchenstaat war von der Regelung ausgenommen. Obwohl im Calixtinum nur Heinrich als Empfänger genannt war, im Heinricianum dagegen „Gott, die heiligen Gottesapostel Petrus und Paulus, die heilige katholische Kirche", dürfte auch die Kurie letztlich einen Dauervertrag im Sinne gehabt haben.
Beide Parteien meinten, bei der Wormser Einigung gut abgeschnitten zu haben. Der König konnte sich bei dem Weg eines Prälaten ins Amt eine mehrfache Einflußnahme ausrechnen: bei der in seiner Gegenwart stattfindenden Wahl und bei der mit einem Lehnseid verbundenen Regalienleihe. Der Ablauf ähnelt der Einigung im sogenannten Londoner Konkordat von 1107 mit den Kernpunkten: kanonische Wahl, keine Investitur mit den alten, geistlichen Symbolen, aber vor der Weihe eine mit dem Zepter durchzuführende Regalieninvestitur, die in England mit der Leistung des Mannschaftseides – nicht nur eines Treueversprechens – verbunden war. In Worms scheint der Ausdruck hominium bewußt vermieden worden zu sein; der Erwählte möge, so heißt es umschreibend in der Kalixt-Urkunde, „leisten, was er dir – dem König – rechtens schuldet". Auf der anderen Seite hat die Kurie Worms fraglos als Sieg betrachtet, denn Kalixt ließ im geheimen Beratungszimmer des Lateran ein Gemälde anbringen, das beide Texte wiedergab. Teile vornehmlich des römischen Klerus sollen freilich mit dem

Wormser Ergebnis unzufrieden gewesen sein. Während auf einem Bamberger Reichstag 1122 die deutschen Fürsten, die in Worms gefehlt haben, zustimmten, kam es in Rom auf der päpstlichen Lateransynode von 1123, der man später ökumenischen Rang zuerkannte, zu einem Zwischenfall, als die Urkunde Kalixts vorgelesen wurde. Rufe der Ablehnung wurden laut, und man beruhigte sich erst bei der Einsicht, daß wegen des Friedens manches hingenommen werden müsse. Immerhin hatte das Papsttum erreicht, daß das geistliche Amt in seinem spirituellen Wirkgrund sichtbar wurde, nicht abgeleitet von weltlichem Besitz und übertragenen Hoheitsrechten.

Mit dem Wormser Konkordat endete die Herrschafts- und Organisationsform des sogenannten ottonisch-salischen Reichskirchensystems. „Auf der Grundlage des Wormser Konkordats verwandelt sich die unmittelbare Reichskirchenverwaltung in eine durch lehnrechtliche Beziehungen vermittelte" (H. Mitteis). Der König — von sakralen Handlungen getrennt — hörte auf, Herr über Reichsklöster und -bistümer im Sinne der Eigenkirchen-Lehre zu sein, denn es war ihm untersagt, in das geistliche Amt einzuführen, auch wenn die königliche Wahlbeeinflussung so weitreichend erscheinen konnte, daß Eike von Repgow in seinem Sachsenspiegel hundert Jahre später schrieb, der Kaiser ernenne die Bischöfe. Die Geistlichen blieben über die Regalien, für die sie das hominium leisteten, im Reichsverband und bildeten die nur in Deutschland anzutreffende Gruppe der „geistlichen Reichsfürsten", deren Stand zu nachhaltigem Einfluß für die deutsche Geschichte gelangen sollte.

Das Wormser Konkordat war die letzte große politische Leistung Heinrichs V., zumal ein anderer erhoffter Erfolg sich nicht einstellte. Als 1120 Heinrichs I. von England einziger Sohn bei der Überfahrt im Ärmelkanal ertrunken war, entstand die Möglichkeit einer Verbindung des deutschen und des englischen Reiches, denn Heinrich V. war der Gemahl der einzigen Tochter des englischen Königs. Nimmt man hinzu, daß Heinrich I. von England sich des normannischen Herzogtums bemächtigt hatte, über welches er in einem vasallitischen Verhältnis zum französischen König stand, so hätte sich ein weitgreifendes Geflecht europäischer Beziehungen zugunsten des deutschen Königs ergeben können. Aber eine solche Kalkulation übersah die gewandelte Situation in Frankreich. Philipps I. Sohn Ludwig VI. (1108—1137) mit dem Beinamen „Le Gros", der Dicke, hatte zum Ratgeber Suger, 1122—1151 Abt von St. Denis, dem so etwas wie eine nationale Erweckung gelang. Als 1124 ein deutsches Heer im Begriffe stand, zur Unterstützung englischer Ansprüche nach Frankreich vorzustoßen, ging eine Welle der Begeisterung durch das Land: die Oriflamme (Auriflamma), das Bahrtuch des heiligen Dionysius, wurde vom Altar in St. Denis gehoben, um dem Heere vorangetragen zu werden. Diese Geschlossenheit und Machtdemonstration hatte Heinrich V. nicht erwartet. Er resignierte und kehrte um. Wenig später erkrankte er schwer – wahrscheinlich an Krebs – und starb am 23. V. 1125 in Utrecht, 39 Jahre alt und kinderlos.

Mit Heinrich V. verlosch das Geschlecht der Salier im Mannesstamm; mit ihm ging aber auch, wenn nicht ein Zeitalter, so doch eine in archaische Zeit zurückreichende Herrschaftsform zu Ende: jene Welt, die aufgebaut war auf die Einbeziehung des Geistlichen in die Reichs- und Herrschaftsstrukturen, wie umgekehrt der Laie einen bestimmenden Platz in der Kirche hatte. Nun sollten Staat und Kirche getrennt sein; ohne Zugriff auf das Amt verlieh der König den geistlichen Reichsfürsten nur die Regalien. Heinrich V. dürfte manches kaum mehr verstanden haben, nicht die Scholastik und nicht den neuen Stil der Frömmigkeit. Noch weniger als sein Vater hatte er Sinn für geistliche Strömungen. Die Chronistik hat von Heinrich V. nur ein schwach konturiertes Bild gezeichnet, und die wenigen Züge sind meist dunkel gehalten. Er stieß ab durch seine Treulosigkeit und seine Habgier und führte die Gegner zuweilen durch seine Ungerechtigkeiten zusammen. Auch ihm wird man das Gefühl für Würde nicht absprechen können, aber es fehlte ihm an menschlicher Wärme. Ihm schrieb niemand eine Totenklage, wie es der Autor der Vita Heinrici IV. für seinen Vater getan hatte.

Dritter Teil

POLITISCHE NEUORIENTIERUNG UND AUFKOMMENDE VIELFALT: ZWISCHEN SALISCHEM REICHSKIRCHENSYSTEM UND STAUFISCHEM KAISERTUM

Rund zwei Jahrhunderte hatte sich die Erbmonarchie behaupten können; die Zugehörigkeit oder die Nähe zum Königshaus empfahl den Kandidaten. Das Wahlkönigtum Rudolfs von Rheinfelden (1077), der immerhin agnatisch mit den Saliern verbunden war, und Hermanns von Salm (1081) hatte sich gegen das Geblütskönigtum Heinrichs IV. nicht durchgesetzt, aber fraglos war dem Wahlgedanken neue Kraft zugeflossen, zumal er Unterstützung fand beim Papst und der gregorianischen Partei, denn von ihrer Struktur her war die Kirche dem Wahlgedanken gegenüber aufgeschlossen. Rudolf von Rheinfelden hatte dem Papst einen Lehnseid schwören müssen und den Fürsten zugesagt, jeden Anspruch auf Erbrecht oder auf die Nachfolge seines Sohnes aufzugeben. Heinrich V. kam 1106 mit dem Vorbehalt „rechten Regierens" auf den Thron: „Wenn du nicht ein gerechter Richter und ein Schützer der Kirche sein wirst", so erklärte der Erzbischof Ruthard von Mainz, „so möge dir zustoßen, was deinem Vater zugestoßen ist." Nach dem Tode Heinrichs V. konnten mit den Erhebungen Lothars III. und Konrads III. 1125 und 1138 die Fürsten zweimal ihr Wahlrecht durchsetzen, bis mit Friedrich I. die dynastische Kraft wieder stärker wurde. Aber es ging nicht allein um Erb- oder Wahlkönigtum, zumal auch ein Wahlkönigtum auf einen verhältnismäßig kleinen Kreis von Kandidaten zurückgriff. Ein von den Fürsten erhobener König mußte sich zu Zugeständnissen bereitfinden. Das Wahlkönigtum war ein probates Mittel, die Anerkennung usurpierter Rechte zu erlangen: entfremdete Vogteien und Grafschaften, okkupierte Reichsrechte und errichtete Burgen. Vielleicht ist es kein Zufall, daß in dieser europäischen Umbruchszeit der Grundsatz, daß Macht Recht schaffe, auch andernorts auftauchte. Roger II. von Sizilien sprach diese Devise offen aus, und katalanische Urkunden halten ausdrücklich fest, daß der rechtmäßige oder unrechtmäßige Ursprung von Besitztiteln an deren Gültigkeit nichts ändere. Der Investiturstreit und die Auseinandersetzung mit dem Papsttum, die Parteiungen innerhalb des deutschen Reiches, waren zwar 1122 zu Ende. Aber die Regierungsperiode der an die Salier anschließenden Könige Lothar III. (1125–1137) und Konrad III. (1138–1152) ließ eine fürstliche Übermacht offenbar werden, die Heinrich V. 1106 mit herbeigeführt hatte. Die Königsherrschaft Lothars III. und Konrads III. bedeutete jeweils eine Art legales Gegenkönigtum; die Fürsten erhoben eben nicht den der Krone am nächsten stehenden Kandidaten, sondern den ihnen passenden. In diesem Sinne hat die Zeit bis zur Regierung Friedrichs I. 1152 die neuen gesellschaftlichen und rechtlichen Zustände erweitert und verfestigt, die durch den Investiturstreit entstanden waren.

I.

Die Bilanz des Investiturstreits

1. Das deutsche Reich

Mit dem Wormser Konkordat veränderte sich der Charakter der Königsherrschaft: „Indem es (das Wormser Konkordat) die Regalien in Rechtstheorie und Formalhandlungen scharf von den Spiritualien sonderte, gab es den Weg frei, alle Temporalien der Kirche nach rein weltlichem Recht, und das bedeutete nun nach Lehnrecht, zu begreifen, damit zugleich aber auch das persönliche Verhältnis der Kirchenfürsten, die Regalien besaßen, zum Kaiser oder König lehnrechtlich zu interpretieren. An die Stelle der direkten ottonisch-salischen Königsherrschaft über die Kirche tritt die Lehnshoheit des Reiches über die Regalien der Kirchenfürsten“ (P. Classen). Aber nicht nur der Charakter der Königsherrschaft wandelte sich als Folge des Investiturstreits; damals sind auch die politischen und gesellschaftlichen Wandlungen der weiteren deutschen Geschichte eingeleitet worden.

Am wenigsten läßt sich über die Schicht aussagen, die den größten Teil der Bevölkerung – man spricht von „über 90 %“ – ausmachte: über die Unfreien. Die Möglichkeiten sozialer Veränderung sind hier schwer faßbar. Immerhin wurden in den neuen Hofrechten Rechte und Pflichten der Grundhörigen eingegrenzt und auf diese Weise ein gewisser sozialer Schutz geschaffen. Ihr täglicher Dienst, manchmal auch die Verpflichtung pro Woche, Abgaben z. B. bei

Todesfall, Ehebeschränkungen u. a. wurden schriftlich fixiert. Andere Gruppen der unteren Volksschichten wurden in ihren Rechten gemindert. Um das Beispiel der Priesterfrauen und der Priestersöhne anzuführen: In der Dichtung „Einochs" (Unibos), die im Bauernmilieu des deutsch-niederländischen Raums wahrscheinlich des 11. Jahrhunderts spielt, ist völlig selbstverständlich von einer nobilis (Edelfreien) die Rede, die der Pfarrer des Ortes heimgeführt hat, und in einer Bruderschaftsmatrikel aus Tours etwa von der Mitte des 11. Jahrhunderts begegnen unter den rund 150 Namen die Tochter eines Bischofs und zwei Klerikerfrauen – ohne Rechts- und Standesminderung. Verständlich, daß gerade Geistliche des Niederklerus tausendfach gegen die neu verkündeten Zölibatsgebote protestiert haben. Aber die Reform setzte sich durch, Frauen von Priestern wurden als Konkubinen mit vermindertem Rechtsstatus betrachtet. Und Priesterkinder sind bald als Zeichen doppelter Sünde rechtlich stark benachteiligt worden: als servi ecclesiae gehörten sie zum Kirchenvermögen. Das spätere Mittelalter ignorierte den clericus uxoratus weitgehend und kümmerte sich wenig um den Rechtsstatus seiner Kinder.

Die Ausgliederung von Mitgliedern unterer Schichten konnte verschieden erfolgen. Zum einen horizontal: Indem die patrimonial-grundherrschaftliche Bindung sich lockerte, konnten z. B. Angehörige der einen familia durch Heirat in eine andere übertreten, oder der Herr übertrug sie oder ihre Arbeitskraft an eine kirchliche Einrichtung oder an einen anderen Grundherrn. In der Unruhe der ständigen Kämpfe des Investiturstreits dürften Unfreie in nicht geringer Zahl ihren Grundherrn bzw. ihren Dinghof verlassen haben, oder sie waren durch Not oder äußere Gewalt vertrieben worden. In den Quellen ist zunehmend von der Zusammenrottung umherziehender Armer die Rede, die Klöster- und Kirchenpforten, Straßen und Verkehrsplätze belagerten, versorgt meist von kirchlichen Stellen, seit dem 12. Jahrhundert jedoch auch von Laienbruderschaften, die sich der Armenfürsorge annahmen.

Aber auch gesellschaftlicher Aufstieg war möglich: Grundhörige gingen z. B. in die Stadt und erwarben den Rechtsstand eines Bürgers. Vom beginnenden 12. Jahrhundert an eröffnete sich ständig stärker die Chance, sich vom Leibherrn zu lösen und in neue Rodungsgebiete, zunächst der Binnenkolonisation, einzurücken; am wichtigsten aber war der Aufstieg der ursprünglich unfreien Ministerialen als Berufskrieger- und Verwaltungsstand. Je härter während des Investiturstreits der Bürgerkrieg wurde, der ab 1073 mit brutaler Wucht einsetzte, um so mehr war der schlagkräftige und stets zum Kampf bereite Krieger nötig. Der dauernde Kampf zer-

mürbte auf der anderen Seite die Bauern: die schwächeren sanken zur Knechtschaft ab, die zugleich Schutz versprach, die stärkeren gliederten sich als Lohnkrieger oder Ministeriale ein, indem sie zu einem größeren Herrn in ein Dienstverhältnis traten. Wegen ihrer geringen militärischen Erfahrung scheinen viele freie Bauern und kleine Grundbesitzer den Tod auf dem Schlachtfeld gefunden zu haben, zumal zum individuellen Kampfestraining auch ein taktisches Einüben gehörte. Zur militärischen Unterlegenheit des Bauern kam die Ungunst, daß er bei Heerfahrt seinen Acker nicht bestellen konnte; so kam er doppelt ins Hintertreffen: als Krieger und als Grundbesitzer. „Bauer" — bis dahin ein Name für jeden, der den Acker bestellte — tauchte als Standesbegriff damals auf, getrennt vom neuen Typ des Berufskriegers; die Bauern bilden fortan eine durch rechtliche und soziale Merkmale gekennzeichnete Gruppe.
Die hochgeschätzten Ministerialen konnten auf der anderen Seite ihre soziale und rechtliche Stellung immer weiter verbessern. Sie versuchten, sich den persönlichen Bindungen der Dienstleistungen zu entziehen. Ihre Absicht floß in die Rechtsdevise ein: „Dienstmann ist nicht eigen." Die Ministerialen streiften schließlich ihre Unfreiheit ab und wurden selbst lehnsfähig. In den Rechtsspiegeln des 13. Jahrhunderts (Sachsenspiegel, Schwabenspiegel) sind sie in die Lehnspyramide eingeordnet. Daß die Ministerialen bald ungeachtet ihres Ursprungs als Teil des Adels angesehen wurden, war durch die starke Fluktuation innerhalb der Aristokratie begünstigt worden. Der Adel verlor seine dynastische Geschlossenheit. Alte Geschlechter starben aus. Als Beispiel möge Sachsen dienen, wo der Investiturstreit besonders stark zu einem gesellschaftlichen Umbruch führte. Hier sind angesehene Familien der ottonischen und frühen salischen Zeit wie die Immedinger, die Ekkehardiner, die Walbecker oder die Grafen von Haldensleben vom endenden 11. Jahrhundert an nicht mehr faßbar. Andere Hochadelsgeschlechter wie die Northeimer, die Billunger, die Katlenburger, die Brunonen, die Grafen von Weimar-Orlamünde starben zumindest im Mannesstamme aus; ihr Besitz wurde von anderen mächtigen Familien ohne sonderliche Rücksicht auf Rechtstitel übernommen, und Lothar aus dem eben erst zur Geltung gekommenen Geschlecht der Supplinburger war einer der rücksichtslosesten bei diesem Verfahren. Lothar, Sohn eines im Kampf gegen Heinrich IV. gefallenen sächsischen Adligen, wurde durch Heinrich V. die Herzogswürde 1106 nach dem Tode des letzten Billungers Magnus übertragen, dessen beide Töchter mit mächtigen Fürsten verheiratet waren: Wulfhild mit dem bayerischen Herzog, dem Welfen Hein-

rich dem Schwarzen, und Eilika mit dem Grafen Otto von Ballenstedt aus dem Hause der Askanier. Offenbar wollte der König verhindern, daß einer einzigen Familie eine zu große Macht in Sachsen zuwuchs. Aber Lothar rückte bald selbst in eine hervorgehobene Stellung, als er Richenza, die Enkelin Ottos von Northeim, heiratete. Auch im deutschen Südwesten kamen neue und bisher kaum hervorgetretene Adelsfamilien zu Macht und Einfluß, so die Staufer, die vom legitimen Königtum gefördert wurden, und die Zähringer, die durch das Gegenkönigtum groß wurden. Mit diesem Adel verband sich mancher hochgekommene Ministeriale, so daß jene Adelsgesellschaft entstand, die charakteristisch ist für die deutsche Stauferzeit: mit vielen Abstufungen von den Fürsten – Laien wie Geistliche – über Grafen zu den Ministerialen und einfachen Soldrittern. Hand in Hand mit der Umgestaltung der Grundherrschaft und der Differenzierung des Lehnswesens ging ein Abbau der Herrschaftsmittel des Königtums vor sich. Bereits in ottonischer Zeit war die Grafschaftsverfassung durchlöchert von Immunitäten und Freiheiten, auch wenn dadurch keine Konkurrenz für die königliche Herrschaft entstand. Den Saliern war es nicht gelungen, größere Königslandschaften auszubilden wie etwa den Kapetingern in der Ile de France. Heinrich IV. hatte es in der Harzgegend versucht, aber geradezu eine Lawine von Kämpfen ausgelöst. Sperrten sich auch noch Reichsbistümer und Reichsklöster gegen das servitium regis, so war der über das ganze Reich verteilte Rückhalt königlicher Herrschaft gefährdet.
Die zu Macht gekommenen Feudalherren bauten andrerseits die Verwaltung ihres Gebietes aus, dessen Mittelpunkt häufig eine Burg war. Gerade die Unsicherheit des Investiturstreits ließ eine Vielzahl von Burgen entstehen: enge, feste Ritterburgen, die mit den damaligen Eroberungswerkzeugen schwer zu brechen waren. Es lag nahe, daß Adelsfamilien diese Schutz- und Trutzburgen, bei deren Errichtung man sich nicht um das königliche Befestigungsrecht scherte, auf ihrem Erbland erbauten und von diesen Stützpunkten aus in halbanarchischer Zeit das Umland zu beherrschen suchten. Neu zur Macht gekommene Herren, wie z. B. die Staufer, versuchten ihren Besitz durch eine große Zahl von Burgen zu sichern. Von Herzog Friedrich II. von Schwaben († 1147), dessen Anspruch auf die Königskrone 1125 die Fürsten nicht gelten ließen, hieß es: „Er zerrt an dem Schwanz seines Pferdes immer eine Burg nach sich.“ Sicherung und Verwaltung der Besitzungen mußten dem Adligen um so angebrachter erscheinen, als die alten Stammesverbände als Schutz- und Rechtsgemeinschaften – wie Bayern und Schwaben und noch früher Franken – sich aufzulösen begannen

und der auf sich gestellte Adlige selbst für seinen Schutz und für sein Recht sorgen mußte. Es war fast eine unausbleibliche Folge, daß aus dem durch seinen Stand gekennzeichneten Aristokraten ein über einen Herrschaftsbezirk gebietender Territorialherr wurde: die Rechts- und Besitzokkupation wurde teilweise durch ein Vakuum königlicher Machtausübung hervorgerufen. Das dynastische Bewußtsein begann sich zu wandeln. Das Leitnamenprinzip, daß eine Familie bestimmte Namen bevorzugte und mit diesen häufig auf einen kennzeichnenden Urahn verwies, wurde ergänzt durch die Besitz- bzw. Burgbezeichnungen, z. B. von Staufen, von Habsburg, von Luxemburg, bis im Laufe des 13. Jahrhunderts diese Namen selbst zu Familiennamen wurden: die Staufer, Habsburger, Luxemburger. Diese neue „Namensflagge" kam in allen alten Stammesgebieten auf; in Schwaben etwa bei den Zähringern und den Staufern. Freilich war mit der Benennung nach der Burg Stauf bei Göppingen nicht das Güterzentrum der Staufer angegeben. Ihr weitgestreuter Besitz hatte mehrere Zentren; so um den Ort Waiblingen. Nach diesem Waiblingen hießen ihre italienischen Anhänger „Ghibellinen". Mit dem staufischen Herrschaftsausbau konkurrierten im schwäbischen Raum die Welfen, die in Burg und Stadt Ravensburg ein Zentrum dynastischer Landesherrschaft besaßen, und die Zähringerherzöge, die im Oberrheingebiet um das neugegründete Freiburg und das Kloster St. Peter im Schwarzwald einen ziemlich geschlossenen Besitz zusammenbrachten. Die erworbenen oder angeeigneten Herrschafts- und Besitzrechte waren sehr verschiedener Art: z. B. gräfliche und Vogteirechte, grundherrliche und Eigenkirchenrechte; im sächsischen Raum zogen manche Adligen sogar die Kompetenz der alten Volksgerichte an sich. Aus diesen unterschiedlichen Rechtstiteln versuchte der die Herrschaft ausübende Dynast eine einheitliche Gerechtsame zu formen. Zuweilen wurden solche Herrschaftsbezirke als „Grafschaft" bezeichnet, und es mögen auch Grafschaftsrechte eingeflossen sein. Dennoch ist die im Zusammenhang mit dem Ausbau der Landesherrschaft eingerichtete Grafschaft von wesensmäßig anderer Art. Vor dem Investiturstreit war eine Grafschaft bestimmt durch die vom König übertragene und auch wieder rücknehmbare hoheitliche Gewalt; ohne königliche Bestätigung konnte eine Grafschaft sich jetzt als eine mit grundherrschaftlichem Besitz und verschiedenen Rechten ausgestattete Feudalherrschaft darstellen. Diese auf territoriale Beherrschung ausgerichtete Verfassungsstruktur wird an einem im Laufe des 12. Jahrhunderts aufkommenden Ausdruck deutlich: „Landesherren" (domini terrae), wobei der Besitz- und Herrschaftsbezirk insgesamt als terra begriffen wird. Wenn der

Graf Robert von Flandern 1111 per totam terram suam seine Friedensordnung verkündete, so zeigte sich die neue Art, wie Herrschaft sich darstellte: als Territorialherrschaft. Eine Hauptquelle der Jurisdiktion war die Vogtei, die Wahrnehmung weltlicher Gerichtsbarkeit hauptsächlich über Klöster und Klosterland. Manche Adligen fügten Vogtei an Vogtei, und da mit der Vogtei häufig die höhere Gerichtsbarkeit verbunden war, hielten sie eine Anhäufung von Rechten in ihrer Hand. Erschlossen die Klöster neues Land, so dehnten sich auch die Jurisdiktionsbezirke der dazugehörigen Vögte aus. Zuweilen betätigten sich die Adligen selbst als Initiatoren neuer Kolonisation. Der Eifer vieler Dynasten, Klöster zu gründen, konnte neben dem religiösen Wunsch ganz handfeste Gründe haben. Es bedeutete den Durchbruch kirchlicher Reformgesinnung, wenn Gründerpersönlichkeiten auf die Wahrnehmung laikaler Vogteirechte verzichteten. Rodungsland war eigentlich Königsland. Aber bei dem Darniederliegen der Königsgewalt wurde urbar gemachtes Land als Allodialgut behandelt. Rodung und Kolonisation konnten einen besonderen Anreiz für den landesherrlichen Ausbau und auf diese indirekte Weise eine Schwächung der Königsgewalt bedeuten. Wenn die Zentralgewalt erstarkte, mußte es unausweichlich zu einem Konflikt mit den partikularen Terrriorialherrschaften kommen.

2. *Das übrige Europa*

Wie sehr der Investiturstreit dem deutschen Reich geschadet hat, zeigt ein Vergleich mit anderen Ländern Europas. In Frankreich z. B. gab es keine die Ordnung zerstörenden Auseinandersetzungen und keine Gegenkönige. Auch dieses sollte bedacht werden: von 1060–1270 herrschten in Frankreich nur sechs Könige aus dem einen Hause der Kapetinger mit ungewöhnlich langen Regierungszeiten; sie alle bemühten sich konsequent, ihr Erbland konzentrisch zu erweitern. Hatte im 10. und teilweise noch im 11. Jahrhundert der rex Francorum die Herrschaft über etwa neun Zehntel seines Reiches nicht mehr selbst ausgeübt, so gelang dem Königtum eine Erweiterung seiner Krondomäne und der Erwerb einiger großer Fürstentümer. Denn das weitgehende Vakuum königlicher Gewalt in spät- und nachkarolingischer Zeit hatte in Frankreich eben nicht zur Bildung von Kleinherrschaften, sondern großer Fürstentümer mit Anfängen einer eigenen Verwaltungsorganisation geführt. Als das französische Königtum einige von ihnen, wie etwa die Normandie oder die Champagne, an sich zog, konnte es die aufgebauten Institutionen übernehmen. Für die Durchsetzung der königlichen Zentralgewalt hatte sich der Erste Kreuzzug günstig ausgewirkt; viele und häufig die mächtigsten Magnaten waren ins Heilige Land gezogen und hatten dort ihre Energien eingesetzt. Unter diesen Umständen konnte das französische Königtum die Ile de France als zentrale Krondomäne weiter ausbauen. In den Zeiten eines schwachen Königtums hatten sich hier kleinere Burgherren breitgemacht; Ludwig VI., dem Dicken (1108–1137), gelang es in jahrzehntelangen Gefechten, diese unbotmäßigen Feudalherren zu unterwerfen, oft unterstützt von der Landbevölkerung; umliegende Kirchengemeinden unter Führung ihrer Pfarrer gliederten sich in das königliche Aufgebot gegen die verhaßten räuberischen Burgherren ein. Da von diesen fehdewütigen Feudalherren häufig Kirchengut entfremdet worden war, nahmen die Kämpfe gegen sie kreuzzugsähnlichen Charakter an. Während die Ile de France zu einer geschlossenen Friedenslandschaft unter königlicher Hut gedieh, konnte der König den Bund mit der Kirche festigen: 1119 nahm der König die Abtei Cluny samt allen cluniazensischen Prioraten in seinen Schutz; er erhielt dafür das Recht, unter Zustimmung des Abt-Primas auf den klösterlichen Liegenschaften Burgen zu bauen. Im Gegensatz zur deutschen Kirche standen in der Kirche Frankreichs selbst hohe Würden Nichtaristokraten offen. Führende Persönlichkeiten wie der Bischof Ivo von Chartres und der Abt Suger von St. Denis kamen nicht aus dem Adel. Paris als Mittelpunkt des kapetingischen Besitzes, aus dem das Königtum vorübergehend sich hatte zurückziehen müssen, wurde zur Hauptstadt, und der Name Francia, der bislang das Land zwischen Maas und Loire bezeichnet hatte, wurde alsbald für das französische Königreich insgesamt angewendet. Zur Festigung der Nachfolge ließ Ludwig VI. 1131 seinen Sohn in Reims zum König krönen: in Reims, denn Remigius von Reims hatte den Frankenkönig Chlodwig getauft, und man verwendete für den Salbungsakt das Öl, das angeblich ein Engel einst vom Himmel gebracht hatte. Frankreich stellte sich in die gesamtfränkische Tradition. Seit dem französischen Papst Urban II. (1088–1099) sind fast sämtliche Päpste bis zur Mitte des 12. Jahrhunderts nach Frankreich gereist oder haben dort sogar Zuflucht gesucht: Paschal II. (1099–1118), Gelasius II. (1118–1119), Kalixt II. (1119–1124), Innozenz II. (1130–1143), Eugen III. (1145–1153). Nach Deutschland war ein Papst seit Leo IX. (1049–1054) nicht mehr gekommen. Man konnte fragen, ob die Deutschen die Führungsrolle, die sie bis in die Zeit des Investiturstreits hinein besaßen, abgegeben haben.

Heinrich I., König von England und Herzog von der Normandie, hatte trotz der Versippung der in beiden Landschaften lebenden

Aristokratie die für das englische Königtum wertvollen Lehnsleistungen zu erhalten gewußt. Während die Lehnsträger in der Normandie dem König nur wenige Ritter stellen mußten, war es in England ein Vielfaches. Kaum ein Lehnsempfänger in der Normandie hatte eine „Dienstpflicht" (servitium debitum) von mehr als zehn Rittern; in England vor 1135 dagegen schuldeten nicht weniger als elf Herren den Dienst von sechzig oder noch mehr Rittern, mindestens 27 den von 25 Rittern oder mehr, während sechs Bistümer und drei Abteien mehr als 40 Ritter stellen mußten. Zum Vergleich: des Bischofs von Bayeux Lehnsleistung belief sich auf 20 Ritter, doch standen in seinem eigenen Dienst 120 Ritter. Privatfehden in England zu führen, war schwierig, zumal bereits Wilhelm der Eroberer in solchen Fällen mit der Enteignung schnell bei der Hand war; in der Normandie indessen gehörte es nach wie vor zu den Pflichten der zahlreichen von den Magnaten belehnten Ritter, bei den Fehden ihrer Herrn mitzukämpfen. Allerdings hatte das normannische Lehnssystem den besonderen und auch in England geltenden Vorteil, daß der Mann in einer Art Erbpacht sein Lehen besaß, das auf den Erstgeborenen überging. Auch waren die Leistungen genau fixiert; sie bestanden meist im Kriegsdienst, der unter Umständen finanziell abgelöst werden konnte, und in der Zugehörigkeit zum Hofe seines Herrn.
Heinrich I. schuf dynastische Voraussetzungen, die für das englische Königtum von größter Bedeutung sein sollten. Seiner Tochter Mathilde, der Witwe des deutschen Königs Heinrich V. – nach dem Tode seines Sohnes das einzige Kind –, ließ Heinrich I. in England und in der Normandie 1127 huldigen. 1128 vermählte er sie mit Gottfried Plantagenet. Gottfried war Sohn des Grafen von Anjou, Maine und Touraine. Es zeichnete sich die erdrückende Dimension eines „Supervasallen" für den französischen König ab, die in der zweiten Hälfte des 12. Jahrhunderts Wirklichkeit werden sollte.
Als Schöpfer des vielfach bewunderten normannischen Königreichs in Sizilien und Süditalien gilt Roger II. (1101–1154). Roger entsprach gar nicht dem Bild eines normannischen Haudegens vom Schlage eines Wilhelm Eisenarm oder Robert Guiscard; Tapferkeit war ebensowenig seine starke Seite wie Schlachtentaktik und Kampfeslust. Schon sein Vater, der Großgraf Roger I. von Sizilien, hatte sich weder an den nach Byzanz ausgreifenden Eroberungszügen seines Bruders Robert Guiscard, obwohl er aus dessen Hand Sizilien 1061 zu Lehen erhalten hatte, noch am Ersten Kreuzzug beteiligt. Sein Hauptaugenmerk galt der Integration der verschiedenen Bevölkerungselemente in Sizilien. Während die Normannenfürsten auf dem Festland sich mit aufsässigen Baronen und rebel-

lischen langobardischen Untertanen auseinandersetzen mußten, war in Sizilien der normannische Graf für die große griechische Kolonie, aber auch für die Sarazenen der Hort des Friedens und des Rechts. Die eingesessenen Griechen zogen bald byzantinische Einwanderer nach, und der Loyalität der Araber durften die normannischen Herren so sicher sein, daß sie die Zentralverwaltung samt Residenz von Messina in das fast vollständig von Mohammedanern bewohnte Palermo verlegen konnten. Arabisch und Griechisch waren ebenso offizielle Landessprachen wie Latein und normannisches Französisch, und der junge Großgraf Roger II., der in der Griechenkolonie Palermos erzogen und aufgewachsen war, hat selbst lateinische und für entfernte abendländische Empfänger bestimmte Urkunden mit seinem Namen und Titel in griechischer Sprache eigenhändig unterschrieben — die deutschen Könige Heinrich V. und Lothar III. waren zu wenig mehr als dem konstitutiven Vollziehungsstrich fähig. Durch Pfand- und Erbschaften, aber auch durch gewaltsame Besetzung hatte Roger II. verschiedene Stützpunkte in Süditalien einrichten können; den entscheidenden Zugewinn brachte jedoch die Nachfolge Herzog Wilhelms von Apulien, des Enkels und letzten direkten Nachkommen Robert Guiscards (1127). Roger II., der neue „Fürst und Herzog von Apulien, Graf von Kalabrien und Sizilien", ließ sich durch päpstliche Bannflüche in seiner Nordexpansion nicht hemmen; Honorius II. mußte ihn 1128 förmlich mit Apulien, Kalabrien und Sizilien belehnen und wenig später erkennen, daß der von Roger II. geleistete Schwur, gegen Benevent und Capua nicht vorzugehen, wertlos war, denn Roger brachte die Stadt Benevent und den Fürsten von Capua dazu, sich ihm freiwillig zu unterwerfen. Es war ein Glück für Roger, daß dem normannenfeindlichen Innozenz II. 1130 ein Anaklet II. als Papst entgegengestellt wurde, denn der Pierleone Anaklet war auf Roger angewiesen, und Roger dürfte selber das Generalprivileg diktiert haben, das im September 1130 das bisherige Herrschaftsgebiet Rogers zum „Königreich Sizilien, Kalabrien und Apulien" erhob. Als die Partei Anaklets in Bedrängnis geriet, nützte Roger das Hilfegesuch der Pierleoni dazu, sie als ligische Lehnsleute eng an sich zu binden und in ihre Befestigungen Soldaten zu legen. Der Vorstoß Kaiser Lothars III. nach Süditalien 1137, der Tod Anaklets II. 1138, die Bannung durch das zweite Laterankonzil 1139 haben schließlich doch nicht verhindern können, daß ein allgemein anerkannter Papst, Innozenz II., den Königstitel Rogers II. bestätigte, und nicht nur das: die Belehnung mit dem gesamten Länderkomplex des Königreichs Sizilien, Herzogtums Apulien und Fürstentums Capua wird für Roger II. und zugleich für seine Erben ausgesprochen. Das nor-

mannische Prinzip des Erbanrechts auf Lehen hatte sich gegen die päpstliche Absicht der freien Verfügung durchgesetzt.
Nach jahrzehntelangen Kämpfen konnte sich Roger II. endlich dem friedlichen Auf- und Ausbau seiner Herrschaft widmen. Hatte er schon 1129 in Melfi eine allseitige Lehenshuldigung durchgesetzt, so erließ er in Ariano (Prov. Avellino) umfassende Gesetze. Dieses an das römische Recht anknüpfende Gesetzgebungswerk respektierte die Gesetze der verschiedenen Bevölkerungsgruppen: der Griechen, Araber, Juden, Lombarden und Normannen; sie sollten weiter gelten, jedoch außer Kraft treten, wenn sie den neuen königlichen Verordnungen widersprachen. Und nachdrücklich ist der göttliche Auftrag des Monarchen verkündet; seine Erlasse nicht zu befolgen, sei Gotteslästerung und Majestätsbeleidigung, die als Hochverrat mit dem Tode bestraft würde. Mit großer Umsicht und in steter Rücksicht auf den Vielvölkerstaat wird ein differenzierter Verwaltungsapparat aufgebaut. Behörden, die fast ausschließlich mit Sarazenen besetzt waren, besorgten die Zoll- und Pachteinkünfte; die camera – ein Teil der Finanzverwaltung – hatte hauptsächlich griechisches Personal; eine Art Schatzamt war nach anglonormannischem Vorbild gegliedert usw. Die Beamten trugen prächtige Titel: Emir, Admiral, Archon, Logothet, Protonotarius u. ä.; Wanderrichter nahmen die Strafgerichtsbarkeit wahr, und jedermann sollte Zugang zum König haben. Dennoch umgab sich Roger mit einer Aura der Unnahbarkeit; wie sein Biograph schrieb, habe er sich niemals erlaubt, zu leutselig, freundlich oder vertraulich zu werden, „damit die Leute nicht aufhörten, ihn zu fürchten".
Das damalige Italien läßt sich grob in drei Herrschaftsräume gliedern: im Süden das Reich der Normannen, in der Mitte Rom und der Kirchenstaat, im Norden Reichsitalien mit Lombardei, Mark Verona, der Markgrafschaft Tuszien und die großen Binnen- und Seehandelsstädte wie Mailand, Genua, Pisa, Venedig. Das Band des deutschen Königtums zu Reichsitalien hatte sich sehr gelockert. In den letzten Jahren Heinrichs IV. und unter Heinrich V. finden wir kaum noch Königsboten (missi dominici), die in königlichem Auftrag unterwegs sind, und vergeblich sucht man auch nach Zeugnissen der Reichsgerichtsbarkeit. Der Besitz der Mathildischen Güter war noch in der Schwebe, auch wenn Heinrich V. seine Ansprüche als Vollerbe durchgesetzt hatte. Norditalien wurde in jenen Jahren zu einer Städtelandschaft. Die Landaristokratie konnte sich nicht halten und mußte sich den Städten unterwerfen. Nach Otto von Freising ist der Markgraf von Montferrat der einzige Adlige gewesen, der nicht der Herrschaft der Städte unterstand: „Fast das ganze Land gehört den Städten, von denen eine jede die Einwohner

ihres Territoriums zwingt, sich ihrer Herrschaft zu unterwerfen, und es gibt kaum einen Mann von Rang oder Bedeutung, der nicht die Autorität seiner Stadt anerkennt. Sie übertreffen alle anderen Städte der Welt an Reichtum und Macht, und die lange Abwesenheit des Herrschers jenseits der Alpen hat zu ihrer Unabhängigkeit beigetragen." Die Schilderung Ottos von Freising ist wörtlich zu nehmen. Die Städte beanspruchten die Herrschaft über das umliegende Land, den „contado" (comitatus), den gräflichen Verwaltungsbezirk. Kleinere Orte, die innerhalb des contado lagen, wurden eingegliedert, größere, jedenfalls solche, die eine Konkurrenz bedeuten konnten, zuweilen rücksichtslos zerstört; so verfuhr Florenz 1125 mit Fiesole, Viterbo mit Ferento, Rom mit Tusculum. Eine wertvolle militärische Stütze war in den Städten der in ihrem Mauerring wohnende Adel. Auch hier empfanden sich die Adligen als Feudalherren, gestalteten ihre Wohnungen burgartig und trugen zuweilen ihre Fehdekämpfe innerhalb der Stadtmauern aus. Zur besseren Verteidigung errichteten sie als Hauptgebäude feste Türme, die sie im Wettbewerb immer höher bauten. Diese hochaufragenden Geschlechtertürme geben noch heute dem Bilde vieler mittel- und norditalienischer Städte ihr besonderes Gepräge: Bologna, Pavia, San Gimignano. Als der jüdische Reisende Benjamin ben Jona aus Tudela (Navarra) nach 1160 durch Italien zog, meinte er einen „Wald von zehntausend Türmen" in Pisa und in Genua wahrzunehmen. Indem die Städte ihre Herrschaft auf die contadi und die dort wohnenden contadini, die Landbewohner, ausdehnten, übernahmen sie mit der Ordnungsmacht die Steuergewalt. Zur Festigung kommunaler Landesherrschaft wurden zuweilen stützpunktartig befestigte Siedlungen eingerichtet, deren Bewohner nicht selten von zweifelhafter Herkunft waren. An den Verkehrswegen und hauptsächlich in den Landschaften der Romagna, Emilia, Lombardei und des Piemont entstanden solche „borghi franchi".
Vom endenden 11. Jahrhundert wuchs die Bevölkerung in den italienischen Städten stark an; für das dritte Viertel des 12. Jahrhunderts hat man für Bergamo gegen 6000 und für das benachbarte Brescia knapp 15000 Einwohner ausgerechnet: zwei noch nicht einmal volkreiche Städte im Vergleich zu Mailand, Florenz, Venedig — die zu den größten Städten des mittelalterlichen Europa zählen — oder zu Pisa und Genua. Man halte daneben das städtearme Deutschland, dessen größte Stadt, Köln, nicht viel kopfstärker war als eine italienische Mittelstadt wie Brescia. Bedingt und gefördert durch die stürmische Stadtentwicklung in Italien veränderten sich die kommerziellen Verhältnisse: der Geldverkehr verdrängte immer stärker den Tauschhandel, vorangetrieben durch den

mit den Kreuzzügen ausgeweiteten Mittelmeerhandel, der für die reichen Schichten auch ein neues Konsumbewußtsein weckte; Handwerk und Handel blühten auf und zogen weitere Menschen für verschiedenartige Dienstleistungen an. Für solche in die Stadt gekommenen „contadini" und Hörige erließen die Kommunen besondere Verordnungen. Nach einer wahrscheinlich schon im Siena des 12. Jahrhunderts gültigen Bestimmung war der Schollenhörige eines Nichtsienesen bereits nach einem viermonatigen Stadtaufenthalt frei und bürgerrechtsfähig; der Grundhörige eines Sienesen hingegen, der in die Stadt zog, mußte fast allen Besitz an den Grundherrn abtreten und erlangte erst nach zehn Jahren Freiheit und Bürgerrecht.

Rom war eine Ausnahme; es war keine Fernhandelsstadt, stand an Bevölkerungszahl den großen Städten Italiens nach und hatte theoretisch den Kaiser als Stadtherrn, doch konkurrierten der Papst und die in Adelsfraktionen zersplitterte Stadtgemeinde um die Herrschaft. Der höchste Amtsträger in Rom war der Präfekt, den das Volk – d. h. die nach Stadtbezirken gegliederte Miliz – wählte; von einem kaiserlichen Bevollmächtigten erhielt der Präfekt Reichsadler und Schwert, der Kaiser betrachtete ihn als seinen Vikar, während dem Papst ein Bestätigungsrecht zugestanden war. Um dieses Amt des Stadtpräfekten tobten unter den ersten Familien Roms harte Kämpfe, und die päpstliche Reformpartei übte auf den Präfekten schweren Druck aus. Auch bestand ein alter Gegensatz zwischen der römischen Bürgerschaft und dem Adel der Campagna, der seine Burgen sowohl in der Stadt wie im Umland hatte. Die lange aufgestaute städtische Unzufriedenheit kam 1143 zum Ausbruch, als Papst Innozenz II., ein Papareschi aus Trastevere, dem Wunsch der Bürgerschaft, die Konkurrenzstadt Tivoli zu zerstören, nicht nachkam. Tivoli hatte sich, als es von den Römern belagert wurde, dem Papst unterworfen und maßvolle Bedingungen ausgehandelt. Die Römer glaubten sich um den Lohn ihrer Anstrengungen betrogen und besetzten den kapitolinischen Hügel. Das Vorbild anderer italienischer Kommunen und die Erinnerung an Roms einstige Größe mögen mitgespielt haben. Man proklamierte einen Senat. So recht paßte der Name nicht für die neugeschaffenen Ämter: einerseits sollte damit wohl der Rat der Stadt bezeichnet werden, dem auf Zeit gewählte Bürger angehörten, andrerseits die höchsten städtischen Beamten, denen man sonst den Namen Konsuln gegeben hat. Ein Rom antiker Größe ließ auch an den Kaiser denken, und es machte sich eine Gruppe bereit, ein Kaisertum unabhängig vom Papsttum einzurichten. Angesichts des Aufruhrs der Römer soll Papst Innozenz II. vor Aufregung gestorben sein.

Gehen wir vom europäischen Zentrum auf die damaligen Randstaaten über. In Spanien hatte die Reconquista im Grenzbereich zu den Mauren unabhängige Herrschaften, „autogene Immunitäten", hervorgebracht, die sich aber nicht halten konnten. Die Zukunft gehörte größeren christlichen Teilreichen: Aragón, Navarra, Kastilien und später Portugal. Am kraftvollsten war Aragón, das mit Katalanien ein Lehen der französischen Krone besaß und auf diese Weise dem Meer und Südfrankreich geöffnet war. Die Aragonesen sollten die großen Gegenspieler der französischen Könige werden. Daß das aragonesische Königtum den Angriff der fanatischen Almohadendynastie (seit 1147) überstand, dürfte seinen Grund nicht zuletzt in der zentralistischen Verfassung haben; es hatte ein streng ausgeübtes Burgen- und Öffnungsrecht; Lehen der Kronvasallen gingen ungeteilt an den ältesten Sohn; aber jüngere Söhne mußten, auch wenn sie woanders Untervasallen waren, Mannschaft leisten. Der byzantinische Basileus Alexios I. (1081–1118) hatte mit seinem Hilfegesuch den Ersten Kreuzzug ausgelöst und wußte sich mit Geschick der normannischen Vorstöße zu erwehren. Im Kampf gegen die Normannen sollten der griechische und der deutsche Kaiser immer wieder zusammenfinden. Alexios' I. Sohn Johannes II. (1118–1143) verband sich mit Lothar gegen Roger II., und mit der politischen ging eine kulturelle und verfassungsmäßige Annäherung Hand in Hand. Nachdem das alte Wehrbauernsystem und der ausgedehnte Einsatz von Söldnern sich nicht bewährt hatten, versuchten es die Komnenen mit einer Art Feudalordnung. Landgüter wurden ausgegeben, deren Empfänger zu Militärdienst verpflichtet waren und Mannschaft stellen mußten. Zwar sollten diese Güter nicht erblich sein, aber es spielte sich die Gewohnheit weitgehender Erblichkeit ein. Die strukturelle Annäherung des byzantinischen Reichs an den Westen hat die Komnenen später zu einem Partner der Staufer werden lassen.

Im Heiligen Land hatten sich als Folge des Ersten Kreuzzugs vier Kreuzfahrerstaaten herausgebildet: die Grafschaft Edessa, das Fürstentum Antiochien, die Grafschaft Tripolis und das Königreich Jerusalem. Nach der Vernichtung mehrerer volkreicher Pilgerzüge wurde es deutlich, daß der im Land gebliebene meist französische Adel – die „Franci" – weitgehend auf sich allein gestellt bleiben würde. Es kam teilweise zur Vermischung mit der arabischen Bevölkerung: die „Pullanen", Kinder aus der Verbindung von Kreuzfahrern mit syrischen Frauen, bildeten bald ein stabilisierendes Element der Einwohnerschaft. Störend für einen Ausgleich mit den Mohammedanern waren die „Saison-Kreuzfahrer", deren Hauptwunsch es war, möglichst viele Ungläubige umzubringen und schnell in die Heimat zurückzukehren. Das im Lande entwickelte und in den Assisen von Jerusalem (1130/40) aufgezeichnete Feudalrecht zeigte deutlich französisch-normannische Züge. Die Mannschaftspflicht des Vasallen war streng festgelegt, aber auch die Hilfepflicht des Königs, gegen den Widerstandsrecht erlaubt war, wenn er sich einem Hilferuf versagte. Die Zeit einer engeren Verflechtung der Deutschen mit den Geschicken des Heiligen Landes stand noch aus.

II.

„Wissenschaft und Gottverlangen": Kirche und religiöse Lebensformen im Zeitalter Bernhards von Clairvaux

Die Diskussion darüber, was Kirche sei, ist so alt, wie die Kirche selbst. Sie hängt wesensmäßig mit der Frage nach den Formen des rechten und seligmachenden Lebens zusammen. Bis in die Zeit des Investiturstreits umschloß die Kirche alle Christen: Priester und Laien; zwischen Geweihten und Nichtgeweihten verlief noch keine scharfe Trennungslinie. Im Laufe des Investiturstreits setzte sich innerhalb der Reformgeistlichkeit immer mehr die Auffassung durch, daß die Kirche durch die Gemeinschaft der Sakramentsträger gebildet werde, durch deren Vermittlung der sündhafte Laie teilhatte an den göttlichen und kirchlichen Gnadenmitteln. Durch Jahrhunderte hatte der Satz des Papstes Gelasius I. (492–496) die Formel für das Verhältnis von geistlicher und weltlicher Gewalt abgegeben: daß es zwei Gewalten in der Welt gebe, die potestas regalis und die sacrata pontificum auctoritas, und wenn auch durch Wortwahl und Beschreibung des Geltungs- und Verantwortungsbereichs die geistliche Macht übergeordnet erschien, so war der irdischen Gewalt doch ein autonomer Wert belassen. Die Zwei-Gewalten-Theorie erfuhr von der Frühreform an eine Zuspitzung in der Allegorie der zwei Schwerter. Nach Lukas 22,38 habe Christus der Kirche zwei Schwerter überreicht, den „gladius materialis" und den „gladius spiritualis", und das weltliche Schwert werde ausgegeben an die irdische Macht, die es nur auf Anweisung der priesterlichen Gewalt zu gebrauchen habe: so die einflußreiche Deutung des Bernhard von Clairvaux. Die Zwei-Schwerter-Lehre bildete bald ein wichtiges Argument für die Theorie, daß die irdische Gewalt nicht aus eigenem Wesen existiere, sondern als potestas indirecta vom Priestertum vermittelt und ihm untergeordnet sei. Das Zusammenwirken – der „harmonische Synergismus" – war aufgehoben: Laienwelt und Priesterschaft, Kaisertum und Papsttum waren nach Wesen und Wert geschiedene Bereiche.

Aber auch innerhalb der geistlichen Welt kam es zu Differenzierungen. Da war zunächst der große Unterschied zwischen dem Mönch, der im Kloster für die Selbstheiligung und für das Heil der Welt lebte und betete, und dem Weltgeistlichen, dem als wichtigste Aufgabe die cura animarum, die Seelsorge, aufgetragen war. Zwar waren zu Priestern geweihte Mönche z. B. in Taufkirchen und außerhalb des Klosters tätig, aber ihre Zahl war gering, so daß die monastische Idee nicht gefährdet war. Jetzt kamen neue oder intensivere Formen geistlicher Gemeinschaften auf. Der Stand der Kanoniker, die Augustinerchorherren, erlebte eine neue Blüte, von den Päpsten seit Gregor VII. als eine Aufnahme urkirchlicher Lebensweise gefördert, besonders von Urban II. privilegiert, der in ihnen anscheinend wegen ihres weltoffenen Gemeinschaftslebens wirksame Träger der Reformideen sah. Sie standen zwischen Mönchen und Weltpriestern, indem sie zwar nicht in strenger Abgeschiedenheit lebten, wohl aber in Gemeinschaft und nicht verstreut wie die Weltpriester auf den Pfarreien bei den einzelnen Kirchspielen. Sie besaßen gemeinsames Eigentum und richteten sich nach Vorschriften Augustins. Vor allem aber wurden in der Zeit um 1100 neue Ordensgemeinschaften gegründet: z. B. die Zisterzienser, die Kartäuser, die Prämonstratenser, die Templer.

Bis zur Reformzeit war die monastische Welt des Abendlandes recht uniform geblieben, denn zumeist war es die Benediktinerregel, nach der neue Klöster eingerichtet und alte reformiert wurden. Im Cluniazensertum hatte das Benediktinerideal eine besondere Ausformung und Blüte erfahren. Am Ende der Abtszeit Hugos († 1109) umfaßte die cluniazensische Klosterfamilie 1450 Klöster; sie alle, die nur Prioren an der Spitze ihrer Konvente hatten, unterstanden in einer Art monarchischer Verfassung dem Abt-Primas von Cluny. Zu Beginn des 12. Jahrhunderts hatte Cluny freilich seinen Höhepunkt überschritten. Für den Rückgang der Anziehungskraft Clunys, der schließlich in eine aufsehenerregende Absetzung seines Abtes Pontius 1126 einmündete, mögen mancherlei Gründe maßgebend gewesen sein. Cluny hatte den liturgisch-kontemplativen Teil des Klosterlebens erdrückend ausgedehnt; das Gebet nahm einen Großteil des Tageslaufes eines cluniazensischen Mönches ein (Fürbittegebet, Seelenmessen, Anniversarfeiern), während die Handarbeit stark zurücktrat, obwohl Benedikt sie in seiner Regel ausdrücklich vorgeschrieben hatte. Clunys Gebetsfürsorge zog Laien an, und cluniazensische Klöster — an der Spitze Cluny selbst — waren von Adligen, die für ihr Seelenheil sorgen wollten, reich beschenkt worden. Die von Papst Urban II. geweihte Klosterkirche von Cluny war das größte Gotteshaus der abendländischen Christenheit, beinahe um die Hälfte größer als Sankt Peter in Rom. Als weiteren Grund für das Nachlassen des Ansehens Clunys ist sein starker Rückhalt bei den reichen Feudalherren angegeben worden; es habe keine Beziehung zu Bürgertum und Armenbewegung gefunden; „mit liturgischem Pomp" habe es die gegen die Feudalherren revoltierenden ausgebeuteten „Klassen" abgelenkt und notwendige Reformen verpaßt (E.Werner). „Durch Reichtum und Glanz erschlafft" habe es sich „von dem ursprünglichen Ideal des Mönchtums immer stärker entfernt" (F.-J. Schmale), und in der Tat ist von Zeitgenossen der Vorwurf erhoben worden, es sei ausgeufert „in Essen, Trinken und Sitten". In das deutsche Reich hatte Cluny über das Kloster Hirsau spät Eingang gefunden, und eine wichtige Ursache für das zögernde Eindringen dürfte in der Verfassungseigentümlichkeit cluniazensischer Klöster liegen: daß sie exemt waren vom jeweiligen Diözesanbischof. Solange Mönchspäpste auf dem Stuhle Petri saßen, wurden diese Aussparungen in einer straffen Kirchenorganisation hingenommen, wenn nicht gar gefördert, doch bei einem Wandel zu einer eher weltgeistlichen Einstellung Roms, wie sie in den 20er Jahren des 12. Jahrhunderts eingetreten sein dürfte, konnte die cluniazensische Verfassung als gefährlich erscheinen.

Im Gegensatz zu den Cluniazensern hat der neue Orden der Zisterzienser im 12. und 13. Jahrhundert eine weite Blüte erlebt. Deutsche Könige und Kaiser haben den Zisterziensern die Reichskleinodien anvertraut, und Friedrich II. legte in der Todesstunde ihre Kutte an. Cîteaux (Cistercium) bei Dijon, die Urzelle, wurde 1098 gegründet mit der Losung: „Reinheit der Regel, Richtigkeit der Regel" (Puritas regulae, rectitudo regulae). Die Regel, zu der zurückgelenkt werden sollte, war die Regel Benedikts. Auf Allodialgut des auf seine Rechte verzichtenden Vizegrafen von Beaune ca. 80 km nördlich von Cluny gegründet, konnte Cîteaux eine ungestörte Entwicklung durchlaufen; seine wohl 1110 verfaßte charta caritatis wurde 1119 von Papst Kalixt II. bestätigt, so daß der Orden der Unterstützung der offiziellen Kirche sicher sein durfte. Im Gegensatz zu den cluniazensischen Gründungen waren bei den Zisterziensern die Tochterklöster gleichberechtigte und autonome Abteien, eingeordnet zudem in den Diözesanverband. Jährliche Generalkapitel — die Versammlung aller Äbte — überwachten die Übereinstimmung und die Reinheit der Regel. Die charta caritatis wies an, daß die Mönche von ihrer Hände Arbeit leben sollten. Entsprechend groß war die kolonisatorische Leistung der Zisterzienser, zunächst in der Binnenkultivierung, bald aber auch in der Ostsiedlung. Erhöht wurde die Wirtschaftskraft zisterziensischer Klöster durch Außenhöfe, sogenannte Grangien, die Laien — Konversen eines neuen Typs — in eigener Regie und weitgehender Eigenständigkeit überlassen wurden: ein erster Schritt von der menschenbindenden Grundherrschaft hinweg. Die Wirkung in das Umland wurde noch weiter durch Friedelhöfe verstärkt, die man an Bauern verpachtete. Hatte das 910 gegründete Cluny über anderthalb Jahrhunderte gebraucht, um im deutschen Reich Eingang zu finden, so tauchte bereits wenige Jahre nach der päpstlichen Bestätigung des Ordens die erste deutsche Zisterze auf: 1123 Altenkamp bei Rheinberg (Niederrhein). Altenkamp — drittes Tochterkloster der stark nach Deutschland wirkenden Zisterzienserabtei Morimond (Diözese Langres) — war selbst „fruchtbare Mutter" für mindestens 14 Tochter- und für ca. 50 „Enkelklöster". Zu ihnen zählen Walkenried im Südharz und das thüringische Pforta, das später als Unterrichtsstätte berühmte Schulpforta. Erheblich war auch die Beteiligung an der Ostsiedlung; in Brandenburg entstanden Lehnin, Chorin, Zinna, in Schlesien Leubus, in Holstein Reinfeld. Entsprechend ihrem Gedanken eines dienenden Lebens entwickelten die Zisterzienser eine eigene Architektur, entfernt von den hochtürmigen und vielchorigen Bauten der Cluniazenserkirchen, mit schlichtem Kapellenbau von betonter Harmonie, stets ohne Turm, lediglich mit einem aufgesetzten Dachreiter. Die Lebensform der Zisterzienser, die häufig abgelegene Täler aufsuchten, sprach die Menschen an: um die Mitte des 12. Jahrhunderts gab es in Deutschland gegen 50 Klöster, insgesamt gegen 300, wobei zu bedenken ist, daß die wirtschaftliche und kolonisatorische Ausstrahlungskraft erheblich größer war als die der mehr auf Kontemplation angelegten Cluniazenserklöster.

Die herausragende Gestalt der Frühzeit des Zisterzienserordens war Bernhard von Clairvaux. Um 1090 in Burgund geboren, trat er 1112 in das Kloster Cîteaux ein, doch wurde er bereits 1115 zum Abt des neuentstandenen Clairvaux (Diözese Troyes) erhoben. Die Blüte Clairvaux' und die Neugründung von nicht weniger als 68 Tochterklöstern sind seiner Energie zuzuschreiben. Da die Zisterzienser keine monarchische Verfassung mit einem Abt-Primas an der Spitze hatten, war die Wirkung des einzelnen Abtes innerhalb des Ordens von seinem Ansehen abhängig, und Bernhard nahm so etwas wie eine Führungsstellung ein, auch wenn sein Ruhm auf das Ende seines Lebens zu († 1153) verblaßte. Gern wird das zweite Viertel des 12. Jahrhunderts als „Bernhardinisches Zeitalter" apostrophiert, in welchem ein „monastischer Humanismus" gepflegt worden sei, die Verbindung von „Wissenschaft und Gottverlangen" (J. Leclercq). Bernhard von Clairvaux sah in der um sich greifenden rationalistisch-dialektischen Denkweise der Scholastik eine Gefahr für den Glauben und setzte ihr eine mystisch-kontemplative Glaubenshaltung entgegen. Nicht mit dem Intellekt erlebe man Gott: „Man erkennt Gott, soweit man ihn liebt." Seine Kontemplation bewegt sich um das Verhältnis der Seele zu Christus, und er wird zum Begründer jener hochmittelalterlichen Christusmystik, die noch im 15. Jahrhundert eine weite Erneuerung innerhalb der Devotio moderna erfuhr.

Mit seiner mystischen Gottessehnsucht war Bernhard der natürliche Gegner Abaelards. Der umtriebige Bretone Abaelard (* 1079), Sohn frommer Rittersleute, die beide in hohem Alter in ein Kloster eintraten, war über das Artesstudium zur Theologie gekommen, hatte in der damals aufbrechenden Universaliendiskussion die Position eines gemäßigten Realismus vertreten und hing zeit seines Lebens begeistert der Dialektik und ihren Argumentationsmethoden an, denen er sein „Ja und Nein" (Sic et non) widmete: seine dialektisch-rhetorische Brillanz führte ihm viele Schüler verschiedener Nationalität und Geisteshaltung zu, z. B. Johann von Salisbury und Arnold von Brescia, aber auch Otto von Freising und Rainald von Dassel. In seiner Autobiographie berichtet der stets unzufriedene und penetrant besserwisserische Abaelard, Wilhelm von Champeaux, sein Lehrer der Dialektik in Paris, sei neidisch auf seine Erfolge und überdies ein Intrigant gewesen, habe aber aufgrund der Einwände Abaelards seine Ansicht über die Universalien öffentlich korrigieren müssen; der „Greis" Anselm von Laon, den er gegen 1113 aufsuchte, „dem mehr Routine als Begabung und Gedächtniskraft einen Namen verschafft hatte", habe zwar über „einen bewundernswerten Wortgebrauch verfügt", doch sei dieser „inhaltlich verachtenswert und ohne Vernunft gewesen", und den Anselmschülern habe er bald seine Überlegenheit in der Glossierung biblischer Texte beweisen können usw. usw. Abaelard geriet in Gegensatz zu Bernhard, der auf einer Synode 1141 mehrere seiner Lehren verdammen ließ, ohne daß Abaelard Gelegenheit zur Verteidigung, ja auch nur zur Meinungsäußerung, erhalten hätte. Mit eigenen Schreiben versuchte Bernhard zu verhindern, daß Rom und die Kurie den Fall an sich zogen, und bis zu seinem baldigen Tod († 1142) hat Abaelard sich auch nicht rechtfertigen können.

Aber nicht seine Rolle als Glaubenswächter, sondern seine Predigergabe hat das Ansehen Bernhards, des „honigträufelnden Lehrers" (doctor mellifluus), wenn nicht begründet, so gestützt. Unter seinen

Schriften, die in fast tausend Handschriften verbreitet sind, befinden sich rund hundert Predigten, die teilweise als Nachschriften auf uns gekommen sind, mit der Frische der direkten Ansprache des Publikums („betet, derweil ich Gäste empfangen muß") und der Stellungnahme zu aktuellen Problemen der Zeit, die auch seine ca. 500 Briefe durchzieht. Seinem Schüler Papst Eugen III. (1145–1153), einem Zisterzienser, der eine Zeitlang auch in Clairvaux gewesen ist, schrieb er einen „Papstspiegel" (De consideratione), in welchem jene zugespitzte Zwei-Schwerter-Allegorie dargelegt ist. So wäre es gewiß eine unangebrachte Einengung, in Bernhard allein das prägende Vorbild monastischen Lebens zu sehen. Er selbst nannte sich „die Chimäre des Jahrhunderts": nicht ganz Mönch, nicht ganz Ritter, denn neben der Verkündung des monastischen Ideals als Form des apostolischen Lebens steht sein religiöser Auftrag an den christlichen Ritter, und es ist gewiß kein Zufall, daß in jene Zeit auch die Gründung geistlicher Ritterorden fällt.

Neben den Zisterziensern kamen auch andere neugegründete Orden in Blüte. Nach einem leichten Kanonikerleben war der adlige Norbert von Xanten, ergriffen von einem Damaskuserlebnis – ein Blitzschlag hatte ihn vom Pferd geworfen –, als Büßer in das Kloster Siegburg eingetreten, war als Wanderprediger durch Nordfrankreich und die Rheinlande gezogen; 1120 gründete er Prémontré (Pratum monstratum; Dép. Aisne, bei Laon), das dem Prämonstratenserorden den Namen gab. Es war seiner Anlage nach, geprägt von den Erfahrungen Norberts, ein Predigerorden, der an die Kanoniker anknüpfte mit gemeinsamem Leben und gemeinsamem Eigentum. Als Erzbischof von Magdeburg (1126–1132) bewährte Nobert seine Weltoffenheit, genoß das Vertrauen König Lothars III. und wurde Kanzler für Italien. Auf deutschem Boden war Cappenberg (Diözese Münster) 1122 die erste Prämonstratenserpropstei, und 1129 begründete Norbert einen Prämonstratenserkonvent in Magdeburg. Eine größere Anzahl von Domkapiteln gliederte sich dem Orden ein, der seine Missions- und Predigeraufgaben in der folgenden Zeit der Kolonisation energisch wahrnahm und von großen Missionaren wie dem Bischof Otto von Bamberg gefördert wurde.

Ein anderer deutscher Ordensstifter war der in Köln geborene Bruno. Nach den üblichen Stationen als Domherr in Köln und in Reims legte er in der Nähe Grenobles im Felsengebiet Cartusia eine Eremitensiedlung an, die das Muster und den Namen für weitere Anlagen abgab, bei welchem Einsiedler- und Konventssiedlungen in einzigartiger Verbindung vereinigt sind. Nach dem Tode Brunos († 1101) niedergelegte Consuetudines, die auf die isolierte Kontemplation besonderes Gewicht legen, wurden von den Kartäuser-

Eremitagen übernommen, deren Zahl bis zum Ende des 12. Jahrhunderts auf fast 40 anstieg.

Angesichts dieser monastischen Vielfalt, hinter welcher jeweils die Suche nach einem gottgefälligen Leben stand, lag die Frage nahe, wo denn der christliche Auftrag am besten verwirklicht sei, und es gibt eine eigene Literatur, in welcher diese Konkurrenz ausgetragen wurde, etwa in einem fiktiven Streitgespräch zwischen einem Cluniazenser und einem Zisterzienser oder in einer Verteidigungsschrift für die Gemeinschaft der Regularkanoniker. Ein so theologischer und sich um die Interpretation des göttlichen Heilsplans mühender Autor wie Rupert von Deutz († 1129/30) — in seiner Gesinnung ein reaktionärer Spätgregorianer — verteidigte sein Siegburg-Deutzer Benediktinertum und forderte auch für Mönche das Recht auf Seelsorge. Im Ringen um die beste monastische Form gab es trotz allem Wunsch nach Gottgefälligkeit mancherlei Gehässigkeiten und niedrige Schmähungen.

Dem geistlichen Aufschwung stand ein geistiger nicht nach, und er ging durch alle Orden. Ganz gleich welcher Herkunft, gaben die verschiedenen monastischen Lebensformen den Menschen Gelegenheit zu intellektueller Entfaltung. Honorius Augustodunensis († ca. 1156) dürfte in Regensburg gewirkt haben — auffällig zahlreich sind die Handschriften seiner Werke in bayerischen und österreichischen Klöstern —, doch ist es unklar, wo Honorius herkam, ob er im keltischen England geboren war und in wessen Schule er ging. Für Hugo von St.-Victor († 1141) werden als Geburtslandschaften Nordfrankreich, Lothringen, zumeist aber wird Sachsen angegeben. Sein Wirkungsort war das Augustinerchorherrenstift St.-Victor in Paris, wo er ohne besondere Würden, zwar zurückgezogen, aber umgeben von Schülern lebte, die seine Lehren weitertrugen. Bemüht um einen Ausgleich zwischen der kritischen Scholastik und der kontemplativen Mystik erschloß er sich die Kirchenväterliteratur und besonders die Schriften Augustins. Seine Erkenntnislehre ist eine Mischung philosophischer und theologischer Elemente; dem Menschen eigne eine dreifache Schau: mit dem Auge des Körpers, dem der Vernunft und dem der Kontemplation. Daß der Magister Gratian, der im Bologneser Kloster St. Felix und Nabor Theologia externa practica lehrte, Benediktiner Camaldulenser Observanz gewesen ist, einem Eremitenorden also angehörte, hinderte ihn nicht, ca. 1140 seine „Concordia discordantium canonum" abzufassen, die — obwohl ein privates Werk — zur authentischen Sammlung kirchlicher Rechtsquellen aufstieg und bald den Namen Decretum Gratiani erhielt.

Um die Erklärung der Welt bemühen sich auch weibliche Autoren, die bislang – schon wegen ihrer Unfähigkeit, das Priestertum zu erlangen – theologischen Fragen fernestanden. Hildegard von Bingen († 1179) unterhielt, trotz ihrer schwachen und einen ständigen Helfer erfordernden Lateinkenntnisse, einen ausgedehnten Briefwechsel, in den auch Kaiser und Päpste einbezogen waren; ihre an die Offenbarung sich anlehnenden prophetischen Gesichte und ihre naturwissenschaftlichen Erörterungen in einem allegorisch-exegetischen Stil beeindrucken durch die Selbstsicherheit der ganz ständisch denkenden Verfasserin: Auf die Frage, warum in ihrem Kloster nur adlige Konventualinnen seien, antwortete sie: „Welcher Mensch sammelt seine ganze Herde in einem einzigen Stall, Ochsen, Esel, Schafe, Böcke?" Geburtsständische Unterschiede sind gottgegeben und also zu respektieren. Herrad von Landsberg († 1195), wie Hildegard Benediktinerin, schuf mit ihrem „Wonnegarten" (Hortus deliciarum) eine Riesenenzyklopädie, in die durchaus moderne Züge einflossen; so ließ sie ihren gesamten Konvent, dem sie als Äbtissin vorstand – 70 Nonnen –, abkonterfeien, und deutlich ist den Bildmedaillons der Versuch anzumerken, individuelle Züge wiederzugeben. Die Gestalt der Heloïse († 1164), Freundin und vorübergehend Frau des Abaelard, umgibt schon so etwas wie ein Hauch von Emanzipation – mag auch die Echtheit des Briefwechsels zwischen beiden nicht über jeden Zweifel erhaben sein, wie es in der französischen populären und selbst der gelehrten Literatur sich ausnimmt.

III.

Lothar III.: Königtum ohne Zukunft

Bei reichsgeschichtlicher Betrachtung erscheint die Zeit von 1125 bis 1152 – die Regierungen Lothars III. (1125–1137) und Konrads III. (1138–1152) – als Einschub zwischen zwei dynastisch geprägten Epochen: die Zeit zwischen dem salischen und dem endgültig durchgesetzten staufischen Königtum.

1. Lothar als „legitimer Gegenkönig"

Lothar III., der Nachfolger Heinrichs V., hat keine Dynastie begründet. Daß er keine männlichen Erben hatte, empfahl ihn den fürstlichen Wählern. Eine andere wichtige Empfehlung für Lothar

war seine Familie: er war kein Staufer und hatte weder agnatisch noch kognatisch irgendwelche verwandtschaftlichen Beziehungen zu den Saliern. Auf den mit 39 Jahren verstorbenen Salier Heinrich V. folgte der über 50 Jahre alte sächsische Herzog Lothar von Supplinburg. Heinrich V. hatte den damals 35jährigen Herzog Friedrich II. von Schwaben, den älteren Sohn seiner einzigen Schwester Agnes, als Nachfolger betrachtet und ihn auch schon als Erben des salischen Hausgutes — also als Privaterben — eingesetzt. Dem Verwandtschaftsgrad nach standen die Staufer nicht als einzige dem salischen Hause nahe. Denn nach dem Tode Herzog Friedrichs I., des Erbauers der Staufenburg, hatte Agnes den Babenberger Markgrafen Leopold III. von Österreich geheiratet, und Konrad, der Sohn aus dieser Ehe, hatte blutsmäßig den gleichen Abstand zu den Saliern wie die beiden Staufer Friedrich II. und sein jüngerer Bruder Konrad. Aber die Babenberger haben die salische Tradition wenig gepflegt, so daß allgemein die Staufer als Erben der Salier angesehen wurden. Die Staufer selbst betrachteten sich bald als Teil der salischen Dynastie; der Babenberger Otto von Freising nannte sie die „Heinriche von Waiblingen": nach dem Leitnamen der Salier und dem Zentrum der staufischen Besitzungen.
Gegen das staufische Geblütsrecht trat als Anwalt des fürstlichen Wahlanspruchs Erzbischof Adalbert I. von Mainz (1109–1137) auf, der seit seinem Bruch mit dem Königtum 1112 konsequent die Sache der Fürsten und den territorialen Ausbau des Mainzer Erzsitzes betrieb. Nicht nur daß er sich von der Kaiserinwitwe die Reichsinsignien verschaffte, die bei der Formalisierung der Königswahl eine immer größere Rolle spielten: es gelang ihm, Mainz als Ort der deutschen Königswahl bei den Stammesvertretern durchzusetzen. Über die Vorgänge bei der Wahl besitzen wir einen außergewöhnlich präzisen Bericht eines welfenfreundlichen Mönchs aus dem niederösterreichischen Kloster Göttweig. Wie beim Gegenkönigtum Rudolfs von Rheinfelden und Heinrichs V. nahm das Papsttum an der Wahl Anteil. Ein päpstlicher Legat war anwesend, und sogar aus Frankreich reiste ein Gast an: Abt Suger von St. Denis, der soeben den salischen Angriff auf das französische Königtum hatte abweisen können. Der Wahlvorgang ließ in bemerkenswerter Weise Verfassungsstrukturen des Reiches deutlich werden. Seit dem 10. Jahrhundert war die Beteiligung des Volkes als konstitutiv angesehen, auch wenn der „populus" lediglich in den „principes" bestand. In Mainz im August 1125 wird auch diese Repräsentanz eingeschränkt. Aus der Zahl der anwesenden Magnaten wurden lediglich 40 Wahlmänner zugelassen, je zehn aus den vier Hauptstämmen: Franken mit Lothringern, Schwaben, Sachsen,

Bayern. Jeder Stamm stellte einen Kandidaten, von denen drei ernsthafte Chancen hatten: der bayerische Vertreter Markgraf Leopold III. von Österreich aus dem Hause der Babenberger, der Schwager Heinrichs V.; Herzog Friedrich II. als Vertreter des schwäbischen Stammes und der Sachse Lothar von Supplinburg. Zur Fangfrage für die Kandidaten wurde die Erkundigung Adalberts von Mainz, ob sie die Wahl eines anderen anerkennten. Friedrich erbat sich Bedenkzeit. Ohne seine Stellungnahme abzuwarten wurde gleichsam per inspirationem Lothar von Supplinburg erhoben: der von der Kirche geförderte „Idoneitäts"-Gedanke hatte sich gegen die eher germanischrechtliche Bindung an ein königliches Geschlecht durchgesetzt. Als Lothar von Adalbert als König ausgerufen wurde, protestierten zunächst die Bayern, doch erklärten sie sich überraschend schnell mit dem Wahlausgang einverstanden: wahrscheinlich war ihr Herzog, der Welfe Heinrich der Schwarze, gewonnen worden, indem man damals die zwei Jahre später vollzogene Heirat seines Sohnes mit Lothars Tochter Gertrud vereinbarte; Gertrud erbte als einziges Kind das gesamte riesige Hausgut der Supplinburger. Am 13. September 1125 wurde Lothar von Erzbischof Friedrich von Köln am richtigen Ort, in Aachen, gekrönt. Der Einfluß der geistlichen Fürsten bei der Erhebung und eine von Papst Honorius II. in Rom erbetene Bestätigung seiner Wahl (confirmatio) hat den Supplinburger in den Ruf eines „Pfaffenkönigs" gebracht. Aber gewiß hat ihn nicht eine besondere Fügsamkeit in kirchlichen Dingen empfohlen, sondern eher seine Salierfeindlichkeit und die Tatsache, daß er keine männlichen Erben hatte. Lothars Regierung ist gekennzeichnet durch den Gegensatz zu den in salischer Tradition stehenden Staufern und durch seine Partnerschaft mit dem Papsttum.

Die Auseinandersetzung mit den Staufern wurde unvermeidlich, als der Schwabenherzog Friedrich II. sich weigerte, das Reichsgut an den neuen König freizugeben, denn unter den Saliern waren Haus- und Königsbesitz zusammengewachsen. Friedrich wurde geächtet und bereits 1125 eine Heerfahrt gegen ihn angekündigt. Lothar versuchte die Staufer einzukreisen: Er übertrug Konrad von Zähringen die Grafschaft Hochburgund (um Besançon) westlich des staufischen Gebietes; im Osten befand sich die Herrschaft von Lothars welfischem Schwiegersohn, dem Bayernherzog Heinrich dem Stolzen, dessen Ravensburger Hausbesitz die Staufer auch vom Süden her einengte. Aber der 1127 unternommene Exekutionsfeldzug gegen die Staufer blieb vor dem vergeblich belagerten Nürnberg liegen. Nun vollzogen die Staufer den endgültigen Bruch: Sie erhoben im Dezember 1127 Herzog Friedrichs jüngeren Bruder als

Konrad III. zum Gegenkönig. Konrad suchte Rückhalt in Italien, ließ sich vom Erzbischof von Mailand in Monza zum König von Italien krönen und versuchte als Inhaber der Reichsgewalt, die Mathildischen Güter an sich zu ziehen. Aber der Coup mißlang. Konrad mußte Italien räumen, und sicherlich wären die Staufer bald überwunden gewesen, hätte Lothar sich nicht anderen Aufgaben gegenübergesehen. Denn wieder einmal drohte ein päpstliches Schisma. Schon 1124, nach dem Tode Kalixts II., hatte die Gefahr einer Doppelwahl bestanden, und schon damals hatten die beiden seit fast einem Jahrhundert miteinander konkurrierenden Familien der Frangipani und der Pierleoni ihre Kandidaten gestellt. Nur der Geschicklichkeit des Kanzlers der römischen Kirche, des Kardinaldiakons von S. Maria Nova, Haimerich, eines gebürtigen Burgunders und Freundes Bernhards von Clairvaux, war es zu verdanken, daß der Vertreter der Frangipani, Honorius II., der einstige Wormser Legat Lambert von Ostia, sich durchsetzen konnte, der immerhin kein Frangipani war. Honorius stammte aus einfachen Verhältnissen, so daß der Abt von Montecassino den Boten, die die Nachricht brachten, sagen konnte: „Ich weiß nicht, wessen Sohn seine Heiligkeit ist, nur dies ist mir bekannt, daß er von Kopf bis Fuß mit Literatur angefüllt ist.“ Nach dem Tod des Honorius 1130 wiederholte sich das Spiel, und wiederum versuchte Haimerich den Frangipanikandidaten, Innozenz II., durchzusetzen, doch die Mehrheit des Kardinalkollegs entschied sich für Petrus Pierleone, der sich nach dem urkirchlichen Märtyrerpapst Anaklet II. nannte.

Das Schisma war nicht nur Ausdruck stadtrömischen Parteienhaders, und nachdem die moderne Forschung die lautere Persönlichkeit des schließlich unterlegenen Anaklet II. hat freilegen können, dessen Bild von der siegreichen Gegenpartei hemmungslos angeschwärzt worden ist – im amtlichen Annuario Pontificio sind jetzt in Korrektur zu früher Anaklet und Innozenz mit der gleichen Stufe der Rechtmäßigkeit aufgeführt –, stellt sich die Frage nach anderen Ursachen. Die Doppelwahl war zugleich Ausdruck der Parteiungen an der Kurie. Innozenz war hauptsächlich von den jüngeren, meist norditalienischen Kardinälen, Anaklet von den älteren, großenteils süditalienischen und römischen gewählt worden; Innozenz neigte, gemeinsam mit Haimerich, den neuen Ordensobservanzen von Cîteaux, Prémontré und den Regularkanonikern zu; Anaklet fühlte sich stärker der alten gregorianischen Reformauffassung und dem früheren Geiste Clunys verbunden, dessen Mönch er eine Zeitlang war, und stand gewiß der eben begonnenen Hinwendung des Papsttums „vom Mönchtum zum Episkopat“ (G. Tellenbach) fremd gegenüber. So sehr Innozenz II. farbloses Mittelmaß war und obwohl er sich in Rom nicht halten konnte, so war doch abzusehen, daß er sich auf Dauer würde durchsetzen können. Denn für ihn verwandten sich die modernen und die Laienwelt zusehends prägenden monastischen Kreise um Bernhard von Clairvaux und Norbert von Xanten. Es war ein Sieg der Zisterzienser und des Weltklerus über die Cluniazenser. Bernhards Beredsamkeit gewann Ludwig VI. von Frankreich ebenso wie Heinrich I. von England; sie erkannten Innozenz an. Anaklets Stütze war Roger II. von Sizilien: um ihn fest an sich zu binden, erhob Anaklet bereits 1130 Apulien, Kalabrien und Sizilien zu einem Königreich und gab es Roger zu Lehen.

Wichtig war, wie sich der deutsche König als künftiger Kaiser verhielt. Beide Päpste hatten ihm ihre Wahl angezeigt, und nach anfänglichem Schwanken sprach sich Lothar III. für Innozenz aus. Aber von Lothar wurde mehr als ein Votum erwartet. Bernhard von Clairvaux und Innozenz suchten ihn in Lüttich auf, und Lothar fand sich zu einer für die Situation bezeichnenden Geste bereit: Im Sinne der Konstantinischen Schenkung leistete er dem Papst den Stratordienst, d. h. er führte des Papstes Zelter ein Stück Weges, und darüber hinaus hielt er dem Papst den Steigbügel. Was Lothar als Ehrendienst auffaßte, konnte auch als Lehnshuldigung gedeutet werden. Andererseits beanspruchte Lothar vom Papst das volle Investiturrecht, wollte also – gewiß ausgehend von seinen sächsischen Erfahrungen – zu einem Zustand vor dem Wormser Konkordat zurück. Nur dann wolle er als Gegenleistung Innozenz nach Rom zurückführen. Es bedurfte der Überredungskunst Bernhards, um Lothar von der Investiturforderung abzubringen und die Kaiserkrönung als hinreichenden Gewinn darzustellen.

Im Spätsommer 1132 löste Lothar sein Versprechen ein. Mit 1500 Rittern – einem Heere um ein Vielfaches kleiner als das, mit dem Heinrich V. zwanzig Jahre früher seinen Krönungszug unternommen hatte – marschierte Lothar nach Rom. Anaklet II. hatte sich in der Leostadt um die Peterskirche verschanzt, so daß man in den Lateran ausweichen mußte. Hier empfingen am 4. Juni 1133 Lothar und Richenza die Kaiserkrone. Nach erneuten Verhandlungen über das königliche Investiturrecht konnte Lothar immerhin ein päpstliches Privileg aushandeln, das den Bischöfen grundsätzlich jeden Besitz von Regalien ohne königliche Belehnung verbot. Unglücklich verhielt Lothar sich in der Frage der Mathildischen Güter, denn er respektierte ein Eigentumsrecht der römischen Kirche, als ihm die Güter zur Nutzung – zudem gegen eine Zinsleistung von tausend Pfund Silber – überlassen wurden. Lothar wies seinen Schwiegersohn Heinrich den Stolzen in die Güter ein, der dem Papst den Lehnseid leisten sollte. Die Kurie zog beide Vorgänge zusammen, als sei Lothar, der zwei Jahre vorher den Stratordienst vollzogen hatte, über die Mathildischen Güter päpstlicher Vasall geworden, und im Lateran wurde ein Gemälde angebracht, das den auf dem Thron sitzenden Papst bei der Übergabe der Kaiserkrone an Lothar zeigte, mit einem Distichon als Legende: daß der König „zum Lehnsmann des Papstes wird", indem er die ihm gereichte Krone nimmt.

Bald nachdem Lothar Rom verlassen hatte, vertrieb Roger II. Innozenz II. aus der Stadt, und Bernhard begann, Lothar an seine kaiserlichen Schutzpflichten zu erinnern. Ein neuer Italienzug wurde möglich, als die Staufer Friedrich II. und Konrad III. sich 1135 unterwarfen. Zwar mußten sie das Reichsgut herausgeben, aber Friedrich blieb schwäbischer Herzog, und Konrad III. erhielt sogar die Würde eines kaiserlichen Bannerträgers. Die Romfahrt 1136 versammelte ein großes Heer; allein Heinrich der Stolze führte 1500 Ritter, und Lothar nahm die Reichsgewalt in Italien voll wahr. „Gemäß der Übung der alten Kaiser" hielt er in Roncaglia (bei Lodi) einen Reichstag ab und erließ eine vom antiken römischen Recht beeinflußte Konstitution: Allen Valvassores wurde verboten, Lehen weiterzugeben oder zu veräußern ohne Erlaubnis ihrer Herren, die sonst „einen glücklichen Feldzug" zum Vorteil des Reiches nicht führen könnten. Deutlich versuchte Lothar, die Präsenz der Reichsgewalt wieder durchzusetzen. Der weitere Feldzug – 1137 fortgesetzt – versprach, ein Erfolg zu werden; Benevent und Bari waren genommen, Roger II. bot Friedensverhandlungen an und war sogar bereit, seine Söhne als Geiseln zu stellen. Aber eine Opposition im Heer und Differenzen zwischen Kaiser und Papst hemmten den Vormarsch. Als der Graf Rainulf von Alife in das Herzogtum Apulien eingesetzt werden sollte, konnten sich Lothar und Innozenz über die Lehnsoberhoheit nicht einigen, und es ergab sich die groteske Szene, daß beide Herren der Welt die Lanze anfaßten und das Lehnssymbol Rainulf überreichten. Der Feldzug wurde nicht fortgesetzt; auf dem Rückmarsch, nachdem er dem mit der Markgrafschaft Tuszien belehnten Heinrich dem Stolzen die Reichsinsignien übergeben hatte, verschied Lothar am 4. Dezember 1137 bei Reutte in Tirol.

In Italien wurden die meisten Erfolge annulliert. Roger rückte vor, doch starb sein Oberlehnsherr Papst Anaklet II. im Januar 1138. Das Schisma schien beendet, und Innozenz glaubte sich stark genug, um 1139 eine Lateransynode zu berufen, die später als allgemeines Konzil gezählt wurde. Die Versammlung bannte Roger II., aber ein Feldzug gegen ihn endete mit einem ähnlichen Fiasko, wie einst Leos IX. Normannenkrieg. Das päpstliche Heer wurde geschlagen; Innozenz II. geriet in normannische Gefangenschaft und kam erst frei, als er das normannische Königtum anerkannte und Roger II. mit seinem Reich belehnte.

2. *Lothar III. und die Lage im Osten des Reiches*

Lothars III. Leistung ist in der modernen Geschichtsschreibung sehr verschieden beurteilt worden. Der Kirchenhistoriker A. Hauck († 1918) nannte ihn einen unbedeutenden Mann, während ihn 1937 ein ideologisch durchtränktes Buch als Träger der besten Kaiserpolitik feierte – wegen seiner Ostpolitik (F. Lüdtke). Lothar war zweimal Verlegenheitskandidat gewesen, als Herzog 1106 und als König 1125, und so unglücklich die Bitte um päpstliche Bestätigung seines Königtums, sein vom Papst abgeleitetes Kaisertum und seine indirekte Lehnsnahme der Mathildischen Güter waren – der Ostpolitik hat er neue Aktualität gegeben: er setzte als König fort, was er als Herzog begonnen hatte.
Ein Gewährsmann aus eigener Erfahrung ist der Priester Helmold im wagrischen Bosau am Plöner See († 1177), der zwar erst ca. 1143, nach Lothars Tod, ins Land gekommen war, aber von Lothar emphatisch berichtet: „Zur Zeit Lothars begann ein neues Licht sich zu erheben, nicht nur innerhalb des sächsischen Gebietes als auch im gesamten Reich", denn Lothar habe gewirkt im Einvernehmen mit der Kirche. Fraglos hatte der Missions- und Kolonisationswille zu Beginn des 12. Jahrhunderts neue Anstöße erhalten. Schon als sächsischer Herzog hatte Lothar energisch Grenzaufgaben wahrgenommen, war mehrmals gegen die heidnischen Slawen – z. B. 1114 bis nach Rügen – zu Felde gezogen, hatte 1111 Adolf I. von Schauenburg als Grafen von Holstein und Stormarn und 1123 in Anmaßung königlichen Rechts und gegen Heinrich V. den Askanier Albrecht den Bären in der Lausitzer Grenzmark und Konrad von Wettin in der Mark Meißen eingesetzt. Die Energie dieser drei Grenzgrafen warf freilich auch Probleme auf. Als Graf Heinrich von Stade starb († 1128), wollte Albrecht der Bär dessen hinterlassene Nordmark an sich ziehen, und in der Tat – nach vorübergehender Absetzung und Bewährung auf dem Italienzug 1133 – wurde Albrecht endgültig auch die Nordmark übertragen. Frühzeitig hatte Albrecht Verbindung mit dem christlichen Hevellerfürsten Pribislaw-Heinrich aufgenommen, mit dessen Flankenschutz er Teile jenseits der Prignitz eroberte. Pribislaw setzte Albrecht als

Erben in Brandenburg ein, und nachdem Albrecht diese ihm 1150 zugefallene Herrschaft gegen den heidnischen Fürsten Jaxa von Köpenick 1157 hatte halten können, war ein großer, freilich teilweise fleckenartiger Herrschaftskomplex entstanden. Das weitere Schicksal der Nordmark – des Gebietes zwischen Stendal und Salzwedel, für welche seit dem 14. Jahrhundert der Name Altmark aufkam – mündet in die Geschichte der Mark Brandenburg, deren Erschließung letztlich Lothar eingeleitet hat. Die Expansion Albrechts in die Nordmark führte zum Verzicht auf die Mark Lausitz, die 1136 dem Meißener Markgrafen Konrad von Wettin mit übertragen wurde: der Beginn des „Wettinischen Staates".

Aber Lothar griff auch über die Grenzmarken hinaus. Den dänischen Grafen von Schleswig, Knut Laward, der sich Herzog nannte, belehnte er 1127 mit Wagrien, zumal Knut bei den Obodriten in Wagrien eine königsähnliche Stellung einnahm und die Mission unterstützen konnte. Der Dänenkönig Niels, Knuts Onkel, dürfte mit der Einbeziehung seines Herzogs Knut in den deutschen Lehnsverband kaum einverstanden gewesen sein, und als Magnus, der Sohn des Königs, der seine Hoffnung auf die Thronfolge durch Knut gefährdet sah, Knut Laward 1131 heimtückisch ermordete, geriet der König in den Verdacht der Mittäterschaft; es kam zu einem Familienkrieg, aus dem die Sippe Knuts, dessen Gestalt bald zum christlichen Märtyrer umstilisiert wurde, als Sieger hervorging. Lothar hatte sofort nach dem Tod seines Lehnsmannes Knut einen Sühnefeldzug unternommen, der Niels zur Huldigung und zur Zahlung eines Bußgeldes von 4000 Mark Silber zwang. 1134 hatte sich gegen Niels Knuts Bruder Erich Emune durchgesetzt, der in feierlicher Form 1135 auf dem Hoftag von Magdeburg Lothar huldigte: Der dänische König wurde Lehnsmann des deutschen Königs.

Der Grenzkrieg im Osten bot keine Sicherheit; in den ersten Jahrzehnten des 12. Jahrhunderts begann eine intensive Besiedlung slawischer Gebiete. Es ist das beredte Zeugnis eines flandrischen Geistlichen auf altmärkischem Boden erhalten, der 1108 im Namen des Erzbischofs von Magdeburg zur Kolonisation aufrief: „Wider uns haben sich erhoben . . . die grausamsten Heiden, Männer ohne Mitleid, die sich ihrer Unmenschlichkeit noch rühmen . . . Die (slawischen) Heiden sind sehr schlechte Menschen, ihr Land aber ist sehr gut an Fleisch, Honig, Mehl, Vögeln, und wenn es zweckmäßig bebaut wird, kann keines mit ihm verglichen werden." Die Mischung von Kreuzzugsaufruf und der Lockung mit wirtschaftlichem Vorteil ist bezeichnend, denn nach weitgehendem innerem Landausbau waren die Menschen zur Neusiedlung im Grenz- und

Fremdland bereit. Landschaften, in welchen die Binnenkolonisation eine hohe Dichte erreicht hatte, waren z. B. der Niederrhein, Flandern und Holland; um die gleiche Zeit — 1106, spätestens jedoch 1113 — hatte Erzbischof Friedrich von Hamburg-Bremen in die Weserbrüche flämische Siedler gerufen, die nach Holländerrecht leben durften. Rodungsland war Königsland, und während der Zeit eines schwachen Königtums war es der Adel, der intensiv den Landausbau betrieb; er erweiterte auf diese Weise seine Herrschaftsgrundlagen. Graf Wiprecht von Groitzsch (bei Leipzig) ist 1106 der erste Landesherr, von dem wir wissen, daß er in Form eines Siedlungsvertrages Kolonisten zu einer nach Osten ausgreifenden Kultivierung anwarb; er wies bäuerlichen fränkischen Siedlern Neuland zwischen Mulde und Pleiße zu. Im ganzen 12. und 13. Jahrhundert muß der Zustrom an Siedlern im mittelelbischen Raum erheblich gewesen sein, östlich der Elbe setzte die Siedelbewegung etwas später ein. An dieser Kolonisation hatte das deutsche Königtum nur bedingt Anteil, und Lothars III. Aktivität beschränkte sich auf den Nordostraum. Adolf II. von Schauenburg, dem Lothar 1130 wie schon seinem Vater Holstein und Stormarn übertragen hat, kolonisierte das Land im großen Stil; die neben den deutschen Neusiedlern verbleibenden Slawen wurden zu abhängigen Pächtern auf den Gütern und verschmolzen allmählich mit den Einwanderern. Wie Helmold von Bosau berichtet, hatte Adolf II., da Holstein und Stormarn menschenleer gewesen seien, „Boten in alle Lande (geschickt), nämlich nach Flandern und Holland, Utrecht, Westfalen und Friesland, daß jeder, der zu wenig Land hätte, mit seiner Familie kommen sollte, um den schönsten, geräumigsten, fruchtbarsten, an Fisch und Fleisch überreichen Acker nebst günstigen Weidegründen zu erhalten." Der Tenor des Aufrufs ist ähnlich jenem des flandrischen Geistlichen im Magdeburger Raum. Eine Krise für die im Schutze des sächsischen Herzogtums sich vollziehende Besiedlung trat beim Tode Lothars III. 1137 ein. Kurz vor seinem Ende hatte Lothar das Herzogtum Sachsen seinem Schwiegersohn Heinrich dem Stolzen übertragen. Auf diese Weise wurde Sachsen in den staufisch-welfischen Gegensatz hineingezogen. Der 1138 zum deutschen König erhobene Staufer Konrad III. entzog dem Welfen Heinrich dem Stolzen das sächsische Herzogtum und übertrug es Albrecht dem Bären, der wiederum Adolf II. von Schauenburg als Grafen von Holstein und Stormarn absetzte und Heinrich von Badwide an dessen Statt ernannte. In jenen Jahren meint man einen Rückgang der Kolonisation feststellen zu können, der erst überwunden wurde, als 1142/43 die alte Lage wiederhergestellt wurde.

Kirchliche Kolonisation und Mission ergänzten die von weltlichen Herrschaftsträgern gestützte Besiedlung. Zisterzienser- und Prämonstratenserorden boten einen Rückhalt. Mit mehreren der großen Missionare damaliger Zeit war Lothar III. befreundet. Er hatte den Träger der Prämonstratensermission im Nordostraum Norbert von Xanten als Erzbischof nach Magdeburg geholt, und unter seinem Schutz konnte Bischof Otto von Bamberg (1102–1139) seine Pommernmission betreiben, die in Massentaufen mündete. Freilich fehlte eine tiefdringende religiöse Unterweisung, die zurückgebliebenen Priestern überlassen wurde, denn Otto mußte sein Missionsgebiet von Bamberg aus verwalten. Wie im 10. Jahrhundert bei der Gründung der mitteldeutschen Bistümer konnte man sich in der Frage der Jurisdiktionszugehörigkeit des Sprengels nicht einigen: ob er Magdeburg oder Gnesen zu unterstellen sei. Aber Berichte von Erfolgen solcher Großmissionare wie des Bischofs Otto von Bamberg, über Massentaufen von 22 000 Heiden, sollten nicht über den mühsamen Missionsalltag hinwegtäuschen. Nehmen wir den wagrischen Missionar Vizelin, dessen Bild uns Helmold überliefert. Gegen 1090, vielleicht in Hameln geboren, wurde ihm nach einem Scholastikusdasein in Bremen und nach Studien in Frankreich 1126 der Missionsauftrag für Wagrien erteilt. Mühsam zog er predigend von Ort zu Ort, war Pfarrer eines kleinen Ortes bei Neumünster. Auf Anraten Vizelins, dessen Mission der ursprünglich zum Geistlichen bestimmte Adolf II. von Schauenburg verständnisvoll unterstützte, errichtete Lothar III. eine Schutzburg in Segeberg. Trotz der unsicheren Lage nach Lothars Tod konnte er 1141/42 die Gründung des Stiftes Neumünster einleiten. Mehrfach geriet er zwischen die politischen Parteien. Als er 1149 Bischof von Oldenburg in Holstein wurde, sperrte ihm Heinrich der Löwe als sächsischer Herzog den Zehnten, denn Heinrich beanspruchte bei neuen Slawenbischöfen das dem König zustehende Investiturrecht. Vizelin gab nach: er ließ sich von Heinrich dem Löwen investieren und konnte noch die wenigen Jahre bis zu seinem Tod 1154 missionieren. In einer rückblickenden Urkunde werden Vizelins Missionsjahre beschrieben: „eine Zeit mühevoller und erfolgloser Arbeit, schier ununterbrochener Drangsale ... Plünderung, Brand, Gefangennahme seiner Genossen, Wunden und Tod – das war das Bild seines Lebens“ (A. Hauck).

IV.

Konrad III.: Königtum ohne kaiserlichen Glanz

1. Konrads Wahl und die welfische Opposition

Ebenso wie bei der Erhebung Lothars III. 1125 ist auch 1138 der Kandidat, dessen Wahl den Gedanken der Erbmonarchie gestärkt hätte, ausgeschaltet worden. Lothars Schwiegersohn, Heinrich der Stolze, der Gatte von Lothars einziger Tochter Gertrud, dem Lothar die Reichsinsignien übergeben hatte, glaubte sich Nachfolgechancen ausrechnen zu können, war er doch Herzog von Bayern, Markgraf von Tuszien, päpstlicher Lehnsmann der Mathildischen Güter, kurz vor Lothars Tod noch Herzog von Sachsen und verfügte über reichen Allodialbesitz. Aber dieser Welfe trug die Arroganz schon im Namen. Seine auctoritas „erstrecke sich von Meer zu Meer, d. h. von Dänemark bis nach Sizilien", soll er nach Otto von Freising geprotzt haben, und schlimmer noch war, daß Heinrich den Papst in der Normannenfrage verärgert hatte. Die Kurie und die Fürsten sorgten dafür, daß Heinrichs des Stolzen Plan keine Erfüllung fand.

Noch war die Erinnerung wach, wie nahe die Staufer der Krone gewesen waren, zumal das Gegenkönigtum Konrads sich bis 1135 – zwei Jahre vor Lothars Tod – hatte behaupten können. Mit einer regulären Wahl Konrads III. konnte die staufische und auf das Erbrecht drängende Partei ebenso einverstanden sein wie die an einer freien Wahl interessierte Gruppe der Reichsfürsten. Die Umstände für eine zügige Wahl lagen günstig. Der Erzstuhl des bisherigen Königmachers, des Mainzers, war vakant, der Kölner Metropolit erst gewählt und noch nicht geweiht: Albero von Trier, ein Freund Bernhards von Clairvaux mit vortrefflichen Verbindungen zur Kurie Innozenz' II., war ohne Konkurrenz der anderen rheinischen Erzbischöfe. In einem Schnellverfahren, ohne den von den Fürsten angesetzten Termin abzuwarten, ließ Albero Konrad III. in Koblenz am 7. März 1138 wählen, und ein päpstlicher Legat stand bereit, ihn wenige Tage später in Aachen zu krönen. Auch Konrad hat sich – wie Lothar – den Namen eines Pfaffenkönigs zugezogen, denn fraglos verdankte er sein Königtum dem schnellen Handeln des Trierer Erzbischofs und dem Eingreifen der Kurie. Bei seiner Wahl dürfte Konrad, dem man Tapferkeit und ungeheure Körperkräfte nachrühmte, 45 Jahre alt gewesen sein. Manche Quellen sprechen von seiner planlosen Art, von Kritiklosigkeit und Leichtgläubigkeit. Ihm, dem „Einfältigen" (simplex), imponierte die dialektische Argumentation eines Abaelard, und es ist überliefert, daß er an syllogistischen Scherzen Vergnügen fand. Z. B. sei Konrad gefragt worden, ob er ein Auge besitze, was er mit Ja beantwortet habe; er sei weiter gefragt worden, ob er zwei Augen besitze, was er ebenfalls mit Ja beantwortete: also habe er drei Augen, was König Konrad sehr erheiternd fand. Unter den Ratgebern Konrads, deren Einfluß nicht unerheblich gewesen sein dürfte, ist vor allem Wibald († 1158) zu nennen, 1130 Abt des Klosters Stablo, seit 1146 auch Abt von Corvey; sein Briefbuch ist mit rund 450 Stücken aus den Jahren 1147–1157 auf uns gekommen.

Trotz der Eilwahl fand Konrad allgemeine Anerkennung, und Heinrich der Stolze lieferte die Reichsinsignien aus. Dennoch kam es bald zum Zusammenstoß mit den Welfen, da Konrad den verfassungsrechtlichen Grundsatz aufstellte, daß kein Fürst zwei Herzogtümer besitzen dürfe. Heinrich der Stolze lehnte die Huldigung ab, denn Konrad hatte die Herausgabe eines der beiden Herzogtümer gefordert, entweder des angestammten Bayern oder des 1137 hinzugekommenen Sachsen. Heinrich der Stolze verfiel der Reichsacht; beide Herzogtümer wurden ihm entzogen. Sachsen ging an Albrecht den Bären, Bayern an den Babenberger Leopold IV. von Österreich, einen Halbbruder des Königs. Im Oktober 1139, auf dem Höhepunkt der Spannung, starb Heinrich der Stolze. Zwar beharrten die Welfen auf ihrem Anspruch auf zwei Herzogtümer, aber der Widerstand war gespalten. In Sachsen wurde er anstelle des zehnjährigen Heinrich des Löwen, des Sohnes Heinrichs des Stolzen, von seiner Großmutter Richenza getragen, der Witwe Lothars III., die als gebürtige Northeimerin über einen großen Anhang verfügte. In Bayern leitete Welf VI., der Bruder Heinrichs des Stolzen, den Widerstand. König Konrad versuchte zunächst, die Welfen von ihren schwäbischen Eigengütern und Stammsitzen zu verdrängen. In diese Offensive gehört jene berühmte und offenbar historische Episode, die bei der Eroberung der Burg Weinsberg bei Heilbronn spielte. Bei der Übergabe der Burg habe Konrad erlaubt, daß die Frauen so viel Habe mitnehmen dürften, wie sie tragen könnten, worauf die Frauen ihre Männer huckepack durchs Burgtor geschleppt hätten; der Kanzler habe diese List nicht gelten lassen wollen, aber Konrad winkte ab: „Gesprochen ist gesprochen, des Königs Wort besteht, und zwar von keinem Kanzler zerdeutelt und zerdreht", wie es in der Ballade A. von Chamissos heißt, und damals auch soll der Schlachtruf „Hie Welf, hie Waibling" erklungen sein.

Trotz dieses Sieges und trotz des Todes von Richenza 1141 ging der welfische Widerstand weiter, und erst das Jahr 1142 brachte einen Ausgleich. Albrecht gab das sächsische Herzogtum auf und zog sich wieder auf die Nordmark zurück. Sachsen wurde Heinrich dem Löwen überlassen, der jedoch – entsprechend dem Grundsatz Konrads III. – auf Bayern ausdrücklich verzichten mußte. Die Einigung ist dadurch besiegelt worden, daß Gertrud, die Witwe Heinrichs des Stolzen und Mutter Heinrichs des Löwen, den neuen Herzog von Bayern, den Babenberger Heinrich Jasomirgott, Bruder des 1141 verstorbenen Leopold IV., heiratete. Das Bindeglied zwischen den zu den Staufern in Vetternverhältnis stehenden Babenbergern und den Welfen war Gertrud. Aber Gertrud starb bereits im folgenden Jahr 1143. Heinrich der Löwe bzw. die welfische Partei forderte nun die Übertragung Bayerns. Und die Welfen fanden weite Unterstützung bis in das Lager der Staufer; so soll sich Friedrich von Schwaben, der spätere Barbarossa, der Politik seines Onkels nicht angeschlossen haben. König Roger II. unterstützte in Abwehr einer staufisch-byzantinischen Verbindung die Welfen finanziell. Bis zum Regierungsantritt Friedrich Barbarossas blieb das Welfenproblem unerledigt.

2. *Europäische Bündnisse und der Zweite Kreuzzug*

Seit dem römischen Kaisertum Ottos des Großen 962 waren sämtliche deutschen Könige zu Kaisern gekrönt worden; Konrad III. ist nie nach Rom gezogen und hat die imperiale Würde nie erlangt. Dennoch begegnet in seiner Kanzlei seit 1139 der Titel „Romanorum rex Augustus", bald auch „semper Augustus", obwohl der Augustus-Titel eigentlich dem Kaiser gebührte. Der Makel des fehlenden Kaisertitels mag bei Verhandlungen mit Byzanz offenbar geworden sein. Die Gegnerschaft gegen die welfenfreundlichen Normannen hatten Konrad und den oströmischen Basileus zusammengeführt. Wegen seiner engen Verbindungen zu den Kreuzfahrerstaaten muß der Normannenkönig Roger II. dem griechischen Kaiser Manuel I. Komnenos (1143–1180) besonders gefährlich erschienen sein. Ein Ehebündnis zwischen Staufern und Komnenen kam zustande: Manuel I. heiratete eine Schwägerin Konrads III., Bertha von Sulzbach, die in Byzanz wohl nicht ohne Hintergedanken den Namen Irene (Frieden) annahm. Daß der byzantinische Kaiser eine Ausländerin nichtköniglichen Geblüts zur Gattin nahm, war revolutionär. In Byzanz hatte sich durch den Anschluß an den Westen und durch den Umgang mit den abendländischen Kreuzfahrern ein Wandel des Selbstverständnisses vollzogen. Die Feudalisierung der Gesellschaft ließ das neue Bild eines Ritters entstehen, das den Kaiser ebenso umfaßte wie den einfachen Ritter, und Manuel I. hat diese Veränderung vorangetrieben und das den Herrscher in die Ferne entrückende orientalisch-prächtige Hofzeremoniell abgebaut. Der Kaiser nahm am öffentlichen Leben teil, und im Komnenenpalast am Goldenen Horn sah man Manuel Turniere gegen andere Ritter reiten.

In Rom verlangte eine neue Situation die kaiserliche Hand. Die zu politischer und kommunaler Führung drängenden mittleren Schichten der plebei und negotiatores hatten 1143 den sacer Senatus eingerichtet und erstrebten die Unabhängigkeit Roms vom Papsttum. Auch in den nächsten Pontifikaten von Cölestin II. und Lucius II. (1143–1145) dauerten die stadtrömischen Unruhen an, ja den Tod des Lucius soll ein bei Straßenkämpfen geschleuderter Stein herbeigeführt haben. 1145 wurde Abt Bernhard vom römischen Kloster S. Anastasio Papst, ein Freund und Schüler Bernhards von Clairvaux. Eugen III., eine weltabgewandte und misanthrope Natur, war nicht bereit, die neue stadtrömische Verfassung anzuerkennen und residierte außerhalb Roms. Bernhard von Clairvaux und der bald nach Frankreich ausgewichene Papst Eugen baten den deutschen König und künftigen Kaiser um Hilfe, denn die Situation in Rom war noch papstfeindlicher geworden. Die politische Bewegung drohte in eine radikalere religiös-soziale überzugehen durch das Eingreifen des Arnold von Brescia. Arnold war Prior eines Augustinerchorherrenstiftes seiner Heimatstadt Brescia gewesen, als ihn sein Bischof wegen seiner gegen die Hierarchie wetternden Predigten auswies; er ging nach Frankreich, ließ sich von Abaelard in die dialektisch-rhetorische Schule nehmen, wurde auch dort vertrieben und kehrte nach Rom zurück, wo er Kirchenbuße in den Katakomben übte. Spätestens seit 1147 begann er wieder zu predigen. Sein Generalthema war die absolute Armut der Kirche, und er hatte um so mehr Zulauf, als die kritischen Stimmen über den evangelienfremden Reichtum der Kirche und die Raffgier der Kurie gerade damals sprunghaft zunahmen. In jene Zeit gehört die bittere Parodie des „Evangeliums von der Mark Silber" (Evangelium secundum Marcam), in welcher einem an die Tür der Kurie klopfenden armen Bittsteller in bester Bibelsprache gesagt wird: „Daß du verdammt seist mit deiner Armut! Hebe dich hinweg, Satan, denn du meinst nicht das, was des Goldes ist. Wahrlich, wahrlich, ich sage dir, du wirst nicht eingehen zu deines Herren Freude, bis du deinen letzten Heller hergegeben hast." Nachdem Arnold Kontakt mit der römischen Kommunalbewegung gefunden hatte, die den päpstlichen Stadtherrn ablehnte, wuchs er ständig mehr in die Führerrolle einer römischen Volksbewegung hinein mit nebulosen Vorstellungen und antikisierendem Gehabe. Ohne ein bestimmtes

Amt spielte er den Volkstribun, suggerierte dem römischen Volk, daß es die Quelle des Kaiserrechts sei und verwarf die Konstantinische Schenkung als Lügenprodukt. Auf verschiedene Weise ging Papst Eugen III. gegen ihn vor; 1148 belegte er ihn mit dem Bann und erklärte die ihm anhängenden Kleriker für abgesetzt. Daß damals nicht energischer gegen ihn eingeschritten wurde, hing mit einem Ereignis europäischen Ausmaßes zusammen, mit dem Zweiten Kreuzzug.

Das äußerlich auslösende Moment für eine neue große militärische Aktion in das Heilige Land war der endgültige Verlust des östlichen der vier Kreuzfahrerstaaten, der Grafschaft Edessa, die 1146 Nur ed-Din, „der heilige Emir", wie er in der islamischen Überlieferung heißt, eingenommen hatte. Nach dem Schock der christlichen Eroberung und Staatenbildung begann unter Nur ed-Din die arabische Gegenoffensive. Daß es aber angesichts der in fernen Landen sich abspielenden Ereignisse überhaupt zu einer europäischen Sammlungsbewegung gekommen ist, geht auf Bernhard von Clairvaux zurück, den Papst Eugen III. mit der Kreuzzugspredigt betraut hatte. Unter dem überwältigenden Eindruck der Worte Bernhards von Clairvaux nahm zuerst der französische König Ludwig VII. und in den Weihnachtstagen 1146 auch der deutsche König Konrad III. das Kreuz, mit ihm viele deutsche Fürsten. Zu den alsbald betriebenen Vorbereitungen gehörte ein im März 1147 verkündeter Reichslandfrieden und die Wahl von Konrads zehnjährigem Sohn Heinrich zum deutschen König: Ein Kreuzfahrer schloß mit dem Leben ab, hatte doch auch Bernhard von Clairvaux gepredigt: „Leben ist schön, Siegen bringt Ruhm, aber noch besser ist es, als Heilige zu sterben. Selig sind, die im Herrn sterben, aber noch seliger sind die, die für ihn sterben." In der Tat haben viele deutsche Teilnehmer des Zweiten Kreuzzugs die Heimat nicht wiedergesehen. Von Konstantinopel aus, mit zweifelhafter Unterstützung Kaiser Manuels I., marschierten die deutschen Scharen in zwei Säulen. Das Hauptheer unter Konrad III. zog auf den Spuren des glorreichen Ersten Kreuzzugs quer durch Kleinasien und erlitt, im Stich gelassen von den byzantinischen Wegführern, vor Doryläum eine vernichtende Niederlage: höchstens ein Viertel des Heeres überlebte. Und der andere Kreuzfahrerteil, hauptsächlich Pilger unter Leitung des Bischofs Otto von Freising, bewegte sich entlang der Küste; er mußte nach furchtbaren Verlusten umkehren. Dieser Kreuzzug, der zum ersten Mal hauptsächlich von deutschen Rittern unternommen war, geriet zur Katastrophe. Konrad kehrte nach Byzanz zurück und reiste über Antiochien nach Jerusalem, wo bereits der französische König Ludwig VII. mit seiner Truppe eingetroffen war. Um dem Kreuzzugsgelübde zu genügen, kam man nach Art der „Saison-Kreuzfahrer" überein, gegen Araber der Umgebung einen Feldzug zu unternehmen und suchte sich den Emir von Damaskus aus: gerade denjenigen arabischen Fürsten, der freundliche Nachbarschaft zu den Franken hielt und ein erbitterter Gegner des Eroberers von Edessa, des Emirs Nur ed-Din, war. Aber auch dieser Vorstoß endete vor Damaskus mit Mißerfolg und Zwietracht, zumal die einheimischen Ritter anscheinend nur mit halbem Herzen teilnahmen. Das ganze Kreuzzugunternehmen wurde schließlich abgebrochen; Edessa blieb verloren. Konrad III. kehrte im Frühjahr 1149 nach Deutschland zurück; wenig später verließ auch Ludwig VII. das Heilige Land. Die Folgen des Kreuzzugs waren verheerend. Bei hohen Menschenverlusten hatte man nichts erreicht. Bislang hatte der Islam in Furcht vor einem neuen großen Kreuzzug gelebt, in Furcht vor einem aus dem Westen kommenden unbesiegbaren Frankenheer. Der Nimbus der Unüberwindbarkeit war verflogen; Nur ed-Din sammelte die islamischen Gegenkräfte. Das teilweise gut eingespielte Zusammenleben von Franken und Arabern war gestört, der Glaube an Integration oder wenigstens Koexistenz erschüttert. Auch die folgenden Kreuzzüge waren Mißerfolge und brachten keine Wende zum Besseren. In Ansehen und Bestand zehrte das Heilige Land ganz von dem großen Erfolg des Ersten Kreuzzugs.

Aber das Kreuzfahrergelübde wurde damals auch an anderen Schauplätzen eingelöst. Eine Flotte englischer, niederrheinischer und friesischer Kreuzfahrer eroberte auf der Fahrt ins Heilige Land Lissabon und leitete die Verselbständigung Portugals als eines eigenen Königreiches ein. Norddeutsche Kreuzfahrer führten 1147 in zwei Vorstößen einen Feldzug gegen die Wenden. Im Norden operierte ein kleineres Heer gegen den Obodritenführer Niklot, Stammvater des bis 1918 regierenden Hauses Mecklenburg, der in einem Präventivangriff das 1143 begründete Alt-Lübeck überfallen und sich beim Herannahen der unter Führung Heinrichs des Löwen und Konrads von Zähringen stehenden Truppe nach seiner Burg Dobin am Schweriner See zurückgezogen hatte, sich aber schließlich taufen ließ. Ein Südkontingent mit Albrecht dem Bären und Konrad von Meißen stieß von der Elbe aus auf Stettin zu und vereinigte sich dort mit polnischen Kreuzfahrern. Als Fürst Ratibor von Stettin sich zur Christianisierung bereit fand, löste sich wie das Nordheer so auch dieses auf. Manche Zeitgenossen haben den Wendenkreuzzug als Fehlschlag betrachtet: „So ist dieses große Unternehmen mit geringem Erfolg beendet worden", schreibt Helmold. In der Tat war militärisch und missionarisch der Gewinn

gering. Aber der Aufruf Bernhards von Clairvaux und Eugens III. spricht von dem Ziel des „christianae religioni subiungere“, was man in moderner Sprache mit äußerer „Einkirchung“ umschrieben hat: die — vielleicht sogar unter Zwang — vorgenommene Taufe, das Sakrament und das eingepflanzte Wort Gottes, sollte von sich aus ohne katechetische Unterweisung wirken. So sah es die theologische Kontemplation eines Bernhard; Helmold aber, der an der Missionsfront stand, schrieb: „viele (von den Slawen) wurden fälschlicherweise getauft ... denn gleich danach trieben sie es noch schlimmer, denn sie bewahrten den Taufstand nicht“.
Der Ausgang der Kreuzzugsbewegung hat dem Ansehen Bernhards erheblich geschadet, zumal neben der visionären Begeisterung des Abtes von Clairvaux andernorts nüchternes Kalkül sichtbar wurde. Immer stärker läßt sich eine internationale Politik mit massiven egoistischen Zielen der einzelnen Staaten beobachten; die abendländische Idee eines unter einem Kaiser stehenden christlichen Imperium wird bedrängt von den Interessen der Länder. Zeitig ist der sizilische König Roger II. aus dem Pathos einer sich den Ablaß verdienenden Kreuzzugsbegeisterung ausgebrochen. Als er erfuhr, daß Manuel Komnenos zur Zeit der Kreuzzugsvorbereitung Truppen aus dem Westen Griechenlands abgezogen hatte, eroberte er Korfu und setzte nach der Peleponnes über. Daß Städte gebrandschatzt und Siedlungen zerstört wurden, gehörte zum üblichen Stil der Kriegführung. Zugleich aber hob Roger II. die berühmten griechischen Seidenwebereien aus, um in Sizilien eine Industrie aufzubauen. Die Offensive Rogers II. während des Zweiten Kreuzzugs führte zu einer Polarisierung der europäischen Mächte. Manuel gewann Konrad III., den er im Falle eines Italienzugs mit Geld und Truppen unterstützen wollte; allerdings sollten Gebiete, aus denen die Normannen verdrängt wurden, unter byzantinische Oberhoheit gestellt werden. Selbstverständlich schlugen sich die Welfen auf die stauferfeindliche Seite; Welf VI., der Onkel Heinrichs des Löwen, versprach Roger II. den Kampf gegen Staufer und Babenberger, und zur rogerfreundlichen Koalition stieß noch Ludwig VII. von Frankreich. Ein europäischer Krieg schien sich abzuzeichnen.
1149 begann Manuel I. mit der Rückeroberung. Korfu wurde wiedergewonnen, in Ancona ein Brückenkopf gebildet. Papst Eugen III. drohte in die Auseinandersetzung hineingezogen zu werden. Er hatte sich hilfesuchend seinen normannischen Lehnsleuten genähert, denn die stadtrömische Bewegung, begleitet vom religiös-sozialen Feuer Arnolds von Brescia, hatte eine gefährliche Initiative entwickelt. Der sacer Senatus bot König Konrad III. 1149 die Kaiserkrone aus der Hand des römischen Volkes an: Zusammen

mit den Deutschen wolle er, der Senat, das Imperium wiederherstellen, das Konstantin und Justinian innegehabt hätten. Konrad lehnte ab, denn die Annahme eines profan-römischen Kaisertums hätte den Bruch mit dem Papst bedeutet. Als Eugen III. nach längerem Hin und Her, an dessen Ende er wieder aus der Stadt vertrieben war, mit den Römern sich nicht hatte einigen können, forderte er Konrad zum Romzug auf und versprach die Kaiserkrönung. Während der Vorbereitungen starb Konrad III. am 15. Februar 1152 in Bamberg, wo er auch beigesetzt wurde. Seine letzte Sorge galt der Nachfolge, denn sein zum deutschen König erhobener Sohn Heinrich war ihm 1150 im Tod vorausgegangen. Konrad bestimmte seinen Neffen, den Herzog Friedrich von Schwaben, zu seinem Nachfolger. Neben Friedrich Barbarossa und selbst neben Lothar III. wirken Gestalt und Regierung Konrads III. merkwürdig blaß: „Dieses Königs Zeiten waren sehr traurig ... Durch Mißgeschick begann der Staat unter ihm zu zerfallen", urteilte wenig später die Kölner Königschronik. Konrad — ohnehin keine politisch starke und einfallsreiche Figur — gehörte zu der Generation, die noch mit vollem Bewußtsein die Zeit vor dem Wormser Konkordat miterlebt hatte und neue Formen königlicher Herrschaft zu entwickeln nicht fähig war.

Nicht nur die Geschichte des deutschen Reiches sollte nach und mit Konrads Tod in ein neues Zeitalter treten. Benachbart liegen eine ganze Reihe anderer Sterbedaten, die ebenfalls tiefgreifende Folgen hatten. 1153 starb Bernhard von Clairvaux, fast gleichzeitig mit „seinem" Zisterzienserpapst Eugen III., dem für lange Zeit letzten Mönch auf dem Stuhl Petri. In Frankreich war bereits 1151 der Hauptratgeber des französischen Königs Ludwigs VII., Suger von St. Denis, gestorben. Er hatte bis zu seinem Lebensende Frankreichs Gang und Aussehen politisch und kulturell bestimmt, hatte nach den Vorstellungen einer neuen Gotteshausarchitektur die Abteikirche seines Klosters St. Denis in dem später „gotisch" genannten Stil errichten lassen und 1144 geweiht; 1147—1149, während der Kreuzfahrt Ludwigs VII. ins Heilige Land, hatte er die Regierungsgeschäfte geführt.

Ein Jahr nach Abt Sugers Tod beging Ludwig eine politische Dummheit: er trennte sich 1152 von seiner Gemahlin Eleonore, und eine Synode bestätigte ausdrücklich die Scheidung als rechtmäßig. 1137 hatte Ludwig sie, die letzte Angehörige des aquitanischen Herrscherhauses, deren Mitgift aus reichem Besitz in Mittel- und Südfrankreich bestand, geheiratet. Ludwig hatte die leichtlebige Eleonore, die mit ihrer musenfreudigen Hofhaltung die Troubadour-Dichtung variationsreich angeregt hat, auf den Kreuzzug mitgenommen, und der exotische Glanz der syrisch-fränkischen Barone hatte ihr offenbar — nach der Meinung ihres Ehemannes — unziemlich gut gefallen. Als würde er bei längerem Zusammenleben um sein Seelenheil fürchten müssen, so energisch betrieb Ludwig VII. die Entfernung Eleonores vom französischen Königshof. Er verzichtete sogar auf das Heiratsgut Eleonores, die es sofort ihrem neuen Ehemann einbrachte. Und dieser zweite Ehemann der aquitanischen Prinzessin war Heinrich, der Sohn Gottfried Plantagenets und der Mathilde, der Tochter Heinrichs I. von England, der Witwe des Saliers Heinrichs V.; Gottfried Plantagenet, bereits Graf von Anjou, Maine und Touraine, hatte die Abwesenheit des französischen Königs benutzt, um sich die Normandie anzueignen. 1151 starb Gottfried, und ein Jahr später also — kaum daß die Ehe mit Ludwig VII. gelöst war — heiratete sein Sohn Heinrich die lebenslustige Eleonore. Jetzt entstand für den französischen König eine prekäre Situation: die Gefahr einer „angevinischen Umklammerung" (H. Mitteis). Im Norden besaß Heinrich Plantagenet die Normandie, Maine, Anjou, Touraine, im Süden als Eleonores eingebrachtes Gut Poitou und Aquitanien. Ludwig VII. war durch seinen Kronvasallen Heinrich Plantagenet vom Meere abgeschnitten. Aber es kam noch schlimmer. Mit Begünstigung der Kurie konnte Heinrich Plantagenet 1153 in England Fuß fassen und 1154 die englische Königskrone erringen: Heinrich II. begründete die Herrschaft des Hauses Plantagenet, das—die Nebenlinien einbezogen—bis 1603, bis zum Tode Elisabeths I., regierte. Heinrich II. von England war zugleich der mächtigste Kronvasall des französischen Königs, und als er wenig später die isolierte Bretagne eroberte, war ganz Westfrankreich in der Hand des englischen Königs. Aber er war klug genug, den französischen König nicht zu stürzen; er respektierte ihn als seinen Lehnsherrn.

Auch im normannisch-sizilischen Königreich trat ein Wechsel ein: Roger II. starb 1154, mitten im Kampf gegen Byzanz. Manuel I. hatte bereits einen Brückenkopf in Italien gebildet und die Unzufriedenen in Süditalien gewonnen, angesichts des Völkergemischs und der Härte der Regierung keine Schwierigkeit. Rogers Sohn Wilhelm I. versuchte das byzantinische Vordringen durch ein Bündnis mit der führenden adriatischen Seemacht Venedig aufzuhalten. In einer erstaunlichen Kraftanstrengung gelang es Wilhelm, Byzantiner und Rebellen 1156 zu schlagen. Im gleichen Jahr 1156 huldigte er dem Papst, wurde als König bestätigt und erhielt gegen einen Jahreszins eine Herrschaft, die weit in die Abruzzen reichte. 1158 resignierte Manuel I. in einem Vertrag, der den Versuch einer byzantinischen Rückeroberung Italiens aufgab.

Vierter Teil

DIE MITTE DES DEUTSCHEN MITTELALTERS: FRIEDRICH I. BARBAROSSA UND SEINE ZEIT

Ohne unter die Weltbeweger gezählt zu werden, stand Friedrich Barbarossa zu allen Zeiten in hohem Ansehen. Nicht nur im deutsch-italienischen Raum dürfte er nach Karl dem Großen der populärste Herrscher des Mittelalters gewesen sein. Es ist bezeichnend, daß die Sage vom Kaiser, der im Berge sitzt und der deutschen Einheit und Kaiserherrlichkeit entgegenharrt, auf Friedrich I. umgedeutet worden ist.

Der alte Barbarossa,
der Kaiser Friederich,
im unterirdschen Schlosse
hält er verzaubert sich,

dichtete Friedrich Rückert 1817, enttäuscht vom politischen Ausgang der Befreiungskriege, nach der Kyffhäuser-Sage. Ursprünglich hatte die Kaisersage zum Inhalt, daß Friedrich II., dessen plötzlicher Tod in einem abgeschiedenen süditalienischen Kastell die Phantasie der Zeitgenossen angeregt hatte, in den Ätna entrückt sei, um als Endkaiser vor dem Jüngsten Gericht wiederzukehren. Erst in dem Volksbuch der Sage von 1519 wurde Friedrich II. gegen Friedrich I. ausgewechselt.

Vor allen deutschen Königen und Kaisern bis auf seine Zeit hatte Barbarossa einen äußeren Vorsprung: kein Herrscher ist so alt geworden wie er – wahrscheinlich war er 68 Jahre bei seinem durch äußere Umstände 1190 herbeigeführten Tod, den vor ihm kein deutscher König erlitten hat –, und kein deutscher Herrscher – mit Ausnahme Heinrichs IV., der freilich als Fünfzehnjähriger für volljährig erklärt worden ist – hatte eine so lange Regierungszeit wie er: rund 38 Jahre. Barbarossa hatte größere Chancen, seine Pläne zu verwirklichen und den Reichsaufbau nach seiner Vorstellung zu gestalten, als seine Vorgänger. Auch ist er der erste Herrscher, der mit der Tatsache des Wormser Konkordats aufgewachsen

ist und frei war von der melancholischen Rückerinnerung an eine Zeit der Harmonie zwischen Kirche und Staat.
Die Dichte der Geschichtsquellen nimmt in der Zeit Friedrichs I. sprunghaft zu: die Zahl der Urkunden beträgt fast das Doppelte wie beim entsprechenden Zeitraum seiner beiden Vorgänger. Bündnisse und Friedensschlüsse, formuliert nach einem neuen Standard internationaler Diplomatie, gibt es in vorher nicht vergleichbarem Umfang; und in der Literatur entstehen in der Umgebung des Hofes Werke hohen Ranges. Der überragende Schriftsteller der Jahrhundertmitte, in dessen Werk sich das Zeitbewußtsein am stärksten widerspiegelt, war Otto Bischof von Freising. Mit seinem geschichtsphilosophischen Werk gehörte er in die Regierungszeit Konrads III., mit seinem historischen in die Barbarossas. Otto von Freising war Sohn des Markgrafen Leopold III. von Österreich und der Agnes, der Tochter Heinrichs IV., die in erster Ehe mit Friedrich I. von Staufen († 1105), Herzog von Schwaben, verheiratet gewesen war; Konrad III. war sein Halbbruder, Friedrich Barbarossa sein Neffe. Um 1112 geboren, wurde Otto schon als Kind Propst des von seinem Vater gegründeten Augustinerchorherren-Stiftes Klosterneuburg bei Wien; als etwa Fünfzehnjähriger zog er zum Studium nach Frankreich, hörte Hugo von St.-Victor und wahrscheinlich auch Abaelard. 1133 wechselte er mit fünfzehn Gefährten überraschend zur „strengeren Frömmigkeit" über: er trat in das Zisterzienserkloster Morimond (Diözese Langres) ein. 1138, vor dem kanonisch vorgeschriebenen Alter, wurde er zum Bischof von Freising erhoben, nahm 1147—49 am Zweiten Kreuzzug teil und starb 1158 auf dem Weg zum Generalkapitel der Zisterzienser nach Cîteaux in seinem Kloster Morimond: angetan mit dem Zisterzienserhabit, das er auch als Bischof nicht abgelegt hatte.
Sein geschichtstheologisches Werk, die „Chronik oder Geschichte der zwei Reiche" (Chronica sive Historia de duabus civitatibus), entstanden in den Jahren 1143—1146, ist der Gattung nach eine Weltchronik. Der Titel zeigt die Abhängigkeit von Augustins „Gottesstaat", von dessen Vorstellungen von den zwei ineinander und gegeneinander wirkenden Reichen oder besser: Gesinnungsgemeinschaften, die das christliche Seinsverständnis bestimmen: der civitas caelestis und der civitas terrena; in der einen herrsche der amor dei — die Gottesliebe — vor, unter welcher zugleich die Liebe zum Nächsten zu verstehen ist, in der anderen sei der amor sui — die Eigenliebe — stark, die Hinneigung zur heilsfernen irdischen Welt. Aber während Augustins Theologie aufs Transzendentale gerichtet ist, entwirft Otto seine Deutung vom 12. Jahrhundert

aus. Daß die Heilsgeschichte der Gegenwart zugeordnet wird, läßt sich bereits an der Einteilung des Werkes in sieben Bücher entsprechend der Weltenwoche ablesen, an welches sich ein achtes, der Eschatologie gewidmetes Buch anschließt. Otto sieht eine Abfolge der Weltreiche, eine Translatio imperii. Den Griechen sei die Weltherrschaft genommen und endgültig dem Westen übertragen. Otto ist überzeugt, daß die civitas dei im wahren Imperium christianum zu verwirklichen sei: Gedankengänge, die man mit dem Ausdruck „Reichsmetaphysik" zu umschreiben suchte. Aber angesichts des Niederbruchs des Kaisertums während des Investiturstreits und zur Zeit Konrads III. beurteilt Otto die Chancen der Verwirklichung eines christlichen Imperium pessimistisch. Diejenigen, die das Gottesreich auf Erden durch Selbstheiligung verwirklichen, sind für Otto die Mönche, und mit einem Preis der Mönche geht der Schluß des siebenten Buches in das achte über, in die Lehre von den letzten Dingen. Daß Otto von Freising auch als Weltgeistlicher die graue Zisterzienserkukulle getragen hat, ist Ausdruck dieser Gesinnung.

Ottos heilsgeschichtlicher Pessimismus schwand offenbar mit dem Regierungsantritt Friedrich Barbarossas 1152. 1157–1158 schrieb er die Gesta Friderici. Das Werk gedieh nur bis zum zweiten Buch, und während das erste Buch die Zeit Heinrichs IV. bis zu Konrad III. als Vorbereitungsperiode der kommenden Friedensära behandelt, ist das zweite Friedrich I. und seiner Regierung bis 1156 gewidmet. Nach Ottos Tod hat der Freisinger bischöfliche Notar Rahewin († 1177), teilweise noch nach Ottos Vorarbeiten, die Gesta Friderici bis 1160 fortgeführt und in einer mit Miniaturen geschmückten Widmungsfassung Kaiser Barbarossa zugesandt. Der besondere Quellenwert der „Taten Friedrichs" liegt in ihrem offiziösen Charakter; beide Autoren haben Aktenstücke und ein von Friedrich übergebenes „Memoriale" verwendet und geben tendenziöse Hofhistoriographie. Erst zu Beginn des 13. Jahrhunderts ist eine Fortsetzung des Otto-Rahewin-Werkes versucht worden: Otto, Mönch und kurz vor seinem Tode Abt von St. Blasien im Schwarzwald († 1223), führte in bewußtem Anschluß an die Gesta Friderici seine Chronik bis 1209.

Otto-Rahewins „Taten Kaiser Friedrichs" sind nicht das einzige Werk, das in der Umgebung des Hofes entstanden ist: ein den Ereignissen nahestehender Bergamaske beschrieb in einem Gedicht Friedrichs Kampf gegen die lombardischen Städte, hauptsächlich gegen Mailand (Carmen de gestis Frederici); Gottfried von Viterbo († ca. 1200), der durch die Bamberger Domschule gegangen und in einem langen Leben unter Konrad III., Friedrich I. und sogar noch unter Heinrich VI. Hofkaplan war, hat mehrfach Ereignisse aus der Regierungszeit Friedrichs berichtet; die „Gesta Friderici" nehmen innerhalb seines „Liber universalis" einen zentralen Platz ein. Der Dichter Gunther hat in seinem Ligurinus-Epos, das Friedrichs Kampf um die urbs Ligurina (Mailand) besingt, auf weite Strecken Ottos und Rahewins Gesta Friderici in elegante Hexameter umgesetzt, ohne neue Nachrichten zwar, aber interessant durch die Verarbeitung des Stoffes und durch die Form: eine epische Dichtung, die bei Hofe Gefallen finden will.

I.

Friedrichs I. Wahl und die neue Politik des Ausgleichs

„Kaiser" Konrad III. hinterließ bei seinem Tode einen achtjährigen Sohn: Friedrich von Rothenburg. Offenbar um die Königsherrschaft des Geschlechts nicht zu gefährden, hatte er jedoch seinen Neffen Herzog Friedrich III. von Schwaben zum Nachfolger designiert, den nach germanischer Vorstellung nächsten Schwertmagen seines minderjährigen Sohnes. Bereits zweieinhalb Wochen nach Konrads Tod, am 4. März 1152, wurde Friedrich I. in Frankfurt von „einer stämmisch gegliederten Wählerschaft" (H. Mitteis) zum König erhoben, am 9. März in Aachen gekrönt. Waren Lothar und Konrad „Pfaffenkönige" genannt worden, so müßte man Friedrich einen „Fürstenkönig" nennen. Nicht die Kurie oder ein Erzbischof betätigten sich als Königsmacher; es war die in zwei Lager gespaltene fürstliche Wählerschaft – die staufisch-babenbergische und die welfische Partei –, die sich auf Friedrich geeinigt hatte. Was ihn empfahl, war seine politische, vor allem aber seine dynastische Stellung zwischen den Lagern. Obwohl Staufer, hatte er den Herrschafts- und Besitzansprüchen der Welfen wohlwollend gegenübergestanden; über seine Mutter Judith, die Tochter Heinrichs des Schwarzen, war er in gleichem Grade mit den Welfen verwandt. Der Staufer Konrad III. war ebenso sein Onkel wie dessen Gegner Welf VI., und Otto von Freising schrieb: „Es gab im römischen Erdkreis bislang zwei berühmte Geschlechter, das eine waren die Heinriche von Waiblingen, das andere die Welfen von Altdorf, das eine pflegte Kaiser, das andere Herzöge hervorzubringen. Wie es unter bedeutenden und ruhmgierigen Männern zu geschehen pflegt, hatten sie schon häufig miteinander gewetteifert und die

Ruhe des Reiches vielmals gestört. So zogen denn die Fürsten nicht nur die Energie und die sittlichen Vorzüge des jungen Fürsten in Betracht, sondern auch die Tatsache, daß er, der beiden Geschlechtern zugehörte, gleichsam als Eckstein die Feindschaft beider Häuser überbrücken könnte." Bezeichnend ist die christologische Sprache Ottos: wie der friedespendende Heiland im Epheserbrief mit dem Eckstein verglichen wird, so hier Friedrich. Ottos Vergleich läßt vergessen, daß der Erhebung Friedrichs sicherlich ein hartes und profanes Feilschen mit den Welfen vorausgegangen war.

Friedrich, damals etwa dreißig Jahre alt, ist einer der wenigen deutschen Herrscher des Hochmittelalters, von deren Aussehen wir uns ein Bild machen können, und trotz aller typischen, bis in die Antike zurückreichender Züge in Herrscherbeschreibungen ist hier die Individualität greifbar: gewiß ein Zeichen des außergewöhnlichen Eindrucks, den Friedrich gemacht hat. Hinzu trat das in jener Zeit aufkommende Verlangen, im Generellen das Einmalige zu suchen. Mehrere Beschreibungen stimmen darin überein, daß er von schlanker, nicht eben großer Gestalt gewesen sei und notieren das Ebenmaß der Glieder – wie bei Karl dem Großen. Sein Gesicht war von rötlich-blondem Haar umgeben, was ihm nach der Farbe seines Bartes bei den Italienern den Namen Barbarossa eintrug. Seine strahlende Freundlichkeit, man ist versucht zu sagen: sein Charme, wird wiederholt erwähnt: „Sein Blick war heiter", so schildert der kaiserliche Hofrichter Acerbus Morena († 1167) aus Lodi die Wirkung, „so daß es schien, als ob er ständig lachen wollte". Durch „die erste unabhängige Porträtdarstellung der abendländischen Kunst seit karolingischer Zeit" (H. Fillitz), den sogenannten Cappenberger Barbarossakopf – Friedrich hatte diesen, wie es in einer zeitgenössischen Umschreibung heißt, „silbernen, nach dem Erscheinungsbild des Kaisers gebildeten Kopf" um 1160 seinem Taufpaten Otto von Cappenberg († 1171) geschenkt, der ihn als Reliquiar verwendete –, wird dieser Eindruck bestätigt: „Ein gewolltes, beherrschtes, gemessenes Froh- und Heiter-Aussehen, mehr Haltung als Stimmung" (H. Grundmann). Barbarossas Bildung war die eines hohen Adligen der Zeit, d. h. er war hauptsächlich im Waffendienst aufgewachsen. Dennoch sollte seine Leistung nicht auf militärischem, sondern auf politischem Felde liegen. Die Basis von Barbarossas Erfolgen, der in seiner Muttersprache von hinreißender Beredsamkeit gewesen sein soll, war die Gabe geschickter Menschenbehandlung. Die Zeitgenossen bewunderten seine Ausgeglichenheit (constantia animi), die der ritterlichen Tugend der „mâze" entsprach. Der ausbaufähige Kompromiß war vorzüglich das Mittel, mit dem er zum Erfolg kam, und manchmal

gelang es Friedrich, eine militärische Niederlage zu mildern oder gar in einen politischen Vorteil umzuwandeln.
Was seine Umgebung sofort nach Regierungsbeginn bestach, war Friedrichs gradlinige Aktivität. Noch in Aachen teilte er dem Papst mit, er wolle die Erhabenheit des römischen Reiches aufrichten, die Privilegien der römischen Kirche, so fügte er hinzu, sollten erhalten bleiben. Diese Mitteilung gab sich zweifelsfrei als Benachrichtigung und konnte nicht als Bitte um Bestätigung (confirmatio) mißverstanden werden, um die Lothar III. eingekommen war. Der Kurie war durch Friedrich die Möglichkeit genommen, aus einer confirmatio ein Bestätigungsrecht für das deutsche Königtum abzuleiten. Geschickt auch setzte er den übergangenen achtjährigen Sohn Konrads III., Friedrich von Rothenburg, in das schwäbische Herzogtum ein; als nächster männlicher Anverwandter von Vaterseite behielt er ohnehin die vormundschaftliche Verwaltung. Auf Reichs- und Hoftagen des Jahres 1152 nahm sich Friedrich energisch der innerdeutschen Verhältnisse an, denn Konrad III. hatte ein schweres Erbe hinterlassen. Fürsten und Fürstengruppen standen sich feindlich gegenüber, nicht nur die Welfen und Staufer. Meist ging es um Besitz- und Herrschaftsrechte, auf die konkurrierende Ansprüche angemeldet worden waren. Häufig war es schwierig, das bessere Anrecht festzustellen, und nicht selten war es das politische Gewicht des Erbforderers, das den Ausschlag gab. Die Welfen und vorzüglich Heinrich der Löwe haben mit rigoroser Härte im sächsischen Raum ihre Herrschaft erweitert. Bei einer starken Königsgewalt konnten Streitfragen solcher Art auf dem Wege eines landrechtlichen Prozesses geregelt werden; fehlte eine starke Oberherrschaft, prallten die Gegensätze aufeinander und mündeten häufig in Fehden. In Sachsen schwebte ein Streit zwischen Heinrich dem Löwen und Albrecht dem Bären um das Erbe der Grafen von Plötzkau und Hermanns von Winzenburg. Friedrich sprach Albrecht dem Bären das Plötzkauer Erbe zu, Heinrich dem Löwen das Winzenburger, ohne die Frage eingehend zu prüfen, wer auf welches Erbe mehr Anspruch hätte: Zeichen einer erstarkenden königlichen Gewalt.
Wesentlich schwieriger stand es um das bayerische Herzogtum. Heinrich Jasomirgott, als Babenberger eng mit den Staufern verwandt, war zwar in das Herzogtum eingesetzt worden, doch Heinrich der Löwe hatte als Erbe seiner 1143 verstorbenen Mutter Gertrud den Anspruch aufrecht erhalten. Auf einem Reichstag sollte die Frage geklärt werden. Aber der Babenberger bestritt die Rechtmäßigkeit mehrerer Ladungen. Mit Recht durfte er vermuten, daß der neue König, um Frieden mit den Welfen zu stiften, Heinrich

den Löwen begünstigen werde. Als Heinrich Jasomirgott, dreimal geladen, sich einem Reichstag nicht stellte, wurde durch Fürstenspruch das strittige Herzogtum Bayern dem Löwen zuerkannt, entgegen dem Grundsatz Konrads III., daß zwei Herzogtümer nicht in einer Hand vereinigt sein düften. Zugunsten Heinrichs des Löwen wurde auch in der Frage der Investitur der slawischen Bistümer Oldenburg, Ratzeburg, Mecklenburg entschieden. Erzbischof Hartwig von Hamburg-Bremen (1148—1168) wollte diese Suffragane, deren Sitze als Missionsstützpunkte vom Hamburger Metropoliten eingerichtet worden waren, vom König investieren lassen. Heinrich der Löwe hatte es ihm verwehrt und das Recht für sich beansprucht. Im Juni 1154 sprach der Reichstag von Goslar Heinrich dem Löwen die Investitur zu, allerdings mit dem ausdrücklichen Hinweis, daß die Investitur im Auftrag des Königs geschehe. Friedrichs Willen, zu einem Ausgleich mit den Welfen zu kommen, hatte sich schon 1152 erkennen lassen, als er dem aktivsten Widersacher, Welf VI., die Markgrafschaft Tuszien und das Herzogtum Spoleto übertrug. So sehr die Welfen bevorzugt wurden, so geschah es doch nicht auf Kosten staufischer Positionen. Wie aufmerksam Friedrich darauf bedacht war, die Reichsrechte zu wahren, zeigte sich in der Frage der Bistumsbesetzungen. Schon bei den slawischen Suffraganen Hamburgs war auf das Recht des Königs hingewiesen worden, das Heinrich der Löwe ersatzweise üben sollte. In Mainz, Minden, Hildesheim, Eichstätt wurden Kandidaten des Königs erhoben. Im Falle Magdeburg kam es zu einem Streit. Hier war Anfang 1152 eine Doppelwahl erfolgt, und beide Parteien wandten sich an Friedrich, der gemäß der Regelung des Wormser Konkordats bei strittiger Wahl „dem besseren Teil" (sanior pars) Zustimmung und Hilfe bieten sollte. Aber Friedrich handelte anders als erwartet wurde. Er billigte keinen der beiden Kandidaten, sondern veranlaßte die Wahl eines dritten: des Bischofs Wichmann von Zeitz-Naumburg, dem er die Regalien übertrug. Das Wormser Konkordat war hier über die Vereinbarung mit dem Papst hinausgehend ausgelegt, eine Erweiterung, die Otto von Freising ausdrücklich als rechtens bestätigt: „daß es Sache des Königs sei, einen Bischof einzusetzen, den er wolle". Papst Eugen III. verweigerte prompt die Zustimmung und gab als Grund das Translationsverbot an: Gemäß altem Kirchenrecht dürfe ohne Not und Nutzen Bischof Wichmann nicht von Zeitz-Naumburg nach Magdeburg hinüberwechseln. Erst Eugens Nachfolger Anastasius IV. gab 1154 Zustimmung und Pallium. König Friedrich hatte sich durchgesetzt, und Erzbischof Wichmann von Magdeburg († 1192) wurde eine der treuesten Stützen der Reichsgewalt.

Der Fall Wichmann ist symptomatisch. Der Kurie wurde in einem neuen Selbstbewußtsein begegnet, war doch auch weder an Friedrichs Wahl noch an seiner Weihe ein päpstlicher Legat beteiligt gewesen. Bereits auf dem Würzburger Reichstag im Oktober 1152 ist ein Romzug für den Herbst 1154 beschlossen worden. Im Winter 1152/53 begannen die Verhandlungen mit der Kurie, an deren Ende der Konstanzer Vertrag vom 23. März 1153 stand. Geführt von dem Prämonstratenserbischof Anselm von Havelberg († 1158), der seit den Tagen Lothars III. enger Berater der deutschen Könige gewesen ist, und von Ulrich IV. von Lenzburg als vornehmstem Laien, mit dem Friedrich seit seiner Jugend eng befreundet war, hatte eine deutsche Gesandtschaft in Rom mit päpstlichen Bevollmächtigten einen Vertragstext ausgehandelt, den in entsprechenden Artikeln der König in Konstanz bestätigte. Den Verpflichtungen des Königs stehen entsprechende Zusagen des Papstes gegenüber. Friedrich versprach 1. keinen Frieden mit den Römern oder Normannen ohne Zustimmung des Papstes zu schließen und die Römer zu unterwerfen, „wie sie es ordnungsgemäß vor hundert Jahren – d. h. zur Zeit Heinrichs III. – waren"; 2. den „honor papatus" und die Besitzungen des seligen Petrus als Vogt der römischen Kirche zu verteidigen. Als Gegenleistung versprach der Papst: 1. die Kaiserkrönung und, gemäß seiner Amtspflicht, zur Vermehrung des „honor imperii" beizutragen; 3. gegen alle diejenigen mit kirchlichen Mitteln vorzugehen, die den „honor regni" verletzen. Beide Seiten verpflichten sich, dem „König der Griechen" keine territorialen Zugeständnisse auf italienischem Boden zu machen. Der Konstanzer Vertrag, dessen Sprache die diplomatisch-juristische Schulung auch der königlichen Seite deutlich werden läßt, umfaßte ein großes restauratives Programm auf beiden Seiten und ließ nur noch Papsttum und Kaisertum als ordnende Mächte erscheinen. Zentral für Friedrichs Pläne dürfte die päpstliche Versicherung gewesen sein, ihm bei der Erweiterung des „honor imperii" zu helfen, worunter offenbar die Rechtsstellung ebenso wie die territoriale Unversehrtheit des Reiches zu verstehen ist.
Im Geiste der Konstanzer Übereinkunft erwiesen beide Parteien einander Entgegenkommen. Noch in Konstanz hatte die Kurie ihr Einverständnis gegeben, daß sich der deutsche König von seiner Gemahlin Adela von Vohburg-Cham-Nabburg trennte; Friedrich hatte eine nahe Verwandtschaft behauptet, und um den Verstoß gegen die Kanones sichtbar zu machen, war ein Stammbaum angelegt worden, der gemeinsame Voreltern aufzeigte – wahrscheinlich aus dem 10. Jahrhundert. Die Ehe wurde für nichtig erklärt. Aber auch Friedrich war gewillt, sich nach dem Konstanzer Ver-

trag zu richten, wie sich an seinem Verhalten gegenüber dem Griechenkaiser zeigt. Manuel I. Komnenos schickte 1153 zu Friedrich eine Gesandtschaft, um ihn für ein gemeinsames Vorgehen gegen die Normannen zu gewinnen; es entwickelte sich sogar der Plan einer Heirat des nun ledigen Friedrich mit einer Komnenenprinzessin. Aber Manuel beharrte offenbar auf seinen Territorialforderungen in Italien, zumal Konrad III. sie einst dem Byzantiner zugestanden hatte. Friedrich behandelte das oströmische Anerbieten hinhaltend, verstieß ein Eingehen doch gegen den Konstanzer Vertrag.

II.

Die staufische Reichspolitik bis zum alexandrinischen Schisma (1160)

1. Neue Herrschaftsgrundlagen in Reichsitalien und der Bruch mit der Kurie

Die Erweiterung des „honor imperii", wie sie im Konstanzer Vertrag erwähnt ist, war offenbar ein Kernwunsch des neuen Königs, und er konnte nur in Italien befriedigt werden. Sechsmal sollte Friedrich Barbarossa nach Italien ziehen und etwa 16 seiner 38 Regierungsjahre dort zubringen. Nach Heinrich IV., der mehr oder minder unfreiwillig sich von 1090–1096 in Italien aufgehalten hatte, waren die deutschen Herrscher – wenn überhaupt – nur kurzfristig nach Italien gezogen, und keiner hat energisch versucht, dort neue Herrschaftsformen einzurichten.

Am ersten Romzug, der im Oktober 1154 von Augsburg ausging, hat ein verhältnismäßig kleines Heer teilgenommen. Seine Zusammensetzung zeigte die neue Lage an: das größte Kontingent unter den 1800 Rittern stellte Heinrich der Löwe, Herzog von Sachsen und Bayern; der Babenberger Heinrich Jasomirgott fehlte. Konnte Barbarossa mit seiner Truppe auch keine großen militärischen Unternehmen wagen, so erhielt er immerhin Gelegenheit, seine königliche Richterrolle wahrzunehmen. Mehrere von Mailand unter Druck gesetzte Städte – Lodi, Pavia, Cremona – führten Klage, und Friedrich lud die Vertreter Mailands vor sein Gericht. Mailand kam der Aufforderung nicht nach und verfiel der Reichsacht, die freilich nicht vollstreckt werden konnte. Vor Bologna hatte Friedrich ein für die Zukunft wichtiges Zusammentreffen; er lernte Lehrer des römischen Rechts kennen, wahrscheinlich Martinus und Bulgarus, beide Schüler des schon legendären Irnerius, und spätestens jetzt dürften ihm Ausmaß und Chance seiner Rolle als Nachfolger der antiken Kaiser deutlich geworden sein.

In Rom hatte ein Wechsel stattgefunden: auf den greisen und nach kurzem Pontifikat verstorbenen Anastasius IV. (1153—1154) war Hadrian IV. (1154—1159) gefolgt, Nikolaus Breakspear, der einzige Engländer auf dem Papstthron, der ohne Rücksicht auf die Missionspolitik Hamburg-Bremens wenige Jahre vorher eine richtungweisende skandinavische Legation durchgeführt hatte. Dem wenig kompromißbereiten Papst zur Seite stand, immer stärker an Einfluß, der Kardinalpresbyter Roland Bandinelli, seit den letzten Monaten Eugens III. Kanzler der römischen Kirche. Bandinelli war Jurist, hatte einen Kommentar zu Gratians Dekret geschrieben und sich als Rechtslehrer in Bologna bewährt. Die kontemplative Zwischenphase des Papsttums unter Eugen III. war beendet; jetzt bemaß sich die Größe der römischen Kirche nach Zahl und Umfang der Besitztitel und der Rechtsmittel. Aber die Lage des Papstes in der Stadt Rom war schwierig, denn die von Arnold von Brescia entfachte Volksbewegung mit dem Ziel, Rom zu antiker Größe und Selbständigkeit zurückzuführen, hatte gefährliche Ausmaße erreicht. Durch ein Interdikt wollte Hadrian IV. die Römer zwingen, Arnold fallen zu lassen. In dieser labilen Situation trafen sich Papst Hadrian und König Friedrich Juni 1155 in Sutri, der üblicherweise letzten Station vor dem Einzug in Rom. Beide Seiten waren willens, sich der Gültigkeit der Konstanzer Abmachungen zu versichern. Zur Klarstellung seiner Beziehung zum künftigen Kaiser forderte der Papst die Erfüllung gewisser Formalien. Friedrich sollte den Marschall- und Stratordienst leisten, was dieser aber unter Hinweis auf die vasallitische Deutung verweigerte. Erst auf die kuriale Versicherung hin, es handle sich um einen reinen Ehrenerweis, und nachdem man alte Urkunden herbeigeschafft hatte (wahrscheinlich die Konstantinische Schenkung), ließ sich Friedrich herbei, in einer eigens neu gestellten Szene, den Steigbügel zu halten und den Zelter des Papstes zu führen. Um künftigen Fehldeutungen vorzubeugen, war Hadrian IV. bereit, jenes anstößige Laterangemälde zu tilgen, das Lothar III. als Lehnsmann des Papstes darstellte und beschrieb.

Die Übereinkunft zwischen dem Papst und dem zur Kaiserkrönung aufbrechenden König schien noch einmal gefährdet, als eine stadtrömische Gesandtschaft (ähnlich wie bei Konrad III.) Friedrich die Kaiserkrone anbot und ein Geschäft vorschlug: die Krönung auf dem Kapitol für fünftausend Pfund puren Goldes. Friedrich war empört und wies das Angebot schroff zurück; er sei der rechtmäßige Besitzer der Stadt Rom, soll Friedrich nach Otto von Freising geantwortet und den auf Eroberungsrecht beruhenden fränkisch-deutschen Charakter des Kaisertums betont haben. Der Konstanzer Vertrag blieb ungebrochen, aber Friedrich hatte sich die Feindschaft weiter römischer Kreise eingehandelt. Am Tage der Krönung (18. Juni 1155) in der Peterskirche kam es zu einem Aufstand, den hauptsächlich Heinrich der Löwe mit seinen Truppen abwehrte. Allerdings waren die Römer in mehrere Parteien gespalten. Arnold von Brescia hatte man in Friedrichs Hände fallen lassen, der ihn dem päpstlichen Stadtpräfekten ausliefern ließ. Arnold wurde gehenkt — eine häufige Strafe für Ketzer —, sein Leichnam verbrannt und die Asche in den Tiber gestreut, um einen eventuellen Reliquienkult zu verhindern, hatte sich doch eine religiöse Gruppe, die später offenbar mit den Katharern verschmolz, auf Arnold und sein Armutsideal berufen. Der päpstlichen Partei war der Untergang Arnolds ein Beweis, daß Gott die Gegner der römischen Kirche vernichtet, und ein Gedicht lief um: „Untergehet doch stets, wer immer den Glauben gefährdet, / den dir, seliger Petrus, Christus der Fels übertragen."

Gemäß dem Konstanzer Vertrag hätte Friedrich nach Süden gegen die Normannen ziehen müssen, zumal die Unruhe nach dem Tode Rogers II. einen Angriff auf das normannische Königreich begünstigt hätte. Aber ein Teil der deutschen Fürsten setzte die Rückkehr im Spätsommer 1155 durch. Hadrian IV. mußte sich im Stich gelassen fühlen und schloß in Benevent einen Vertrag mit dem neuen Normannenkönig Wilhelm I., dem die Rechte über die Kirche seines Reiches und gegen Jahreszins die Belehnung mit dem Königreich Sizilien wie mit dem Herzogtum Apulien zugestanden wurden. Fraglos verstieß diese Einigung zwischen Papst und Normannen ebenso gegen den Geist des Konstanzer Vertrags wie die unterlassene Hilfeleistung Friedrichs nach der Kaiserkrönung. Und eine neue Belastung der Beziehungen zwischen Kaiser und Papst ergab sich, als 1156 der bekannt reichsfeindliche Erzbischof Eskil von Lund (1138—1181), soeben in Rom in einer für Hamburg-Bremen abträglichen Weise als Primas von Schweden und päpstlicher Legat für den Norden anerkannt, auf der Heimreise in Burgund überfallen und gefangengesetzt wurde. Der mit der Lage in Skandinavien bestens vertraute Papst, dessen Protegé Eskil war, forderte die Freilassung, aber Friedrich reagierte nicht.

Auf dem Reichstag von Besançon im Oktober 1157 erhob eine päpstliche Gesandtschaft über den Fall Eskil Beschwerde. Ihre Führer waren zwei Deutschlandkenner, die Kardinalpriester Bernhard und Roland, die beide am Zustandekommen des Konstanzer Vertrags mitgewirkt hatten. Sie überreichten ein Schreiben des Papstes, in dem er an die Kaiserkrönung erinnerte: er habe Friedrich die Machtfülle übertragen, „und dennoch gereut es uns nicht, daß wir deine Wünsche in allem erfüllt haben, sondern wir würden uns vielmehr mit gutem Grund darüber freuen, wenn deine Herrlichkeit größere ‚beneficia' von unserer Hand entgegengenommen hätte". Rainald von Dassel, seit 1156 Kanzler des Reiches, übersetzte der Versammlung den lateinischen Text und gab den vom Papst wohl absichtlich zweideutig gehaltenen Ausdruck „beneficia" zugespitzt mit „Lehen", nicht mit dem unbestimmten „Wohltaten", wieder. Die Entrüstung der Fürsten überschlug sich geradezu, als vielleicht Roland selbst die provoziernde Frage stellte: „Nun, von wem hat denn der Kaiser das Reich, wenn nicht vom Herrn Papst?" Der Pfalzgraf Otto von Wittelsbach riß das Reichsschwert aus der Scheide und stürzte sich auf die Legaten; der Kaiser trat schützend dazwischen und ließ die Gesandten in eine Art Schutz- und Untersuchungshaft nehmen. Man durchsuchte ihr Gepäck und fand Schriftstücke aus denen deutlich wurde, daß die Legaten in einem für den König abträglichen Sinne auf die einzelnen deutschen Kirchen haben einwirken wollen. Friedrich befahl den römischen Gesandten, schnurstracks, „ohne links oder rechts zu gehen", das Reich zu verlassen. In einer eigenen Antwort wies Friedrich die päpstliche Auffassung des Kaisertums zurück: „Wer behauptet, daß wir die Kaiserkrone vom Herrn Papst als Lehen empfangen haben, widerspricht der göttlichen Ordnung und der des seligen Petrus und ist der Lüge schuldig." Hadrian versuchte die deutsche Kirche vom Kaiser zu trennen, aber was im Investiturstreit gelungen war, fand jetzt kein Echo: Der deutsche Episkopat stand geschlossen hinter dem König. Hadrian lenkte ein. Eine neue Legation ging ab, unter Führung zweier anderer Kardinäle, „die zur Erledigung kurialer Angelegenheiten weit geeigneter waren als die früheren Gesandten", wie Rahewin bemerkt, unter ihnen Hyacinth von S. Maria in Cosmedin, Abaelardschüler wie vielleicht Rainald und eine ganze Reihe deutscher Prälaten. Das Wort „beneficium", so beteuerte Hadrian, sei nicht in der Bedeutung „Lehen", sondern „Wohltat" gemeint (beneficium – non est feudum, sed bonum factum).

Die Vorgänge in und um Besançon offenbaren die Kaiseridee Friedrichs und seiner Berater. Unter diesen war Rainald von Dassel der führende Kopf, dessen Kenntnisse in „Philosophie" die Zeitgenossen hervorheben, und gewiß wird die Schulung in Dialektik und an Distinktionen Rainald zu einer klareren Begrifflichkeit geführt haben. Die Kurie, sonst im Entwerfen von Weltherrschaftstheorien offensiv, war zur Zustimmung gezwungen. Friedrich bestand auf der Feststellung der Gottesunmittelbarkeit des Kaisertums, wollte also nur — modern gesprochen — einen Dualismus kaiserlicher und päpstlicher Gewalt, keinen Hierokratismus, gelten lassen. Die sakramentale Würde wird betont, wie in den Zeiten vor dem Investiturstreit. Der Kaiser sei — wie ein Bischof auch — ein „Gesalbter des Herrn". Töne, die in der Zukunft der deutschen Geschichte eine tragende Rolle spielen, werden angeschlagen. So heißt es in dem Absagebrief der deutschen Bischöfe an den Papst vom Ende 1157: „Die Krone unseres Reiches schreiben wir einzig göttlicher Verleihung zu"; die Erstwahl habe der Mainzer, die Königskrönung der Kölner Erzbischof, „die höchste, die Kaiserkrönung, steht dem Papst zu: was darüber hinausgeht ist von Übel" (Mt 5, 37). Der Papst wird zum Vollzugsgehilfen: er hat nur denjenigen zum Kaiser zu krönen, den die deutschen Fürsten gewählt haben. Und weiter erinnern die deutschen Bischöfe an die herabdrückende und geradezu hinterhältige Auslegung des königlichen Ehrendienstes, als König Lothar III. des Papstes Pferd führte und er als Lehnsmann in einem Laterangemälde mit entsprechendem Vers dargestellt war: „Mit dem Bild fing es an, zur Beischrift schritt es fort, zum Recht sollte es werden: Das werden wir nicht dulden." Der Papst wird ganz auf die pastoralen Aufgaben seines Amtes verwiesen.

Der Zwist war unüberbrückbar; denn jede der beiden Parteien war davon überzeugt, etwas vom eigenen Wesen aufzugeben, wenn sie sich der Auffassung der anderen nähere. Als Friedrich I. 1158 zum zweiten Italienzug rüstete, konnte er päpstlicher Unterstützung nicht sicher sein, zumal sein Aufbruch nach Italien — da er die Kaiserkrone besaß — in päpstlichen Augen für überflüssig angesehen worden sein dürfte. Und Schutz beim Kaiser zu suchen, hatte der Papst längst aufgegeben. Er selbst hat zwischen seinen Erzfeinden, den Normannen und den Byzantinern, 1158 einen „ewigen Frieden" vermittelt, so daß des Kaisers ordnende Hand zugunsten der römischen Kirche nicht nötig schien. Im Juni 1158 brach Friedrich mit einem großen Heere auf. Zunächst war die gegen Mailand 1155 verhängte Acht zu vollstrecken. Im September ergab sich die Stadt unter demütigenden Bedingungen: alle Mailänder vom 14. bis zum 70. Lebensjahr mußten einen Treueid leisten, und für die Zukunft bedurften die von ihnen gewählten Konsuln der kaiserlichen Bestätigung. Im Vollgefühl des Sieges über die „ligurische Feste" hielt Friedrich im November 1158 einen Reichstag „an gewohntem Ort" auf den Feldern von Roncaglia (bei Lodi) ab. Das

Hauptziel der Versammlung war es, Umfang und Zustand der Regalien in Italien festzustellen. Eine Kommission von vier Bologneser Juristen und achtundzwanzig Vertretern der reichsitalienischen Städte trat zusammen, um ein Weistum, eine Auskunft über geltendes Gewohnheitsrecht, abzugeben. Als Regalien bezeichnete man, anknüpfend an ältere Umschreibungen: Herzogtümer, Markgrafschaften, Grafschaften, Nominierungsrecht städtischer Konsuln, Wegerecht und Wegezölle, Münzrecht, das Recht zum Pfalzbau u. a. m. Alle Herren und Städte sollten den rechtmäßigen Besitz der Regalien nachweisen.
Vor kurzem (1967) ist der Text dreier damals in Roncaglia verkündeter Gesetze aufgefunden worden. Sie zeigen die starke Rezeption des römischen Rechts, in dessen Tradition sich Barbarossa stellte. Er ist hierin keineswegs originell. Schon im 11. Jahrhundert nahm der Magister Peppo aus Bologna an einer Gerichtssitzung Heinrichs IV. teil und entschied nach römischem Recht; Irnerius, später als „Leuchte des Rechts" gefeiert, verschaffte Heinrich V. den Hinweis, daß das Recht der Papsteinsetzung vom römischen Kaiser geübt worden ist, und Lothar III. erließ 1136 eine Lehnskonstitution, die mit römisch-rechtlichen Wendungen durchsetzt ist. Neu war die Hinwendung Barbarossas zum antiken römischen Recht also nicht; aber er war der erste Kaiser, der die Rolle des Wahrers und Fortsetzers des Ius Romanum voll übernommen hat. Konstantin der Große, Valentinian, Justinian wurden als „unsere Vorgänger, die vergöttlichten Kaiser", eingeführt.
Wenn es nicht schon 1155 geschehen war, so erließ Barbarossa jetzt in Roncaglia ein Gesetz, das an der Spitze der Geschichte der europäischen Universitäten steht: er nimmt alle „aus Liebe zur Wissenschaft heimatlos gewordenen Scholaren, besonders die Rechtsgelehrten", auf der Reise und an ihren Studienorten in seinen Schutz und verschafft ihnen eine günstige Gerichtsbarkeit; zugleich wird angewiesen, daß diese Authentica „Habita" (das Anfangswort, wonach zitiert wird) in den Codex Iustinianeus eingetragen wird. Damals auch soll — so berichtet die Anekdote — Friedrich mit den berühmten Irnerius-Schülern Bulgarus und Martinus, die beide zur Regalienkommission gehörten, ausgeritten sein, und dem Martinus, als dieser ihm auf Befragen bestätigte, er sei „der Herr der Welt", sein Pferd geschenkt haben.
Die wiedererlangten Regalien versprachen einen riesigen Zufluß. Rahewin nahm eine Regalieneinnahme von jährlich 30000 Pfund Silber an. Für das Jahr 1164 meldet eine englische Quelle einen Fiskalzufluß in Italien von 84000 Pfund Silber, so daß die Jahreseinnahme des deutschen Königs in Italien auf insgesamt ungefähr

100 000 Pfund geschätzt worden ist. Dieses Aufkommen galt zwar nur bei Anwesenheit des Kaisers in Italien, aber fraglos rückte der deutsche Kaiser unter die reichen Herrscher des Abendlandes. Der französische König Ludwig VII. (1137–1180) soll gescherzt haben: „Wir in Frankreich besitzen nur Brot, Wein – und Vergnügen", aber immerhin dürfte sich seine Jahreseinnahme auf ca. 60 000 Pfund Silber belaufen haben; noch waren die reichen Großlehen in der Hand des englischen Königs, dessen Jahreseinküfte auf ca. 90 000 Pfund Silber veranschlagt werden. Friedrich baute für die zurückgewonnenen Regalien Sicherungen ein. Sie sollten nicht mehr als Lehen vergeben, sondern von königlichen Beamten verwaltet werden. Es war vorauszusehen, daß die Durchführung der Ronkalischen Beschlüsse bei vielen norditalienischen Städten auf Widerstand stoßen würde, zumal die Städte die Regalien häufig gar nicht direkt vom König, sondern dem bischöflichen Stadtherren übernommen hatten. Besonders unbotmäßig waren Mailand und sein Satellit, das beim kaiserfreundlichen Cremona liegende Crema. Die Reichsacht wurde verhängt und prompt vollzogen, Crema nach mehrmonatiger Belagerung Januar 1160 erobert und dem Erdboden gleichgemacht. Die Exekution gegen Mailand wurde aufgeschoben.

Die Rekuperationspolitik Friedrichs machte auch nicht vor dem Kirchenstaat halt, und während sich päpstliche Gesandtschaften wegen der Übergriffe beschwerten, beschuldigte Friedrich Papst Hadrian IV. des Bruchs des Konstanzer Vertrags und schlug ein dem Papst inakzeptables Schiedsgericht vor. Der Tod Hadrians IV. (1. September 1159) machte deutlich, daß der Riß auch durch das Kardinalkolleg ging, ebenso wie bei den norditalienischen Städten der kaiserfeindlichen Gruppe um Mailand eine kaiserfreundliche mit Pavia, Lodi, Piacenza, Cremona gegenüberstand. Bei der Papstwahl boten sich zunächst drei, dann zwei Kandidaten an: der kaiserlich-aristokratische Kardinalpriester Octavian von Monticelli und der bürgerlich-sieneser Kardinal und Kanzler der römischen Kirche Roland Bandinelli, dem kaiserlichen Hof durch den Eklat in Besançon bestens bekannt. Die Wahl ging zwiespältig aus. Octavian wurde von der Minderheit von nur zwei Kardinälen gewählt und nahm den Namen Viktor IV. an (1159–1164), Roland nannte sich Alexander III. Der Wahlvorgang spielte in der Peterskirche und führte zu einer grotesken Szene. Alexander hatte sich mit dem purpurnen Papstmantel bekleiden wollen, dem wichtigsten hierarchischen Attribut, da aber, so berichtete er später voller Zorn, habe sich Octavian zu solcher Unverschämtheit verstiegen, daß er den Mantel „... wie ein Besessener von unserem Nacken mit eigenen Händen brutal herunterriß und unter lautem Getöse mit sich schleppte".

Barbarossa gab sich neutral. Er berief ein Konzil zum 13. Januar 1160 nach Pavia: in Wahrnehmung der Rechte des antiken Kaisertums, dem die Einberufung einer allgemeinen Synode zustand. Für Alexander III. war ein Erscheinen natürlich ausgeschlossen, denn „ein Papst darf von niemandem gerichtet werden". Es war nicht mehr als eine Farce, daß der beflissen erschienene Viktor IV. bestätigt wurde. Aber die kaiserliche Geste verschlug nicht viel, zumal das Konzil mit fünfzig Prälaten nur schwach besucht und der gesamte französische und englische Klerus ferngeblieben war. Um den wenig überzeugenden Eindruck aufzubessern, setzte man Unterschriften abwesender Geistlicher hinzu. Das Konzil von Pavia bannte Alexander III., Alexander III. wiederum Viktor IV., den Kaiser und seine Ratgeber. Ein Schisma, das 18 Jahre dauern sollte, war ausgebrochen.

Währenddessen beharrte das bedrängte Mailand weiter im Widerstand. Erst im März 1162 kapitulierte es; vor dem thronenden Barbarossa flehten seine Bürger um Gnade: „Alle, die es hörten, wurden stark zu Tränen gerührt, aber das Gesicht des Kaisers bewegte sich nicht." Diesmal war die Strafe noch härter. Der Fahnenwagen, das Symbol der Kommune, wurde vernichtet, die Mauern niedergerissen, die Stadt zerstört, die Gemeinde aufgelöst. Auf vier Dörfer verteilt, zu Bauern herabgedrückt, wurden die Bürger ausgesiedelt. Die Grausamkeit hatte Vorbilder, denn genauso hatte es Mailand als Sieger ein halbes Jahrhundert früher (1111) mit dem unterworfenen Lodi gehalten, dessen Gemeinde ausgelöscht werden sollte. Nach Mailand gaben andere, kleinere Orte den Widerstand auf; in der Mitte des Jahres 1162 war die gesamte Lombardei Friedrich gehorsam.

2. *Die Deutschlandpolitik*

Von den ersten zehn Jahren seiner Regierung war Friedrich je die Hälfte in Deutschland und in Italien gewesen, und es ist deutlich, daß er sich in Deutschland – wie man es von ihm erwartet hatte – durch eine Politik des Ausgleichs hauptsächlich mit den Welfen den Rücken für seine Italienfeldzüge hat freihalten wollen. Aber die Bevorzugung Heinrichs des Löwen als Herzog von Sachsen und Bayern war auf Kosten von Friedrichs Babenberger Verwandten gegangen, die treu zu den Staufern gegen die Welfen gestanden hatten. Auf dem Reichstag in Regensburg im September 1156 erhielt

Heinrich Jasomirgott den Ausgleich: Ihm und seiner Gemahlin wurde die zum selbständigen Herzogtum erhobene Mark Österreich übertragen. Der Babenberger empfing das Herzogtum zu bevorzugten Bedingungen, wie sie in der Verleihungsurkunde, dem sogenannten Privilegium minus, festgelegt waren: Privilegium minus im Unterschied zu der von Herzog Rudolf IV. 1358/59 veranlaßten Fälschung des Privilegium maius, dessen Unechtheit im 19. Jahrhundert erwiesen wurde. Die Barbarossa-Urkunde, deren Text nur kopial überliefert ist, wurde zu Unrecht mitverdächtigt. Der Fälschungsverdacht richtete sich gegen einige Besonderheiten. Denn das von der Mark zum Herzogtum umgewandelte Österreich wird sowohl Heinrich Jasomirgott wie seiner Gemahlin Theodora übertragen, einer Nichte des byzantinischen Basileus Manuel, die Heinrich 1148 nach dem Tode seiner ersten Frau Gertrud († 1143) geheiratet hatte. Es ist vermutet worden, daß byzantinische Rechtsanschauungen aufgenommen worden sind, aber es lassen sich ähnliche Ausnahmeregelungen auch schon vorher beobachten. Für Heinrich und Theodora kam noch hinzu, daß sie bei Ausbleiben eines männlichen Nachkommen frei über ihre Nachfolge verfügen durften (ius affectandi); auch die Lehnspflichten waren stark eingeschränkt: der neue Herzog brauchte nur in Bayern abgehaltene königliche Hoftage zu besuchen und war lediglich zu Heerfahrten in benachbarte Gebiete verpflichtet. Mit dem Privilegium minus versöhnte Friedrich die Babenberger.
Innerhalb weniger Jahre war es Friedrich gelungen, Spannungen und Fehden beizulegen, und offensichtlich wollte er in nächsten Schritten weitere Reichsteile und Nachbarreiche stärker an das Königtum binden. Burgund wurde eng an das Reich gezogen, als Friedrich 1156 die damals 16jährige Beatrix von Burgund heiratete, reich an Besitz in Hochburgund und in der Provence. In Besançon, 1157, wohin auch die päpstliche Legation mit Roland Bandinelli kam, hat sich Friedrich von den burgundischen Großen huldigen lassen. Im gleichen Jahre 1157 hatte Friedrich auch nach Polen ausgegriffen. Er zwang den polnischen Herzog Boleslaw IV., die Rechte des Bruders Wladislaw, der bei Friedrich Schutz gesucht hatte, zusammen mit der deutschen Lehnsoberhoheit anzuerkennen. Wenige Jahre später, 1163, lud Friedrich Boleslaw auf einen Hoftag und setzte durch, daß den beiden Söhnen des inzwischen verstorbenen Wladislaw Herrschaften aus dem Bereich der Diözese Breslau zuerkannt wurden. Boleslaw der Lange erhielt das Herzogtum Breslau, Mieszko Ratibor und Teschen. Zwar unterstanden beide der Lehnsoberhoheit des polnischen Königs, aber sie suchten Anlehnung am deutschen Reich. In diesen Jahren begann die von

polnischen Herzögen geförderte deutsche Kolonisation Schlesiens.
In Dänemark war aus dem blutigen Nachfolgestreit nach der Ermordung Knut Lawards (1131) Waldemar I., der Große, als Sieger hervorgegangen, Knuts Sohn. Die für nordische Verhältnisse lange Regierung Waldemars (1157–1182) brachte Dänemark eine Konsolidierung des Königtums, und wie seine Vorgänger ließ sich auch Waldemar vom deutschen König mit Dänemark belehnen. Dennoch blieb das Verhältnis zum deutschen König wie zum benachbarten sächsischen Herzog Heinrich dem Löwen kühl und mißtrauisch. Von den 60er Jahren an ließ Waldemar das alte Danewerk, jenen Abwehrwall der Karolingerzeit, großzügig ausbessern; im mittleren Teil wurde mit der damals im Norden neuen Backsteintechnik eine ca. 4 km lange, mehrere Meter breite und 7 m hohe Mauer aufgeführt, ein ebenso imposanter wie damals in seiner Wirkung wohl schon überholter Bau.
Toleriert vom Kaiser konnte Heinrich der Löwe, Herzog von Sachsen und Bayern, seine Herrschaft ausbauen. Bedeutsam für die Zukunft war die Gründung zweier Orte: Lübecks und Münchens, beide Zeichen weitsichtiger Planung und herzoglicher Brutalität. Denn Graf Adolf II. von Holstein hatte 1143 beim Einfluß der Wakenitz in die Trave den Ort Lübeck gegründet, der bald in Blüte kam. Heinrich der Löwe erließ ein Marktverbot, als dadurch der herzogliche Handelsplatz Bardowick nördlich Lüneburg geschädigt wurde. Als ein Brand das Lübeck Adolfs II. stark heimsuchte, versuchte es Heinrich mit einer Gegengründung, aber die „Löwenstadt" florierte wegen der ungünstigen Lage nicht. Erst eine dritte Gründung Heinrichs im Jahre 1159 auf der Halbinsel zwischen Trave und Wakenitz hatte Bestand. Dieses Lübeck entstand im Verein mit den Kaufleuten von Alt-Lübeck. Wie weit ein förmliches Unternehmerkonsortium von Fernhandelskaufleuten, wie wir es bei der partnerschaftlichen Gründung zwischen Kaufleuten und Zähringerherzog in Freiburg im Breisgau beobachten können, in Lübeck bestanden hat, mag offen bleiben; frühzeitige energische Beteiligung einiger Kaufmannsfamilien, die bald die führenden Positionen am Markt und im Rat der Stadt innehatten, läßt sich kaum bestreiten. Bemerkenswert ist die weitere Fürsorge Heinrichs des Löwen. Den Gotlandfahrern sicherte er rechtliche Gleichstellung mit den Einheimischen. Fast gleichzeitig, 1158, wurde München gegründet. Auch hier stand ein Gewaltakt am Anfang. Heinrich zerstörte die Isarbrücke des Freisinger Bischofs bei Föhring, über die vornehmlich der Salzhandel aus dem südöstlichen Bayern abgewickelt wurde, und lenkte den Verkehr über eine neuerrichtete Brücke bei der „Villa

Munichen", das zum Markt erhoben wurde und zu einer Kaufmannssiedlung aufstieg.

Mit der großräumigen Städtepolitik verband Heinrich der Löwe eine energische Kolonisation im slawischen Grenzbereich. Sein rücksichtsloses Vorgehen soll, so wurde berichtet, den Obodritenhäuptlingen seinen Namen furchtbarer haben erscheinen lassen „als den Namen Gottes". Durch Kolonisation, Marktgründungen, durch Investitur der Bischöfe, durch die Regalienleihe an Bischöfe wuchs ein Territorium von beinahe geschlossener Landeshoheit zusammen. Eingesprengte Hinterlassenschaften ohne direkte männliche Erben zog Heinrich der Löwe rücksichtslos an sich, Ansprüche von Töchtern und Nebenverwandten ließ er nicht zu. Güter aufsässiger Adliger beschlagnahmte er, erwarb Vogtei- und Grafschaftsrechte und konnte durch seinen Einfluß auf die Domkapitel eigene Kandidaten auf die Bischofsstühle bringen, von denen er sich wiederum wichtige Kirchenlehen übertragen ließ.

Daß Heinrich der Löwe sich wie ein König gab, war welfisches Selbstverständnis, vom Doppelherzog gern aufgenommen und ausgebaut. Schon die um 1150 in Regensburg entstandene welfenfreundliche deutschsprachige Kaiserchronik ließ die Reichsgeschichte so erscheinen, als sei ein mit Lothar III., der für die Welfen reklamiert wird, einsetzender Aufstieg des Reiches durch die Königserhebung des Staufers Konrad III. unterbrochen worden – „Welf hête mêror craft", behauptet der Chronist –, und eine nach der Art damaliger Verwandtschaftsstammbäume angelegte Genealogie der Welfen aus der Zeit Heinrichs des Löwen hob zwei Namen hervor: Karl den Kahlen und Friedrich Barbarossa, die beide Welfinnen mit Namen Judith zur Mutter hatten und dem Welfenhaus zugerechnet werden. Königsgleich heiratete Heinrich der Löwe 1168 Mathilde, die Tochter des englischen Königs Heinrich II. Plantagenet, und das im Kloster Helmarshausen in Auftrag gegebene Evangeliar für den Braunschweiger Blasius-„Dom", Heinrichs Stiftung, zeigt ein Bild Heinrichs und Mathildes, auf deren Häupter jeweils eine Hand eine Krone niedersenkt. Mit großem Gefolge pilgerte Heinrich der Löwe 1172 nach Jerusalem, unterwegs vom griechischen Kaiser königlich empfangen. Braunschweig erhielt den Charakter eines Königshofes, und das Gesamtensemble seiner Gebäude war mächtiger und reicher als alle von Barbarossa angelegten und ausgestalteten Pfalzen. Die herzogliche Pfalz Dankwarderode hatte unverkennbar die großen Kaiserpfalzen Aachen und Goslar zum Vorbild. 1166 wurde in Braunschweig der bronzene Löwe errichtet, die erste große Freiplastik und das erste Dynastenzeichen des Mittelalters, für einen Herrn, der als Beinamen (Löwe-

Welf, Welpe) den Namen seines Geschlechts trug. Heinrichs Hofhaltung, die von ihm ausgehenden Anregungen für Künstler und die materiellen Zuwendungen, vergrößerten noch die Distanz zu den anderen Reichsfürsten. Nach mittelalterlicher Namentheorie stiftet das Sein die Bezeichnung, so daß einer ein König „ist und genannt wird". Das 12. Jahrhundert kannte auch Königserhebungen, und Heinrichs Gebaren konnte auf eine überherzogliche Ranghöhe zielen, auf ein Königtum, das freilich eingeordnet blieb in einen größeren Verband.

3. *Über die staufische Reichsidee*

In den Urkunden und Verlautbarungen Friedrichs I. begegnet ein neuer Ton, ein in einem suggestiven Pathos sich äußerndes Selbstbewußtsein. Das Kaisertum sei die natürliche und von Gott direkt geschaffene Stütze irdischer Ordnung. „Europa, in welchem wir Sitz und Heimstatt des Kaisertums haben", heißt es 1155 unmittelbar nach der Kaiserkrönung in einem Diplom für Pisa; die Seestadt habe „den Völkern Asiens und Afrikas Schrecken" eingeflößt und „zur Vermehrung unseres Kaiserreiches" beigetragen. Hatte Papst Gelasius I. in einem immer wieder vorgebrachten Satz von den „zwei Dingen" gesprochen, „durch welche die Welt regiert wird", von der „heiligen Autorität der Päpste" (sacrata pontificum auctoritas) und schlicht von der „herrscherlichen Gewalt" (potestas regalis), so münzte Friedrichs Kanzlei den Satz um: „Zwei Dinge sind es, durch die füglich unser Reich regiert wird: die heiligen Gesetze der Kaiser (leges sanctae imperatorum) und die gute Sitte unserer Vorgänger und Väter (usus bonus predecessorum et patrum nostrorum)". Eben noch hatte Bernhard von Clairvaux seine Lehre von den zwei Schwertern vorgetragen: das geistliche in der Hand des Papstes, das weltliche von ihm dem Kaiser anvertraut und nach seiner Weisung zu verwenden – Friedrich machte daraus zwei von Gott direkt ausgegebene Schwerter, „zumal der Apostel Petrus der Welt die Lehre verkündet hat: Fürchtet Gott und ehret den König". Während bislang nur von päpstlichen Schreiben gesagt wurde, sie seien „wie göttliche Verlautbarungen" zu verehren, heißt es jetzt – unter Einbeziehung des römischen Rechts – von den Gesetzen Konstantins des Großen bis zu denen Ludwigs des Frommen, man verehre sie „wie göttliche Eröffnungen" (tamquam divina oracula); zur gleichen Zeit, seit 1157, wird der Ausdruck „heiliges Reich" (Sacrum Imperium) zur Dauerformel. Der Anspruch der kaiserlichen Majestät wird gehoben; ihre Verletzung läßt wie das

crimen laesae maiestatis des römischen Rechts die Todesstrafe zu. Als sich später der Papst weigerte, Heinrich VI. zu Lebzeiten Barbarossas zum Kaiser zu krönen, ernennt Friedrich wie ein antiker Augustus seinen Sohn zum „Caesar".
Gegenüber der offensiven, teilweise mitreißenden Propaganda der kaiserlichen Kanzlei wirken die päpstlichen Gegenschreiben blaß und bürokratisch. So sehr Friedrich auf die Gedanken dieser neuen Reichsidee eingestimmt gewesen sein mag: Träger und Verkünder war eine Gruppe Geistlicher am Hof und in der Kanzlei. Am Anfang dürfte maßgeblich der Hauptberater Konrads III. Abt Wibald von Stablo und Corvey († 1158) beteiligt gewesen sein. Auch Bischof Eberhard II. von Bamberg (1146–1170) wäre zu nennen, der jedoch stets um einen Ausgleich zwischen Kaiser und Papst bemüht blieb und seine persönliche Selbständigkeit zu wahren suchte. Auf dem Konzil von Pavia (1160), auf dem der Druck kaiserlicher Autorität lastete, erklärte er sich nur unter der Bedingung für Viktor IV., daß die ganze katholische Kirche sich für ihn entscheide. Der Scharfmacher in diesem Kreise, der in seiner agilen Aggressivität Eberhard von Bamberg bald an Einfluß verdrängte, war Rainald von Dassel: Sohn einer aufstrebenden sächsischen Grafenfamilie, in Hildesheim und in Frankreich ausgebildet, Inhaber mehrerer Kanonikerpfründen in Hildesheim, Goslar, Münster, Maastricht und vorübergehend auch Xanten, 1156 Reichskanzler – Regisseur der Szene von Besançon 1157 –, wurde er 1159 Erzbischof von Köln und Erzkanzler von Italien, ebenso vir litteratus wie Kriegsmann, der auf seinem letzten Italienzug gemeinsam mit zehn Rittern 300 ravennatische Milizionäre gefangennahm und vor Rom militärisches Talent bewies. Rainalds radikale Haltung gab dem Reich und der Reichsidee zwar klare Konturen, verhinderte aber den Ausgleich. Im Schisma sah er offenbar eine Möglichkeit, dem Papsttum den angemessenen Platz zuzuweisen. Das Gegenpapsttum setzte er für ein besonderes Projekt ein: für die Heiligsprechung Karls des Großen. Weihnachten 1165 wurde der Frankenkaiser Karl der Große in Aachen an seiner Gruft zur Ehre der Altäre erhoben, ein deutliches Zeichen, daß Karl als deutscher Kaiser und Vorgänger Friedrichs aufgefaßt wurde, ein zumindest unfreundlicher Akt gegenüber Frankreich, das sich in der Tradition Karls des Großen sah. Vielleicht hätten sich das Reich und Friedrich Barbarossa noch stärker in die Isolierung bewegt, wäre Rainald von Dassel nicht 1167 mitten im Siegeszug vor Rom gestorben. Für Barbarossa war er „unser treuester Fürst Rainald", aber schon Zeitgenossen haben ihn für die Zerrissenheit verantwortlich gemacht und mit einer Anekdote belegt: Während seines Domschulaufent-

haltes habe er von sich im Schlafe gesagt: „Ich bin das Verderben der Welt", und die Mitschüler sollen ihm den Necknamen „Verderben der Welt" (Ruina mundi) gegeben haben.
Die Idee des staufischen Kaisertums und der Weltherrschaft fand mannigfachen literarischen Ausdruck; die Hofpoesie eines Ligurinus und eines Gottfried von Viterbo war davon erfüllt. Künstlerisch zu den reifsten Leistungen zählen die Gedichte des Archipoeta und das Spiel vom Antichrist. Über Herkunft und Leben des Dichters, den man nach der Überschrift in einer Handschrift „Archipoeta" nennt, wissen wir kaum etwas; möglicherweise war er Deutscher, vielleicht Sohn eines Ministerialen. Alle Gedichte des Archipoeta – zehn an der Zahl und aus den Jahren 1160–1165 – scheinen zu Rainald von Dassel in Beziehung zu stehen. Sie zeichnen sich aus durch eine geniale Mischung von Sprachkönnen, Frische und Klangschönheit, so daß selbst der eingeschworene Altphilologe U. von Wilamowitz-Moellendorff von dieser Poesie sagen konnte, sie habe dem Lateinischen Klänge abgewonnen, die die Antike nicht kannte. Das Leben im erzbischöflichen Gefolge war nicht frei von Spannungen: einerseits war der Archipoeta eingestandenermaßen des Erzkanzlers „Knecht und Dichter", andererseits eine auf Freiheit angewiesene Persönlichkeit, ein Genosse jener Vaganten, die – empfänglich für Gaben und Pfründen – durch das Land zogen und über deren Schicksal eine ihrer Berühmtheiten, Hugo Primas von Orléans, am Ende seiner Lebensreise klagte: „Reich war ich und geliebt, unter Gleichen auserwählt: jetzt beugt mich das Greisentum, und vom Alter bin ich aufgerieben. Wenig eß' ich, wenig trink' ich. Mein Bauch ist ohne Rundung . . . , und wenn ich Hungers sterbe, schreibe ich euch die Schuld zu" (Dives eram et dilectus/ inter pares preelectus usw.). Das berühmteste Gedicht des Archipoeta – unter die Carmina Burana (Lieder aus Benediktbeuern) eingereiht – ist seine „Vagantenbeichte", wahrscheinlich in Pavia 1163 entstanden. Der Archipoeta ist von einem Neider wegen seines Lebenswandels bei Rainald von Dassel angeschwärzt worden; der Dichter tritt vor den Mäzen, bekennt sich offen zu seinen Sünden und bittet um eine milde Bußauflage. Die berühmteste Strophe: „Mein Begehr und Willen ist: in der Schenke sterben, wo mir Wein die Lippen netzt, bis sie sich entfärben! Aller Englein Jubelchor wird dann für mich werben! Laß den armen Zecher doch, Herr, dein Reich erwerben!" Zahllos sind die Übersetzungen dieser schmissigen und teilweise das Beichtformular persiflierenden Verse – Goethe, Bürger, Laistner (dessen Fassung hier wiedergegeben ist), Langosch, Kusch, Buschor, Brost, Eberle, C. Fischer, und viele andere haben sich versucht –, die fester Bestandteil jeden Kommerslieder-

buches wurden und auch in Orffs Carmina Burana natürlich nicht fehlen (Meum est propositum in taberna mori, ut sint vina proxima morientis ori usw.). Vom Erzkanzler Rainald wird dem Erzpoeten ein Epos abgefordert über Friedrichs Taten in Italien, aber der Dichter lehnt ab. Etwa zur gleichen Zeit – vielleicht als Ersatz – entsteht sein Kaiserhymnus: „Kaiser unser, sei gegrüßt, Herrscher hier auf Erden! Allen Guten sei dein Joch sanft und ohn' Beschwerden usw." (K. Langosch). Unüberhörbar ist der christologische Bezug: für Christus und den Kaiser sind dieselben Worte und Vergleiche eingesetzt. Hatte Otto von Freising von Barbarossa als dem einenden Eckstein geschrieben (nach Eph 2, 14 ff.), so ist hier das Christuswort aufgenommen: „Mein Joch ist sanft, und meine Last ist leicht" (Mt 11, 30).

Eschatologisch tiefer ist das szenische „Spiel vom Antichrist" (Ludus de Antichristo), das vielleicht um 1160 im Kloster Tegernsee, vielleicht aber auch früher anläßlich der Krönung Friedrichs 1152 entstanden ist. Auf der Bühne läuft das Heilsgeschehen ab. In geschichtlicher Ordnung treten zunächst die Heiden mit dem König von Babylon auf, es folgt die „Synagoge" mit den Juden, dann die „Kirche" mit Kaiser und Papst, die gleichberechtigt nebeneinander hinter der Kirche hergehen. Der Endkaiser, der deutsche König, unterwirft die Könige von Griechenland, von Jerusalem und den rebellischen König von Frankreich. Aber auch er, der deutsche König, wird überwunden, nicht durch Waffengewalt, sondern durch die Wunder des Antichrist, dessen Reich schließlich durch das Jüngste Gericht beseitigt wird. Hier zeigt sich – wie zunächst bei Otto von Freising – ein pessimistischer Grundzug: selbst die sieghafte Ordnungsmacht verfällt dem Untergang, wenn die Zeit erfüllt ist.

Die imperiale Ordnung läßt dem Kaiser die Könige unterstellt sein. Im Schrifttum tauchen die Vokabeln von den „Kleinkönigen" (reguli) und den „Provinzkönigen" (reges provinciarum) für die anderen Herrscher auf. Und Rainald hat bei einer Zusammenkunft mit dem französischen König provokant von der „Vermessenheit der Provinzkönige" gesprochen. Die Abneigung und Abwehr gegen den Herrschaftsanspruch des deutschen Kaisertums wuchsen in England und vornehmlich in Frankreich. Berühmt sind die Äußerungen des Johann von Salisbury († 1180), der von Geburt zwar Engländer war, aber seine Ausbildung und sein höchstes Kirchenamt als Bischof von Chartres in Frankreich erhielt. Dem in der Staatsheorie bewanderten Johann von Salisbury, der den Aristoteles in einem damals außergewöhnlichen Umfang kannte, war Friedrich nicht der Erbe der antiken Kaiser: er war ihm ein anmaßender Deutscher, ein „deutscher Kaiser", ein „deutscher Tyrann". Und mit der Sprache der Bibel fragte er: „Wer hat die Deutschen zu Richtern der Nationen bestellt? Wer hat diesen plumpen und wilden Menschen das Recht gegeben, nach Willkür einen Herrn über die Häupter der Menschenkinder zu setzen?" Den politischen Inhalt der staufischen Weltherrschaftsidee zu bestimmen, ist schwierig, und es hilft wenig, das antike Modell vom Kaiser als dem princeps, der durch Autorität hervorragt, zu bemühen. Wie immer der Vorrang aussehen sollte: als Antwort auf den kaiserlichen Anspruch entstand bald der Satz vom „König, der Kaiser in seinem Königreich" ist (rex est imperator in regno suo). Bei aller Unbestimmbarkeit hatte die staufische Reichs- und Kaiseridee dennoch einen festen Kern: die Aufrichtung eines Imperium im engeren Sinne: von Deutschland, Burgund und Italien.

III.

Papsttum und Kaisertum im Kampf um die Vormacht

Die nächsten zwei Jahrzehnte nach den Ronkalischen Beschlüssen sind erfüllt von dem Versuch des staufischen Kaisertums, in Italien eine angemessene Herrschaftsbasis zu begründen. Es ging nicht nur um Rechte und Liegenschaften: zugleich sollte eine von Hoheitsträgern wahrgenommene Reichsverwaltung entstehen, die nach der Auflösung des salischen Reichskirchensystems die Nachteile einer feudalistischen Herrschaftsordnung vermied. Friedrich Barbarossa befand sich in einer ähnlichen Lage wie Heinrich II. von England, der sich auf dem Festland, ebenfalls außerhalb seines Hauptlandes, eine Territorialherrschaft aufgebaut hatte. Nicht wie im Investiturstreit war das Schisma ein Ringen um die rechte Weltordnung; und es fehlte auch die ausgebreitete Streitschriftenliteratur wie die Reform sie gekannt hatte. Handfeste Herrschaftsrechte standen im Zentrum der Auseinandersetzung.

1. Papstschisma und Bündnispolitik bis zum Tode Alexanders III. (1181)

Bei der Durchsetzung der Ronkalischen Beschlüsse standen dem Kaiser hauptsächlich zwei Gegner im Weg: die lombardischen Städte und Papst Alexander III. Im Jahre 1162 schienen beide Gegner weitgehend niedergekämpft. Mailand war als Festung gebrochen, als Kommune aufgelöst; Papst Alexander hatte Italien im Frühjahr 1162 verlassen müssen. Er ging nach Frankreich, das sich zu ihm bekannte, zusammen mit England, selbstverständlich den Normannen und manchen lombardischen Städten, jedoch auch mit Ungarn, Norwegen und dem lateinischen Orient. Für den kaiserlichen Papst Viktor IV. erklärten sich nur die Trabanten des deutschen Reiches: Dänemark und Böhmen; selbst unter dem deutschen Episkopat gab es Anhänger Alexanders, z. B. die Erzbischöfe Eberhard von Salzburg und Konrad von Mainz. Wichtig mußte es Friedrich erscheinen, den französischen König Ludwig VII. zu gewinnen. Mit ihm wurde vereinbart, sich zu einer Art Schiedsgericht auf einer Brücke, die über den Grenzfluß Saône ging, in der Nähe von S. Jean de Losne am 29. August 1162 zu treffen, zusammen mit den beiden Päpsten: Friedrich in Begleitung Viktors IV., Ludwig mit Alexander III. Aber Alexander weigerte sich und verwies auf den im Kirchenrecht verankerten Grundsatz, daß über den Papst nicht gerichtet werden dürfe, und auch der französische Klerus sperrte sich. Das Treffen kam schließlich nicht zustande; die von Ludwig VII. gestellten Geiseln kamen in kaiserlichen Gewahrsam. Die in den nächsten Wochen sich hinziehenden zähen Verhandlungen brachten nichts ein; damals fiel das böse Wort Rainalds von Dassel, daß die „Provinzkönige" (wie in seinen Augen Ludwig VII. einer war) die gleiche Rechtsstellung wie der römische Kaiser anstrebten, indem sie sich zu Richtern bei einer Papstwahl aufspielten. Es war nichts anderes als ein Zeichen des Scheiterns, daß eine von Friedrich veranlaßte burgundische Synode zu Dôle Papst Alexander III. für abgesetzt erklärte. Friedrich blieb unnachgiebig, trotz einer Gesandtschaft Alexanders III. an den Reichstag in Nürnberg (Sommer 1163) und trotz des Zwiespalts im deutschen Episkopat. Sein Plan mag gewesen sein, Italien und Rom fest in seine Hand zu bekommen, um zusammen mit der eigenen Herrschaft den kaiserlichen Papst auf Dauer dort zu etablieren. Ohne Heer eilte Friedrich im Herbst 1163 nach Norditalien in der Hoffnung, im Lande selbst eine Truppenmacht aufbieten zu können. Aber hier trat eine Wende ein: der Patriarch von Grado, Heinrich Dandolo, dessen Sitz 1156 nach Venedig verlegt worden war, brachte 1164 mit dem Geld der reichen Lagunenstadt den kaiserfeindlichen Veroneser Bund zusammen, dem außer Verona die Städte Vicenza und Padua angehörte.

Am 20. April 1164 starb Viktor IV., und ohne Friedrich zu informieren, hat bereits zwei Tage später – vor dem Ende der vorgeschriebenen Exequien – Rainald einen Nachfolger erheben lassen: Paschal III., der einer hochadligen Familie aus Crema entstammte. Friedrich hat diesen Schritt nachträglich gutgeheißen, aber die Chance des Ausgleichs war vertan. Ohne seine Lage verbessern zu können, kehrte Barbarossa noch 1164 nach Deutschland zurück.

Es war offensichtlich, daß Alexander III. und der Veroneser Bund ohne auswärtige Hilfe nicht ausgeschaltet werden konnten. Eine solche konnte eventuell Ludwigs VII. mächtigster Kronvasall bieten, der englische König Heinrich II., der auf dem besten Wege war, seinen königlichen Zentralismus weiter auszubauen. Die Konstitutionen von Clarendon (1164) legten fest, daß bei Delikten, für die das Königsgericht zuständig ist (Hochverrat, Forstvergehen), auch Kleriker vor dem königlichen Gerichtshof erscheinen müßten. Hier drohte der Geistlichkeit der Verlust eines Vorrechts, denn zu Beginn des 12. Jahrhunderst war ihr ein eigener Gerichtsstand zugestanden worden (Privilegium fori). Aber angeblich war die Kriminalität der Kleriker in der Zwischenzeit stark angestiegen, weil die Bestrafung durch geistliche Gerichte – die unter ganz anderen Prinzipien standen – ungenügend war. Heinrichs Hauptgegner war Thomas Becket, seit 1162 Erzbischof von Canterbury, vorher mehrere Jahre des Königs engster Ratgeber. Becket verweigerte den Konstitutionen von Clarendon die Anerkennung und floh nach Frankreich zu Alexander III. Erst 1170 kehrte er nach England zurück; am Ende desselben Jahres wurde er vor dem Altar des Domes von Canterbury von königlichen Gefolgsleuten ermordet: ein Märtyrertod, der dank einer immensen und vor Verleumdung der Gegner nicht zurückschreckenden Publizistik der Becketfreunde, die zugleich unbedingte Verfechter des Papsttums Alexanders III. waren, den König ins Unrecht setzte und ihn zur Zurücknahme der Konstitutionen von Clarendon sowie zur öffentlichen Kirchenbuße zwang.

Im Jahr der Konstitutionen von Clarendon, 1164, hatten die Feinde Alexanders III., Heinrich II. und Friedrich Barbarossa, schnell zueinander gefunden. Die Verhandlungen, die Rainald von Dassel in Rouen im Frühjahr 1165 führte, mündeten in einen Vertrag. Heinrich der Löwe sollte Heinrichs ältere Tochter Mathilde heiraten; die andere Tochter, die dreijährige Eleonore, wurde mit Barbarossas damals eben geborenem Sohn Friedrich verlobt. Heinrich versprach, der englischen Geistlichkeit die Obödienz für Paschal III. zu befehlen. In dieser Euphorie eines weitgespannten Bündnisses trat im Mai 1165 ein Reichstag in Würzburg zusammen. Den Fürsten wurde der Eid abverlangt, niemals Alexander, stets den kaiserlichen Papst anzuerkennen; Eidverweigerer verloren Ämter und

Lehen. Der Erzbischof Konrad von Mainz, der Bruder des treuen Otto von Wittelsbach, wurde durch den königlichen Kanzler, den Thüringer Christian von Buch, ersetzt. Alexander III. hielt seine Lage im französischen Asyl für so gefährdet, daß er 1165 nach Rom in den Schutz seiner normannischen Lehnsleute zurückkehrte. Aber nach dem Tode Wilhelms I. 1166 kam dessen erst zwölfjähriger gleichnamiger Sohn zur Regierung, und Alexander suchte nach weiteren Verbindungen. Der junge Normannenkönig sollte mit einer Tochter Kaiser Manuels I. verheiratet werden, und Manuel machte Alexander den Vorschlag, Ost- und Westkirche zu vereinen und ihn — Manuel — zum Gesamtkaiser zu krönen. Aber die kühnen Projekte wurden nicht weiter verfolgt, als die Gefahr vorüber war.

Barbarossa suchte die Entscheidung in Italien. Ein großes Heer von über 10000 Rittern, ergänzt durch Brabanzonen (d. h. Söldnern aus Brabant), brach im Herbst 1166 auf. In zwei Heeressäulen rückte man vor: der Kaiser an der Ostküste, Rainald von Dassel und Christian von Buch direkt auf Rom. Bei Tusculum erfocht dieses Detachement einen glänzenden Sieg; als Pilger verkleidet floh Papst Alexander aus der Stadt; die Leostadt wurde nach blutigen Kämpfen genommen. Paschal III. wurde inthronisiert und krönte Beatrix am 1. August 1167 in der Peterskirche zur Kaiserin. Wenige Tage später kam es zur Katastrophe für das deutsche Heer, zur Wende nicht nur dieses Italienzuges, sondern der ganzen Regierung Barbarossas. Eine drückende Hochsommerhitze, die auf wolkenbruchartige Regenfälle folgte, ließ eine Malaria-Epidemie im deutschen Lager ausbrechen. Mehr als zweitausend Ritter sollen gestorben sein. Unter den Toten waren Rainald von Dassel, Friedrich von Rothenburg, Herzog von Schwaben und Vetter Barbarossas, der eben zum Hofrichter für Italien ernannte Bischof Daniel von Prag, Welf VII., der junge Sohn Welfs VI. Das Heer war so dezimiert, daß es aktionsunfähig wurde; an einen Feldzug gegen die Normannen war nicht mehr zu denken. Die alexandrinische Partei sah die Katastrophe des deutschen Heeres vor Rom als Gottesurteil an; der Veroneser Städtebund erweiterte sich zu einem lombardischen Städtebund, und als Bekenntnis zu Alexander III. wurde in strategisch wichtiger Lage am Tanaro eine Bundesfeste mit Namen Alessandria gegründet. In Knechtstracht soll sich der Kaiser durch Norditalien geschlichen haben, um über Burgund nach Deutschland zu gelangen.

Bedeutete der Tod Rainalds für Friedrich persönlich einen großen Verlust, so kam der Kaiser doch frei von dessen radikaler Prinzipienhärte, die trotz großen Aufwands und Einfallsreichtums nicht zum Erfolg geführt hatte. Die künftige Politik mit der Intention, wenigstens einen ausbaufähigen Kompromiß zu erreichen, trägt stärker die Handschrift Friedrichs. Begünstigt von Zwistigkeiten innerhalb des lombardischen Städtebundes — vornehmlich zwischen dem toleranten Cremona und dem mit byzantinischem und englischem Geld wiedererstandenen Mailand — zog Barbarossa 1174 abermals nach Italien, zum fünften Male und mit einem schlagkräftigen Heer von ca. 8000 Kriegern. Alessandria, die symbolhafte Bundesfeste, zu nehmen, mißlang, doch der Dauerkrieg, der den Handel störte, hatte auch die kaiserfeindlichen Lombarden kriegsmüde gemacht. 1175 kam es zum Waffenstillstand von Montebello, und im Vertrauen darauf, daß der Waffenstillstand in einen Frieden einmünden würde, entließ Friedrich einen Großteil seines Heeres. Aber das Schiedsurteil, das die von beiden Seiten angerufenen Konsuln von Cremona anboten, wurde vom lombardischen Bund nicht anerkannt, denn ihm war zugemutet, Alessandria preiszugeben und sich von Alexander III. zu trennen. Friedrich war in einer peinlichen Lage. Fast ohne Truppen brauchte er umgehend militärische Hilfe. Er wandte sich an den reichsten deutschen Fürsten, den Herzog von Sachsen und Bayern, Heinrich den Löwen. An der Wende zum Februar 1176 trafen Friedrich I. und sein vornehmster Vasall in Chiavenna nördlich des Comer Sees zu einer Unterredung zusammen. Friedrich bat Heinrich, vielleicht sogar in Form eines Fußfalls, um Unterstützung. Weder lehnrechtlich, noch landrechtlich war Heinrich zur Hilfeleistung verpflichtet. Heinrich schlug dem Rettung suchenden Kaiser einen Handel vor: Er möge ihm die Reichsstadt Goslar samt ihren reichen Silbergruben überlassen. Friedrich lehnte ab, und Heinrich der Löwe verweigerte den Beistand — gewiß nicht aus grundsätzlicher Abneigung gegenüber der kaiserlichen Italienpolitik, die ihm die Möglichkeit ungestörten Herrschaftsausbaus bot. Aus der Sicht Friedrichs bestand für den Herzog keine rechtliche, wohl aber eine moralische Pflicht, ihm beizuspringen: es war nicht Felonie, sondern schnöde Undankbarkeit.

Mit geringer Truppenstärke nahm Friedrich die militärische Auseinandersetzung auf, ja eröffnete den Kampf. Aber bei Legnano (nordwestlich von Mailand) schlug die zu Fuß kämpfende Mailänder Ritterschaft, geschart um den Fahnenwagen, im Mai 1176 die anstürmenden deutschen Ritter. „Die Kommune hatte über den Staat gesiegt. Der kurzsichtige Patriotismus der Italiener sieht in diesem Sieg eine nationale Großtat. Aber nie hat ein Volk einen Sieg so schwer gebüßt: statt zu einem Staate wurde Italien zu einem Bündel städtischer Gemeinwesen und kraftloser fürstlicher Territorien. An den Folgen dieses Sieges krankte es jahrhundertelang"

(A. Hauck). Es ist erstaunlich, wie geschickt Friedrich in den nächsten Monate die militärische Niederlage auszugleichen verstand. In einem in Anagni geschlossenen Vorvertrag vom November 1176 traten Papst und Lombardenbund noch als gemeinsame Partner Friedrichs auf. Der endgültige Friedensvertrag von Venedig vom Juli 1177 zeigte hingegen bereits Verbesserungen zugunsten Friedrichs. Denn die Frage des Verhältnisses zum Lombardenbund wurde abgetrennt: mit ihm wird nur ein Waffenstillstand für sechs Jahre vereinbart, und auch für das sizilische Königreich gilt nur ein Waffenstillstand, allerdings von 15 Jahren. Und 15 Jahre noch sollte Friedrich im Besitz der Mathildischen Güter bleiben. Die deutschen Bischöfe, die den Papst anerkannten, behielten ihre Bistümer; der von Heinrich dem Löwen durch einen eigenen Kandidaten verdrängte Bischof Ulrich von Halberstadt sollte in sein Bistum zurückgeführt werden: eine deutliche Wendung gegen Heinrich den Löwen. Der Friedensschluß wurde in Venedig am 24. Juli 1177 mit großem Zeremoniell vollzogen. Der Kaiser huldigte dem Papst mit dem Fußkuß und leistete den Marschalldienst. Kaiser und Papst hielten sich noch mehrere Wochen gemeinsam in Venedig auf. Im Frühjahr 1178 führte ein Heer unter Erzbischof Christian von Mainz Alexander nach Rom zurück. Friedrich blieb noch ein volles Jahr in Oberitalien, wohl um die Tragfähigkeit des Friedens zu erproben; auf dem Rückweg ließ er sich in Arles zum König des Regnum Arelatense krönen: ein symbolhafter Anspruch auf das gesamte Burgund.

Es entsprach geradezu fester Übung, daß nach Kirchenstreit und Schisma eine große Synode abgehalten wurde. Im März 1179 berief Papst Alexander III. eine Lateransynode, die dritte in späterer Zählung, zugleich das elfte ökumenische Konzil. Seine Beschlüsse sind für die Geschichte der Kirche besonders wichtig, war doch der einberufende Papst studierter Jurist und trotz der Schwierigkeiten während seiner Regierung von ungebrochenem Privilegien- und Entscheidungseifer. In die zweiundzwanzig Jahre seines Pontifikats fällt etwa ein Fünftel aller uns bekannten päpstlichen Briefe und Urkunden bis 1200, fast 4000, und auch die Zahl seiner Dekretalen — gesamtkirchlicher Entscheidungen — übersteigt die seiner Vorgänger um ein Mehrfaches. Der Eindruck seiner eigenen umstrittenen Papstwahl hat auf Alexander tief gewirkt: Es war nicht festgelegt, wie viele Stimmen des Kardinalkollegs ein Kandidat auf sich vereinigen mußte, um als gewählt zu gelten; das Konzil bestimmte die Zweidrittelmehrheit als Mindestzahl. Auch in anderen Bereichen war das Bemühen deutlich, Mißstände abzustellen. Pfründenhäufung wurde verboten, und die Umwandlung des

Eigenkirchenrechtes — des Rechtes eines Grundeigentümers, der eine Kirche stiftete, einen Geistlichen zu bestellen — in ein bloßes Patronatsrecht wurde damals eingeleitet, das dem Stifter „aus Dankbarkeit" lediglich ein Vorschlagsrecht zugestand.

2. *Die Königsmacht der Staufer in Deutschland*

Friedrich versuchte, seine Herrschaftsgrundlagen auch anderweitig auszubauen. Häufig legte er Privilegien extensiver aus als sie gedacht waren. Daß der deutsche König bei strittiger Bischofswahl zweier Kandidaten einen eigenen einführte und durchsetzte — wie im Falle Wichmanns von Magdeburg 1153 —, ging über die dem König im Wormser Konkordat zugestandene Entscheidungsbefugnis hinaus. Nach französischen und anglo-normannischen Vorbildern forderte er nach der Regalienleihe an Prälaten entsprechende Leistungen und setzte z. B. durch, daß selbst burgundische Bischöfe Mannschaft stellten. Während der Sedisvakanz, d. h. nach dem Tod eines Bischofs oder Abtes eines Reichsklosters bis zur Inthronisation eines Nachfolgers, nutzte er die Regalien selbst aus und forderte das Spolienrecht: die Einziehung der beweglichen Habe, die Reichsprälaten bei ihrem Tode hinterließen. Deutlich ist Friedrichs Bemühen, in Konkurrenz zu den Bestrebungen der Fürsten geschlossene Herrschaftsbezirke auszubauen wie sie die französischen Könige in der Krondomäne der Ile de France besaßen. Reichs- und Hausgut wurden zusammen verwaltet, auch wenn man sich des Unterschiedes von Kron- und Familienbesitz durchaus bewußt war. Planmäßig betrieb Barbarossa, wie andere Fürsten auch, Gütertausch, um einen geschlossenen Herrschaftsbezirk zu erhalten. Ein gutes Beispiel einer solchen Operation ist die Übergabe der südschwäbischen Mitgift der ersten Gemahlin Heinrichs des Löwen, Clementia, aus dem zähringischen Hause an Friedrich im Jahre 1158; Heinrich empfing dafür Besitzungen im Südharz. Als Zugang zum gerade eingebrachten burgundischen Besitz der Beatrix war Friedrich dieser schwäbische Landesteil besonders wertvoll, während Heinrich der Löwe seinen sächsischen Eigenbesitz arrondieren konnte. Eine andere Weise der Aneignung war die Wahrnehmung der Heimfallrechte. Mehrere schwäbische Adelsgeschlechter waren damals in direkter Linie ausgestorben, z. B. die Grafen von Pfullingen. Friedrich beanspruchte das Besitzerbe, zog es an sich und übernahm auch deren Vogteirechte. Mehrere treue Paladine setzten den König als Erben ein, so der letzte Lenzburger Graf Ulrich IV. († 1173), der südlich des Oberrheins eine ungewöhnlich intensive, teilweise brutale Rodungspolitik mit Binnenkolonisation betrieben hatte. Selbst aus dem Massensterben vor Rom 1167 zog Barbarossa Vorteile. Der Schwabenherzog Friedrich von Rothenburg, der Sohn Konrads III., hatte dort seinen Tod gefunden; Barbarossa gab das Herzogtum Schwaben sogleich 1168 seinem ältesten Sohn Friedrich, der wegen seiner schwächlichen Gesundheit bei der Frage der Königsnachfolge übergangen wurde. Als jener Friedrich etwa siebenjährig starb, übertrug Barbarossa das Herzogtum dem vierjährigen Sohn Konrad, dessen Name zu Friedrich, dem Leitnamen der Staufer und zugleich Name aller schwäbischen Herzöge seit 1079, umgeändert wurde. Die Pest vor Rom hatte auch den jungen Welf VII., 27 Jahre alt und kinderlos, den einzigen Sohn Welfs VI., dahingerafft. Der alte Welf hatte fortan kein Interesse mehr an der Wahrung des Familienbesitzes: „er bemühte sich vor allem festlich zu leben, der Jagd zu obliegen, Prassereien und Vergnügungen zu dienen, bei Feierlichkeiten und bei Schenkungen großzügig zu erscheinen", meldet die Historia Welforum. Das Geld wurde knapp, und er überließ nach und nach seine italienischen Lehen Tuszien, Spoleto und weiteren Streubesitz dem König; seit 1173 führte Welf VI. die Titel seiner Reichslehen in Urkunden nicht mehr auf. Nach längeren Verhandlungen hatte sich Heinrich der Löwe 1175/76 vertraglich verpflichtet, auf das zu erwartende Erbe des welfischen Hausguts Welf VI. eine Summe Geldes zu zahlen. Als die Abfindung ausblieb, wandte sich Welf VI. an den Kaiser, und bereits vor 1180 war man handelseinig. Heinrich der Löwe war überspielt. Einige welfische Eigengüter gingen in die Hand des Kaisers über. Die Nutzung des um Ravensburg liegenden Hausgutes blieb jedoch Welf VI. überlassen, der allerdings erst sechsundsiebzigjährig im Dezember 1191 starb — zu spät für die Staufer, denn damals waren Friedrich Barbarossa und der staufische Herzog Friedrich V. von Schwaben nicht mehr am Leben, und der neue staufische König Heinrich VI., Gemahl der Konstanze von Sizilien, gab zwar, gerade aus Italien zurückgekehrt, dem Toten das Geleit, verwandte aber den welfischen Zugewinn nicht als Grundlage einer umfassenden herzoglichen Territorialherrschaft. Seine Interessen lagen überwiegend in Italien.

Die konsequente Erwerbspolitik — besonders energisch betrieben in den Jahren nach der römischen Katastrophe — ließ Umrisse eines „Königsstaates" erkennen. Mehrere Schwerpunkte, „Königslandschaften", bildeten sich aus, so um das elsässisch-schwäbische Hausgut, das wesentlich angereichert und erweitert werden konnte, und im fränkischen Raum. Um Nürnberg lag staufischer Besitz — deshalb hatte sich Konrad III. als Gegenkönig hier verteidigen können –, an welchen sich Reichsterritorien im mitteldeutschen-thüringischen Raum um Altenburg und an der Pleiße anschlossen. Hier wurde das Reichsgut um Tilleda und Kyffhäuser ausgebaut und durch Gründung der Städte Pegau und Chemnitz verfestigt. Nach dem Tode Friedrichs von Rothenburg zog Friedrich das Egerland an sich. Mittelpunkt der Herrschaft waren die Reichsburgen Altenburg und Eger. Die Konturen eines breiten Streifens staufischen Besitzes und Reichsgutes vom oberrheinischen Südwesten nach Nordosten über den fränkischen zum thüringischen Raum zeichnete sich ab, eine „Barriere". Heinrich der Löwe war auf den Norden und Nordosten verwiesen, zumal Bayern durch die Umwandlung Österreichs in ein Herzogtum und dessen Übergabe an die Babenberger in die Lage eines Binnenherzogtums geraten war, das nur durch inneren Ausbau gestärkt werden konnte.

Wichtigste Träger der ausgedehnten Herrschaft waren die Ministerialen, die die Merkmale früherer Unfreiheit abstreiften und sich aus einem Dienstadel in einen Geburtsadel umgestalteten. Sie erreichten im Laufe der Zeit häufig eine Umwandlung der Dienstgüter in Lehen, die sie dann als Grundherrschaften organisierten: d. h. Grundhörige bearbeiteten das Land, waren an die Scholle gebunden. Zugleich läßt sich der Hang beobachten, daß neu aufgestiegene Ministerialen ihre Grundherrschaften zu sichern suchten; sie errichteten Burgen. Einer der angesehensten königlichen Ministerialen aus der Zeit Barbarossas, Werner von Bolanden, besaß 17 Burgen und hatte 1100 Ritter in seinem Lehnsdienst, und der Chronist Gislebert von Mons, der dieses berichtet, nennt ihn einen „höchst weisen Mann". Friedrich hat die Ministerialen noch stärker als seine Vorgänger herangezogen, war doch der hohe Adel mit dem Ausbau seiner Territorien beschäftigt, und der Episkopat stand nach dem Wormser Konkordat als Hoheitsträger nicht mehr zur Verfügung. In Italien, wo unbedingte Verläßlichkeit gefordert war, bot sich die Verwendung von Ministerialen noch mehr an. Die Verwaltung des Reichsgutes wurde ihnen weitgehend übertragen. Zusammen mit dem Kanzler und den Notaren waren sie als Reichsdienstmannen die Träger königlicher Herrschaft und Politik. Sie rückten in die obersten Hofämter ein, während die sogenannten Erzämter dem Hochadel vorbehalten blieben. Jener Werner von Bolanden, das Muster eines neureichen und mächtigen Ministerialen, wurde Reichstruchseß (dapifer imperii); die Pappenheimer übernahmen das Marschallamt. Die Ministerialenschaft bewies als Trägerin des Reichsregiments gerade in schwierigen Zeiten eine erstaunliche Stabilität. Nach Barbarossas Tod bildeten die Kreise um Heinrich von Kalden-Pappenheim als Reichsmarschall (das Geschlecht hatte das Amt des Reichsmarschalls bis 1815 inne) und um Markward von Annweiler als Truchseß die Stützen der staufischen Krone. Auch in Deutschland trugen die Ministerialen die staufische Herrschaft. In den Königslandschaften entstanden viele Königsmannenburgen, und zur Wahrung des Landfriedens, den Friedrich bereits 1152 durch Ordnungs- und Strafgesetze zu sichern suchte, wurden Ministeriale eingesetzt, so 1172 im Pleißenland, wo wir einem Manne dieses Standes als iudex terrae, als „Landrichter", begegnen.

Wie in Gesetzgebung und Verwaltung wurde auch wirtschaftlich und im Landschaftsausbau eine neue Stufe erreicht. Die Abgaben aus den Regalien, die Verbindung zu Italien mit seiner hochentwickelten Geldwirtschaft, der immer größere Ausstoß handwerklicher Produkte, deren Vertrieb im Fernhandel ohne Geld nicht möglich war, die Gründung und das Aufblühen von Städten und Marktorten, das Entstehen neuer Umschlagplätze und anderes mehr ließ sprunghaft ein großes Bedürfnis nach Geld entstehen. In der ersten Hälfte des 12. Jahrhunderts betrug die Zahl der Münzstätten innerhalb des deutschen Reiches rund zwei Dutzend, und nur Goslar und Nürnberg prägten in königlichem Auftrag. Während der Regierungszeit Friedrich Barbarossas erfolgte eine geradezu explosionsartige Vermehrung der Münzstätten. Auf deutschem Boden sind für die Zeit von ca. 1140 bis 1197 rund 215 Münzstätten gezählt worden; davon befanden sich 106 in geistlicher, 81 in weltlicher und 28 in königlicher Hand. Nicht nur die Zahl, auch der Ausstoß der Münzstätten scheint enorm zugenommen zu haben. Die Jahresproduktion der effektivsten deutschen Münzstätte, der des Kölner Metropoliten, belief sich auf maximal 2 Millionen Pfennige, was einem Silbergewicht von knapp 3000 kg gleichkommt; der dem Erzbischof zustehende Schlagschatz betrug rund 7 %, was einer Einnahme von über 200 kg Silber entspricht. Im Zusammenhang mit dem Ausbau der Administration waren es wiederum die Ministerialen, die die Geldwirtschaft vorantrieben: „die auf ihren Burgen oder in den Städten sitzend, Verwaltungsaufgaben für ihre Herren durchführten. Sie sind zur Zeit der Staufer die eigentliche Exekutive in Stadt und Land. In ihren Händen lag insbesondere der Edelmetallhandel, der Betrieb der Münzstätten, der Geldwechsel, die Münz- und Marktpolizei, die Kontrolle von Maßen und Gewichten, die Abwehr von Fälschungen" (E. Nau).

Der wirtschaftliche Aufschwung, der Bevölkerungszuwachs, die Sicherung von Besitz und Rechten brachte fast notwendig einen Aufschwung des Städtewesens gerade in der Zeit von Konrad III.

bis Heinrich VI. mit sich. Die Stadtprivilegien, die Barbarossa erteilte, waren von sehr verschiedener Art und haben zahlenmäßig eine verständliche Dichte in den Jahren 1178—1184, als Barbarossa nach dem Frieden von Venedig seine deutsche Herrschaft ausbauen wollte. Der Umgang mit den norditalienischen Kommunen hatte ihn gelehrt, zu welcher Leistung Bürgereinungen und Städtebünde fähig waren, und offensichtlich war er nicht bereit, den Bürgern freiheitliche Rechte zuzugestehen, die dem Königtum gefährlich werden konnten. Er war ein Gegner bürgerlicher Eidgemeinschaften und überörtlicher Zusammenschlüsse, aber auch in der Frage rechtlicher Selbständigkeit war er vorsichtig. Erleichterung der Auflagen, besonders der finanziellen, Verbesserung der Rechtsstellung der einzelnen Bürger oder Genehmigung des Mauerbaus waren häufig Gegenstand der Privilegierung. Empfindlich reagierte Barbarossa bei Autonomieregungen. Als die Mainzer Stadtgemeinde sich 1158 weigerte, die Heersteuer zu zahlen, ließ er die Befestigungsmauer niederreißen, und als die Mainzer ihren strengen Stadtherrn Erzbischof Arnold 1160 sogar ermordeten, hielt Barbarossa 1163 Gericht, nahm der Bürgerschaft alle Privilegien und ließ die Stadt niederreißen. Ein besonderer Zug der Städtepolitik Barbarossas war die Anhebung der Pfalzorte zu Städten. In keiner Pfalz war Barbarossa so häufig wie in Ulm; er besuchte sie dreizehnmal, hielt hier sechs Hoftage ab und baute sie zur Stadt voll aus. Die Pfalzorte Gelnhausen, Kaiserslautern, Eger, Wimpfen wurden zu Städten erhoben, ähnlich wie im thüringischen Raum Chemnitz, Altenburg und Zwickau. Offensichtlich förderte Barbarossa die Städte nicht um ihrer selbst willen oder aus besonderer Zuneigung zur städtischen Kultur, sondern als Stützpunkte der Herrschaft.

Aber nicht nur das Königtum förderte die Städte. „Alle, die das Recht und die Möglichkeit dazu hatten, vom König und den Fürsten bis zu den Ministerialen, dem niederen Dienstadel, vom Bischof bis zum Kloster waren daran beteiligt. Schauenburger im Norden, Askanier und Wettiner im Osten, Babenberger im Südosten, Zähringer im Südwesten, Welfen im Süden wie im Norden waren die Fürstengeschlechter, die neben den Staufern den bedeutendsten Anteil an dieser Schaffung neuer Städte hatten" (E. Maschke). Bei den Welfen kommen zu den binnenländischen Gründungen oder Stadterhebungen wie der von Ravensburg in den altwelfischen Stammlanden und von Landsberg solche hinzu, die mit der gewaltsamen Übernahme von Unternehmen anderer verbunden waren, wie bei Lübeck oder München, aber auch bei Stade. Selbst im Kolonisationsland hat es Heinrich der Löwe versucht: das obodritische Schwerin, wo sich Deutsche niedergelassen hatten, wurde zur Stadt

erhoben. Anziehungskraft eines Ortes und Nutzen für den Fernhandel spielten für Heinrich den Löwen offenbar eine bevorzugte Rolle.
Nicht nur der Städter: auch der Bauer wurde bei der Politik des Landausbaus gefördert. In den Königslandschaften drängte Friedrich den Adel zurück; er erreichte ohne Mediatisierung die unteren Schichten: die Bauern, denen eine durchgreifende Landfriedensgesetzgebung half. Auf Königs- und auf Hausgut setzte Friedrich Rodungsbauern ein, die als freie Bauern in Form einer Freivogtei genossenschaftlich gegliedert waren.
Der eigenen Großraumbildung vom Südwesten zum Nordosten – von Schwaben nach Thüringen – stellte Friedrich mittelgroße Herrschaftseinheiten zur Seite, die teilweise durch Abspaltung aus den alten Stammeszusammenhängen entstanden. 1156 wurde die Markgrafschaft Österreich vom bayerischen Herzogtum getrennt und selbst zum Herzogtum erhoben, und mit dem Privileg der „Goldenen Freiheit" von 1168 erhielt der Bischof von Würzburg die Herzogsgewalt in seinem Bistum bestätigt, obwohl es einen stammesrechtlichen Zusammenhalt nicht gab. 1180 löste Friedrich die Steiermark von Bayern und erklärte sie zum Herzogtum, und ungefähr um die gleiche Zeit ist der Graf von Andechs, Markgraf von Istrien, zum Herzog von Kroatien, Dalmatien und Meranien ernannt worden. Diese Herrschaftskomplexe wie aber auch das Herzogtum der Zähringer zeigten bereits die Abkehr vom Stammesherzogtum und die zunehmende Hinwendung zum Territorialstaat ohne Rücksicht auf die alten Stämme.

IV.

Wege neuer Staatlichkeit

Man hat die Deutschen eine „verspätete Nation" (Helmuth Plessner) genannt. Während die Franzosen und Engländer bereits im Hoch- und Spätmittelalter zu politischer Einheit zusammenfanden, gelang den Deutschen eine „Reichsgründung" erst im 19. Jahrhundert, und auch dann war es letztlich ein Rumpfreich. Wie kam es zu dem Verzug?
Friedrich I. war es bald gelungen, die Einbußen, die der Investiturstreit dem Reich gebracht hatte, auszugleichen. Aber die Regalieneinnahme war unsicher, große geschlossene Herrschaften fehlten.

Der Mangel einer festen Residenz war der Stabilisierung einer Verwaltungsorganisation ebenfalls abträglich. Von daher zeigte das staufische Königtum manche archaische Züge, obwohl die Ministerialität dem Reich den Rückhalt beamteter Hoheitsträger hätte bieten können. Aber dazu hätte es über einen längeren Zeitraum eines auf den inneren Ausbau des Reiches konzentrierten energischen Königtums bedurft.
Mit dem „deutschen Weg" kontrastierte der Frankreichs und Englands. Der Kapetingerkönig arrondierte sein Krongut wie ein Landedelmann seinen Besitz und achtete darauf, daß die Kronvasallen ihn nicht von den unteren Ständen abschnürten. Eine Verwaltung mit fester Zentrale und Residenz wurde ausgebaut, die Kroneinnahmen dauerhaft geregelt. Und England – ohnehin ein in Verwaltung und Rechtsprechung fortschrittlicher Staat – wurde zwar allmählich vom Festland verdrängt, fand aber gerade dadurch den Weg zur Magna Carta. Frankreich und England bildeten Staaten, Deutschland geriet in den Zustand einer von einem Königtum kaum regierbaren Vielstaaterei.

1. Der Sturz Heinrichs des Löwen und der sogenannte „jüngere Reichsfürstenstand"

In mehrfacher Beziehung war der „Übervasall" Heinrich der Löwe mit dem Herrschaftskern zweier Stammesherzogtümer, dem intensiven Ausbau einer kompakten Territorialherrschaft, einer weit ausgreifenden Ostkolonisation und mit einer das Wanderkönigtum Barbarossas überstrahlenden Residenz und Repräsentation eine Ausnahmeerscheinung. Wegen der Hilfeverweigerung in Chiavenna 1176, die mit einem Erpressungsversuch verbunden war, konnte Friedrich den königlichen Herzog Heinrich mit Rechtsmitteln nicht belangen. Völlig überraschend war die Enttäuschung von Chiavenna für Friedrich kaum gekommen. Denn Heinrich der Löwe hatte sich seit 1161 an italienischen Unternehmungen nicht mehr beteiligt, war aus der außenpolitischen Übereinstimmung mit Barbarossa ausgebrochen und hatte sich in seinen Verbindungen zu europäischen Herrscherhäusern anders festgelegt als Barbarossa. Heinrich stand zu seinem Versprechen, die englische Königstochter Mathilde zu ehelichen, aber die Vermählung zwischen deren Schwester Eleonore und dem kaum lebensfähigen Barbarossa-Sohn Friedrich war nicht zustande gekommen. Während Barbarossa eine Annäherung an die französische Krone versuchte, spann Heinrich II. Plantagenet, Heinrichs des Löwen Schwiegervater, ein weites Netz

um Staufer und Kapetinger. Eleonore wurde König Alfons VIII. von Kastilien angetraut, eine andere Schwester heiratete König Wilhelm II. von Sizilien, und englisches Geld floß in den Wiederaufbau des kaiserfeindlichen Mailand.
Barbarossa ließ die mit dem Doppelherzog konkurrierenden Fürsten für sich arbeiten. 1168/69 hatte er Klagen der Fürsten über Rechtsbrüche Heinrichs des Löwen unbeachtet gelassen, aber schon mit der Bestimmung des Friedens von Venedig (1177), daß der von Heinrich vertriebene Ulrich von Halberstadt zurückzuführen sei, war ein Zusammenstoß programmiert. Denn der Sache Ulrichs — übrigens eines starrsinnigen und unbeliebten Mannes — nahm sich der Kölner Erzbischof Philipp von Heinsberg an (1167–1191), der Nachfolger Rainalds von Dassel, auch er ein enger Vertrauter des Kaisers. Auf dem Reichstag von Speyer im November 1178 — dem ersten, den Barbarossa nach seiner Rückkehr aus Italien abhielt — erhob Philipp Klage wider Heinrich den Löwen, und Friedrich gab der Klage statt. Der Verlauf des Prozesses gegen Heinrich den Löwen — eines typisch politischen Prozesses — läßt sich am besten aufgrund der im Original auf uns gekommenen, wenn auch 1945 verlorengegangenen Gelnhäuser Urkunde vom April 1180 rekonstruieren, mit welcher am Ende des Verfahrens Heinrichs Herrschaft und Besitz aufgeteilt wurde. Die Klage der Fürsten zu Speyer war Friedrich Veranlassung, den Löwen auf den Januar 1179 nach Worms gemäß Landrecht vorzuladen, denn Heinrich war ja beschuldigt, gegen die Rechte eines anderen verstoßen zu haben, war also des Landfriedensbruchs verdächtig. Wie zu erwarten, erschien Heinrich in Worms nicht. Daraufhin erging ein Feststellungsurteil der Fürsten: Wenn Heinrich sich weiterhin weigere, vor Gericht zu erscheinen, verfalle er der Acht. Als Heinrich trotz weiterer Ladungen sich dem Gericht nicht stellte, wurde im Juni 1179 die Acht verkündet. Es mag sein, daß Heinrich den Ernst der Lage unterschätzte, denn eine Unterredung zwischen König und Herzog, bei welcher der König 5000 Mark Silber Bußgeld forderte, brachte nichts ein. Der König setzte nun das lehnrechtliche Verfahren in Gang wegen Nichterscheinen auf Hoftagen, wozu Heinrich als Lehnsmann des Königs verpflichtet gewesen wäre. Und auch dieses zweite Verfahren ließ Heinrich unbeachtet: Nach dreimaliger Ladung wurde Heinrich wegen contumacia, wegen Nichtachtung des Gerichts, verurteilt, und der Spruch der Fürsten, seiner Standesgenossen, erkannte ihm die Reichslehen ab. Ein Jahr nach der Acht verfiel Heinrich im Juni 1180 automatisch der Oberacht, die für den Ehr- und Rechtlosen die Reichsexekution nach sich zog. Sie begann pünktlich im Sommer 1180. Der Kaiser unternahm eine

Heerfahrt nach Sachsen, und es setzte ein allgemeiner Abfall von Heinrich ein. Im August 1181 ergab sich das herzogliche Lübeck, das zur Reichsstadt erhoben wurde, und unter dem Eindruck des königlichen Feldzugs – nachdem mehrere Jahrzehnte ein deutscher Herrscher nicht im Norden gewesen war – erschienen vor Lübeck Waldemar I. von Dänemark, der Obodritenfürst Niklot von Werle und Bogislav von Pommern, um ihre Länder als Lehen vom König zu empfangen. Auf dem Reichstag zu Erfurt im November 1181 unterwarf sich Heinrich der Löwe. Zwar mußte er weiterhin auf die Herzogtümer und Reichslehen, über die schon verfügt war, verzichten, erhielt aber das Eigengut Braunschweig und Lüneburg zurück. Zugleich war ihm auferlegt, für drei Jahre das Land zu verlassen, und Heinrich der Löwe ging zu seinem Schwiegervater Heinrich II. von England. Vorzeitig erschien er 1184 vorübergehend auf dem Mainzer Hoffest, um im nächsten Jahr endgültig nach Deutschland zurückzukehren.

Über den Sturz Heinrichs des Löwen – vom „Übervasallen" zum Friedlosen, den jeder straflos hätte erschlagen dürfen – gibt es Literatur zuhauf. Eine deutschnationale Geschichtsschreibung z. B. sah im Zusammenbruch der Macht des Löwen „ein schweres Verhängnis" (J. Haller), denn die für die Zukunft wichtige Ostsiedlung sei unterbrochen, die Voraussetzung für ein dänisches Ostseeimperium geschaffen worden. In der Tat hat bereits Waldemars I. Sohn Knut VI. (1182–1202) trotz mehrfacher Aufforderung es abgelehnt, die Lehnsoberhoheit des fernen deutschen Königs anzuerkennen; im Gegenteil: der dänische König erhob Anspruch auf Wagrien, Holstein, Stormarn und Polabien und rückte 1200–1203 bis Hamburg, Lüneburg, Ratzeburg vor; 1214 hat ihm der deutsche König Transalbingien sogar abgetreten, aber die Schlacht bei Bornhöved 1227 korrigierte diesen Einbruch und führte die Schauenburger Grafen zurück.

Folgenreicher waren die territorialen und verfassungsrechtlichen Veränderungen. Denn schon bevor Heinrich der Oberacht verfallen war, ist auf dem Reichstag von Gelnhausen im April 1180 über seine Reichslehen verfügt und die berühmte, zugleich den Prozeßverlauf mitteilende Urkunde ausgestellt worden. Das Herzogtum Sachsen wurde geteilt, wobei der westliche Teil, das Gebiet der Kölner und der Paderborner Diözesen, als neues Herzogtum Westfalen an den Kölner Erzbischof Philipp von Heinsberg kam, der bereits den neuen Typ eines geistlichen Landesherrn mit starkem territorialstaatlichem Interesse repräsentierte. Das östliche Sachsen ging an Graf Bernhard von Anhalt, den jüngeren Sohn Albrechts des Bären. Mit Bayern schließlich wurde ein halbes Jahr nach Geln-

hausen der Pfalzgraf Otto von Wittelsbach belehnt, dessen Geschlecht bis 1918 die Herrschaft behaupten sollte.
Mit Bayern und Sachsen waren die letzten alten Stammesherzogtümer aufgelöst, die Stammesherrschaft in allen Teilen des Reiches durch Gebietsherrschaft ersetzt. Das Lehnrecht wurde endgültig zur Grundlage der Königsherrschaft, das Reich territorial parzelliert. Die Absetzung Heinrichs des Löwen ließ die Kraft des Lehnrechts deutlich werden, denn das Urteil wurde gesprochen von den fürstlichen Standesgenossen wegen Mißachtung des königlichen Gerichts. Nicht das umständliche landrechtliche Verfahren, das in Acht und Oberacht gegen den Landfriedensbrecher ausmündete, sondern der Ausschluß des Löwen aus dem Kreis seiner Standesgenossen und die damit verbundene Neuverteilung der Reichslehen brachte seinen Sturz: Die Reichsfürsten versagten ihm den genossenschaftlichen Schutz. In dieser Aktion stellte sich der „jüngere Reichsfürstenstand" – mit welchem Ausdruck Julius von Ficker (1826–1902) diesen lehnrechtlich orientierten Reichsfürstenstand von einem älteren, amtsrechtlichen unterscheiden wollte – als bereits geschlossene und abgeschlossene Gruppe dar. Zwar fielen die aberkannten Lehen an den König als Oberlehnsherrn zurück, aber er blieb nicht in deren Genuß, sondern gab sie wieder aus, wenn auch in aufgeteilter Form. Daß es für den König einen rechtlich fixierten „Leihezwang" gegeben hat, wie man lange Zeit aus Eikes von Repgow († nach 1233) Sachsenspiegel glaubte herauslesen zu können, dürfte auf einem Mißverständnis beruhen; wohl aber existierte häufig eine durch Privatvertrag gestützte Gewohnheit der Wiederausgabe des Lehens. Auch galten die Reichsfürstentümer „als membra imperii, d. h. als Glieder, aus denen sich der Reichskörper zusammensetzt, dessen unverzichtbarer, wesensmäßiger Bestandteil sie sind" (H.-G. Krause). Auf die Reichsfürstentümer war ein Teil der königlichen Amtsfunktionen übergegangen, die nun als deren autogene Merkmale angesehen wurden. Vom König empfingen diese Kronvasallen ihre Fahnlehen (weltliche Fürstenlehen) bzw. ihre Zepterlehen (geistliche Fürstenlehen); die Unmittelbarkeit zum König bestimmte ihren Stand, nicht eine herzogliche Würde oder territoriale Ausgestaltung und Größe ihrer Herrschaft. Der Kreis der Reichsfürsten war festgelegt und wurde in der Folgezeit selten erweitert. Die Vasallen dieser Reichsfürsten, die Grafen und freien Herren, hatten keine Aussicht, durch Wegfall eines Kronvasallen reichsunmittelbar zu werden, stets mußte ein neuer Zwischenmann eingeschoben werden: sie waren mediatisiert. Der juristisch-technische Ausdruck dieser ständischen Lehnsstufung war die Heerschildordnung, wie sie Ende des 12. Jahrhunderts ausgebildet und

in den Rechtsbüchern des 13. Jahrhunderts festgehalten worden ist. Die Heerschildordnung gibt an, wessen Vasall man sein darf, ohne seinen „Schild", d. h. seinen Rang innerhalb der Lehnspyramide, zu „niedern". An der Spitze der Pyramide als Träger des ersten Heerschildes thront der König; er ist niemandes Vasall und ist nur aktiv lehnsfähig. Unter ihm stehen die reichsunmittelbaren Fürsten; sie sind des Königs Vasallen, aber ihr Schild ist gespalten: den zweiten Heerschild nehmen die geistlichen, den dritten die weltlichen Fürsten ein, denn weltliche Fürsten konnten von geistlichen Lehen erhalten. Den vierten Heerschild bildeten die Grafen und freien Herren usw. In die unterste Heerschildstufe waren auch die Ministerialen eingebaut, die also aus dem Dienstverhältnis entlassen und in die Lehnshierarchie aufgenommen waren.

2. *Königtum und Lehnswesen in Frankreich und England*

Auch in Frankreich und in England ging in der zweiten Hälfte des 12. Jahrhunderts ein Verfassungswandel vor sich, und er vergrößerte die Distanz zu den Zuständen im deutschen Reich. Zwar hatte das französische Königtum die Krondomäne der Ile de France zurückgewinnen und ausdehnen können, aber Ludwig VII. stand unter der Gefahr, von dem größten Kronvasallen, dem englischen König, erdrückt zu werden. Dieser „angevinischen Umklammerung" sich entwunden zu haben, ist die Leistung Philipps II. August (1180–1223). Nachdem er zunächst den französischen Adel durch strenge Ausübung der Ligesse an sich gebunden hatte, ging er ab 1187 gegen den englischen König vor, ließ ihm schließlich die Lehen durch ein Hofgericht absprechen (1202) und verdrängte ihn vom Festland. Philipp II. blieb im Besitz der Lehen und verfügte auf diese Weise über eine ungeheuer ausgedehnte Landesherrschaft.
Das anglo-normannische Reich besaß zu Beginn der Regierung Heinrichs II. Plantagenet (1154–1189) organisatorisch und nach der Größe des Machtbereichs einen großen Vorsprung. Schrittweise versuchte der König, England zu einem einheitlichen Rechtsgebiet zu gestalten. Am wichtigsten war die Einführung der Reiserichter (iustitiarii itinerantes): Mitglieder des Königsgerichts, die ganz England bereisten und eine Rügejury übten, d. h. sie rügten alle eines Verbrechens Verdächtigen, die ihre Unschuld – und sei es durch ein Gottesgericht – beweisen und in der Regel, selbst wenn ein Vergehen nicht nachgewiesen werden konnte, das Land verlassen mußten. Auf diese Art schaltete das Königtum unerwünschte Elemente aus. In der zweiten Hälfte seiner Regierungszeit mußte

Heinrich II. Rückschläge hinnehmen. Die Ermordung Thomas Beckets ((1170) erschütterte seine moralische Stellung. Beckets Freunde sorgten für königsfeindliche Propaganda in Europa, und Papst Alexander III. sprach Thomas mit ungewöhnlicher Schnelligkeit heilig, indem er zugleich die Kanonisation zum päpstlichen Reservatrecht erklärte. Die gegen Heinrich II. aufkommende Stimmung im Lande nutzten seine Söhne und seine selbstbewußte Gemahlin Eleonore zu einem gefährlichen Aufstand, der nur mit Mühe niedergeworfen werden konnte. Endlich mußte Heinrich II. noch erleben, wie ihn sein französischer Lehnsherr Philipp II. vom Festland zu verdrängen begann.

Heinrichs II. Nachfolger war sein Sohn Richard I. Löwenherz, der König Ivanhoe's und Robin Hood's, ein fahrender Ritter, die „Personifikation seines Zeitalters" (W. Stubbs). Von den zehn Jahren seiner Regierung war er ganze sieben Monate in England. Er war das Ideal eines ritterlichen Kämpfers, der Schrecken der Muslim im Heiligen Land, dem man den Namen des „bleichen Tods der Sarazenen" gegeben hat; zugleich aber war er ein kümmerlicher Politiker, der sich in der Erfüllung des ritterlichen Ehrencodex verbrauchte. Sein Ende war typisch. Er fiel bei der Belagerung einer kleinen Burg nahe bei Limoges 1199. Zur Regierung kam Richards jüngster Bruder Johann, der von seinem Vater den Beinamen „Ohneland" empfangen hatte. Im Gegensatz zu Richard war er ein Verwaltungstalent. Unter seiner Regierung beginnen die endlosen Reihen der Rolls, der Verwaltungsakten der Krone. Johann ging rigoros gegen die Barone vor. Er erhöhte das Schildgeld: die Ablösungssumme für Kriegsdienste statt persönlicher Teilnahme. Während in Deutschland dem Vasallen freigestellt war, ob er persönlichen Dienst oder Zahlung wählte, stand es in England im Ermessen des Königs, ob er das Schildgeld annahm oder den Vasallen, der Mannschaft zu leisten ablehnte, des Lehens entsetzte. Durch das hochgetriebene Schildgeld zwang Johann viele Barone zum Lehnsverzicht. Zu dieser Gruppe bedrängter Adliger stießen die vom Festland vertriebenen Barone. Ihr anwachsender Widerstand zwang dem König das berühmteste Rechtsdokument des englischen Mittelalters ab: die „Magna Carta" von 1215; die Geschichte Englands, so urteilte der britische Rechtshistoriker William Stubbs (1825–1901), sei hinfort „ein Kommentar zur Magna Carta" gewesen.

Man sollte sich hüten, in ihr etwa den Ursprung des modernen Parlamentarismus zu sehen; sie ist hauptsächlich ein Dokument des Lehnrechts. Schon die Vorgeschichte zeigt dies. Die Barone hatten sich im Herbst 1214 verschworen, dem König die Treue aufzukünden. Nach einer vom König nicht wahrgenommenen Frist setzte die Diffidatio ein: die förmliche Aufkündigung des Lehnsverhältnisses. Die Barone hatten von ihrem Widerstandsrecht Gebrauch gemacht. Am 19. Juni 1215 wurde die ausgehandelte „Magna Carta" verkündet. Neben allgemeinen Bestimmungen der Friedens- und Rechtswahrung steht die Fixierung von Einzelforderungen wie der Regelung der Erbgebühr, der Lehnsvormundschaft u. ä. Als besonders fortschrittlich gilt das Kapitel, das die Genehmigung von Hilfsgeldern dem consilium commune regni überweist, dem Lehnsgerichtshof des Königs, dessen Funktionen teilweise in die des späteren Parlaments einmünden. Die englischen Barone zeigten eine Geschlossenheit, die es in Deutschland nicht gab, nicht geben konnte. Denn in England bestanden weit mehr weltliche als geistliche Baronien — sie standen etwa im Verhältnis 4 : 1 —, während in Deutschland die Relation umgekehrt und noch ungünstiger war. In Deutschland zählte der Reichsfürstenstand anfangs 90 geistliche gegen 16 (später etwa 30) weltliche Glieder, d. h. die weltlichen Kronvasallen machten nur ein Sechstel, und in manchen Zeiten höchstens ein Drittel aus.

3. *Bündnissicherungen und Dritter Kreuzzug*

Nach dem Frieden von Venedig und nach dem Sturz Heinrichs des Löwen stand Barbarossa auf dem Höhepunkt seiner Macht. Ausdruck dieses Hochgefühls wurde das Hoffest von Mainz Pfingsten 1184, auf dem die Schwertleite seiner beiden ältesten Söhne, Heinrichs, des deutschen Königs, und Friedrichs, Herzog von Schwaben, gefeiert wurde. Die Zeitgenossen waren von Aufwand und Aufgebot sehr beeindruckt, und die Quellen nennen 40 000, ja 70 000 Teilnehmer. Dichter haben das Fest besungen: Heinrich von Veldeke und Guiot de Provins. Kein Fest, sagt Heinrich von Veldeke in seiner „Eneid", war je so prächtig wie jenes, als Aeneas die Lavinia heiratete — ausgenommen das Fest von Mainz, „dâ der kaiser Frederîch / gaf twein sînen sonen swert". Zum Fest gehörten Turniere, Musikdarbietungen, Tanz: Ausdruck einer ritterlich-höfischen Kultur, in der das Laienelement stärker und selbstbewußter auftrat als früher.

Pfingsten 1184 war in der Tat eine für Friedrich Barbarossa hoffnungsvolle Situation. Der sechsjährige Waffenstillstand mit den Lombarden, 1177 abgeschlossen, war in den Friedensschluß von Konstanz vom 25. Juni 1183 übergeleitet. Mit ihm verzichtete Friedrich zwar formal auf die Durchführung der Ronkalischen Beschlüsse, indem er den Städten die Regalien überließ, aber er versicherte sich mehrerer Herrschaftselemente. Die Regalien brachten teilweise jährliche Ablösungssummen von 2000 Mark Silber; auch mußten die Städte eine einmalige Abfindung von 15 000 Mark Silber leisten. Alle Mitglieder des lombardischen Bundes schworen Friedrich den Treueid und hatten sich zum Fodrum, der Beherbergung des Königs und seines Gefolges, bereitzufinden, so daß die Versorgung des Königs bei Italienzügen gesichert war. Sogar mit der Bundesfeste Alessandria kam man überein; sie unterwarf sich, blieb unversehrt und wurde unter dem Namen Cäsarea formell neu gegründet. Umstritten blieb der Besitz der Mathildischen Güter. In Venedig 1177 war deren Nutzung fünfzehn Jahre dem Kaiser überlassen worden. Jetzt machte er den Vorschlag, die Besitzungen Mathildes zu behalten und dafür ein Zehntel der italienischen Reichseinkünfte an den Papst abzutreten. Da Rom bei dieser Regelung offenkundig in Abhängigkeit geraten wäre, lehnte der Papst ab. Dennoch war die Reichsherrschaft in Italien nach Umfang und Struktur stetig verbessert worden. Z. B. wurde die Reichsgutverwaltung unter einem Reichslegaten — der erste war Christian von Buch, später waren es Reichsministeriale — durchorganisiert. 1184 brach Barbarossa zu seinem sechsten und letzten Romzug auf; in Verona traf er mit dem Papst Lucius III. (1181—1185) zusammen, dem schon hochbetagten und dem Geist Bernhards von Clairvaux verpflichteten Nachfolger Alexanders III. Ob Friedrich in der Frage der Mathildischen Güter noch den Ausgleich mit der Kurie suchte, muß offenbleiben; denn der Kaiserhof vollzog damals eine radikale Schwenkung: Es wurde ein Ehebündnis mit den Normannen geschlossen. Der deutsche König Heinrich VI. verlobte sich 1184 mit Konstanze, der Tochter Rogers II., Schwester des 1166 verstorbenen Wilhelm I. und Tante des regierenden Königs von Sizilien Wilhelm II., der Johanna, die Tochter des englischen Königs Heinrich II., zur Frau hatte. Daß diese 1186 vollzogene Ehe weltgeschichtliche Folgen haben sollte, war damals nicht vorauszusehen: wider Erwarten blieb die Ehe Wilhelms II. kinderlos, und die ältere Tante Konstanze — bei der Hochzeit 32 Jahre alt — überlebte den regierenden Neffen.

In dem Bündnis der Normannen mit den Staufern mußte das Papsttum eine große Gefahr sehen, und sie wurde von dem neuen Papst Urban III. (1185—1187) um so empfindlicher wahrgenommen als dieser — ein geborener Mailänder — die Zerstörung seiner Vaterstadt 1162 miterlebt hatte. Er stellte sich gegen Friedrich und stritt ihm das Spolien- und Regalienrecht ab. Um Druck auszuüben, besetzte König Heinrich VI. den Kirchenstaat. Aber Urban konnte

sich mit einem der mächtigsten deutschen Reichsfürsten verbinden, mit dem Erzbischof von Köln Philipp von Heinsberg, einem der Hauptgewinner des Sturzes Heinrichs des Löwen, der in immer stärkere Opposition zum Kaiser geraten war. Barbarossa hielt diese Verbindung für so gefährlich, daß er nach Deutschland zurückkehrte und ein Gegenbündnis mit dem französischen König Philipp II. August einging. Philipp II. war an einem Pakt mit Barbarossa interessiert, denn er war bemüht, eine Koalition gegen den englischen König, die Hauptstütze des Kölners, zusammenzubringen. Der mattgesetzte Erzbischof Philipp von Köln mußte sich unterwerfen; mit dem Papst Clemens III. (1187–1191) wurde April 1189 in Straßburg ein Vertrag geschlossen, der die Entscheidung über das Mathildische Gut vertagte, jedoch das Regalien- und Spolienrecht dem Kaiser einräumte.
Die Geschwindigkeit, mit der der Ausgleich zustandegekommen ist, mag überraschen, aber das Abendland stand unter dem Eindruck einer Katastrophe. Sultan Saladin (1169–1193) hatte das vereinigte Heer der Kreuzfahrerstaaten bei Hattin am See Genezareth im Juli 1187 vernichtend geschlagen, im Dezember Jerusalem erobert. Gegen 1188 bestand das fränkische Syrien nur aus einigen inselartigen Festungen wie dem uneinnehmbaren Crac des Chevaliers (der größten Kreuzritterburg) und den Städten Tyrus, Tripolis, Tortosa, Antiochien und deren Umland. Erfolge der Heiden wurden nach christlicher Vorstellung als Beweis sündhaften Lebens aufgefaßt, und auf dem nächsten Reichstag – März 1188 in Mainz – kam es zu einer tiefgreifenden Besinnung auf die Aufgaben des Kaisers und des christlichen Ritters. Auf diesem „Hoftag Jesu Christi", wie er bezeichnet wurde, nahmen Friedrich I. und viele Ritter das Kreuz. In der Dichtung fand dieses Bekenntnis seinen Niederschlag bei Friedrich von Hausen, der ein Opfer des Kreuzzugs werden sollte, und bei Hartmann von Aue. Barbarossas Beispiel wirkte. Obwohl untereinander verfeindet, leisteten auch die Könige von England und Frankreich das Kreuzzugsgelübde und schlossen einen Waffenstillstand. Allerdings brachen Richard Löwenherz, der seinem 1189 verstorbenen Vater nachgefolgt war, und Philipp II. August erst um die Mitte des Jahres 1190 auf.
Zu der Zeit war das Schicksal des deutschen Kreuzfahrerheeres schon besiegelt. Vor dem Aufbruch waren auf einem Hoftag in Goslar (August 1188) die Reichsangelegenheiten geregelt worden. Gefahr drohte vor allem von Heinrich dem Löwen, denn mit Barbarossa hatte auch sein Sohn Friedrich, Herzog von Schwaben, das Kreuz genommen; in Deutschland blieb allein der junge, vierundzwanzigjährige König Heinrich VI. zurück. Heinrich der Löwe wurde

vor die Entscheidung gestellt, entweder am Kreuzzug teilzunehmen oder drei Jahre in die Verbannung zu gehen. Heinrich wählte die Verbannung. Im Mai 1189 brach das Kreuzfahrerheer von Regensburg aus auf. Von hunderttausend Mann berichten Chronisten, eine übertriebene Zahl, aber 12–15000 Mann, davon 3000 Ritter, dürften es gewesen sein. Sie hatten sich schon auf dem Marsche zu bewähren, denn der neue byzantinische Kaiser Isaak Angelos (1185–1195) hatte mit der westfreundlichen Politik seiner komnenischen Vorgänger gebrochen und den Ausgleich mit Saladin gesucht. Isaak begegnete den Kreuzrittern feindlich, und Friedrich gab Befehl, das widerspenstige Adrianopel zu stürmen und zu plündern. Die Türken waren von der Schlagkraft des Heeres tief beeindruckt, das die legendäre Route Gottfrieds von Bouillon einschlug: quer durch Kleinasien. Saladin räumte die Grenzfestungen. Da ertrank am 10. Juni 1190, wohl bei einem Versuch, die Marschroute abzukürzen, Friedrich Barbarossa im Saleph, einem kleinen kilikischen Fluß. Ein arabischer Chronist schreibt: „Hätte Allah nicht die Gnade gehabt, den Mohammedanern seine Güte dadurch zu zeigen, daß er den König der Deutschen in dem Augenblick zugrunde gehen ließ, als er im Begriffe stand, in Syrien einzudringen, schriebe man heute: Syrien und Ägypten haben einst dem Islam gehört." Und der Autor der Kölner Königschronik ist überwältigt: „Bei dieser Stelle und bei diesem Bericht versagt unser Griffel und verstummt unsere Rede."
Die Überlegenheit des deutschen Heeres war begründet in der straffen Organisation und in einem planvollen Verpflegungssystem. Beides brach jetzt zusammen. Eine tiefe Mutlosigkeit erfaßte die Kreuzfahrer, und ganze Abteilungen ließen sich von den Mohammedanern widerstandslos gefangen nehmen. Einige Fürsten kehrten mit ihren Truppen um. Der junge Herzog Friedrich, dessen Autorität zu gering war, um das Heer zusammenzuhalten, zog weiter und schloß sich den englischen und französischen Kreuzfahrern an. Von Sizilien aus, wo sie sich ein halbes Jahr aufgehalten hatten, waren Philipp II. und Richard Löwenherz per Schiff aufgebrochen. Auf der Fahrt ins Heilige Land entriß Richard den Byzantinern Zypern, wo er später den im Heiligen Land gescheiterten Guido von Lusignan als König einsetzte. Gemeinsam machten sich Philipp und Richard an die Eroberung Akkons; hier stieß Friedrich von Schwaben zu ihnen, starb aber an einer Seuche, bevor die Stadt fiel. Philipp kehrte 1191 nach Frankreich zurück, während Richard drei Vorstöße auf Jerusalem unternahm – alle drei scheiterten. Trotz Tapferkeit und hohen Blutopfern wurde nichts erreicht. Schließlich kam es 1192 zu einem dreijährigen Waffenstillstand

mit Saladin. Der Status quo sollte erhalten bleiben; den Christen war es während der drei Jahre erlaubt, die heiligen Stätten als Pilger zu besuchen. Noch im selben Jahr verließ auch Richard Löwenherz das Heilige Land. Der Dritte Kreuzzug war endgültig gescheitert.

4. Die staufische Ritterkultur

Das Mittelalter dachte gern in Ständen (ordines), die als schöpfungsbedingt angesehen wurden. Die christliche Gesellschaft gliederte sich danach in zwei Gruppen, in Priester und Laien, oder in drei Klassen, in „Lehr-, Wehr- und Nährstand", in „Beter, Kämpfer und Bauern" (oratores, pugnatores, agricultores). In diese Einteilung sind viele theologische Überlegungen eingeflossen, und sie blieb ein locus classicus, auch wenn man den Widerspruch wahrnahm. Das persönliche Bekenntnis zu einem Stand braucht noch nichts über die soziale und rechtliche Stellung auszusagen, und zuweilen wird ein Stand zum Ausdruck einer Epoche, nicht im Sinne des historischen Materialismus, sondern des Selbstverständnisses. „Civis Romanus sum", konnte im alten Rom sowohl der Ritter wie der Adlige wie der Plebejer sagen, und der „Bürger" des 19. Jahrhunderts konnte auch den König umschließen. Ein Leitbild des Hochmittelalters war der Ritter, und der übergreifende Charakter hat zur Annahme manches Literaturhistorikers geführt, daß Rittertum und Ritterstand nicht die soziale Wirklichkeit des Mittelalters widerspiegelten, sondern Zeugnisse einer literarischen Tradition seien (J. Bumke).
Der Ritter war ursprünglich von seiner Funktion her begriffen: er war der Krieger zu Pferd. Durch seinen Rüstungsaufwand hob er sich aus der Schar der übrigen Krieger heraus. Sein Kampfwert war hoch, und es lief im Hochmittelalter das Sprichwort um: „100 Rosse sind soviel wert wie 1000 Mann zu Fuß." Ein Kämpfer zu Pferde war immer teuer. Im 8. Jahrhundert entsprach die volle Ausrüstung eines berittenen Kriegers dem Gegenwert von 45 Kühen oder 15 Stuten. Im 11. Jahrhundert stellte ein Pferd den Gegenwert von 5—10 Ochsen dar, ein Panzerhemd das Vier- bis Zehnfache. Als im Jahre 1100 der Graf Robert von Flandern 500 Ritter zu stellen verspricht, gehören zur Ausrüstung jedes einzelnen Ritters drei Pferde. Dies scheint der Normalaufwand eines Ritters in der Stauferzeit geblieben zu sein: ein Marschpferd, ein Streitroß und ein Lastpferd. Man hat errechnet, daß eine Herrschaft kaum unter 150 Hektar groß sein durfte, um die Dauerbelastung eines stets einsatz-

fähigen Ritters zu tragen. Seit der zweiten Hälfte des 11. Jahrhunderts ist der Typ des Ritters ausgebildet: Im Kampf sitzt der Ritter in einem schweren, kastenartigen Sattel, sporenbewehrte Füße in den Steigbügeln (deren Aufkommen im 11. Jahrhundert sogar als Grund für den „zweiten Feudalismus" angegeben worden ist); geschützt ist er durch ein aus Eisenmaschen zusammengesetztes Panzerhemd, einen topfartigen Helm und einen nach unten spitz zulaufenden Schild. Nur stämmige und ausgeruhte Pferde konnten mit dieser Last beweglich bleiben; deshalb wurde das Kampfpferd während des Marsches als Handpferd (dextrarius) geschont. Wer in der umhüllenden Rüstung steckte, war nicht zu erkennen, so daß Wappen, Wimpel und Helmzier getragen werden mußten. Der erste, von dem wir wissen, daß er ein Wappen getragen hat, war Gottfried V. von Anjou, als ihn König Heinrich I. von England 1127 zum Ritter schlug, was in Deutschland der Schwertleite oder der Übergabe des Rittergürtels entsprach. Der Anjou trug einen Ginsterzweig (Planta genistae = Plantagenet). Die Waffen des Ritters, der die unehrenhaften Fernwaffen verschmähte, waren zunächst Schwert und Speer, später hauptsächlich die kräftige Stoßlanze. Der Krieg folgte vielfach festen Spielregeln; schon das Anlegen der Rüstung forderte viel Zeit, so daß Ort und Stunde des Kampfes in der Regel vereinbart wurden. Einen Hinterhalt zu legen, war unsittlich und unüblich. Der Kampf war ein Kampf in Gruppen, zuweilen Mann gegen Mann, wie im Turnier. Das erste bekannte Turnier in Deutschland hat 1127 vor Würzburg stattgefunden, abgehalten von den staufischen Brüdern Herzog Friedrich II. dem Einäugigen von Schwaben und von dem Gegenkönig Konrad. Turniere waren nicht ungefährlich. Allein im Jahre 1175 sind in Sachsen 16 Ritter im Turnier getötet worden. Der Ritter in seiner auf Verteidigung eingerichteten Feudalburg war auf großen Versorgungsrückhalt angewiesen. Nach der Zahl der Burgen, die von der Mitte des 11. Jahrhunderts bis gegen 1300 entstanden sind, hat man errechnet, daß die nach ritterlicher Art lebende Gesellschaftsschicht nur gegen 1 % der Gesamtbevölkerung ausgemacht haben dürfte.

Die Aufwertung des Ritters, des miles, setzte zunächst in Frankreich mit seinem blühenden Lehnswesen ein. Der ordo militiae, der Kriegerstand, wurde zu einem Sammelbegriff der nach Sozial- und Rechtsstand unterschiedliche Gruppen umschloß. Anfangs waren die als Ritter verwendeten Ministerialen von den Edelfreien noch getrennt, doch bald verwischten sich die Unterschiede. Sie zählten alle zum ordo militaris, auch wenn sie z. B. bei Lothar III. noch als ordo equester maior et minor geschieden waren. Ministeriale und Edelfreie, Grafen und Herzöge werden – trotz ihrer unterschiedlichen Rechtsstellung – als milites, als Ritter angesprochen. Der Anteil der Ministerialen war selbstverständlich sehr hoch. „Da Ministeriale Unfreie sind, werden sie auch im 12. Jahrhundert noch häufig verschenkt. Diese Schenkungen zeigen, daß ein adliger Herr oft 20, 50 und sogar 100 Ministeriale einem anderen Herrn oder einer Kirche vermacht. Danach dürfte es kaum zu hoch gegriffen sein, wenn man das Verhältnis der alten adligen Familien zu den ministerialischen Familien mit 1 : 50, wenn nicht gar mit 1 : 100 ansetzt" (J. Fleckenstein). Friedrich I. behielt den gerichtlichen Zweikampf nur Rittern ritterlicher Herkunft vor, und 1186 wurde bestimmt, daß Söhne von Priestern, Diakonen und Bauern den Rittergürtel nicht erwerben können. Einige Jahrzehnte später sollte Ritterbürtigkeit normalerweise Voraussetzung für die Zugehörigkeit zum Ritterstand bilden.

Zum Bild des abendländischen Ritters gehört sein Christentum: gehört der miles christianus, dessen Nutzen für das christliche Heil Bernhard von Clairvaux gepriesen hat. Das Eintreten für den christlichen Glauben verwirklichten am reinsten die Ritterorden: die Johanniter, die Templer und der Deutsche Orden. Bei den Johannitern überwog zunächst ganz der karitative Gedanke; seit der Zeit Gregors I. († 604) betätigten sie sich in Jerusalem in der Krankenpflege, und erst nach der Mitte des 12. Jahrhunderts traten sie zum Schwertdienst über, im Gegensatz zu ihren erbitterten Konkurrenten, mit denen sie ständig – meist wegen Lehnsangelegenheiten – im Streite lagen: den Tempelrittern, deren Orden sogleich mit dem Ziel gegründet wurde, die Pilger im Heiligen Lande zu schützen. Ihren Namen hatten sie vom Sitz des Großmeisters, der auf dem Platz des Salomonischen Tempels in Jerusalem residierte. Johanniter und Templer rekrutierten sich fast nur aus dem französischen Adel. 1190 entstand vor Akkon eine deutsche Hospitalgenossenschaft, die 1198 in den geistlichen Ritterorden „S. Mariae Theutonicorum in Jerusalem" umgewandelt wurde und die Templerregel annahm.

Zu Waffengang und karitativem Dienst trat die Verehrung der höfischen Frau, wie sie zuerst zu Beginn des 12. Jahrhunderts in den Liedern der Troubadours vorgetragen wurde. Der älteste uns näher bekannte Troubadour ist Herzog Wilhelm IX. von Aquitanien, der Großvater der ebenso leichtlebigen wie politisch begabten Eleonore von Aquitanien, und der aquitanische Hof ist auch einer der ersten, an dem sich ein ritterliches Zeremoniell entwickelte, das über den burgundischen Herzogshof zu den Sitzen der Grafen von der Champagne weiterwirkte. Sicherlich hatte die Burgunderin

Beatrix hohen Anteil daran, daß der reisende Stauferhof zu einer Pflegestätte ritterlicher Kultur wurde. Beatrix war literarisch gebildet und nahm offenbar während ihrer fast dreißigjährigen Ehe – sie starb nur wenig über vierzig Jahre alt – regen Anteil am geistigen Leben des Hofes, den sie meist, auch auf den mühseligen Italienfahrten, begleitete. Und Barbarossa ließ sie gewähren, so daß er sogar in den Ruf eines „dem Weib hörigen Mannes" (vir uxorius) geriet. Auch in der prächtigen Braunschweiger Welfenresidenz, wo Heinrich der Löwe eine Plantagenet zur Gattin hatte, an den Höfen der Markgrafen von Österreich und der Landgrafen von Thüringen blühte eine ritterliche Hofkultur auf. Der Troubadour, der Minnesänger, besingt die schöne Frau, die Herrin, die einem anderen gehört und seine Zuneigung nicht erwidert. Eine Art kultischer Verehrung wird der besungenen und in die Ferne gerückten Frau entgegengebracht, so daß die weltliche, ritterlich-höfische Poesie für die Frau als verehrungswürdige Herrin ähnliche Worte findet wie die auflebende Mariendichtung.
Die stark von Ritualen bestimmte Ritterkultur hat in der Forschung die Frage nach einem Ehrencodex aufkommen lassen. Hatten die einen die sich schon von Cicero ableitende literarische Tradition eines „ritterlichen Tugendsystems" entdecken wollen (G. Ehrismann), so bestritten die anderen die Ausformung eines förmlichen Sittenkatalogs (E. R. Curtius). Immerhin sollte die Beobachtung gelten, daß im Hochmittelalter die Zahl der Schriften und Traktate „Über die Fehler" und „Über die Tugenden" zunahm. Begriffe und Leitworte bilden sich aus, die zueinander in einem Bezug stehen, wobei es offenbleiben mag, ob es sich um ein „System" handelt. Gefordert werden vom Ritter die „mâze" (lat. temperantia, moderatio), das Maßhalten, und die „staete" (lat. fides), die Treue im Festhalten am Vorsatz; beide umfaßt die „zucht", die häufig bezeichnenderweise mit dem komplexen Wort „virtus" wiedergegeben wird.

V.

Heinrich VI. und die Verlagerung des politischen Zentrums

Der in Deutschland zurückgebliebene junge König Heinrich VI. war von ganz anderer Art als Barbarossa, obwohl berichtet wird, er sei dessen Lieblingssohn gewesen. Schon äußerlich unterschieden sie sich. Burchard von Ursperg, ein Zeitgenosse, sagt von ihm:

„Sein Gesicht war zwar angenehm, doch sehr hager; nur mittelgroß und schmächtig und schwächlich von Körper." Selbst Gottfried von Viterbo, sein Erzieher, muß zugeben, Heinrich habe unansehnlich gewirkt. Ein Byzantiner beschreibt ihn als Cassius-Typ: „Er war immer tätig, so daß er es für ausreichend hielt, wenn er erst spät am Abend für die Notdurft seines Körpers sorgte, ein Verächter aller Genüsse, bleich und nachdenklich." Hochgebildet, beredt, sicher im Gebrauch der lateinischen Sprache kannte er sich im kanonischen wie im römischen Recht aus. Drei Minnelieder werden ihm zugeschrieben, und mehrere bedeutende Handschriften mittelalterlicher Lyrik tragen an der Spitze sein Bild. Als Kriegsmann versagte er wiederholt, aber er war ein Politiker und Planer von hohen Graden; berüchtigt war, wo es ihm zweckdienlich erschien, seine Grausamkeit. Keinem deutschen Herrscher ist wohl „die Fähigkeit, die politischen Gelegenheiten beim Schopfe zu fassen, die Mittel haarscharf abzumessen ... in solchem Grade eigen gewesen wie Heinrich VI." (K. Hampe).

1. Das deutsche Königreich und das sizilische Erbe

Im Mai 1189 war das Kreuzfahrerheer aufgebrochen, im Oktober 1189 brach Heinrich der Löwe sein Wort, kehrte nach Deutschland zurück und zerstörte Bardowick, seinen früheren herzoglichen Markt. Bevor ihm Heinrich VI. entgegentreten konnte, war in Sizilien eine neue Situation entstanden: König Wilhelm II. von Sizilien starb – etwas über dreißig Jahre alt – am 18. November 1189 kinderlos. Erbin war seine Tante Konstanze, Heinrichs VI. Gemahlin, und Heinrich erhob sofort Anspruch auf das Erbe. Aber in Sizilien formierte sich eine stauferfeindliche Nationalpartei, die im Einverständnis mit der Kurie einen unebenbürtigen Halbbruder Wilhelms II. im Januar 1190 zum König erhob: Tankred von Lecce. Um sich für den Italienzug den Rücken freizumachen, schloß Heinrich VI. mit Heinrich dem Löwen einen Friedensvertrag: der Löwe erhielt einen Teil der Reichseinkünfte, mußte jedoch dem König seine Söhne Heinrich von Braunschweig und Lothar als Geiseln überstellen. Während die Nachricht vom Tode Barbarossas den Italienzug Heinrichs VI. verzögerte, gewann Tankred weitere Verbündete. Richard Löwenherz, der Schwager des letzten Königs, verband sich mit ihm, und auch von seinem Oberlehnsherrn, dem Papst, durfte er Unterstützung erwarten. Zum Unglück für Heinrich VI. starb, als er sich auf dem Marsch nach Rom befand, Papst Clemens III., mit dem er die Kaiserkrönung vereinbart hatte. Dessen Nachfolger Cölestin III. (1191–1198) – trotz seiner 85 Jahre einfallsreich und wendig, zudem zäh bei Verhandlungen – zögerte die Kaiserkrönung hinaus, so daß Heinrich VI. zur Untätigkeit verurteilt schien. Um den Papst zu gewinnen, lieferte Heinrich bedenkenlos das papstfeindliche und von einer kaiserlichen Besatzung geschützte Tusculum Rom und dem Papst aus. Am Ostersonntag (14. April 1191) fand die Weihe Cölestins statt, am nächsten Tag die Kaiserkrönung, wenig später wurde Tusculum geräumt und zerstört. Auf dem Weitermarsch nach Süden wurde die deutsche Truppe vor Neapel von einer typhusartigen Seuche erfaßt, und auch Heinrich erkrankte auf den Tod. Er mußte umkehren, und Heinrichs Frau Konstanze geriet in die Gewalt der aufständischen Stadt Salerno. Der Mißerfolg wurde vollkommen, als Papst Cölestin aus seiner Reserve herausging, Tankred anerkannte und mit dem Königreich Sizilien belehnte. Vor Neapel hatte Heinrich von Braunschweig, Heinrichs des Löwen ältester Sohn, das Heer verlassen und sich nach Deutschland durchschlagen können, wo die Nachricht verbreitet wurde, der junge Kaiser sei gestorben. Und zu allem Unglück geriet Heinrich VI. in den Geruch, einen Mord angestiftet zu haben, denn bei der Besetzung des Lütticher Bischofssitzes hatte er seinen Kandidaten durchgesetzt, während der päpstliche Konkurrent von Lütticher Ministerialen ermordet wurde: ein neuer Fall Thomas Becket. Gegen Heinrich VI. entstand Ende 1192 eine immer größer werdende Bündnisfront. Denn zu Tankred von Lecce und dem Papst, zu Richard Löwenherz und seinem Schwager Heinrich dem Löwen stießen die niederrheinischen Fürsten und auch die Erzbischöfe von Mainz, Trier und Köln. Wertvoll mußte Heinrich deshalb der Rückhalt beim französischen König Philipp II. erscheinen, und ein günstiger Zufall – allerdings ein eingeleiteter Zufall – veränderte die Lage. Heinrich VI. und Philipp II. hatten verabredet, Richard Löwenherz, durch den sich der französische König vor Akkon beleidigt fühlte, gefangenzunehmen, obwohl rückkehrenden Kreuzfahrern freies Geleit zustand. Die französischen Häfen waren Richard versperrt, und zur Eile getrieben versuchte er als Pilger verkleidet sich durch Deutschland durchzuschlagen. Bei Wien wurde Richard im Dezember 1192 erkannt und von Herzog Leopold V. von Österreich, dessen Banner er im erstürmten Akkon hatte herunterreißen lassen, auf Burg Dürnstein in der Wachau gefangengesetzt. Eine Art Schauprozeß wurde aufgezogen, der die Berechtigung des Vorgehens gegen Richard und der Lösegeldforderung vor aller Welt beweisen sollte; zwischen Heinrich VI. und Leopold V. wurde die Teilung der Freikaufsumme von 100000 Mark Silber vereinbart. Heinrich betrieb nun eine unbarmherzige Erpressung, zumal er gegen Richard das

Druckmittel einsetzen konnte, ihn an seinen Oberlehnsherrn, den französischen König, auszuliefern. Richard mußte sich verpflichten, Heinrich gegen Tankred von Lecce, seinen Verbündeten, zu unterstützen, und als das Lösegeld sich verzögerte, erhöhte Heinrich den Preis auf 150000 Mark. Richards Lage war verzweifelt, denn weder Philipp II. noch Richards Bruder Johann waren an seiner Freilassung interessiert. Und Heinrich schraubte seine Forderungen höher: Richard mußte das englische Königreich von Heinrich zu Lehen nehmen und einen Zins von 5000 Pfund Silber versprechen. Schließlich, im Februar 1194, als das Lösegeld voll entrichtet war (insgesamt ein riesiger Schatz von über 35000 kg Silber), wurde Richard freigegeben.

In dieser Lage begann die niederrheinisch-sächsisch-welfische Opposition abzubröckeln. Eine überraschende Liebesheirat brachte 1194 den Ausgleich mit den Welfen. Heinrichs des Löwen ältester Sohn nahm Agnes zur Frau, die Tochter des rheinischen Pfalzgrafen Konrad, eines Halbbruders Barbarossas – gegen Heinrichs VI. Widerstreben. Denn Agnes war dem französischen König Philipp II. August vesprochen, und mit dieser Ehe ging die wichtige Pfalzgrafschaft bei Rhein in welfischen Besitz über. Im März 1194 wurde der Friede mit Heinrich dem Löwen geschlossen; ein Jahr später starb er, 66 Jahre alt. Heinrich VI. war unmittelbar nach der Übereinkunft mit den Welfen nach Italien und Sizilien aufgebrochen, denn auch dort hatte sich die Lage zum Günstigen verändert. Tankred von Lecce war im Februar 1194 gestorben. Heinrich stieß bis zur Straße von Messina durch, wo schon die pisanisch-genuesische Flotte unter dem Befehl des Reichstruchseß Markward von Annweiler bereitlag und die Truppen übersetzte. Palermo fiel bald, und am Weihnachtstage 1194 ließ sich Heinrich VI. im Dom von Palermo zum König des sizilisch-normannischen Reiches krönen. Seine Gemahlin Konstanze hatte er in Jesi in der Mark Ancona zurückgelassen, wo sie am 26. Dezember 1194 einen Sohn gebar, dem man ursprünglich den Namen Konstantin, später die Namen Friedrich Roger gegeben hat: nach den beiden Großvätern, den Königen des deutschen und des normannisch-sizilischen Reiches. Ein großer Reichstag zu Bari im März 1195 verkündete die neue Ordnung: Konstanze wurde als Regentin, Konrad von Urslingen aus schwäbischem edelfreiem Geschlecht als Statthalter eingesetzt. Heinrichs VI. damals 17jähriger jüngster Bruder Philipp – ursprünglich zum geistlichen Stand bestimmt, zunächst Propst von Aachen, dann gewählter Bischof von Würzburg, 1193 schließlich in den Laienstand zurückgetreten – wurde Herzog von Tuszien und Verwalter des Mathildischen Gutes. In einem großen Schub wurden Reichsministeriale an wichtigen Stellen in eine straffe und beamtenmäßige Verwaltungsorganisation eingesetzt, die im Normannenreich zum großen Teil schon bestand. Heinrich von Kalden-Pappenheim erscheint als Reichsmarschall, Heinrich von Lautern als Schenk, Markward von Annweiler erhielt die Mark Ancona und das Herzogtum der Romagna als Erblehen. Eine nicht geringe Zahl von Reichsministerialen übernahm die Lehnsgüter widerspenstiger und vertriebener normannischer Adliger. Die gesamte Lage hatte sich so entscheidend gebessert, daß Heinrich an seine kaiserliche Aufgabe als „Verteidiger der Kirche" denken konnte, wie sie in großartiger, wenn auch tragischer Weise Friedrich Barbarossa wahrgenommen hatte. Auch schien der Zeitpunkt einer Rückeroberung Jerusalems günstig: 1195 lief der auf drei Jahre befristete Waffenstillstand ab, und nach dem Tode des großen Saladin († 1193) waren unter den Muslim Diadochenkämpfe ausgebrochen.

2. *Pläne und Ansätze*

Heinrich VI. war ein verschlossener Mann. Er hat niemandem seine Ziele mitgeteilt oder ihn an Überlegungen beteiligt, und die zeitgenössische Geschichtsschreibung bringt wenig Widerhall seiner Absichten. Was er ins Werk gesetzt hat, ist imponierend, blieb aber wegen seines frühen Todes in den Anfängen stecken.
Deutlich ist sein konsequenter Ausbau von Königslandschaften. Durch die Verbindung des staufischen Besitzes mit dem reichen welfischen Erbe hatte das Herzogtum Schwaben eine enorme Stärkung erfahren. Als 1196 Heinrichs jüngerer Bruder Konrad, seit 1191 Herzog von Schwaben, starb, übernahm sofort der jüngste Bruder Philipp, Herzog von Tuszien, dieses Amt. Im mitteldeutschen Raum konnte die Herrschaft ausgebaut werden, denn Heinrich VI. gelang es, Reichslehen einzubehalten. Die Markgrafschaft Meißen blieb beim Heimfall eingezogen und bildete zusammen mit dem Pleißener Land einen Königsdistrikt; auch die Landgrafschaft Thüringen versuchte er zurückzuhalten. Der weitere Ausbau der Reichsgewalt durch eingezogene Lehen hätte – wie in Frankreich – die königliche Zentralgewalt stabilisiert.
Zum inneren Ausbau des Reiches und der Königsmacht trat nach außen ein imperialer Anspruch. Ob bereits der erste Italienzug Ausdruck imperialer Politik gewesen ist und nicht nur Wahrnehmung eines Erbes (so D. Clementi), muß offenbleiben. Von Weltherrschaftsplänen zu sprechen, höbe Heinrichs Vorgehen zu sehr ins Ideologische. Deutlich ist sein Bemühen um handfeste Lehnsabhängigkeiten, mögen ihm auch eschatologisch-imperiale

Gedanken nahegebracht worden sein, wie sie Joachim von Fiore († 1202) verkündete, der das „johanneische Zeitalter", die Ära des Heiligen Geistes, herangekommen sah. 1194 hatte Richard Löwenherz die deutsche Lehnsoberherrschaft und einen Jahreszins von 5000 Pfund Silber beschworen; sodann ermunterte Heinrich den Kriegshelden Richard gegen Philipp II. August vorzugehen: offenbar in dem Gedanken, daß ein bedrängter König von Frankreich bei ihm Schutz suchen müßte. Auf Tunis und Tripolis, das Roger II. einst unterworfen hatte, erhob Heinrich Anspruch, und der Almohaden-Kalif Al Mansur, von den aggressiven Almoraviden bedrängt, fand sich in der Tat zum Tribut bereit. Auf das Königreich Aragón erhob Heinrich VI. Anspruch wegen eines in seinen Augen widerrechtlich gelösten Ehekontrakts. Gewaltig war das Ausgreifen in den östlichen Mittelmeerraum. Bei der Eroberung Palermos hatte Heinrich Tankreds verwitwete Schwiegertochter Irene, Tochter des byzantinischen Kaisers Isaak II. Angelos, vorgefunden; als wenig später Isaak durch seinen Bruder Alexios III. gestürzt und Irene mit Heinrichs jüngstem Bruder Philipp, dem späteren Schwabenherzog und deutschen König, verheiratet wurde, trat der Kaiser gegen den Usurpator als Wahrer der Rechte Philipps und Irenes auf, und Alexios, der gegen eine heftige Opposition zu kämpfen hatte, verstand sich schließlich zu einem riesigen Jahrestribut von 16 Zentner Gold, das er auf dem Steuerwege als sogenanntes „Alamanikon" eintrieb. Soviel erfolgreiche Brutalität machte Eindruck. Der oströmische Vasall König Leo II. von Kilikien-Armenien erbat von Heinrich VI. ebenso sein Land zu Lehen wie König Amalrich von Zypern. Eine Kreuzfahrt des Kaisers in das Heilige Land mußte jetzt wie eine Krönung seines Werkes erscheinen. Aber die Angelegenheiten des Reiches waren noch nicht geordnet.

Das deutsche und das sizilische Reich sollten, um es mit einem modernen Ausdruck zu bezeichnen, gemäß einem „Erbreichsplan" verbunden, die deutsche Krone, wie es die sizilische schon war, erbrechtlichen Normen unterworfen werden. Auf dem Hoftag zu Mainz im Februar 1196 trat Heinrich VI. mit folgendem Angebot an die Fürsten heran: Würde die Erblichkeit der Krone zugestanden, so sollte den Reichslehen Erblichkeit in männlicher wie in weiblicher Linie und bei Kinderlosigkeit sogar der Übergang an Seitenverwandte eingeräumt werden. Das Angebot an die weltlichen Reichsfürsten ergänzte ein anderes an die geistlichen; Heinrich VI. war bereit, auf das von Barbarossa rigoros wahrgenommene Spolienrecht zu verzichten. Die einzelnen Zugeständnisse waren, wie ein Vergleich, etwa mit dem Privilegium minus von 1156 lehrt, nicht neu; neu war die Anhäufung und die Ausdehnung auf den gesamten Reichsfürstenstand. Der Plan hatte Aussicht auf Erfolg; auf dem Reichstag von Würzburg im April 1196 sprach sich die Mehrheit der Fürsten für eine Annahme des Vorschlags aus; Hauptwidersacher war Adolf von Altena, ein Vertreter jener antistaufischen Fürstengruppe vom Niederrhein, Erzbischof von Köln, der für sich und seine Nachfolger auf eine Einflußnahme bei der deutschen Königswahl hätte verzichten müssen. Heinrich VI. hielt die Annahme des Planes durch die Fürsten für gesichert und verhandelte mit der Kurie, denn dem Papst, der sich zugleich als Oberlehnsherr über das normannisch-sizilische Reich verstand, mußte die Zustimmung einer an die Königserhebung anschließenden Kaiserkrönung abgerungen werden. Im Sommer 1196 verhandelte Heinrich VI. in Italien mit dem damals neunzigjährigen Papst Cölestin III., einem zähen Partner. Damals kam zustande, was man „das höchste Angebot Heinrichs VI. an die Kurie" genannt hat; es ist lediglich von dem englischen Geistlichen Giraldus Cambrensis († 1223) mitgeteilt, doch wird die Nachricht für glaubhaft gehalten. Heinrich habe dem Papst und der Kurie die jeweils beste Pfründe an allen bischöflichen Kirchen des Reiches versprochen und eine Erweiterung dieser Regelung auf die gesamte Christenheit in Aussicht gestellt. Zugleich forderte Heinrich den päpstlichen Verzicht auf alle territorialen Ansprüche außerhalb des Kirchenstaates, der von ihm zum großen Teil noch besetzt gehalten wurde. Cölestin III. lehnte ab; es dürfte ihm deutlich gewesen sein, daß er sich bei den Pfründeneinkünften in die Hand des Kaisers begab. Auch war offenbar der Widerstand im Reich gewachsen, und ein eigener Fürstentag wies im Oktober 1196 den Erbreichsplan förmlich zurück. Immerhin: die Fürsten, die früher eine Wahl abgelehnt hatten, erhoben im Dezember 1196 den zweijährigen Sohn Heinrichs VI., Friedrich II., zum deutschen König.

Zwar hatte der Erbreichsplan im ersten Anlauf nicht verwirklicht werden können, aber Heinrich VI. hatte jetzt den Rücken frei. Er befahl den Kreuzfahrern, sich in den süditalienischen Städten zu sammeln. Die Überfahrt war streng geregelt; alle Seefahrerstädte Italiens waren zum Transport eingeteilt. Ein Kommando unter Erzbischof Konrad von Mainz fuhr voraus; das Heer selbst stand unter dem Befehl des Kanzlers Konrad von Querfurt, Bischofs von Hildesheim, und des Reichsmarschalls Heinrich von Kalden. Unmittelbar vor dem Aufbruch kam es zu einem Aufstand unzufriedener normannischer Adliger. Zwar hatte Heinrich die Verwaltung des sizilischen Königreiches, die wirksamste Europas, unversehrt gelassen, doch die Lehen widerspenstiger Normannen seinen Ministerialen übergeben. Die Normannen standen auf diese Weise ständig unter Aufsicht; zudem mußten sie sich hohe Steuern und eine Überprüfung ihrer Privilegien gefallen lassen. In das Komplott sollen der Papst und selbst Konstanze eingeweiht gewesen sein. Heinrich VI. griff hart durch; daß er aber die gesamte Familie Tankreds, die nach Deutschland deportiert worden war, hätte umbringen lassen, ist ein Greuelmärchen. Ein Teil der Kreuzfahrer war schon unterwegs, als der Kaiser in Messina, wie früher vor Neapel 1191, an einer typhusartigen Seuche erkrankte und am 28. September 1197, noch nicht 32 Jahre alt, starb. Auf dem Sterbebette hatte Heinrich testamentarisch verfügt, daß Markward von Annweiler die Regentschaft übernehmen sollte. Konstanze und Friedrich sollten dem Papst für Sizilien huldigen und zu Zugeständnissen bereit sein, die Mathildischen Güter und den Kirchenstaat freigeben. Aber die weitere Zukunft sollte zeigen, daß die gesamte Konzeption von der Persönlichkeit Heinrichs VI., von seinem Einfallsreichtum und seiner Entschlußkraft, zusammengehalten worden war. Bereits die Zeitgenossen hatten den Eindruck, an einer Wende zu stehen. „Sein Tod sollte dem Stamme der Deutschen und allen Völkern Germaniens auf ewig beklagenswert sein" (Otto von St. Blasien). Schon kurz vor seinem Tod lief in Deutschland das Gerücht um, in Apulien habe Heinrich Fürsten, die ihn hatten ermorden wollen, hinrichten lassen, und er werde an Erfolgen gehindert, ja er schwebe in Lebensgefahr, „und immer steckt die Kaiserin dahinter"; an der Mosel sei manchen Leuten ein Gespenst auf schwarzem Pferd erschienen: „Sie erschraken, aber es ritt kühn heran und sagte, sie sollten sich nicht fürchten. Er sei der alte König Dietrich von Bern und verkünde, daß über das ganze Römische Reich bald vielerlei Unheil und Elend kommen werde."

Der Tod Heinrichs VI. bedeutete für die deutsche Geschichte eine Katastrophe. Der junge König hatte neue Wege beschritten, hatte der Reichsverwaltung neue Strukturen, dem Kaisertum einen zweiten Schwerpunkt im sizilischen Normannenreich, dessen vorbildhafter Aufbau auch nach Deutschland wirkte, und durch sein imperiales Ausgreifen neue Perspektiven gegeben; er war dabei, der Monarchie durch Erblichkeit der Königswürde Stabilität zu verleihen und den Papst zu einer Art Rentner der Reichskirche zu machen. Mit seinem Tod wurde zugleich die dynastische Schwäche der Staufer deutlich. Beatrix hatte Friedrich Barbarossa mindestens zehn Kinder geboren, darunter acht Söhne, aber nur Heinrich VI. sollte das Geschlecht in männlicher Linie mit einem einzigen Sohn fortsetzen, der in der legendären Ferne Apuliens weilte. Thronwirren waren unausbleiblich, denn die Welfen und ein hierokratisch denkendes Papsttum standen zum Eingreifen bereit.

ABKÜRZUNGSVERZEICHNIS

Abh.	Abhandlung(en)
AfD	Archiv für Diplomatik
AHP	Archivum Historiae Pontificiae
AKG	Archiv für Kulturgeschichte
Bll.	Blätter
DA	Deutsches Archiv für Erforschung des Mittelalters
Diss.	Dissertation
Fs.	Festschrift
GWU	Geschichte in Wissenschaft und Unterricht
Hdb.	Handbuch
HJb	Historisches Jahrbuch
HZ	Historische Zeitschrift
Jb(b).	Jahrbuch, -bücher
Jh.	Jahrhundert
MA, ma.	Mittelalter, mittelalterlich
MGH	Monumenta Germaniae Historica
MIÖG	Mitteilungen des Instituts für Österreichische Geschichtsforschung
ms.	maschinenschriftlich
NDB	Neue Deutsche Biographie
QFIAB	Quellen und Forschungen aus Italienischen Archiven und Bibliotheken
SB	Sitzungsberichte
VSWG	Vierteljahrsschrift für Sozial- und Wirtschaftsgeschichte
VuF	Vorträge und Forschungen
WdF	Wege der Forschung
ZKG	Zeitschrift für Kirchengeschichte
ZRG	Zeitschrift der Savigny-Stiftung für Rechtsgeschichte
Germ., Kan.	Germanistische, Kanonistische Abteilung
Zs.	Zeitschrift

BIBLIOGRAPHISCHE HINWEISE

Hinweise auf grundlegende und weiterführende Literatur zur Geschichte des dt. Hochmittelalters zu geben, ist aus mancherlei Gründen schwierig. Die umfassende und in ihrer Art abschließende *Bibliographie* (*Dahlmann-Waitz*, Quellenkunde zur Dt. Geschichte, 10. Aufl., hg. im Max-Planck-Institut für Geschichte von *H. Heimpel* und *H. Geuss*, 1965 ff.) ist in den entsprechenden Abschnitten erst im Erscheinen begriffen (in der Einteilung des Dahlmann-Waitz: Drittes Buch, Abschnitte 199–236); in ihr wird allerdings nur die bis 1960 erschienene Literatur systematisch berücksichtigt. Laufende historische Informationsdienste verzeichnen entweder nur die Titel (z. B. Jahresberichte der dt. Geschichte; Revue d'histoire ecclésiastique; AHP) oder beschränken sich auf die Besprechung von Monographien unter Verzicht auf Zs.artikel (z. B. HJb; HZ; MIÖG; ZRG Germ. und Kan.). Angesichts der Publikationsflut ist es schwer, eine Übersicht zu bewahren oder zu vermitteln. Im Nachrichtenteil des jährlich erscheinenden DA (zuletzt Bd. 34, 1978), das das wichtigste einschlägige Schrifttum zur ma. Geschichte, speziell zur Quellenkunde, berücksichtigt, werden z. Zt. gegen tausend Titel in jedem Band angezeigt.

Quellenkunde: Die meisten der hier verwerteten Quellen sind im Rahmen der MGH kritisch hg.; über sie kann man sich verschiedenenorts unterrichten, z. B. bei *H. Quirin*, Einführung in das Studium der ma. Geschichte ([3]1964); eine Art Werkstatteinblick bietet die Beitragssammlung von Mitarbeitern der MGH: Ma. Textüberlieferungen und ihre kritische Aufarbeitung (1976). An quellenkundlichen Übersichtswerken seien genannt: Repertorium fontium historiae medii aevi (Rom 1962 ff.; bislang bis Bd. IV: Gez, 1976); bis zum Tode Heinrichs V. (1125) reichen: *W. Wattenbach* – *R. Holtzmann*, Deutschlands Geschichtsquellen im MA, 4 Hefte (1938–1943, mehrere Nachdrucke), 3. Teil, hg. von *F.-J. Schmale* (1971, mit zahlreichen Nachträgen), anschließend: *W. Wattenbach* – *F.-J. Schmale*, Deutschlands Geschichtsquellen im MA. Vom Tode Kaiser Heinrichs V. bis zum Ende des Interregnum Bd. 1 (1976); eine knappe Übersicht: *K. Jacob* – *H. Hohenleutner*, Quellenkunde der dt. Geschichte im MA Bd. 2 (Sammlung Göschen Bd. 280, 1961). Den gesamten Zeitraum behandelt: *A. Lhotsky*, Quellenkunde zur ma. Geschichte Österreichs (MIÖG. Ergänzungsbd. 19, 1963).

Gesamtdarstellungen: Eine verläßliche Stoffdarbietung mit Angaben weiterführender Literatur, wenn auch nicht immer auf dem letzten Stand, bietet: *B. Gebhardt*, Hdb. der Dt. Geschichte, hg. von *H. Grundmann*, Bd. 1 ([9]1970); darin *M. L. Bulst-Thiele* (für die Zeit 1002–1056) und *K. Jordan* (für die Zeit 1056–1197), deren Beiträge auch als dtv-Taschenbücher (Wiss. Reihe 4203, 04, 1973) erschienen sind. Bis in die zweite Hälfte des 11. Jh. hinein reicht das ähnlich aufgebaute und an die Speziallliteratur heranführende Hdb. der europäischen Geschichte, hg. von *Th. Schieder*, Bd. 1, hg. von *Th. Schieffer* (1976); Bd. 2 wird die anschließende Zeit bis zum SpätMA behandeln. Kürzer, mit bibliographischem Anhang: Dt. Geschichte im Überblick, hg. von *P. Rassow* und *Th. Schieffer* ([3]1973). Als Studienbuch versteht sich *H. Zimmermann*, Das MA I. Teil: Von den Anfängen bis zum Ende des Investiturstreits (1975); der zweite Teil, der „bis zu den Entdeckungen" führen soll, steht noch aus. Um die Aufarbeitung des gesamten Quellenmaterials bemühen sich die annalistisch geordneten „Jbb. der Dt. Geschichte"; in unserem Zeitraum besteht eine Lücke von 1159–1190, die von *A. Cartellieri*, Das Zeitalter Friedrich Barbarossas 1150–1190 (1972) ersatzweise gefüllt wird. Aus der großen Zahl der Darstellungen des HochMA seien die weitverbreiteten, hauptsächlich an der politischen Geschichte orientierten und mit einem konservativ-harmonisierenden Urteil geschriebenen Bücher von *K. Hampe* hervorgehoben: Dt. Kaisergeschichte in der Zeit der Salier und Staufer, bearbeitet von *F. Baethgen* ([10]1949); Das HochMA, mit einem Nachwort von *G. Tellenbach* ([6]1977); Herrschergestalten des dt. MA, hg. von *H. Kämpf* ([6]1955). Reich an Beobachtungen und Perspektiven: *S. Hellmann*, Das MA bis zum Ausgange der Kreuzzüge ([2]1924) und *G. Tellenbach*, Die Germanen und das Abendland bis zum Beginn des 13. Jh. In: Saeculum Weltgeschichte Bd. 4 (1967). Aus der Schule der „Annales" (s. unten bei der Einführung), die unter starker Einbeziehung der Sozial- und Wirtschaftsgeschichte mit Hilfe quantifizierender Methoden Strukturen sichtbar machen möchte, kommen die Bücher von *J. Le Goff*, Das HochMA (Fischer Weltgeschichte Bd. 11, 1965) und: Kultur des europäischen MA (1970). Stets quellennah und nicht überholt *A. Hauck*, Kirchengeschichte Deutschlands Bd. 3 (für die Zeit 911–1122: [3-4]1906); Bd. 4 (für die Zeit 1122–1250: [3-4]1913); die späteren Auflagen sind unveränderte Nachdrucke. Knapp, aber durch viele Quellenbeispiele mit Übersetzungen hilfreich: *K. Kroeschell*, Dt. Rechtsgeschichte Bd. 1 (bis 1250) (rororo studium 8, 1972). Zur ersten Einführung: *O. Brunner*, Inneres Gefüge des Abendlandes. In: Historia Mundi 6 (1958), nachgedruckt mit bibliographischen Hinweisen von *W. Rösener* unter dem Titel: Sozialgeschichte Europas im MA (1978).

Einführung

Das „Vermächtnis" *Marc Blochs* ist 1949 französisch erschienen (Apologie pour l'histoire ou métier d'historien) und wurde vor nicht langer Zeit ins Dt. übersetzt: *M. Bloch*, Apologie der Geschichte oder Der Beruf des Historikers (1974); zur Intention Blochs und seines Kreises vgl. *K. E. Born*, Neue Wege der Wirtschafts- und Sozialgeschichte in Frankreich: Die Historikergruppe der „Annales". In: Saeculum 15 (1964).

I: Über die drei „Hauptumstände": *W. M. Green*, Hugo of St. Victor De tribus maximis circumstantiis gestorum. In: Speculum 18 (1943); dazu

J. Ehlers, Hugo von St. Viktor. Studien zum Geschichtsdenken und zur Geschichtsschreibung des 12. Jh. (1973). Zu Gerhoch: *P. Classen,* Gerhoch von Reichersberg (1960). – Über Wesen und Charakter des MA vgl. *M. Seidlmayer,* Das MA, 2. Aufl. besorgt von *H. Grundmann* (1967); *H. Heimpel,* Der Mensch in seiner Gegenwart (²1957); *H. Grundmann,* Über die Welt des MA. In: Summa historica (Propyläen-Weltgeschichte, hg. von *G. Mann* u. a., Bd. 11, 1965); verständnisfördernd, aber zuweilen von zu starker Individualität und „der Mythe" des Stefan-George-Kreises geleitet: *W. von den Steinen,* Der Kosmos des MA. Von Karl dem Großen zu Bernhard von Clairvaux (²1967; dazu *F. Kempf,* in: Fs. H. Heimpel Bd. 2, 1972). Reich an Belehrung, Beobachtungen und Einsichten: *A. Borst,* Lebensformen im MA (1973). In der Beispiel- und Problemauswahl umsichtig, zugleich informativ und an die meist vernachlässigte Sachkultur heranführend ist *H. Boockmann,* Einführung in die Geschichte des MA (1978). Interessant ist der von einem mechanischen historischen Materialismus wegführende, fast historistische Ansatz eines russischen Mediävisten: *A. Ja. Gurevič,* Kategorien der ma. Kultur (1972; vgl. die Anzeige von *H. G. Thümmel,* Dt. Literatur Zeitung 96, 1975).

I.1: Zur Raumvorstellung und ma. Kartographie: *A.-D. von den Brincken,* Mappa mundi und Chronographia. In: DA 24 (1968); *dies.,* „... ut describeretur universus orbis". In: Miscellanea Mediaevalia 7 (1970); *G. Bandmann,* Ma. Architektur als Bedeutungsträger (³1965). – Zur Zeitvorstellung: *H. Grundmann,* Die Grundzüge der ma. Geschichtsanschauungen. In: AKG 24 (1934, abgedruckt in: Geschichtsdenken und Geschichtsbild im MA, hg. von *W. Lammers,* WdF 21, ²1965, und *H. Grundmann,* Ausgewählte Aufsätze Bd. 2, 1977); *F. Vittinghoff,* Das geschichtliche Selbstverständnis der Spätantike. In: HZ 198 (1964); *A.-D. von den Brincken,* Marianus Scottus. In: DA 17 (1961); *dies.,* Das abendländische MA. In: Mensch und Weltgeschichte, hg. von *A. Randa* (1969); *R. Schmidt,* Die Weltalter als Gliederungsprinzip der Geschichte. In: ZKG 67 (1955/56); *H. M. Schaller,* Der heilige Tag als Termin ma. Staatsakte. In: DA 30 (1974); *H. Schadt,* Zum Verwandtschaftsbild und der Weltalterlehre des Sachsenspiegels. In: Frühma. Studien 10 (1976); *A. H. Bredero,* Oratio pro domo: Tegen een misverstaan der middeleeuwen (1976). – Ma. Anthropologie: Lotharii Cardinalis (Innocentii III) De miseria humanae conditionis, hg. von *M. Maccarrone* (1955); *E. R. Curtius,* Europäische Literatur und lateinisches MA (⁸1973, darin: Exkurs IV: Scherz und Ernst in der ma. Literatur); *J. Suchomski,* ‚Delectatio' und ‚Utilitas'. Ein Beitrag zum Verständnis ma. komischer Literatur (1975); *W. Goez,* Die Einstellung zum Tode im MA. In: Der Grenzbereich zwischen Leben und Tod, hg. von *W. Harms* (1976); *K. Stüber,* Commendatio animae. Sterben im MA (1976) stellt Material über das Brauchtum von der Todesvorbereitung bis zur Beisetzung zusammen.

I.2: Zum geographischen Raum: *B. Knüll,* Historische Geographie Deutschlands im MA (1903); *K. Kretschmer,* Historische Geographie von Mitteleuropa (1904); *J. Wimmer,* Geschichte des dt. Bodens mit seinem

Pflanzen- und Tierleben (1905); *H. Hausrath,* Pflanzengeographische Wandlungen der dt. Landschaft (1911); *H. Hassinger,* Geographische Grundlagen der Geschichte (²1953). – Zeitberechnung: *E. Zinner,* Die Geschichte der Sternkunde von den Anfängen bis zur Gegenwart (1931, darin: Die Erfassung der Zeit); *ders.,* Die fränkische Sternkunde im 11. bis 16. Jh. (CXXVII. Bericht und Festbericht zum hundertjährigen Bestehen der naturforschenden Gesellschaft in Bamberg, 1934); *R. L. Poole,* Studies in Chronology and History (1934); *A. von Brandt,* Historische Grundlagen und Formen der Zeitrechnung. In: Studium Generale 19 (1966); *E. Poulle,* Les instruments astronomiques de l'Occident latin aux XIe et XIIe siècles. In: Cahiers de civilisation médiévale 15 (1972); *K. Maurice,* Die dt. Räderuhr, 2 Bde. (1974); im Vorgriff auf ein Buch: *J. Leclercq,* Experience and Interpretation of Time in the Early Middle Ages. In: Studies in Medieval Culture 5 (1975). – Wetterphasen: *C. E. P. Brooks,* Climate through the Ages (²1948); *H. Flohn,* Klimaschwankungen im MA und ihre historisch-geographische Bedeutung. In: Berichte zur dt. Landeskunde 7 (1949/50); *C. Weikinn,* Quellentexte zur Witterungsgeschichte Europas von der Zeitenwende bis zum Jahre 1850 (1958); *E. Le Roy Ladurie,* Histoire du climat depuis l'an mil (1967, englisch 1971); *P. Alexandre,* Histoire du climat et sources narratives du moyen âge. In: Le Moyen Age 80 (1974); *U. Willerding,* Über Klima-Entwicklungen und Vegetationsverhältnisse im Zeitraum Eisenzeit bis MA. In: Das Dorf der Eisenzeit und des frühen MA, hg. von *H. Jankuhn* u. a. (Abh. Göttingen, 3. Folge, Bd. 101, 1977). – Anthropologische Daten: Zur Problemstellung vgl. *R. Martin – K. Galler,* Lehrbuch der Anthropologie in systematischer Darstellung Bd. 2 (³1959) und als praktische Anwendung: *T. Schmidt,* Die Grablege Heinrichs des Löwen im Dom zu Braunschweig. In: Braunschweigisches Jb. 5 (1974); *B. Lundman,* Geographische Anthropologie (1967). Zu den Saliern: Der Dom zu Speyer, bearbeitet von *H. E. Kubach* und *W. Haas.* Textbd. (1972, darin: Die Kaisergräber im Dom zu Speyer. Anthropologische Ergebnisse, festgelegt von Prof. Dr. *J. Ranke* 1900/01, im Auszug umgearbeitet 1934 von Prof. Dr. *F. Birkner*); Der Dom zu Worms, hg. von *R. Kautzsch* u. a., Bd. 1 (1938). Unter den verschiedenen Auswertungen von *E. C. Büchi* vgl. Ma. Skelette vom Lindenhof Zürich. In: Bulletin der Schweizerischen Gesellschaft für Anthropologie und Ethnologie 26 (1949/50). – Lebenserwartung, Familiengröße: *J. C. Russell,* Die Bevölkerung Europas 500–1500. In: *C. M. Cipolla – K. Borchardt,* Bevölkerungsgeschichte Europas (1971); *E. Keyser,* Bevölkerungsgeschichte Deutschlands (³1945); *D. Herlihy,* The Generation in Medieval History. In: Viator 5 (1974); *E. R. Coleman,* L'infanticide dans le Haut Moyen Age. In: Annales E. S. C. 29 (1974), deren Thesen freilich überprüft werden müssen. Zur Stellung der Frau vgl. die Beiträge in dem Bd. La Femme, 2. Teil (Recueils de la Société Jean Bodin 12, 1962). Zu den Bevölkerungszahlen *M. K. Bennett,* The World's Food (²1970); *W. Abel,* Die Wüstungen des ausgehenden MA (³1976); *K.-H. Blaschke,* Bevölkerungsgeschichte von Sachsen bis zur industriellen Revolution (1967); *H. Mottek,* Wirtschaftsgeschichte Deutschlands (²1972). – Krankheiten: Außer *Russell* vgl.

H.-R. Fehlmann, Das Mirakelbuch Annos II., Erzbischof von Köln (ca. 1010–1075) als Quelle heilkundlicher Kasuistik (phil. Diss. Marburg 1963, ms.). – Zur Armut: *K. Bosl,* Potens und Pauper. In: Fs. O. Brunner (1963, nachgedruckt in: *ders.,* Frühformen der Gesellschaft im ma. Europa, 1964); *ders.,* Das Problem der Armut in der hochma. Gesellschaft (SB Wien 294, 1974, Abh. 5); mit weiterführender Literatur: *A. Lazzarino del Grosso,* Armut und Reichtum im Denken Gerhohs von Reichersberg (1972); Etudes sur l'histoire de la pauvreté (moyen âge – XVIe siècle), hg. von *M. Mollat,* 2 Bde. (1974); *M. Mollat,* Les pauvres au Moyen Age (1978). – Klösterliche Armenfürsorge: *K. Schmid – J. Wollasch,* Societas et Fraternitas (1975); *J. Wollasch,* Gemeinschaftsbewußtsein und soziale Leistung im MA. In: Frühma. Studien 9 (1975). – Hungersnöte: *F. Curschmann,* Hungersnöte im MA (1900); *H. van Werveke,* De middeleeuwse hongersnood (Mededelingen van de Koniklijke Vlaamse Academie voor Wetenschappen. Klasse der Letteren XXIX Nr. 3, 1967). – *H.-J. Schmitz,* Faktoren der Preisbildung für Getreide und Wein in der Zeit von 800 bis 1350 (1968). – Siedlungsformen, Agrarverfassung, Feldanbau: *K. Lamprecht,* Dt. Wirtschaftsleben im MA, 3 Bde. (1886); *L. White jr.,* Die ma. Technik und der Wandel der Gesellschaft (1965, dt. 1968); *W. Abel,* Agrarkrisen und Agrarkonjunktur. Eine Geschichte der Land- und Ernährungswirtschaft Mitteleuropas seit dem hohen MA ([2]1966); *ders.,* Geschichte der dt. Landwirtschaft ([2]1967); *ders.,* in: Hdb. der dt. Wirtschafts- und Sozialgeschichte, hg. von *H. Aubin* und *W. Zorn,* Bd. 1 (1971); *F. Lütge,* Geschichte der dt. Agrarverfassung vom frühen MA bis zum 19. Jh. ([2]1967); *G. Duby,* L'économie rurale et la vie des campagnes dans l'occident médiévale, 2 Bde. (1962); *B. H. Slicher van Bath,* The Agrarian History of Western Europe 500–1850 (1963); *K. Hielscher,* Fragen zu den Arbeitsgeräten der Bauern im MA. In: Zs. für Agrargeschichte und Agrarsoziologie 17 (1969). – Ernährung, Hausbau, Kleidung: *K.* und *F. Bertsch,* Geschichte unserer Kulturpflanzen ([2]1949); *F. Irsigler,* Divites und pauperes in der Vita Meinwerci. In: VSWG 57 (1970); Recueil de textes relatifs à l'histoire de l'architecture et à la condition des architectes en France au moyen âge, hg. von *V. Mortet,* Bd. 1 (1911); *D. W. H. Schwarz,* Sachgüter und Lebensformen (1970); *H. Kühnel,* Die materielle Kultur Österreichs zur Babenbergerzeit. In: Katalog der Ausstellung „1000 Jahre Babenberger in Österreich" (1976; verbesserte Fassung in: Das babenbergische Österreich [976 bis 1246], 1978); *G. Binding – N. Nussbaum,* Der ma. Baubetrieb nördlich der Alpen in zeitgenössischen Darstellungen (1978); *G. Lenning,* Kleine Kostümkunde ([5]1964); *E. Thiel,* Geschichte des Kostüms. Die europäische Mode von den Anfängen bis zur Gegenwart (1968). – Selbstmord: *A. Brierre de Boismont,* Du suicide dans l'antiquité, au moyen âge et dans les temps modernes. In: Annales médico-psychologiques 3 (1851); *H. R. Fedden,* Suicide. A Social and Historical Study (1938); *A. Kunstmann,* Der Selbstmord in rechtsgeschichtlicher, rechtsdogmatischer und rechtsvergleichender Betrachtung (jur. Diss. Marburg 1954, ms.); *J.-Cl. Schmitt,* Le suicide au moyen âge. In: Annales E. S. C. 31 (1976).

II.1: Zu den Begriffen MA, Abendland, Europa: *P. Lehmann,* MA und Küchenlatein. In: HZ 137 (1928, abgedruckt in: *ders.,* Erforschung des MA Bd. 1, 1941); *H. Heimpel,* Europa und seine ma. Grundlegung. In: Die Sammlung 1949, abgedruckt in: *ders.,* Der Mensch in seiner Gegenwart (²1957); *J. Fischer,* Oriens – Occidens – Europa (1957); *H. Gollwitzer* Europabild und Europagedanke (²1964); *Th. Schieder,* Begriff und Probleme einer europäischen Geschichte. In: Hdb. der europäischen Geschichte, hg. von *Th. Schieder,* Bd. 1 (1976).

II.2: Zu Deutschland und zum rex Teutonicorum: *H. Grundmann,* Stämme und Länder in der dt. Geschichte. In: GWU 6 (1955); *E. Müller-Mertens,* Regnum Teutonicum. Aufkommen und Verbreitung der dt. Reichs- und Königsauffassung im früheren MA (1970; dazu: *H. Beumann,* in: AKG 55, 1973); *G. Tellenbach,* Zur Geschichte des ma. Germanenbegriffs. In: Jb. für Internationale Germanistik 7 (1975). – Grenzzonen und Ostkriege: *P. Kirn,* Politische Geschichte der dt. Grenzen (⁴1958); *K. Schünemann,* Dt. Kriegführung im Osten während des MA. In: DA 2 (1938); *W. Schlesinger,* Die geschichtliche Stellung der ma. dt. Ostbewegung. In: HZ 183 (1957, nachgedruckt in: Rußland, Europa und der dt. Osten. hg. von *L. Krusius-Ahrenberg* u. a., 1960, und *W. Schlesinger,* Mitteldt. Beiträge zur dt. Verfassungsgeschichte des MA, 1961); Forschungsüberblick und weitere Literatur bei *R. Ernst,* Die Nordwestslawen und das fränkische Reich (1976).

II.3: Wirtschaftsraum: *J. W. Thompson,* Economic and Social History of the Middle Ages, 2 Bde. (1928); The Cambridge Economic History of Europe, für das MA: Bd. 1–3 (1952–1966 in verschiedenen Auflagen); Europäische Wirtschaftsgeschichte, hg. von *C. M. Cipolla* und *K. Borchardt,* Bd. 1 (1978, dt. Ausgabe der Fontana Economic History of Europe Bd. 1, ²1973); *R. Sprandel,* Gewerbe und Handel 800–1500. In: Hdb. der dt. Wirtschafts- und Sozialgeschichte, hg. von *H. Aubin* und *W. Zorn,* Bd. 1 (1971); *A. Dopsch,* Naturalwirtschaft und Geldwirtschaft in der Weltgeschichte (1930); *A. Suhle,* Dt. Münz- und Geldgeschichte von den Anfängen bis zum 15. Jh. (²1964). – Verkehrswege: *A. Schulte,* Geschichte des ma. Handels und Verkehrs zwischen Westdeutschland und Italien mit Ausschluß von Venedig Bd. 1 (1900); *E. Oehlmann,* Die Alpenpässe im MA. In: Jb. für Schweizer Geschichte 3 (1878) und 4 (1879), Die Alpen in der europäischen Geschichte des MA (VuF 10, 1965, darin besonders *H. Büttner,* Vom Bodensee und Genfer See zum Gotthardpaß); *ders.,* Die Bündner Pässe im frühen MA. In: Fs. H. Amann (1956); *ders.,* Die Erschließung des Simplon als Fernstraße. In: Schweizerische Zs. für Geschichte 3 (1953, nachgedruckt in dessen Aufsatzsammlung: Schwaben und Schweiz im frühen und hohen MA, 1972); *G. Tellenbach,* L'evoluzione politico sociale nei paesi alpini durante il medio evo. In: Le Alpi e l'Europa Bd. 4 (1975).

II.4: 1050–1200 als Wende: *G. Tellenbach,* Die Bedeutung des Reformpapsttums für die Einigung des Abendlandes. In: Studi Gregoriani 2

(1947); *ders.*, Vom Zusammenleben der abendländischen Völker im MA. In: Fs. G. Ritter (1950); *E. Werner*, Häresie und Gesellschaft im 11. Jh. (SB Leipzig 117, 1975, Heft 5); The Year 1200: A Symposium, hg. von The Metropolitan Museum of Art (1975), im Zusammenhang mit einer Ausstellung desselben Museums: The Year 1200: A Centennial Exhibition at The Metrop. Mus. of Art (1970); im Symposiumsbd. besonders *G. B. Ladner*, The Life of the Mind in the Christian West around the Year 1200. Anläßlich des 50jährigen Jubiläums des Erscheinens des weitverbreiteten Buches von *Ch. H. Haskins*, The Renaissance of the Twelfth Century (1927) wurde unter demselben Titel ein Kongreß in Cambridge/Mass. abgehalten, dessen Akten demnächst erscheinen werden. Vgl. auch *Ch. Brooke*, The Twelfth Century Renaissance (1969) und *S. R. Packard*, 12th Century Europe (1973), beide mit umfangreicher Literatur zu diesem Thema; *P. Lehmann*, Die Vielgestalt des zwölften Jahrhunderts. In: HZ 178 (1954, abgedruckt in: *ders.*, Erforschung des MA Bd. 3, 1960). *B. Moeller*, Papst Innocenz III. und die Wende des MA. In: Fs. H. v. Campenhausen (1973). *C. Morris*, The Discovery of the Individual 1050–1200 (1972).

Erster Teil

G. Barraclough, Die ma. Grundlagen des modernen Deutschland. Dt. Übertragung von *F. Baethgen* (1953, ^{2}1955; dazu die Rezensionen von *K. Bosl*, in: HZ 179, 1955; *K.-S. Bader*, in: HJb 75, 1956).

I: Herrschaftsaufbau: An Klarheit unübertroffen, auch wenn den gesellschaftlichen Bedingtheiten weniger Aufmerksamkeit gewidmet ist: *H. Mitteis*, Der Staat des hohen MA (^{4}1953; sämtliche späteren Auflagen sind nur Nachdrucke); dazu das ergänzende Buch von *Mitteis*, Lehnrecht und Staatsgewalt (1933); *R. Sprandel*, Verfassung und Gesellschaft im MA (1975). – Zum charismatischen Charakter des Königtums: *F. Kern*, Gottesgnadentum und Widerstandsrecht (^{2}1954); *M. Bloch*, Les rois thaumaturges (1924); Das Königtum. Seine geistigen und rechtlichen Grundlagen (VuF 3, 1956); *Th. Vogelsang*, Die Frau als Herrscherin im hohen MA. Studien zur „consors regni" Formel (1954). – Königshof und Königsgastung: *C. Brühl*, Fodrum, Gistum, Servitium regis, 2 Bde. (1968); *H. H. Kaminsky*, Das „Tafelgüterverzeichnis des römischen Königs": eine Bestandsaufnahme für Lothar III.? In: DA 29 (1973); *W. Schlesinger*, Gedanken zur Datierung des Verzeichnisses der Höfe, die zur Tafel des Königs der Römer gehören. In: Jb. für fränkische Landesforschung 34/35 (1974/75); *C. Brühl – Th. Kölzer*, Das Tafelgüterverzeichnis des Römischen Königs (Manuskript Bonn S 1559) (1978). – Personenverbandsstaat, Lehnswesen: Von den verschiedenen Arbeiten *Th. Mayers* vgl. besonders: Fürsten und Staat (1950; dazu die Würdigung von *E.-W. Böckenförde*, Die dt. verfassungsgeschichtliche Forschung im 19. Jh., 1961); *F. L. Ganshof*, Qu'est-ce que la féodalité? (^{3}1957, dt.: Was ist das Lehnswesen? ^{3}1970); *M. Bloch*, La société féodale, 2 Bde. (1939/40); *H. Krause*, Königtum und Rechtsordnung in der Zeit der sächsischen und salischen

Herrscher. In: ZRG Germ. 82 (1965); *H. C. Faußner*, Die Verfügungsgewalt des dt. Königs über weltliches Reichsgut. In: DA 29 (1973). – Eigenkirche, Gewere: Zwei grundlegende Beiträge von *U. Stutz* († 1938), der unsere Vorstellung von der „Eigenkirche“ entscheidend geformt, wenn auch überzeichnet hat, sind zusammengefaßt und von *H. E. Feine* mit einem Nachtrag ergänzt: Die Eigenkirche als Element des ma.-germanischen Kirchenrechts (Reihe Libelli 28, 1955); Stutzens Vorstellung der Eigenkirche ist eingegangen in die Darstellung seines Schülers *H. E. Feine*, Kirchliche Rechtsgeschichte (^{5}1972); *D. Kurze*, Pfarrerwahlen im MA (1966); *H.-J. Becker*, Investitur. In: Handwörterbuch zur dt. Rechtsgeschichte Bd. 2 (1973); *A. Scharnagl*, Der Begriff der Investitur (1908); *G. Köbler*, Die Herkunft der Gewere. In: Tijdschrift voor rechtsgeschiedenis 43 (1975). – Kirchensystem, Hofkapelle, Ministerialität: *L. Santifaller*, Zur Geschichte des ottonisch-salischen Reichskirchensystems (SB Wien 229, ^{2}1964, 1. Abh.); *J. Fleckenstein*, Die Hofkapelle der dt. Könige Teil 2: Die Hofkapelle im Rahmen der ottonisch-salischen Reichskirche (1966); *K. Bosl*, Die Reichsministerialität der Salier und Staufer, 2 Bde. (1950/51); *ders.*, Vorstufen der dt. Königsdienstmannschaft. In: VSWG 39 (1952, nachgedruckt in: *ders.*, Frühformen der Gesellschaft im ma. Europa, 1964); *J. Fleckenstein*, Die Entstehung des niederen Adels und das Rittertum. In: Herrschaft und Stand, hg. von *J. Fleckenstein* (1977); *K. Kroeschell*, Familia. In: Handwörterbuch zur dt. Rechtsgeschichte Bd. 1 (1968). *K. Bosl*, Die „Familia“ als Grundstruktur der ma. Gesellschaft. In: Fs. R. Dietrich (1974, wortgleich in: Zs. für bayerische Landesgeschichte 38, 1975, und *ders.*, Die Gesellschaft in der Geschichte des MA, ^{3}1975); *C. Violante*, La società milanese nell'età precomunale (^{2}1974). Klärend für die mit vielen Hypothesen belastete Anschauung von den Freien: *H. Krause*, Die liberi der lex Baiuvariorum. In: Fs. M. Spindler (1969); *H. K. Schulze*, Rodungsfreiheit und Königsfreiheit. In: HZ 219 (1974). Daß über der ganzen Freien-Unfreien-Diskussion der auch im MA vorhandene Drang nach Freiheit nicht übersehen werden sollte, daran erinnert *H. Grundmann*, Freiheit als religiöses, politisches und persönliches Postulat im MA. In: HZ 183 (1957, nachgedruckt in: Das Problem der Freiheit im europäischen Denken von der Antike bis zur Gegenwart, 1958).

II und III: Zum Wandel der Herrscheranschauung bei den Reformern: *Th. Schieffer*, Heinrich II. und Konrad II. In: DA 8 (1951, abgedruckt mit einem Nachwort: Reihe Libelli 285, 1969); *ders.*, Kaiser Heinrich III. In: Die Großen Deutschen, hg. von *H. Heimpel, Th. Heuss, B. Reifenberg*, Bd. 1 (^{2}1966); *H. Appelt*, Heinrich III. In: NDB 8 (1969); *M. L. Bulst-Thiele*, Kaiserin Agnes (1933); *dies.*, Agnes. In: Lexikon des MA, 1. Lieferung (1977); *K. Schnith*, Recht und Friede. Zum Königsgedanken im Umkreis Heinrichs III. In: HJb 81 (1961); *H. Hoffmann*, Gottesfriede und Treuga Dei (1964); *C. Violante*, Aspetti della politica italiana di Enrico III prima della sua discesa in Italia (1039–1046). In: Rivista storica italiana 64 (1962, nachgedruckt in: *ders.*, Studi sulla cristianità medioevale, 1972); *G. Glaeske*, Die Erzbischöfe von Hamburg-Bremen als Reichsfürsten

(1962); zum Patriarchatsplan Adalberts *H. Fuhrmann*, in: ZRG Kan. 41 (1955) und Studia Gratiana XI (Fs. St. Kuttner Bd. 1, 1967).

IV und V: P. Kehr, Vier Kapitel aus der Geschichte Kaiser Heinrichs III. (Abh. Berlin 1930, Heft 3); *H. Vollrath*, Kaisertum und Patriziat in den Anfängen des Investiturstreits. In: ZKG 85 (1974; vgl. DA 31, 1975); *H. H. Anton*, Bonifaz von Canossa, Markgraf von Tuszien, und die Italienpolitik der frühen Salier. In: HZ 214 (1972); *K.-J. Herrmann*, Das Tuskulanerpapsttum (1012–1046) (1973; dazu die Besprechung von *W. Kurze*, in: QFIAB 55/56, 1976); *H. Zimmermann*, Papstabsetzungen des MA (1968); *K. Schmid*, Heinrich III. und Gregor VI. im Gebetsgedächtnis von Piacenza des Jahres 1046. In: Fs. F. Ohly Bd. 2 (1974); *G. Ladner*, Theologie und Politik vor dem Investiturstreit (1936). – Zur zeitlichen Umgrenzung des Reformpapsttums: *H.-W. Klewitz*, Das Ende des Reformpapsttums. In: DA 3 (1939, abgedruckt in dessen Aufsatzsammlung: Reformpapsttum und Kardinalkolleg, 1957). Zu den Anfängen der Reform vgl. die prägnante Zusammenfassung von *Th. Schieffer*, in: Hdb. der europäischen Geschichte, hg. von *Th. Schieder*, Bd. 1 (1976). – Über den Reformbegriff: *G. B. Ladner*, Die ma. Reformidee und ihr Verhältnis zur Idee der Renaissance. In: MIÖG 60 (1952); ausführlicher für die Zeit der Kirchenväter, aber mit Ausblicken auf das HochMA: *ders.*, The Idea of Reform (1959); *G. Constable*, Renewal and Reform in Religious Life. In: The Renaissance of the Twelfth Century (An International Conference Cambridge/Mass., 1977; erscheint demnächst); *E. Rosenstock-Huessy*, Die europäischen Revolutionen und der Charakter der Nationen (^{3}1961; vgl. die Einwände von *K. J. Leyser*, The Polemics of the Papal Revolution. In: Trends in Medieval Political Thought, hg. von *B. Smalley*, 1965); *A. Fliche*, La réforme grégorienne, 3 Bde. (1924–1937); *H. Hoffmann*, Von Cluny zum Investiturstreit. In: AKG 45 (1963, abgedruckt mit einem Nachtrag in dem Sammelband: Cluny, hg. von *H. Richter*, WdF 241, 1975); *Th. Schieffer*, Cluny et la querelle des Investitures. In: Revue Historique 225 (1961; dt. in: WdF 241, 1975). – Zu Humbert von Silva Candida: *A. Michel*, Humbert und Kerullarios, 2 Bde. (1925/30); *H. Hoesch*, Die kanonischen Quellen im Werk Humberts von Moyenmoutier (1970; dazu *J. Gilchrist*, in: ZRG Kan. 58, 1972 und *H.-G. Krause*, in: HZ 217, 1973 und DA 32, 1976); *E. Petrucci*, Rapporti di Leone IX con Costantinopoli. In: Studi medievali, 3. ser. 14 (1973). – Zum Simonie-Begriff: *H. Meier-Welcker*, Die Simonie im frühen MA. In: ZKG 64 (1952/53); *J. Leclercq*, „Simoniaca heresis". In: Studi Gregoriani 1 (1947; dazu *G. Miccoli*, in: Studi Gregoriani 5, 1956, und Studi medievali, 3. ser. 4, 1963); *O. Capitani*, Immunità vescovili ed ecclesiologia in età „pregregoriana" e „gregoriana". In: Studi medievali, 3. ser. 3 (1962; erweiterter Nachdruck unter dem gleichen Titel: Biblioteca degli „Studi medievali" Bd. 3, 1966); *J. H. Lynch*, Simoniacal Entry into Religious Life from 1000 to 1260 (1976). – Zur italienischen Reformtradition: *W. Goez*, Reformpapsttum, Adel und monastische Erneuerung in der Toscana. In: Investiturstreit und Reichsverfassung, hg. von *J. Fleckenstein* (VuF 17, 1973); *F. Dressler*, Petrus Damiani (1954). Eine Übersicht über die ausufernde Literatur zu Petrus

Damiani, die nicht nur durch das 900. Todesjahr hervorgerufen worden ist, gibt *K. Reindel*, Neue Literatur zu Petrus Damiani. In: DA 32 (1976).

VI: R. Holtzmann, Französische Verfassungsgeschichte (1910); *F. Lot – R. Fawtier*, Histoire des institutions françaises au moyen âge, 3 Bde. (1957–1962); *J.-F. Lemarignier*, Le gouvernement royal aux premiers temps capétiens (1965); seine Forschungen zusammenfassend: Aux origines de l'Etat français. Royauté et entourage royal aux premiers temps capétiens (987–1108). In: L'Europe aux IXe–XIe siècles (1968); *W. Kienast*, Deutschland und Frankreich in der Kaiserzeit (900–1270), 3 Bde. (1974/75; dazu *L. Falkenstein*, in: QFIAB 57, 1977); *K. Schnith*, Die Wende der englischen Geschichte im 11. Jh. In: HJb 86 (1966); *E. Hoffmann*, Dänemark und England zur Zeit König Sven Estridsons. In: Fs. K. Jordan (1972); *F. Barlow*, Edward the Confessor (1970); *ders.*, The Feudal Kingdom of England, 1042–1216 (^{3}1972); *D. Douglas*, William the Conqueror (1964); *K.-U. Jäschke*, Wilhelm der Eroberer. Sein doppelter Herrschaftsantritt im Jahre 1066 (1977; vgl. dazu *T. Reuter*, in: DA 34, 1978); *V. H. Galbraith*, The Making of Domesday Book (1961); *ders.*, Domesday Book. Its Place in Administrative History (1974); *H. C. Darby*, Domesday England (1977).

Zweiter Teil

I: Einen Durchbruch zum Eigenverständnis dieser Epoche bedeutete das Buch von *G. Tellenbach*, Libertas. Kirche und Weltordnung im Zeitalter des Investiturstreits (1936); *K. Jordan*, Das Zeitalter des Investiturstreits als politische und geistige Wende des abendländischen HochMA. In: GWU 23 (1972); besonders präzise in der Darstellung der Ziele und des Hergangs der Reform: *F. Kempf*, Die Kirche im Zeitalter der Gregorianischen Reform. In: Hdb. der Kirchengeschichte, hg. von *H. Jedin*, Bd. 3,1 (1966); eine Darstellung vom Standpunkt des historischen Materialismus: *E. Werner*, Zwischen Canossa und Worms. Staat und Kirche 1077–1122 (^{2}1975). – Hervorgehoben seien folgende Beitragssammlungen: L'eremitismo in Occidente nei secoli XI e XII, Atti della seconda Settimana internazionale di studio, Mendola 1962 (1965); I laici nella „societas christiana" dei secoli XI e XII, Atti della terza Settimana internazionale di studio, Mendola 1965 (1968); Investiturstreit und Reichsverfassung, hg. von *J. Fleckenstein* (VuF 17, 1973); Le istituzioni ecclesiastiche della „societas christiana" dei secoli XI–XII, Atti della sesta Settimana internazionale di studio, Milano 1974 (1978). Ein Skriptor der Vatikanischen Bibliothek hat 1947 das 900jährige Jubiläum der Exilierung Hildebrands-Gregors VII. zum Anlaß genommen, eine eigene Reihe zu begründen: Studi Gregoriani per la storia di Gregorio VII e della Riforma Gregoriana, hg. von *G. B. Borino*, Bd. 1–7 (1947–1960); dazu ist als Bd. 8 ein Indexbd. erschienen (1970); die Reihe wird nach Borinos Tod († 1966) fortgesetzt unter dem Titel: Studi Gregoriani per la storia della „Libertas Ecclesiae", Bd. 9–11 (1972–1978).

I.1: A. Wolf, Königtum Minderjähriger und das Institut der Regentschaft. In: Recueils de la Société Jean Bodin 36 (1976). *H.-G. Krause,* Das Papstwahldekret von 1059 und seine Rolle im Investiturstreit (Studi Gregoriani 7, 1960); vgl. zur weiteren Diskussion *F. Kempf,* in: AHP 2 (1964); *W. Stürner,* in: ZRG Kan. 54 (1968); *D. Hägermann,* in: ZRG Kan. 56 (1970); *J. Wollasch,* in: Atti della quarta Settimana internazionale di studio, Mendola 1968 (1971); *W. Stürner,* in: Studi Gregoriani 9 (1972); *H. Fuhrmann,* Die Wahl des Papstes im MA. In: GWU 9 (1958); *St. Kuttner,* Cardinalis: The History of a Canonical Concept. In: Traditio 3 (1945); *C. G. Fürst,* Cardinalis. Prolegomena zu einer Rechtsgeschichte des römischen Kardinalskollegiums (1967); *G. Alberigo,* Cardinalato e Collegialità. Studi sull'ecclesiologia tra l'XI e il XIV secolo (1969; dazu *M. Fois,* in: AHP 14, 1976); vgl. auch die Beiträge in dem Band: Le istituzioni ecclesiastiche della „societas christiana" dei secoli XI–XII. Papato, cardinalato ed episcopato, Atti della quinta Settimana internazionale di studio, Mendola 1971 (1974); *R. Hüls,* Kardinäle, Klerus und Kirchen Roms 1049–1130 (1977); *P. Kehr,* Die Belehnung der süditalienischen Normannenfürsten durch die Päpste (Abh. Berlin 1934, Heft 4); *H. Hoffmann,* Die Anfänge der Normannen in Süditalien. In: QFIAB 49 (1969); *P. Herde,* Das Papsttum und die griechische Kirche in Süditalien vom 11. bis zum 13. Jh. In: DA 26 (1970). – *P. Schmid,* Der Begriff der kanonischen Wahl in den Anfängen des Investiturstreits (1926); *A. Dresdner,* Kultur- und Sittengeschichte der italienischen Geistlichkeit im 10. und 11. Jh. (1890); *C. Violante,* La pataria milanese e la riforma ecclesiastica Bd. 1: Le premesse (1955); unter dem Titel Le strutture organizzative della chiesa nell'età della riforma hat C. Violante mehrere einschlägige Aufsätze aufgenommen in seinem Sammelbd. Studi sulla cristianità medioevale (1972); *H. E. J. Cowdrey,* The Papacy, the Patarenes and the Church of Milan. In: Transactions of the Royal Historical Society, 5. ser. 18 (1968); *G. Cracco,* Pataria: opus et nomen. In: Rivista di storia della Chiesa in Italia 28 (1974); *J. Siegwart,* Die Pataria des 11. Jh. und der heilige Nikolaus von Patara. In: Zs. für schweizerische Kirchengeschichte 71 (1977); *T. Schmidt,* Alexander II. (1061–1073) und die römische Reformgruppe seiner Zeit (1977); *G. Jenal,* Erzbischof Anno II. von Köln (1056–1075) und sein politisches Wirken, 2 Bde. (1974–1975); zur reichen Jubiläumsliteratur vgl. *R. Schieffer,* in: Rheinische Vierteljahrsbll. 40 (1976) S. 254 ff.

I.2: A. Mayer-Pfannholz, Die Wende von Canossa. In: Hochland 30 (1933, abgedruckt mit Beiträgen anderer Autoren in: Canossa als Wende, hg. von *H. Kämpf,* WdF 12, ³1976); *W. von den Steinen,* Canossa. Heinrich IV. und die Kirche (1957, nachgedruckt in der Reihe Libelli 286, 1969); *K. F. Morrison,* Canossa: a Revision. In: Traditio 18 (1962). Die Vorgänge und die Resonanz des Aktes von 1077 verzeichnet umfassend: *H. Zimmermann,* Der Canossagang von 1077. Wirkungen und Wirklichkeit (Abh. Mainz 1975, Nr. 5); eine erweiterte italienische Übersetzung erschien unter dem Titel: Canossa 1077. Storia e attualità (1977); an Canossa knüpft an die Darstellung des DDR-Historikers *E. Werner,* Zwischen Canossa und Worms (s. oben S. 217, Zweiter Teil I), und *ders.,*

Konstantinopel und Canossa. Lateinisches Selbstverständnis im 11. Jh. (SB der Akad. der Wiss. der DDR 1977, Nr. 4/G). Zur Einschätzung der Tat Gregors VII.: *R. Schieffer,* Von Mailand nach Canossa. Ein Beitrag zur Geschichte der christlichen Herrscherbuße von Theodosius d. Gr. bis zu Heinrich IV. In: DA 28 (1972).

I.2 a: Eine adäquate moderne Biographie Gregors VII. gibt es nicht, jedoch vielfache Versuche. Als Stoffsammlung immer noch wertvoll ist *W. Martens,* Gregor VII., sein Leben und Wirken, 2 Bde. (1894). Kraftvoll gestaltet, jedoch von einem unbelehrbaren deutschnationalen Standpunkt: *J. Haller,* Gregor VII. und Innocenz III. In: Meister der Politik, hg. von *E. Marcks* und *K. A. von Müller,* Bd. 1 ([2]1923) und *ders.,* Das Papsttum. Idee und Wirklichkeit Bd. 2: Der Aufbau (rowohlts deutsche enzyklopädie 223/224, 1965, gesetzt nach der 1962 erschienenen, verbesserten und ergänzten Auflage); aus einer harmonisierenden, konservativ-katholischen Sicht: *A. Arquillière,* Saint Grégoire VII (1934); aus guter Problemkenntnis urteilt *R. Morghen,* Gregorio VII e la riforma della Chiesa nel secolo XI (1974); eine förderliche Einführung mit kritischer Bibliographie bietet *G. Miccoli,* Gregorio VII. In: Bibliotheca Sanctorum VII (1966). – Von den gerade in letzter Zeit zunehmenden Bemühungen, Gregors VII. Kirchen- und Weltvorstellung zu ermitteln, seien genannt: *A. Nitschke,* Die Wirksamkeit Gottes in der Welt Gregors VII. In: Studi Gregoriani 5 (1956); *Y. Congar,* Der Platz des Papsttums in der Kirchenfrömmigkeit der Reformer des 11. Jh. In: Fs. H. Rahner (1961); *ders.,* Die Lehre von der Kirche. Von Augustinus bis zum Abendländischen Schisma (Hdb. der Dogmengeschichte, hg. von *M. Schmaus* u. a., Bd. 3, Fasc. 3 c, 1971); *L. F. J. Meulenberg,* Der Primat der römischen Kirche im Denken und Handeln Gregors VII. (1965); *J. Gilchrist,* Gregory VII and the Juristic Sources of his Ideology. In: Studia Gratiana XII (Fs. St. Kuttner Bd. 2, 1967); *ders.,* Gregory VII and the Primacy of Roman Church. In: Tijdschrift voor rechtsgeschiedenis 36 (1968); *K. Ganzer,* Das Kirchenverständnis Gregors VII. In: Trierer Theologische Zs. 78 (1969); *W. Ullmann,* A Short History of the Papacy in the Middle Ages (1972, dt. 1978); *Ch. Schneider,* Prophetisches Sacerdotium und heilsgeschichtliches Regnum im Dialog 1073–1077 (1972). – Zu den Briefen, speziell zum Briefregister Gregors VII. (hg. von *E. Caspar,* MGH Epp. sel. II, 1920/23), vgl. *R. Schieffer,* Tomus Gregorii papae. Bemerkungen zur Diskussion um das Register Gregors VII. In: AfD 17 (1971; ersch. 1973); *H. Hoffmann,* Zum Register und zu den Briefen Gregors VII. In: DA 32 (1976); unübertroffen an Präzision und Ausgewogenheit des Urteils ist immer noch *E. Caspar,* Gregor VII. in seinen Briefen. In: HZ 130 (1924). – Zum Dictatus Papae: *K. Hofmann,* Der „Dictatus Papae" Gregors VII. (1933); *H. Fuhrmann,* „Quod catholicus non habeatur, qui non concordat Romanae ecclesiae". Randnotizen zum Dictatus Papae. In: Fs. H. Beumann (1977). – Zu Heinrich IV. vgl. den Artikel von *Th. Schieffer,* in: NDB 8 (1969); *F. Lotter,* Zur literarischen Form und Intention der Vita Heinrici IV. In: Fs. H. Beumann (1977); *J. Fleckenstein,* Heinrich IV. und der dt. Episkopat in den Anfängen des Investiturstreites. In: Adel und Kirche. Fs. für G. Tellenbach (1968) und *ders.*, Hofkapelle und Reichsepiskopat unter Heinrich IV. In: Investiturstreit und Reichsverfassung (VuF 17, 1973); *A. Nitschke,* Die Ziele Heinrichs IV. In: Wissenschaft, Wirtschaft und Technik. Fs. W. Treue (1970).

I.2 b: O.-H. Kost, Das östliche Niedersachsen im Investiturstreit (1962); *K.-H. Lange,* Der Herrschaftsbereich der Grafen von Northeim (1969); *E. Müller-Mertens,* Der Sachsenkrieg von 1073–1075 und die Frage nach dem Verbleib freier Bauern in der Feudalgesellschaft. In: Die Rolle der Volksmassen in der Geschichte der vorkapitalistischen Gesellschaftsformationen, hg. von *J. Herrmann* und *I. Sellnow* (1975); *K. Jordan,* Sachsen und das dt. Königtum im hohen MA. In: HZ 210 (1970); *H. Spier,* Die Harzburg Heinrichs IV. In: Harz-Zs. 19/20 (1967/68); *L. Fenske,* Adelsopposition und kirchliche Reformbewegung im östlichen Niedersachsen (1977).

I.2 c: Vgl. die Literatur am Eingang des Kapitels oben S. 219 f. Zuletzt mit Aufarbeitung der älteren Literatur: *E. Hlawitschka,* Zwischen Tribur und Canossa. In: HJb 94 (1974).

I.2 d: Grundlegend immer noch *A. Hauck,* Kirchengeschichte Deutschlands Bd. 3 ([3/4]1906); einschlägige Einzelforschungen in dem Sammelband: Investiturstreit und Reichsverfassung (VuF 17, 1973); *H. Jakobs,* Der Adel in der Klosterreform von St. Blasien (1968); *P. E. Hübinger,* Die letzten Worte Papst Gregors VII. (1973); *A. Becker,* Papst Urban II. Teil I (1964).

I.3: Vgl. auch oben S. 208, Quellenkunde; *C. Mirbt,* Die Publizistik im Zeitalter Gregors VII. (1894); *C. Erdmann,* Die Anfänge der staatlichen Propaganda im Investiturstreit. In: HZ 154 (1936); *K. Jordan,* Der Kaisergedanke in Ravenna zur Zeit Heinrichs IV. In: DA 2 (1938); *K. J. Leyser,* The Polemics of the Papal Revolution (s. oben S. 216, Erster Teil IV und V); *W. Hartmann,* Manegold von Lautenbach und die Anfänge der Frühscholastik. In: DA 26 (1970); *H. Fuhrmann,* „Volkssouveränität" und „Herrschaftsvertrag" bei Manegold von Lautenbach. In: Fs. H. Krause (1975); *E. Werner,* Häresie und Gesellschaft im 11. Jh. (SB Leipzig 117, 1975, Heft 5); *M. Grabmann,* Die Geschichte der scholastischen Methode, 2 Bde. (1909–1911); *J. St. Robinson,* Zur Arbeitsweise Bernolds von Konstanz und seines Kreises. In: DA 34 (1978).

I.4: J. F. O'Callaghan, A History of Medieval Spain (1975); R. Menéndez Pidal, La España del Cid, 2 Bde. (1929; ins Dt. übersetzt 1936/37); die farbige Schilderung eines interessierten Laien: *J. J. Norwich,* Die Wikinger im Mittelmeer. Das Südreich der Normannen 1016–1130 (1968); *J. Deér,* Papsttum und Normannen (1972); *G. Ostrogorsky,* Geschichte des byzantinischen Staates ([3]1963); *St. Runciman,* The Eastern Schism (1955); *K. Jordan,* Das Reformpapsttum und die abendländische Staatenwelt. In: Die Welt als Geschichte 18 (1958); *ders.,* Die Entstehung der römischen Kurie. In: ZRG Kan. 28 (1939, abgedruckt mit Nachträgen in der Reihe

Libelli 91, 1962); *A. Becker,* La politique féodale d'Urbain II dans l'ouest et le sud de l'Europe. In: Fs. J. Yver (1976); *C. Erdmann,* Die Entstehung des Kreuzzugsgedankens (1935); *St. Runciman,* Geschichte der Kreuzzüge, 3 Bde. (1957–1960); *L. Boehm,* „Gesta Dei per Francos" oder „Gesta Francorum". In: Saeculum 8 (1957); *H. E. Mayer,* Geschichte der Kreuzzüge ([3]1973; ins Englische übersetzt: The Crusades, 1972); *ders.,* Literaturbericht über die Geschichte der Kreuzzüge. In: Sonderheft der HZ (Literaturberichte) 3 (1969); *J. Prawer,* Histoire du royaume latin de Jerusalem, 2 Bde. (1969/70); A History of the Crusades Bd. 1: The First Hundred Years, hg. von *K. M. Setton* ([2]1969).

I.5: E. Ennen, Frühgeschichte der europäischen Stadt (1953); *dies.,* Die europäische Stadt im MA ([2]1975); *W. Goetz,* Die Entstehung der italienischen Kommunen im frühen MA (SB München 1944); *W. Goez,* Grundzüge der Geschichte Italiens in MA und Renaissance (1975); *G. Fasoli,* Dalla „civitas" al comune nell'Italia settentrionale (1969); *H. Keller,* Die Entstehung der italienischen Stadtkommunen als Problem der Sozialgeschichte. In: Frühma. Studien 10 (1976); *ders.,* Einwohnergemeinde und Kommune: Probleme der italienischen Stadtverfassung im 11. Jh. In: HZ 224 (1977); Die Städte Mitteleuropas im 12. und 13. Jh., hg. von *W. Rausch* (1963). Aufsätze zu Grundsatzfragen der Stadtgeschichte sind zusammengestellt in: Die Stadt des MA, 3 Bde., hg. von *C. Haase* (WdF 243–245; 1969, 1972, 1973, teilweise in neueren Auflagen); eine Quellensammlung zur Frühgeschichte der dt. Stadt, hg. von *B. Diestelkamp,* bringt der Elenchus fontium historiae urbanae Bd. 1 (1967); *H. Stoob,* Forschungen zum Städtewesen in Europa Bd. 1 (1970); *U. Lewald,* Köln im Investiturstreit. In: Investiturstreit und Reichsverfassung (VuF 17, 1973); *T. Diederich,* Coniuratio Coloniae facta est pro libertate. In: Annalen des Historischen Vereins für den Niederrhein 176 (1974); *W. Schlesinger,* Das älteste Freiburger Stadtrecht. Überlieferung und Inhalt. In: ZRG Germ. 83 (1966); *B. Diestelkamp,* Gibt es eine Freiburger Gründungsurkunde aus dem Jahre 1120? (1973); *A. von Brandt,* Stadtgründung, Grundbesitz und Verfassungsanfang in Lübeck. In: Zs. des Vereins für Lübeckische Geschichte 36 (1956); *B. Schwineköper,* Königtum und Städte bis zum Ende des Investiturstreits. Die Politik der Ottonen und Salier gegenüber den werdenden Städten im östlichen Sachsen und in Nordthüringen (1977).

II.1: W. Schwarz, Der Investiturstreit in Frankreich. In: ZKG 42/43 (1923/24); *A. Becker,* Studien zum Investiturproblem in Frankreich (1955); *H. Hoffmann,* Ivo von Chartres und die Lösung des Investiturproblems. In: DA 15 (1959); *R. L. Benson,* The Bishop-Elect. A Study in Medieval Ecclesiastical Office (1968); *I. Ott,* Der Regalienbegriff im 12. Jh. In: ZRG Kan. 35 (1948); *J. Fried,* Der Regalienbegriff im 11. und 12. Jh. In: DA 29 (1973); *H. E. J. Cowdrey,* Pope Gregory VII and the Anglo-Norman Church and Kingdom. In: Studi Gregoriani 9 (1972); *N. F. Cantor,* Church, Kingship and Lay Investiture in England, 1089–1135 (1958); *Ch. N.*

Brooke, The Saxon and the Norman Kings (1963); *M. Howell,* Regalian Right in Medieval England (1962); *M. Gibson,* Lanfranc of Bec (1978).

II.2 und 3: A. Waas, Heinrich V. (1967); *Th. Schieffer,* Heinrich V. In: NDB 8 (1969); *K. Leyser,* England and the Empire in the Early Twelfth Century. In: Transactions of the Royal Historical Society, 5 Ser. 10 (1960); *M. J. Wilks,* Ecclesiastica and Regalia: Papal Investiture Policy from the Council of Guastalla to the first Lateran Council, 1106–1123. In: Councils and Assemblies (Studies in Church History 7, 1971); *U.-R. Blumenthal,* Some notes on papal policies at Guastalla, 1106. In: Studia Gratiana XIX (Mélanges G. Fransen 1) (1976); *dies.,* Patrimonia and Regalia in 1111. In: Essays in Honor of St. Kuttner (1977); *M. Minninger,* Von Clermont zum Wormser Konkordat (Beihefte zu J. F. Böhmer, Regesta Imperii 2, 1978); *J. Krimm-Beumann,* Der Traktat „De investitura episcoporum" von 1109. In: DA 33 (1977); *A. Hofmeister,* Das Wormser Konkordat. In: Fs. D. Schäfer (1915; Sonderausgabe mit einem Vorwort von *R. Schmidt,* 1962); *H. Büttner,* Erzbischof Adalbert von Mainz, die Kurie und das Reich in den Jahren 1118 bis 1122. In: Investiturstreit und Reichsverfassung (VuF 17, 1973); *P. Classen,* Das Wormser Konkordat in der dt. Verfassungsgeschichte. In: VuF 17 (1973).

Dritter Teil

I.1: H. Mitteis, Die Krise des dt. Königswahlrechts (SB München 1950); Die dt. Königserhebung im 10. und 11. Jh., hg. von *W. Böhme,* 2 Hefte (1970) mit der wichtigsten Literatur; *W. Schlesinger,* Die Wahl Rudolfs von Schwaben zum Gegenkönig 1077 in Forchheim. In: Investiturstreit und Reichsverfassung (VuF 17, 1973); *G. Scheibelreiter,* Der Regierungsantritt des römisch-dt. Königs (1056–1138). In: MIÖG 81 (1973); *S. Haider,* Die Wahlversprechungen der römisch-dt. Könige bis zum Ende des 12. Jh. (1968); *W. Nowak,* Soziale Wandlungen und niedere Volksschichten im Zeitalter des Investiturstreites. Untersuchungen zur Sozialgeschichte Deutschlands zwischen dem 10. und 12. Jh. (Diss. Freie Universität Berlin 1954, ms.); *J. Johrendt,* „Milites" und „Militia" im 11. Jh. Untersuchungen zur Frühgeschichte des Rittertums in Frankreich und Deutschland (Diss. Erlangen 1971); Wort und Begriff „Bauer". Zusammenfassender Bericht über die Kolloquien der Kommission für die Altertumskunde Mittel- und Nordeuropas (Abh. Göttingen 89, 1975); *E. Werner,* Stadtluft macht frei. Frühscholastik und bürgerliche Emanzipation in der ersten Hälfte des 12. Jh. (SB Leipzig 118, 1976, Heft 5); *G. Tellenbach,* Vom karolingischen Reichsadel zum dt. Reichsfürstenstand. In: Adel und Bauern im dt. Staat des MA (1943, abgedruckt in: Herrschaft und Staat im MA, hg. von *H. Kämpf,* WdF 2, 1956); *K. Leyser,* The German Aristocracy from the 9th to the Early 12th Century. In: Past and Present 41 (1968); *Ph. Dollinger,* Aspects de la noblesse allemande, XIe–XIIIe siècles. In: La noblesse au moyen âge, hg. von *P. Contamine* (1976); *H. Hirsch,* Die Klosterimmunität seit dem Investiturstreit (1913; mit einem Nachwort von *H. Büttner,* 1967); *Th. Mayer,* Fürsten und Staat (1950);

H. M. Maurer, Die Entstehung der hochma. Adelsburg in Südwestdeutschland. In: Zs. für die Geschichte des Oberrheins 117 (1969); Die Burgen im deutschen Sprachraum, hg. von *H. Patze* (VuF 19, 1976).

I.2: K. F. Werner, Königtum und Fürstentum im französischen 12. Jh. In: Probleme des 12. Jh. (VuF 12, 1968); *ders.*, Adel (Fränkisches Reich, Imperium, Frankreich). In: Lexikon des MA Bd. I/1 (1977); *W. Kienast*, Der Herzogstitel in Frankreich und Deutschland (9.–12. Jh.) (1968); *G. Duby*, La société aux XIe et XIIe siècles dans la région mâconnaise (²1971); *ders.*, Krieger und Bauern. Die Entwicklung von Wirtschaft und Gesellschaft im frühen MA. (1977); *G. Fourquin*, Seigneurie et féodalité au Moyen Age (1970); *F. Barlow*, The Feudal Kingdom of England, 1042–1216 (³1972); *F. Stenton*, The First Century of English Feudalism 1066–1166 (²1961); *R. W. Southern*, The Place of Henry I in English History. In: Proceedings of the British Academy 48 (1963); *E. Caspar*, Roger II. (1101–1154) und die Gründung der normannisch-sicilischen Monarchie (1904); *J. Deér*, Papsttum und Normannen (1972); *J. J. Norwich*, Die Normannen in Sizilien 1130–1194 (1971, Fortsetzung der oben S. 220, Zweiter Teil I.4 genannten Darstellung; vgl. auch DA 31, 1975); *W. Goetz*, Die Entstehung der italienischen Kommunen (s. oben S. 221, Zweiter Teil I.5); *G. Dilcher*, Die Entstehung der lombardischen Stadtkommune (1967); *A. Viscardi – G. Barni*, L'Italia comunale (1966); *H. Hoffmann*, Der Kirchenstaat im hohen MA. In: QFIAB 57 (1977, zugleich Besprechung von *P. Toubert*, Les structures du Latium médiéval, 2 Bde., 1973); *F. Dölger*, Der Feudalismus in Byzanz. In: Studien zum ma. Lehenswesen (VuF 5, 1960). – Zur Situation in Spanien und in den Kreuzfahrerstaaten s. die Literatur oben S. 220 f., Zweiter Teil I.4.

II: „Wissenschaft und Gottverlangen" ist die Überschrift eines Buches von *J. Leclercq* (L'amour des lettres et le désir de Dieu 1957; dt. 1963); vgl. auch *H. Wolter*, in: Hdb. der Kirchengeschichte, hg. von *H. Jedin*, Bd. 3,2 (1968); gegen den von *Leclercq* verwendeten Begriff der „Mönchstheologie" hat u. a. *G. Meersseman* Bedenken angemeldet, in: Atti della quarta Settimana internazionale di studio, Mendola 1968 (1971). Ein Forschungsbericht (Le renouveau de la théologie) wird *J. Leclercq* im Kongreßbericht The Renaissance of the Twelfth Century (s. oben S. 214, Einführung II.4) bringen; *W. Levison*, Die Lehre von den beiden Schwertern. In: DA 9 (1952); *H. Hoffmann*, Die beiden Schwerter im hohen MA. In: DA 20 (1964); *E. Kennan*, The „De consideratione" of St. Bernard of Clairvaux and the Papacy in the Mid-Twelfth Century. In: Traditio 23 (1967). – Als Übersicht immer noch nützlich: *M. Heimbucher*, Die Orden und Kongregationen der katholischen Kirche, 2 Bde. (³1933/34); eine Art Bibliographie raisonnée gibt *G. Constable*, Medieval Monasticism, A Select Bibliographie (1976); über den geistigen Hintergrund der Ordensgründungen: *H. Grundmann*, Religiöse Bewegungen im MA (³1970) und *A. Borst*, Religiöse und geistige Bewegungen im HochMA. In: Propyläen-Weltgeschichte, hg. von *G. Mann* u.a., Bd. 5 (1963). Zum Niedergang Clunys: *G. Tellenbach*, Der Sturz des Abtes Pontius von Cluny. In: QFIAB 42/43 (1963); *K. Hallinger,* Das Phänomen der liturgischen Steigerungen Klunys (10./11. Jh.). In: Fs. L. G. Spätling (1977); *J. Wollasch,* Mönchtum des MA zwischen Kirche und Welt (1973); *E. Werner,* Die gesellschaftlichen Grundlagen der Klosterreform des 11. Jh. (1953). Über die geistlichen Ritterorden vgl. den demnächst in der Reihe VuF erscheinenden Sammelbd. des Konstanzer Arbeitskreises. *R. Poehl,* Plan and Reality in a Medieval Monastic Economy: The Cistercians. In: Studies in Medieval and Renaissance History 9 (1972); Die Cistercienser, hg. von *A. Schneider* u. a. (1974); Zisterzienser-Studien 1, mit Beiträgen von *P. Feige, W. Ribbe, R. Schneider* (1975); *G. Duby,* Le monachisme et l'économie rurale. In: Atti della quarta Settimana (s. oben S. 218, Zweiter Teil I.1); *J. Lortz* (Hg.), Bernhard von Clairvaux. Mönch und Mystiker. Internationaler Bernhardkongreß 1953 (1955); eine moderne Biographie, in der die umfangreichen und vom HauptHg. der Bernhard-Schriften J. Leclercq mitgetragenen Forschungen aufgenommen sind, steht noch aus, vgl. *W. W. Williams,* S. Bernard of Clairvaux ([2]1953); *P. Zerbi,* in: Bibliotheca Sanctorum III (1963). – *A. Borst,* Abälard und Bernhard. In: HZ 186 (1958); *A. V. Murray,* Abelard and St. Bernhard. A Study in Twelfth Century ‚Modernism' (1967); Peter Abaelard.The Man and his Work. Proceedings of the International Conference, Louvain 1971 (1973); *P. von Moos,* MAforschung und Ideologiekritik. Der Gelehrtenstreit um Héloise (1974), der die Frage der Echtheit selbst offen läßt; *J. Miethke,* Abelards Stellung zur Kirchenreform. Eine biographische Studie. In: Francia 1 (1973); *R.Peppermüller,* Abaelard. In: Theologische Realenzyklopädie Bd. 1 (1976). – *J. de Ghellinck,* L'essor de la littérature latine au XIIe siècle ([2]1954); *M. D. Chenu,* La théologie au XIIe siècle ([3]1976); *G. Paré – A. Brunet – P. Tremblay,* La renaissance au XIIe siècle. Les écoles et l'enseignement (1933); *H. Grundmann,* Vom Ursprung der Universität im MA ([2]1960, abgedruckt in *ders.,* Ausgewählte Aufsätze Bd. 3, 1978); *P. Classen,* Die Hohen Schulen und die Gesellschaft im 12. Jh. In: AKG 48 (1966); *St. Chodorow,* Christian Political Theory and Church Politics in the Mid-Twelfth Century: The Ecclesiology of Gratian's Decretum (1972); *H. Fuhrmann,* Einfluß und Verbreitung der pseudoisidorischen Fälschungen Bd. 2 (1973); *St. Kuttner,* Harmony from Dissonance (1960); *A. Führkötter,* Hildegard von Bingen (1972).

III.1: H. Stoob, Zur Königswahl Lothars von Sachsen im Jahre 1125. In: Historische Forschungen für W. Schlesinger (1974); *ders.,* Gedanken zur Ostseepolitik Lothars III. In: Fs. F. Hausmann (1978); *F. Geldner,* Kaiserin Mathilde, die dt. Königswahl von 1125 und das Gegenkönigtum Konrads III. In: Zs. für bayerische Landesgeschichte 40 (1977); *E. Wadle,* Reichsgut und Königsherrschaft unter Lothar III. (1125–1137) (1969; vgl. auch *H. Krause,* in: ZRG Germ. 89, 1972); *F.-J. Schmale,* Lothar III. und Friedrich I. als Könige und Kaiser. In: Probleme des 12. Jh. (VuF 12, 1968, abgedruckt in: Friedrich Barbarossa, hg. von *G. Wolf,* WdF 390, 1975); *ders.,* Studien zum Schisma des Jahres 1130 (1961); *F. Kempf,* Kanonistik und kuriale Politik. In: AHP 1 (1963).

III.2: H. W. Vogt, Das Herzogtum Lothars von Süpplingenburg 1106–1125 (1959); *K. Jordan,* Sachsen und das dt. Königtum im hohen MA. In: HZ 210 (1970); *W. Schlesinger,* Die geschichtliche Stellung der ma. dt. Ostbewegung (s. oben S. 213, Einführung II.2); *ders.,* Der Osten. In: *B. Gebhardt,* Hdb. der dt. Geschichte Bd. 1 (⁹1970); vgl. auch die gesammelten Aufsätze: Heidenmission und Kreuzzugsgedanke in der dt. Ostpolitik des MA, hg. von *H. Beumann* (WdF 7, ²1973). Mehrere Vortragsreihen des Konstanzer Arbeitskreises, an denen sich auch polnische und tschechische Historiker beteiligt haben, sind zusammengefaßt: Die dt. Ostsiedlung des MA als Problem der europäischen Geschichte, hg. von *W. Schlesinger* (VuF 18, 1975); einschlägige Aufsätze auch in der zweibändigen Fs. für W. Schlesinger (Mitteldt. Forschungen 74, 1 und 2; 1973 und 1974); nützlich ist die Zusammenstellung: Urkunden und erzählende Quellen zur dt. Ostsiedlung im MA, hg. von *H. Helbig* und *L. Weinrich* (Freiherr-vom-Stein-Gedächtnisausgabe, ma. Reihe, 26 a, ²1975; 26 b, 1970).

IV.1: B. Töpfer – E. Engel, Vom Staufischen Imperium zum Hausmachtkönigtum (1976); *F. Geldner,* Zur neueren Beurteilung König Konrads III. In: Fs. B. Kraft (1955); *F. Hausmann,* Die Anfänge des staufischen Zeitalters unter Konrad III. In: Probleme des 12. Jh. (VuF 12, 1968); *F. Stephan-Kühn,* Wibald von Stablo als Abt von Stablo und Corvey und im Dienste Konrads III. (Diss. Köln 1973); *K. Feldmann,* Herzog Welf VI. und sein Sohn (Diss. Tübingen 1971); *dies.,* Herzog Welf VI., Schwaben und das Reich. In: Zs. f. Württembergische Landesgeschichte 30 (1971).

IV.2: P. Lamma, Comneni e Staufer, 2 Bde. (1955, 1957); *A. Frugoni,* Arnaldo da Brescia nelle fonti del secolo XII (1954); eine postum hg. Sammlung einschlägiger Aufsätze desselben Verfassers: Oriente e Occidente nell'alto Medioevo. Studi storici (1968); *P. Lehmann,* Die Parodie im MA (²1963); *H. Schüppert,* Kirchenkritik in der lateinischen Lyrik des 12. und 13. Jh. (1972); *H.-D. Kahl,* Zum Ergebnis des Wendenkreuzzugs von 1147. In: Wichmann-Jb. 11/12 (1957/58, abgedruckt mit einem Nachtrag in: Heidenmission und Kreuzzugsgedanke in der dt. Ostpolitik des MA, WdF 7, ²1973); *F. Lotter,* Die Konzeption des Wendenkreuzzugs (1977).

Vierter Teil

Das Bild Friedrich Barbarossas und der Stauferzeit dürfte nicht nur in der Öffentlichkeit stark geprägt sein von der weithin als unumgänglichem Bildungsereignis empfundenen Stauferausstellung in Stuttgart 1977. Sie hat in nur sechs Wochen – 26. März bis 5. Juni – fast eine dreiviertel Million Besucher angezogen; der vierbändige Katalog ist in über 150 000 Exemplaren verbreitet: kein Werk über die Stauferzeit – gelehrt oder populär – hat bislang eine so hohe Auflage gefunden, und das dürfte auch für die Zukunft gelten. Die Bde. 3 (Aufsätze) und 4 (Karten und Stammtafeln) des Katalogs enthalten neben Essays weiterführende Studien, wie auch manche Bearbeiter des Bd. 1 (Katalog der Ausstellung) eigene Forschungen und Beobachtungen eingebracht haben: vgl. die einander ergänzenden Besprechungen von *P. Kurmann,* in: Kunstchronik 30 (1977) und *H. Boockmann,* in: GWU 29 (1978). Das neu erwachte historische Interesse für die Stauferzeit hat eine Flut sogenannter „Sachbücher" entstehen lassen, die teilweise mit gewaltigem Werbeaufwand von Großverlagen auf den Markt geworfen wurden: der Bereich des populären Geschichtsbuchs ist hier fest in journalistischer Hand, wobei offenbar von der Schutzbehauptung ausgegangen wird, daß seriös auch langweilig bedeute.

A. Borst, Die Staufer und Europa (Festvortrag zur Staufer-Ausstellung). In: Frankfurter Allgemeine Zeitung Nr. 78 vom 2. April 1977; *G. Barraclough,* Friedrich Barbarossa und das 12. Jh. In: *ders.,* Geschichte in einer sich wandelnden Welt (1957); *E. Maschke,* Das Geschlecht der Staufer (1943); *H. Schwarzmaier,* Die Heimat der Staufer (^{2}1977); *O. Engels,* Die Staufer (^{2}1977); *H. Heimpel,* Friedrich I. Barbarossa. In: NDB 5 (1961); *K. Jordan,* Friedrich Barbarossa (^{2}1967); *M. Pacaut,* Frédéric Barberousse (1967; dt. 1969); *P. Munz,* Frederick Barbarossa. A Study in Medieval Politics (1969; dazu *J. B. Gillingham,* in: The English Historical Review 86, 1971); einige wichtige Beiträge sind abgedruckt: Friedrich Barbarossa, hg. von *G. Wolf* (WdF 390, 1975). – Zu Otto von Freising und der „staufischen Geschichtsschreibung" vgl. den oben S. 208, Quellenkunde angeführten einschlägigen Bd. von *F.-J. Schmale* (1976); Geschichtsdenken und Geschichtsbild im MA, hg. von *W. Lammers* (WdF 21, ^{2}1965); *W. Lammers,* Einleitung zur Ausgabe der „Chronik oder Die Geschichte der zwei Staaten" (Freiherr-vom-Stein-Gedächtnisausgabe, ma. Reihe 16, ^{3}1974); *ders.,* Weltgeschichte und Zeitgeschichte bei Otto von Freising (1977); *O. Engels,* Neue Aspekte zur Geschichte Friedrich Barbarossas und Heinrich des Löwen. In: Schriften zur staufischen Geschichte und Kunst 3 (1977); *H. Grundmann,* Der Cappenberger Barbarossakopf und die Anfänge des Stiftes Cappenberg (1959).

I: P. Rassow, Honor Imperii. Die neue Politik Friedrich Barbarossas 1152–1159 (^{2}1961; zur ersten Auflage von 1940 vgl. *H. Grundmann,* in: HZ 164, 1941, abgedruckt in: Friedrich Barbarossa, WdF 390, 1975); *O. Engels,* Beiträge zur Geschichte der Staufer im 12. Jh. In: DA 27 (1971); *H. Appelt,* Heinrich der Löwe und die Wahl Friedrich Barbarossas. In: Fs. H. Wiesflecker (1973); *M. Maccarrone,* Papato e Impero dalla elezione di Federico I alla morte di Adriano IV (1152–1159) (1959); *P. Classen,* Zur Geschichte Papst Anastasius' IV. In: QFIAB 48 (1968).

II.1: A. Haverkamp, Herrschaftsformen der Frühstaufer in Reichsitalien, 2 Bde. (1970/71; vgl. die Einwände von *D. von der Nahmer,* in: Studi medievali, 3. ser. 15, 1974); *J. T. Noonan,* Who was Rolandus? In: Essays in Honor of St. Kuttner (1977); *A. Frugoni,* „A pictura cepit". In: Bullettino dell'Istituto Storico Italiano 78 (1967); *W. Heinemeyer,* „Beneficium – non feudum, sed bonum factum". Der Streit auf dem Reichstag von Besançon 1157. In: AfD 15 (1969); *V. Colorni,* Die drei verschollenen

Gesetze des Reichstages bei Roncaglia (übersetzt von *G. Dolezalek*, 1969); *J. Fried*, Die Entstehung des Juristenstandes im 12. Jh. (1974); *W. Stelzer*, Zum Scholarenprivileg Friedrich Barbarossas (Authentica „Habita"). In: DA 34 (1978) (das Privileg selbst MGH DF I nr. 243); *P. Koschaker*, Europa und das römische Recht (1947); *H. Appelt*, Friedrich Barbarossa und das römische Recht. In: Römische Historische Mitteilungen 5 (1961/62, abgedruckt mit einem Nachtrag in: Friedrich Barbarossa, WdF 390, 1975); *W. Ullmann*, Von Canossa nach Pavia. In: HJb 93 (1973).

II.2: H. Appelt, Das Privilegium minus ([2]1976); *H. Fichtenau*, Von der Mark zum Herzogtum ([2]1965); *K. Lechner*, Die Babenberger (1976); *E. Hoffmann*, Königserhebung und Thronfolgeordnung in Dänemark bis zum Ausgang des MA (1976); *P. Th. Riis*, Les institutions politiques centrales du Danemark 1100–1332 (1977); *J. Bärmann*, Die Städtegründungen Heinrichs des Löwen und die Stadtverfassung des 12. Jh. (1961); *K. Jordan*, Die Bistumsgründungen Heinrichs des Löwen (1939); *ders.*, Die Städtepolitik Heinrichs des Löwen. Eine Forschungsbilanz. In: Hansische Geschichtsbll. 78 (1960); *E. Hoffmann*, Vicelin und die Neugründung des Bistums Oldenburg/Lübeck, und *K. Jordan*, Lübeck unter Graf Adolf II. von Holstein und Heinrich dem Löwen. In: Lübeck 1226. Reichsfreiheit und frühe Stadt (1976); *W. Ebel*, Lübisches Recht Bd. 1 (1971); *J. Fried*, Königsgedanken Heinrichs des Löwen. In: AKG 55 (1973); *K. Schmid*, Welfisches Selbstverständnis. In: Fs. G. Tellenbach (1968); *ders.*, De regia stirpe Waiblingensium. Bemerkungen zum Selbstverständnis der Staufer. In: Zs. für die Geschichte des Oberrheins 124 (1976); *K. Jordan*, Die Gestalt Heinrichs des Löwen im Wandel des Geschichtsbildes. In: GWU 26 (1975); in Kürze dürfte die lang erwartete Biographie über Heinrich den Löwen von *K. Jordan* erscheinen.

II.3: F. Heer, Aufgang Europas (1949); Kommentarband (1950; von den Besprechungen seien genannt: *F. L. Ganshof*, in: MIÖG 61, 1953 und *H. Grundmann*, in: DA 11, 1954); *H. Appelt*, Die Kaiseridee Friedrich Barbarossas (SB Wien 252, 1967, Heft 4, abgedruckt mit einem Nachtrag in: Friedrich Barbarossa, WdF 390, 1975); *G. Koch*, Auf dem Wege zum Sacrum Imperium. Studien zur ideologischen Herrschaftsbegründung der dt. Zentralgewalt im 11. und 12. Jh. (1972); *K. Zeillinger*, Friedrich Barbarossa, Wibald von Stablo und Eberhard von Bamberg. In: MIÖG 78 (1970); *R. Herkenrath*, Rainald von Dassel, Reichskanzler und Erzbischof von Köln (phil. Diss. Graz 1962. ms.); *W. Grebe*, Studien zur geistigen Welt Rainalds von Dassel. In: Annalen des Historischen Vereins für den Niederrhein 171 (1969, abgedruckt in: Friedrich Barbarossa, WdF 390, 1975); *J. Petersohn*, Saint-Denis-Westminster-Aachen. Die Karls-Translatio von 1165 und ihre Vorbilder. In: DA 31 (1975); *G. Bernt*, Archipoeta. In: Die dt. Literatur des MA. Verfasserlexikon Bd. 1 (1977); *W. Stach*, Salve, mundi domine! Kommentierende Betrachtung zum Kaiserhymnus des Archipoeta (SB Leipzig 91, 1939, Heft 5); *K. Langosch*, Politische Dichtung um Friedrich Barbarossa (1943); Carmina Burana, übertragen von *C. Fischer*, Anmerkungen und Nachwort von *G. Bernt* (1974); *G. Günther*, Der Antichrist. Der staufische Ludus de Antichristo. Kommentar (Übertragung von *G. Hasenkamp*) (1970); *B. Töpfer*, Reges Provinciales. Ein Beitrag zur staufischen Reichsideologie unter Kaiser Friedrich I. In: Zs. für Geschichtswissenschaft 22 (1974).

III.1: F.-J. Schmale, Friedrich I. und Ludwig VII. im Sommer des Jahres 1162. In: Zs. für bayerische Landesgeschichte 31 (1968); *B. Smalley*, The Becket Conflict and the Schools. A Study of Intellectuals in Politics (1973; vgl. *L. Schmugge*, in: DA 32, 1976); *M. Pacaut*, Alexandre III (1956); *J. Ehlers*, Alexander III. In: Theologische Realenzyklopädie Bd. 1 (1977). Zum 800jährigen Jubiläum der Gründung Alessandrias wurde 1968 in dieser Stadt ein wissenschaftlicher Kongreß abgehalten, dessen Beiträge teilweise veröffentlicht wurden: Popolo e Stato in Italia nell'età di Federico Barbarossa. Alessandria e la Lega Lombarda (1970; vgl. DA 28, 1972).

III.2: G. Baaken, Die Altersfolge der Söhne Friedrich Barbarossas und die Königserhebung Heinrichs VI. In: DA 24 (1968); *E. Aßmann*, Barbarossas Kinder. In: DA 33 (1977); *K. Bosl*, Die Reichsministerialität der Salier und Staufer, 2 Bde. (1950/51). Vgl. die Übersichtsaufsätze von *K. Schreiner* (Die Staufer als Herzöge von Schwaben), *H. Löwe* (Die Staufer als Könige und Kaiser), *H. Patze* (Herrschaft und Territorium), *K. Zernack* (Landesausbau und Ostsiedlung), *E. Maschke* (Die deutschen Städte der Stauferzeit), *E. Nau* (Münzen und Geld in der Stauferzeit) in Bd. 3 (Aufsätze) des Katalogs der Stuttgarter Staufer-Ausstellung (s. oben S. 225 f.).

IV.1: Th. Mayer, Friedrich I. und Heinrich der Löwe. In: Kaisertum und Herzogsgewalt im Zeitalter Friedrichs I. (1944, auch separat erschienen in der Reihe Libelli 37, 1958); im selben Bd.: *C. Erdmann*, Der Prozeß Heinrichs des Löwen (dazu *H. Mitteis*, in: ZRG Germ. 65, 1947); *W. Goez*, Der Leihezwang (1962); *H.-G. Krause*, Der Sachsenspiegel und das Problem des sogenannten Leihezwangs. In: ZRG Germ. 93 (1976); *G. Droege*, Landrecht und Lehnrecht im hohen MA (1969).

IV.2: A. Cartellieri, Philipp II. August, 4 Bde. (1899–1922); *W. L. Warren*, Henry II (1973); *J. A. Brundage*, Richard Lion Heart (1974); *F. Trautz*, Die Könige von England und das Reich 1272–1377. Mit einem Rückblick auf ihr Verhältnis zu den Staufern (1961); *G. I. Langmuir*, Per commune consilium regni in Magna Carta, und *J. C. Holt*, Magna Carta and the Origins of Statute Law. In: Studia Gratiana XV (1972).

IV.3: J. Fleckenstein, Friedrich Barbarossa und das Rittertum. Zur Bedeutung der großen Mainzer Hoftage von 1184 und 1188. In: Fs. H. Heimpel Bd. 2 (1972, abgedruckt in: Das Rittertum im MA, hg. von *A. Borst*, WdF 349, 1976); *G. Baaken*, Unio regni ad imperium. Die Verhandlungen von Verona 1184 und die Eheabredung zwischen König Heinrich VI.

und Konstanze von Sizilien. In: QFIAB 52 (1972); *E. Eickhoff*, Friedrich Barbarossa im Orient. Kreuzzug und Tod Friedrichs I. (1977).

IV.4: Zu Wesen und Erscheinungsform des Rittertums: Das Rittertum im MA (WdF 349, 1976), wo auch *A. Borsts* desillusionierender Aufsatz: Das Rittertum im HochMA. Idee und Wirklichkeit. In: Saeculum 10 (1959) abgedruckt ist. Über den Ritter als Kämpfer, seine Taktik und Strategie: *J. F. Verbruggen*, The Art of Warfare in Western Europe during the Middle Ages (1977). *J. Bumke*, Studien zum Ritterbegriff im 12. und 13. Jh. ([2]1977) und *H. G. Reuter*, Die Lehre vom Ritterstand (1971; dazu DA 30, 1974, und *J. Fleckenstein*, Zum Problem der Abschließung des Ritterstandes. In: Historische Forschungen für W. Schlesinger, 1974); *J. Bumke*, Ministerialität und Ritterdichtung (1976); *J. M. van Winter*, Cingulum militiae. In: Tijdschrift voor rechtsgeschiedenis 44 (1976); *J. Fleckenstein*, Die Entstehung des niederen Adels und das Rittertum. In: Herrschaft und Stand, hg. von *J. Fleckenstein* (1977); *R. R. Bezzola*, Les origines et la formation de la littérature courtoise (500–1200), 3 Bde. (1958–1960); *H. de Boor – R. Newald*, Geschichte der deutschen Literatur Bd. 2: *H. de Boor*, Die höfische Literatur. Vorbereitung, Blüte, Ausklang 1170–1250 ([8]1969); Ritterliches Tugendsystem, hg. von *G. Eifler* (WdF 56, 1970).

V.1: H. M. Schaller, Heinrich VI. In: NDB 8 (1969); *D. R. Clementi*, Some Unnoticed Aspects of the Emperor Henry VI's Conquest of the Norman Kingdom of Sicily. In: Bulletin of the John Rylands Library 36 (1953/54); *dies.*, The Circumstances of Count Tancred's Accession to the Kingdom of Sicily, Duchy of Apulia and the Principality of Capua. In: Mélanges A. Marongiu (1968); *H. Grundmann*, Kirchenfreiheit und Kaisermacht um 1190 in der Sicht Joachims von Fiore. In: DA 19 (1963, abgedruckt in: *ders.*, Ausgewählte Aufsätze Bd. 2, 1977); *H. Fichtenau*, Akkon, Zypern und das Lösegeld für Richard Löwenherz. In: Archiv für Österreichische Geschichte 125 (1966, abgedruckt in: *ders.*, Beiträge zur Mediävistik Bd. 1, 1975).

V.2: G. Baaken, Die Verhandlungen zwischen Kaiser Heinrich VI. und Papst Coelestin III. in den Jahren 1195–1197. In: DA 27 (1971); *V. Pfaff*, Das Papsttum in der Weltpolitik des endenden 12. Jh. In: MIÖG 82 (1974); *E. Perels*, Der Erbreichsplan Heinrichs VI. (1927); *G. Wolf*, Imperator und Caesar – zu den Anfängen des staufischen Erbreichsgedankens. In: Friedrich Barbarossa (WdF 390, 1975).

ZUR 2. AUFLAGE

Der Text der Darstellung wurde für die zweite Auflage durchgesehen, doch sind lediglich Fehler und Versehen verbessert worden, obschon dem Autor ständig neue Ungleichmäßigkeiten auffallen und er manches umschreiben möchte. Aber er hat sich der Einsicht Karl Poppers gefügt: „Kein Buch kann jemals fertig werden; während wir daran arbeiten, lernen wir immer gerade genug, um seine Unzulänglichkeit klar zu sehen, wenn wir es der Öffentlichkeit übergeben."

BIBLIOGRAPHISCHE ERGÄNZUNGEN 1983

Die umfassende *Bibliographie* des *Dahlmann-Waitz*, Quellenkunde der deutschen Geschichte, 10. Aufl., hg. im Max-Planck-Institut für Geschichte von *H. Heimpel* und *H. Geuss* (1965 ff), ist in den hochma. Teilen bis zum Ende der Staufer erschienen (Band 5, Abschluß mit Lieferung 34/35, 1980). Ein neues, jährlich erscheinendes bibliographisches Hilfsmittel für früh- und hochma. lateinisches Schrifttum ist unter Leitung von *Cl. Leonardi* entstanden: Medioevo latino, Bolletino bibliografico della cultura europea dal secolo VI al XIII (Appendice bibliografica a „Studi medievali", bis jetzt drei Bände 1980 bis 1982); vgl. die Beschreibung von *G. Silagi*, in: DA 37 (1981), 807 f.

Quellenkunde: In neuer und stark erweiterter Auflage ist die ursprünglich niederländisch abgefaßte Einführung von *R. C. Van Caenegem* und *F. L. Ganshof* erschienen: Guide to the Sources of Medieval History (Europe in the Middle Ages. Selected Studies 2, 1978).

Gesamtdarstellungen: H. Zimmermann hat den abschließenden Band seines Studienbuches vorgelegt: Das MA. 2. Teil: Von den Kreuzzügen bis zum Ende der großen Entdeckungsfahrten (1979). – *J. P. Cuvillier*, L'Allemagne médiévale. Naissance d'un Etat (VIIIe–XIIIe siècles) (1979), ist interessant in der Aufarbeitung und Vermittlung deutscher Forschung. Bei *K. Bosl*, Europa im Aufbruch. Herrschaft – Gesellschaft – Kultur vom 10. bis zum 14. Jh. (1980), stört die sprachlich sich knäuelhaft und fast unkontrolliert gebende Form der Darstellung.

Einführung

Von der reichen neueren Informationsliteratur über die Schule der „Annales" seien genannt: *M. Erbe*, Zur neueren französischen Sozialgeschichtsforschung. Die Gruppe um die „Annales" (Erträge der Forschung 110, 1979), und aus teilweise verkrampfter marxistischer Sicht *J. Kudrna*, Ideologische Aspekte und methodologische Grundlagen der französischen „Annales"-Schule. In: Zs. für Geschichtswissenschaft 28 (1981).

I.1: A. De Smet, L'évolution de la cartographie au moyen âge et jusqu'à la 2e moitié du XVIe siècle. In: Land- und Seekarten im MA und in der frühen Neuzeit (Wolfenbütteler Forschungen 7, 1980); *B. Maurmann,* Die Himmelsrichtungen im Weltbild des MA. Hildegard von Bingen, Honorius Augustodunensis und andere Autoren (1976); *J. Zahlten,* Creatio mundi. Darstellungen der sechs Schöpfungstage und naturwissenschaftliches Weltbild im MA (1979), ist reich an Anschauungsmaterial und zeigt eindrücklich die Beziehung zwischen damaliger Naturvorstellung und Bilddarstellung; *M.-Th. d'Alverny,* L'homme comme symbole. Le microcosme. In: Simboli e Simbologia nell'alto medioevo (Settimane di studio del Centro Italiano di Studi sull'alto Medioevo 1975, Bd. 23, 1976). Manches für das anthropologische Selbstverständnis des MA Einschlägige bringt der im vierten Teil IV.4 (siehe unten S. 241) zitierte Sammelband „Soziale Ordnungen". – Das Buch von *A. J. Gurjewitsch* ist unter dem Titel „Das Weltbild des ma. Menschen" (1980) in der Bundesrepublik in Übernahme einer nicht ganz geglückten DDR-Ausgabe erschienen (vgl. DA 37, 1981, 373 f.). – Zur Fähigkeit des Lachens als heilsschädigendem Nachteil vgl. *G. Schmitz, ...* quod rident homines, plorandum est. Der „Unwert" des Lachens in monastisch geprägten Vorstellungen der Spätantike und des frühen MA. In: Fs. E. Naujoks (1980).

I.2: L. Moulin, La vie quotidienne des religieux au moyen âge. X^{e}–XVe siècle (1978); La culture populaire au moyen âge. Études présentées au quatrième colloque de l'Institut d'études médiévales de l'université de Montréal, 2–3 avril 1977 (1979). – Zeiterlebnis und Zeitmessung im MA schildert *R. Wendorff,* Zeit und Kultur. Geschichte des Zeitbewußtseins in Europa (1980). Über die Möglichkeiten und Arten der Zeitberechnung handeln *E. Poulle,* Les sources astronomiques. Textes, tables, instruments (Typologie des sources du moyen âge occidental 36, 1981), und *B. Guenée,* Histoire et culture historique dans l'Occident médiéval (1980). – Einige seiner Aufsätze zur ma. Anthropologie hat herausgebracht *D. Herlihy,* The Social History of Italy and Western Europe, 700–1500 (1978). In dem Band: Klösterliche Sachkultur des SpätMA. Internationaler Kongreß Krems an der Donau 1978 (Veröffentlichungen des Instituts für ma. Realienkunde Österreichs Nr. 3, 1980) setzen manche Aufsätze im HochMA ein: *H. Kühnel,* Beiträge der Orden zur materiellen Kultur des MA und weltliche Einflüsse auf die klösterliche Sachkultur des MA, und *A. d'Haenens,* La quotidienneté monastique au Moyen-Age. Mit Beiträgen unterschiedlicher Qualität ist erschienen: Handbuch der europäischen Wirtschafts- und Sozialgeschichte, hg. von *H. Kellenbenz,* Bd. 2: Europäische Wirtschafts- und Sozialgeschichte im MA, hg. von *J. A. van Houtte* (1980), vgl. *H. Boockmann,* in: DA 37 (1981), 403 f. Seine weitgestreut veröffentlichten Aufsätze hat zusammengefaßt *L. White jr.,* Medieval Religion and Technology. Collected Essays (1978). Einen Gegenstand häufiger Auseinandersetzungen behandelt *D. Lohrmann,* Energieprobleme im MA: Zur Verknappung von Wasserkraft und Holz in Westeuropa bis zum Ende des 12. Jh. In: VSWG 66 (1979). – Der Anteil und die Rolle der Frauen im hochma. Leben ist in letzter Zeit häufig diskutiert worden. In Poitiers fand 1976 ein Kolloquium statt: La femme dans la société des Xe–XIIIe siècles, dessen Vorträge in den Cahiers de civilisation médiévale 20 (1977) veröffentlicht sind. Il matrimonio nella società altomedievale (Settimane di studio del Centro

Italiano di Studi sull'alto Medioevo 1976, Bd. 24, 1977) widmet sich hauptsächlich rechtlichen Fragen. Famille et parenté dans l'Occident médiéval. Actes du Colloque de Paris 6–8 juin 1974, hg. von *G. Duby* und *J. Le Goff* (1977). *E. Ennen*, Die Frau in der ma. Stadtgesellschaft Mitteleuropas. In: Hansische Geschichtsbll. 98 (1980), und dies., Die Frau im MA. Eine Forschungsaufgabe unserer Tage. In: Kurtrierisches Jb. 21 (1981). Eine Galerie berühmter Frauen ist behandelt in der Fs. *Rosalind M. T. Hill:* Medieval Women, hg. von *D. Baker* (1978). *Sh. Shahar*, Die Frau im MA. Aus dem Hebräischen übersetzt von *R. Achlama* (1981), fußt hauptsächlich auf englischen Quellen und wendet sich gegen *Ph. Ariès'* Ansicht, die Mütter hätten damals nur schwache Gefühlsbindungen an Kinder empfunden. – *E. Ennen* – *W. Janssen*, Deutsche Agrargeschichte. Vom Neolithikum bis zur Schwelle der Industriezeit (1979); *W. Abel*, Geschichte der deutschen Landwirtschaft vom frühen MA bis zum 19. Jh. (^{3}1978). *U. Bentzien*, Bauernarbeit im Feudalismus. Landwirtschaftliche Arbeitsgeräte und -verfahren in Deutschland von der Mitte des ersten Jahrtausends u. Z. bis um 1800 (1980), gibt nach dem ersten Jahrtausend einen Querschnitt des Geräteparks um 1200. – *J. Chapelot* – *R. Fossier*, Le village et la maison au moyen âge (1980), behandeln sowohl archäologische Zeugnisse wie schriftliche Nachrichten. *L.-F. Genicot*, L'architecture. Considérations générale (Typologie des sources du moyen âge occidental 29, 1978) verbindet abstrakte Fragen mit vielfältigen Quellenbelegen. – *F. D. Knapp*, Der Selbstmord in der abendländischen Epik des HochMA (1979): der Selbstmord, von Kirche und Gesellschaft abgelehnt, wird literarisch indifferent behandelt. *Ph. Ariès*, Geschichte des Todes (1980), dazu *A. Borst*, Zwei ma. Sterbefälle. In: Merkur, Jg. 1980.

II.1: Zum Begriff und zum Bedeutungswandel des europäischen MA und seines Verständnisses in der modernen Geschichtswissenschaft vgl. die Zusammenstellung und die Überlegungen von *O. Capitani*, Medioevo passato prossimo. Appunti storiografici: tra due guerre e molte crisi (1979).

II.2: Einen umfassenden Literaturbericht „Italien im MA" gaben im Sonderheft 7 der HZ (1980) *A. Haverkamp* und *H. Enzensberger* für die Jahre 1959 bis 1975. Für „Frankreich im MA" leistete für die Jahre 1961 bis 1979 *J. Ehlers* denselben Dienst (Sonderheft 11 der HZ, 1982).

II.3: E. Pitz, Wirtschafts- und Sozialgeschichte Deutschlands im MA (1979); *Th. Szabó*, Straßenbau und Straßensicherheit im Territorium von Pistoia (12.–14. Jh.). Untersuchungen zur Verkehrspolitik einer ma. Kommune. In: QFIAB 57 (1977), zeigt die Initiativen des auf reibungslosen Verkehr angewiesenen Pistoia.

II.4: C. W. Bynum, Did the Twelfth Century Discover the Individual? In: The Journal of Ecclesiastical History 31 (1980), meint *C. Morris* mit der Beobachtung ergänzen zu sollen, daß auch ein neues religiöses Gruppenbewußtsein aufgekommen sei, was *Morris*, Individualism in Twelfth-Century Religion. Some Further Reflections, ebenda 31 (1980), zuzugestehen bereit ist.

I: Zur Königsgastung vgl. die Übersicht von *W. Metz,* Das Servitium regis. Zur Erforschung der wirtschaftlichen Grundlagen des hochma. deutschen Königtums (1978). *P. Rück,* Die Churer Bischofsgastung im HochMA. Eine neue Quelle. In: Aus Geschichte und ihren Hilfswissenschaften Fs. für W. Heinemeyer (1979), zeigt an dem vom Churer Bischof geforderten Gastungsaufwand die „Statusvorstellung der Führungsschicht". Handschriftengerecht (mit Faksimile) haben *C. Brühl – Th. Kölzer,* Das Tafelgüterverzeichnis des römischen Königs (Ms. Bonn S. 1559) (1979) herausgegeben, von dem *J. P. Niederkorn,* Die Datierung des Tafelgüterverzeichnisses. In: MIÖG 87 (1979) glaubt, daß ein Teil bereits 1138, der andere 1155–1158 entstanden sei. *T. Reuter,* The ‚Imperial Church System' of the Ottonian and Salian Rulers : a Reconsideration. In: Journal of Ecclesiastical History 33 (1982), zeigt das Unzulängliche des Begriffs und die Brüchigkeit des „Systems". *E. Linck,* Sozialer Wandel in klösterlichen Grundherrschaften des 11. bis 13. Jh. (1979) untersucht die „familiae" der Klöster Gembloux, Stablo-Malmedy und St. Trond. *M. Parisse,* Les ministériaux en Empire: *ab omni iugo servili absoluti.* In: Jb. für westdeutsche Landesgeschichte 6 (1980): ein allgemeiner Überblick mit einem Vergleich des deutschen Ministerialen mit dem französischen Ritter. Mit dem Schwerpunkt auf nur einer Landschaft, aber doch mit allgemein-informativen Beiträgen: Ministerialität im Pfälzer Raum, hg. von *F. L. Wagner* (Veröffentlichung der Pfälzischen Gesellschaft zur Förderung der Wissenschaften in Speyer 64, 1975), und: Minsterialitäten im Mittelrheinraum (Geschichtliche Landeskunde 17, 1978).

II: Die verschiedenen Nachrichten über die Schwierigkeiten am Ende der Regierung Heinrichs III. hat zusammengetragen: *E. Boshof,* Lothringen, Frankreich und das Reich in der Regierungszeit Heinrichs III. In: Rheinische Vierteljahrsbll. 42 (1978), und *ders.,* Das Reich in der Krise. Überlegungen zum Regierungsausgang Heinrichs III. In: HZ 228 (1979).

III: Zur gestaltenden Rolle der Sachsen vgl. *W. Giese,* Der Stamm der Sachsen und das Reich in ottonischer und salischer Zeit. Studien zum Einfluß des Sachsenstammes auf die politische Geschichte des deutschen Reiches im 10. und 11. Jh. und zu seiner Stellung im Reichsgefüge mit einem Ausblick auf das 12. und 13. Jh. (1979).

IV und V: Die Edition der Briefe des Petrus Damiani, hg. von *K. Reindel* (MGH, Die Briefe der deutschen Kaiserzeit 4), ist im Erscheinen begriffen; zu Damianis früher Reformperiode vgl. *H. P. Laqua,* Traditionen und Leitbilder bei dem Ravennater Reformer Petrus Damiani (1042–1052) (1976; dazu *K. Reindel,* in: DA 35, 1979, 636 ff.). *H. Beumann,* Reformpäpste als Reichsbischöfe in der Zeit Heinrichs III. Ein Beitrag zur Geschichte des ottonisch-salischen Reichskirchensystems. In: Fs. F. Hausmann (1977). Vgl. auch den einschlägigen Abschnitt in dem Überblick von *K. A. Fink,* Papsttum und Kirche im abendländischen MA (1981).

VI: E.M. Hallam, The King and the Princes in Eleventh-Century France. In: Bulletin of the Institute of Historical Research 53 (1980), ist ein Forschungsbericht. Mit Nachträgen sind gesammelte Aufsätze erschienen von *K.F. Werner*, Structures politiques du monde franc (VIe–XIIe siècles). Études sur les origines de la France et d'Allemagne (1979). *S.P.J. Harvey*, Recent Domesday Studies. In: The English Historical Review 95 (1980), gibt eine früh einsetzende Literaturübersicht. Unter dem kennzeichnenden Titel „Die Anglonormannen" (1981) schildert und analysiert *K.-U. Jäschke* das Ende der angelsächsischen und den Beginn der normannischen Herrschaft, stets in der Verklammerung mit dem Kontinent, eine Sicht, die *J. Le Patourel*, The Norman Empire (1976) vorbereitet hat. Grundlegend sind *F. Barlow*, The English Church, 1000–1066 (²1979), und *ders.*, The English Church, 1066–1154. A History of the Anglo-Norman Church (1979).

Zweiter Teil:

Mehrere seiner Beiträge zur Geschichte dieser Epoche („Zur Geschichte des Investiturstreites und des Reformpapsttums") hat *K. Jordan* in seinen „Ausgewählten Aufsätzen zur Geschichte des MA" (1980) abgedruckt und mit kritischen Nachträgen versehen. Eine präzise Problembeschreibung mit hilfreichen Literaturhinweisen gibt *U.-R. Blumenthal*, Der Investiturstreit (1982). *R. Schieffer*, Zur Entstehung des päpstlichen Investiturverbots für den deutschen König (1981), läßt deutlich werden, daß ein generelles päpstliches Verbot für Laien, in Kirchenämtern zu investieren, quellenmäßig nicht vor Ende 1078 belegt werden kann, und daß der vorausgehende Zusammenstoß, für den Canossa als Symbol steht, andere Gründe gehabt habe.

I.1: Zu den Motiven der normannischen Eroberung Süditaliens: *G.A. Loud*, How ‚Norman' was the Norman Conquest of Southern Italy? In: Nottingham Medieval Studies 25 (1981). Zur Herausbildung des Standes der Valvassores: *H. Keller*, Adelsherrschaft und städtische Gesellschaft in Oberitalien. 9. bis 12. Jh. (1979).

I.2: Das Jubiläum von Canossa 1077 hat eine ganze Literatur sehr verschiedener Qualität hervorgerufen, von der genannt seien: Studi Matildici. Atti del III Convegno di Studi Matildici, Reggio E., 7–9 ottobre 1977 (Deputazione di storia patria per le antiche provincie modenesi. Biblioteca, N.S. 44, 1978), und Reggiolo medievale. Atti e memorie del Convegno di studi Matildici, Reggiolo, 9 aprile 1978 (Comitato reggiolese di studi storici. Biblioteca, 1979).

I.2a: W. Goez, Zur Persönlichkeit Gregors VII. In: Römische Quartalschrift 73 (1978), zeichnet das Erscheinungsbild des Papstes und sucht dessen verpflichtende Leitgedanken (libertas, oboedientia) zu ermitteln, während *R. Schieffer*, Gregor VII. – ein Versuch über die historische Größe. In: HJb 97/98 (1978), hervorhebt, daß Gregors Leistung weniger in seinem Reformprogramm lag als in seinem unbeugsamen Willen zur Verwirklichung. Etwa ein Drittel der überlieferten Briefe Gregors VII. hat *F.-J. Schmale* übersetzt und herausgebracht: Quellen zum Investiturstreit I: Ausgewählte Briefe Papst Gregors VII. (1978). *M.C. de Matteis*, La riconciliazione di Canossa: tra „Dictatus Papae" e „Auctoritates Apostolicae Sedis". In: Studi Medievali, 3ª serie 19 (1978); wiederholt in den Studi Matildici (s. oben I.2), vgl. DA 35 (1979), 638 – *E. Boshof,* Heinrich IV. Herrscher an einer Zeitenwende (1979), gibt eine „Zwischenbilanz der Forschung" (R. Schieffer). *M. Schluck,* Die Vita Heinrici IV. Imperatoris. Ihre zeitgenössischen Quellen und ihr besonderes Verhältnis zum Carmen de bello Saxonico (1979), ist eine nachgelassene Dissertation aus der Schule H. Beumanns, in der die Identität des Viten-Verfassers mit dem Carmen-Autor wahrscheinlich gemacht wird.

I.2c: H. Zimmermann, Gibt es eine mathildische Epoche? In: Annali Canossani 1 (1981), bejaht die Frage.

I.2d: E. Boshof, Bischof Altmann, St. Nikola und die Kanonikerreform. Das Bistum Passau im Investiturstreit. In: Tradition und Entwicklung. Gedenkschrift für J. Riederer (1981); *J. Ziese,* Wibert von Ravenna, der Gegenpapst Clemens III. (1982).

I.3: I. St. Robinson, Authority and Resistance in the Investiture Contest. The Polemical Literature of the Late Eleventh Century (1978), zeigt die gemeinsame Geistes- und Argumentationshaltung von Papst- und Kaiseranhängern. Vom selben Autor sind mehrere Beiträge zum gleichen Themenbereich erschienen, u. a.: The Friendship Network of Gregory VII. In: History 63 (1978); „Periculosus Homo": Pope Gregory VII. and Episcopal Authority. In: Viator 9 (1978); Eine unbekannte Streitschrift über die Sakramente von Exkommunizierten im Münchner Kodex lat. 618. In: Studi Gregoriani 11 (1978, mit einer Rohedition); Pope Gregory VII., the Princes and the Pactum 1077–1080. In: The English Historical Review 94 (1979); Zur Entstehung des Privilegium Maius Leonis VIII papae. In: DA 38 (1982). *Bl. B. Boyer – R. McKeon,* Peter Abailard, Sic et Non. A Critical Edition (1976–77), ist eine Ausgabe, die den Text nach Vorlagen und Parallelen zu erschließen sucht. – Iburg, Benediktinerabtei und Schloß. Beiträge zum 900. Jahrestag der Klostergründung. Zusammengestellt von *M. G. Schnökkelborg* (1980) berücksichtigt nachdrücklich Leben und Zeit des Gründers Bischof Benno II. von Osnabrück (1068–1088).

I.4: I. Riley-Smith, What were the Crusades? (1977); *St. Runciman,* The First Crusade (1980) ist lediglich ein mit Bildern ausgestatteter verkürzter Nachdruck des ersten Bandes (1951) von Runcimans Kreuzzugsdarstellung; *H. Dickerhoff,* Über die Staatsgründung des ersten Kreuzzugs. In: HJb 100 (1980); *J. Richard,* The Latin Kingdom of Jerusalem 2 Bde (1979), ist eine überarbeitete englische Ausgabe des 1953 auf Französisch erschienenen und seinerzeit als maßgebliche Zusammenfassung angesehenen Buches. Recht heterogen ist: The Eastern Mediterranean Lands in the Period of the Crusades, hg. von *P. M. Holt* (1977). Mit der bei Kolloquien üblichen Lückenhaftigkeit, aber doch mit einigen Grundsatzthemen: Das Heilige Land im MA. Begegnungsraum zwischen Orient und Okzident. Referate des 5. interdisziplinären Colloquiums des Zentralinstituts für fränkische Landesforschung (Schriften des Zentralinstituts für fränkische Landeskunde und allgemeine Regionalforschung an der Universität Erlangen-Nürnberg 22, 1982). *J. Prawer,* Crusader Institutions (1980), ist eine Zusammenstellung und Ergänzung früherer, grundlegender Aufsätze des Verfassers.

I.5: E. Ennen, Die europäische Stadt im MA ([3]1979) ist durchgesehen und erweitert. *B. Schwineköper,* Königtum und Städte bis zum Ende des Investiturstreits. Die Politik der Ottonen und Salier gegenüber den werdenden Städten im östlichen Sachsen und Nordthüringen (VuF, Sonderband 11, 1977); *R. Kottje,* Zur Bedeutung der Bischofsstädte für Heinrich IV. In: HJb 97/98 (1978), kann zeigen, daß Heinrich IV. gerade in jenen Städten Rückhalt suchte, die ihren Bischof vertrieben hatten. *E. Werner,* Stadt und Geistesleben im HochMA. 11. bis 13. Jahrhundert (1980). In Beiheft 7 der HZ (1982) behandeln *A. Haverkamp,* Die Städte im Herrschafts- und Sozialgefüge Reichsitaliens, und *B. Diestelkamp,* Könige und Städte in salischer und staufischer Zeit – Regnum Teutonicum; beide Arbeiten nennen im Anhang wichtige neueste Literatur. Eine Zusammenfassung bringt ebenda *E. Maschke,* Stadt und Herrschaft in Deutschland und Reichsitalien (Salier- und Stauferzeit): Ansätze zu einem Vergleich. European Towns: Their Archeology and Early History, hg. von *M. W. Barley* (1977), ist der Abdruck einer im Zusammenhang mit dem „European Architectural Heritage Year" (1975) veranstalteten Serie, die teilweise Probleme unseres Zeitraums (z. B. Stadt als politisches und kirchliches Zentrum) behandelt.

II.1: S. N. Vaughn, St. Anselm and the English Investiture Controversy reconsidered. In: Journal of Medieval History 6 (1980), versucht zu zeigen, wie Anselm zugleich den primatialen Rang seines Erzsitzes Canterbury durchsetzte.

II.2 und 3: C. Servatius, Paschalis II. (1099–1118). Studien zu seiner Person und seiner Politik (1979), kann deutlich machen, daß Paschal nicht von jener Weltfremdheit beherrscht war, die man an ihm beobachtet zu haben glaubte. Zu ähnlichen Ergebnissen kommen *U.-R. Blumenthal,* The Early Councils of Pope Paschalis II., 1100–1110 (1978), und *G. M. Cantarella,* Ecclesiologia e politica nel papato di Pasquale II. (1982). Auf Guido von Vienne, den Papst Kalixt II. (1119–1124) des Wormser Konkordats, fällt durch neue Forschungen ein merkwürdiges Licht, das aber in gewisser Hinsicht das frühere Bild nachdrücklich bestätigt: *M. Stoll,* New Perspectives on the Struggle between Guy of Vienne and Henry V. In: Archivum Historiae Pontificiae 18 (1980), zeigt, daß Guido aus familienpolitischem Interesse – nicht allein aus Reformeifer – im burgundischen Raum Heinrich V. energisch entgegentrat, und *A. Becker* und *D. Lohrmann,* Ein erschlichenes Privileg Papst Urbans II. für Erzbischof Guido von Vienne (Calixt II.). In: DA 38 (1982), sind auf ein Privileg gestoßen, daß Guido unter vorgespielten Voraussetzungen von Urban II. erhalten hat.

Dritter Teil

I.1: H. Maurer, Der Herzog von Schwaben (1978).

I,2: In Vorbereitung der vor dem Druck stehenden Edition der lateinischen Urkunden Rogers II. ist erschienen: *C. Brühl,* Urkunden und Kanzlei Rogers II. von Sizilien. Mit einem Beitrag: Die arabischen Dokumente Rogers II. von *A. Noth* (1978; eine verbesserte italienische Übersetzung steht vor der Auslieferung); *H. Zielinski,* Zum Königstitel Rogers II. von Sizilien (1130–1154). In: Politik, Gesellschaft, Geschichtsschreibung. Fs. für F. Graus (1982); fast ausschließlich den Problemen der Normannenurkunden galt der „Congresso Internazionale sulle Fonti documentarie e narrative per la Storia della Sicilia normanna" (1980), dessen Vorträge in den Atti della Accademia di Scienze, Lettere e Arti di Palermo (1982) erschienen sind. Società, potere e popolo nell'età di Ruggero II. Atti delle terze giornate normanno-sveve. Bari, 23–25 maggio 1977 (Centro di Studi Normanno-Svevi. Atti 3, 1979). *A. I. Pini*, Un aspetto dei rapporti tra città e territorio nel Medioevo: la politica demografica „ad elastico" di Bologna tra il XII e il XIV secolo. In: Studi in memoria di F. Melis Bd. 1 (1978), zeigt am Beispiel Bolognas, wie raffiniert die Kommunen den Zuzug der contadini von außen jeweils zu ihrem Vorteil regelten. *P. Feige*, Die Anfänge des portugiesischen Königtums und seiner Landeskirche. In: Spanische Forschungen der Görresgesellschaft. Erste Reihe: Gesammelte Aufsätze zur Kulturgeschichte Spaniens 29 (1978); *W. Maleczek*, Das Kardinalskollegium unter Innocenz II. und Anaklet II. In: AHP 19 (1981) relativiert mit guten Gründen die bisherige Anschauung, daß Innozenz moderne, Anaklet reaktionäre Anschauungen vertreten habe.

II: G. E. Caspary, Politics and Exegesis: Origen and the Two Swords (1979) will den Ursprung der Zwei-Schwerter-Lehre von der Exegese des Origenes ableiten, doch steht der Beweisgang einer Kontinuität bis in das HochMA noch aus. Zu den rechtlichen Voraussetzungen von Norberts Ordensgründung: *St. Weinfurter*, Norbert von Xanten – Ordensstifter und „Eigenkirchenherr". In: AKG 59 (1977, erschienen 1979); über Norberts von Xanten Tätigkeit als Erzbischof von Magdeburg ausführlich *W. M. Grauwen*, Norbertus aartsbisschop von Maagdenburg (1126–1134) (1978). Zum achthundertjährigen Jubiläum der Heiligsprechung Bernhards von Clairvaux (1174) ist ein Kongreß veranstaltet worden: Studi su S. Bernardo di Chiaravalle. Convegno internazionale Certosa di Firenze (6–9 novembre 1974) (1975), darin *J. Leclercq*, Psicologia e vita spirituale in San Bernardo, der sich auch über das Existenzgefühl der Mönche des 12. Jh. geäußert hat: Monks and Love in Twelfth-Century France. Psycho-Historical Essays (1979; dazu *G. Silagi*, in: DA 37, 1981, 927 f.); zugleich erschien der Sammelband: Saint Bernard of Clairvaux. Studies commemorating the eighth century of his canonization, hg. von *M. B. Pennington* (1977). Zum neunhundertsten Geburtstag Abaelards ist ein Sammelband erschienen: Petrus Abaelardus (1079–1142). Person, Werk und Wirkung (1980); von den zahlreichen Beiträgen sei hervorgehoben: *J. F. Benton*, A Reconsideration of the Authenticity of the Correspondence of Abelard and Heloise, der seine bislang hartnäckig vorgetragene Behauptung, daß der Briefwechsel eine Fiktion sei, zurückzieht. Aus gleichem Anlaß kam zustande: Abélard en son temps. Actes du colloque international organisé à l'occassion du IXe centenaire de la naissance de Pierre Abélard 1979 (1981). Der Band: Die Zisterzienser. Ordensleben zwischen Ideal und Wirklichkeit (1980), bietet eine informative Einführung, verbunden mit dem Katalog einer Aachener Ausstellung; ein dazugehöriger Ergänzungsband, der die Referate eines Colloquiums enthält, ist 1982 erschienen. Zisterzienser-Studien 4, mit Beiträgen von *E. Gießler-Wirsig, W. Schich, R. Schneider, K. Schulz* (1979), gelten der belebenden Rolle der Zisterzienser in Wirtschaft, Handel und Verkehr. *J. Petersohn*, Otto von Bamberg und seine Biographen. Grundformen und Entwicklung der Ottobilder im hohen und späten MA. In: Zs. für bayerische Landesgeschichte 43 (1980), ist zugleich ein Forschungsbericht. Zur Wirksamkeit der Kanoniker vgl. die Forschungsberichte von *St. Weinfurter*, Neuere

Forschung zu den Regularkanonikern im Deutschen Reich des 11. und 12. Jh. In: HZ 224 (1977), und *ders.*, Reformkanoniker und Reichsepiskopat im HochMA. In: HJb 97/98 (1978); die Zusammenschau von *K. Bosl*, Regularkanoniker (Augustinerchorherren) und Seelsorge in Kirche und Gesellschaft des europäischen 12. Jh. (Abh. München N.F. 86, 1979), ist mit Vorbehalt zu benutzen (vgl. *P. Classen*, in: DA 37, 1981, 392f.). *L.K. Little*, Religious Poverty and the Profit Economy in Medieval Europe (1978), kontrastiert den ökonomischen Aufschwung vom endenden 11. Jh. an mit dem immer stärker werdenden Armutsideal. Hildegard von Bingen 1179–1979. Fs. zum 800. Todestag der Heiligen, hg. von *A.Ph. Brück* (1979).

III.1: U. Reuling, Die Kur in Deutschland und Frankreich. Untersuchungen des rechtsförmlichen Wahlaktes bei der Königserhebung im 11. und 12. Jh. (1979); *M.-L. Crone*, Untersuchungen zur Reichskirchenpolitik Lothars III. (1125–1137) zwischen reichskirchlicher Tradition und Reformkurie (1982); *W. Giese*, Das Gegenkönigtum des Staufers Konrad 1127–1135. In: ZRG Germ. 95 (1978).

III.2: J. Petersohn, Der südliche Ostseeraum im kirchlich-politischen Kräftespiel des Reichs, Polens und Dänemarks vom 10. bis 13. Jh. Mission – Kirchenorganisation – Kultpolitik (1979). Zur Slawenmission im Holsteinischen Raum vgl. Schleswig-Holsteinische Kirchengeschichte, Bde. 1 und 2 (1977/78). Germania Slavica, hg. von *W.H. Fritze*, bis jetzt 2 Bde. (1980/81), bietet Ergebnisse eines interdisziplinären Forschungsprogramms, das die deutsch-slawische Durchdringung „im Bereich der ma. Ostsiedlung" untersuchen will.

IV.1: F.-J. Jakobi, Wibald von Stablo und Corvey (1098–1158). Benediktinischer Abt in der frühen Stauferzeit (1979); eine Zusammenfassung seiner Untersuchung bringt *Jakobi* in der biographischen Skizze Wibald von Stablo. In: Rheinische Lebensbilder 9 (1982).

IV.2. H. Vollrath, Konrad III. und Byzanz. In: AKG 59 (1977, erschienen 1979). *E.-D. Hehl*, Kirche und Krieg im 12. Jh. Studien zu kanonischem Recht und politischer Wirklichkeit (1980), zeigt, daß es zu keiner Zeit eine juristische Kreuzzugsdoktrin gegeben hat, wohl aber Reflexionen über die Einschätzung eines Kriegs als gerecht und ungerecht. *H.-D. Kahl*, Wie kam es 1147 zum Wendenkreuzzug? In: Europa Slavica – Europa Orientalis. Fs. H. Ludat, hg. von *K.-D. Grothusen* und *K. Zernack* (1980); die Antwort: hauptsächlich durch Bernhard von Clairvaux. *R. Hiestand*, „Kaiser" Konrad III., der zweite Kreuzzug und ein verlorenes Diplom für den Berg Thabor. In: DA 35 (1979).

Vierter Teil

Der vierbändige Katalog der Stuttgarter Staufer-Ausstellung (1977) ist 1979 durch einen 5. Band („Supplementband") ergänzt worden. Im Rahmen der Neubearbeitung der Regesta Imperii für die Zeit Friedrich Barbarossas hat *F. Opll* das Itinerar (Das Itinerar Kaiser Friedrich Barbarossas ⟨1152–1190⟩, 1978) sowie den ersten Regestenband vorgelegt: *J.F. Böhmer*, Regesta Imperii 4,2: Die Regesten des Kaiserreiches unter Friedrich I. 1152 (1122)–1190, 1. Lieferung 1152 (1122)–1158 (1980). *H. Schwarzmaier*, Die Heimat der Staufer. Bilder und Dokumente aus einhundert Jahren staufischer Geschichte in Südwestdeutschland (1976). Einen von der Ausstellung ausgehenden, doch weitgefächerten und instruktiven „Sammelbericht" gibt *H. Schwarzmaier*, Die Zeit der Staufer. Ein Literaturbericht zum „Stauferjahr" 1977 in Baden-Württemberg. In: Bll. für deutsche Landesgeschichte 117 (1981). Seine voller orgineller Beobachtungen und sentenzenartiger Formulierungen steckenden „Reden über die Staufer" hat *A. Borst* als eigenen Band herausgegeben (1978; als Taschenbuch 1981). Im Sog der Stauferausstellung ist in Karlsruhe eine Vortragsreihe veranstaltet worden, deren Beiträge (H.M. Schaller: „leider oft in einem pseudowissenschaftlichen Kauderwelsch") in einem Sammelband vereinigt wurden: Stauferzeit. Geschichte, Literatur, Kunst, hg. von *P. Thum, P. Wapnewski* u.a. (1979). Mit geringerem Anspruch, aber durchaus gehaltvoll: Hohenstaufen. Staufer-Forschungen im Stauferkreis Göppingen (1977). Die rührige „Gesellschaft der Freunde staufischer Geschichte in Göppingen" hat einige ihrer Jahresvorträge herausgebracht: Selbstbewußtsein und Politik der Staufer. Vorträge der Göppinger Staufertage in den Jahren 1972, 1973 und 1975 (1977), und: Die Staufer in Schwaben und Europa. Vorträge der Göppinger Staufertage 1977, 1978 und 1979 (1980). In den Annali dell'Istituto storico italo-germanico, quaderno 10 (1982) ist ein Kongreßbericht erschienen über das Thema: Federico Barbarossa nel dibattito storiografico in Italia e Germania, hg. von *R. Manselli* u. *J. Riedmann.* Einige Beiträge *W. Lammers'* zu Otto von Freising sind in seinen ausgewählten Aufsätzen unter dem Titel Vestigia Mediaevalia (1979) unverändert nachgedruckt. *H.-W. Goetz*, „Empirisch" – „metaphysisch"? Zum Verständnis der Zweistaatenlehre Ottos von Freising im Hinblick auf Augustin. In: Augustiniana 30 (1980); *ders.*, „Ratio" und „Fides". Scholastische Philosophie und Theologie im Denken Ottos von Freising. In: Theologie und Philosophie 56 (1981).

I: A. Poppe, Die Magdeburger Frage. Versuch einer Neubewertung. In: Europa Slavica – Europa Orientalis. Fs. für H. Ludat (1980), behandelt die Translation Wichmanns. *F. Opll*, Amator ecclesiarum. Studien zur religiösen Haltung Friedrich Barbarossas. In: MIÖG 88 (1980).

II.1: Zu den Anfängen der Universität vgl. den aus dem Nachlaß hg. Band von *P. Classen*, Studium und Gesellschaft im MA. Gesammelte Aufsätze und Studien (betreut von *J. Fried*); den Band ergänzt teilweise der Nachdruck früherer Aufsätze: *P. Classen*, Über Reich und Kirche im frühen und hohen MA (VuF, 1983). Über das Universitätsleben seit dem beginnenden 12. Jh. speziell in Bologna berichtet farbig *M. Bellomo*, Saggio sull'università nell'età del diritto comune (1979). Zu den Beziehungen der Kurie – Normannen vgl. *H. Enzensberger*, Der „böse" und der „gute" Wilhelm. Zur Kirchenpolitik der normannischen Könige von Sizilien nach dem Vertrag von Benevent (1156). In: DA 36 (1980). *W. Madertoner*, Die zwiespältige Papstwahl des Jahres 1159 (1978, jedoch nach dem Stand von 1973); *R. Somerville*, Pope Alexander III. and the Council of Tours (1163). A Study of Ecclesiastical Politics and Institution in the Twelfth Century (1977).

II.2: Die angekündigte Biographie „Heinrich der Löwe" von *K. Jordan* ist – neben einer Reihe sogenannter Sachbücher – erschienen (1979); der ausgewogenen Darstellung ist ein nach Stichworten gegliederter Anhang „Quellen und Literatur" beigegeben. Das babenbergische Österreich (976–1246), hg. von *E. Zöllner* (1978), ist der Jahrtausendfeier (1976) gewidmet; aus dem Band hervorgehoben sei: *H. Appelt*, Die Babenberger und das Imperium im 12. Jh. – *H. Stoob*, Schleswig – Lübeck – Wisby. In: Zs. des Vereins für lübeckische Geschichte und Altertumskunde 59 (1979), möchte im Falle Lübecks vor dem eigentlichen Gründungsvorgang eine noch ältere Kaufmannssiedlung annehmen. *M. Kerner*, Johannes von Salisbury und die logische Struktur seines Policraticus (1977); *K. Guth*, Johannes von Salisbury (1115/20–1180). Studien zur Kirchen-, Kultur- und Sozialgeschichte Westeuropas im 12. Jh. (1978); *ders.*, Standesethos als Ausdruck hochma. Lebensform. Zur Gestalt des ethischen Humanismus in der Briefwelt des Johannes von Salisbury (1115/20–1180). In: Freiburger Zs. für Philosophie und Theologie 28 (1981).

II.3: A. Nitschke, Die Mitarbeiter des jungen Friedrich Barbarossa. In: Fs. O. Herding (1977); *W. Grebe*, Rainald von Dassel im Urteil unserer und seiner Zeit. In: Jb. des Kölnischen Geschichtsvereins 47 (1976), und *ders.*, Rainald von Dassel als Reichskanzler Friedrich Barbarossas (1156–1159), ebenda 49 (1978), kann bei allen interessanten Beobachtungen eine ausstehende Biographie Rainalds nicht ersetzen. *W. Koch*, Zu Sprache, Stil und Arbeitstechnik in den Diplomen Friedrich Barbarossas. In: MIÖG 88 (1980).

III.1: H. Zimmermann, Canossa 1077 und Venedig 1177. In: Studi Matildici 3 (1978).

III.2: Südwestdeutsche Städte im Zeitalter der Staufer, hg. von *E. Maschke* und *J. Sydow* (1980).

IV.1: A. Wendehorst, Das Hauptstadtproblem in der deutschen Geschichte. In: Hauptstädte. Entstehung, Struktur und Funktion. (Schriften des Zentralinstituts für fränkische Landeskunde und allgemeine Regionalforschung an der Universität Erlangen-Nürnberg 18, 1979). Das ereignisreiche Jahr 1180 hat Anlaß zu verschiedenen Jubiläumsveranstaltungen gegeben. Des Sturzes Heinrichs des Löwen und der damit verbundenen Veränderungen ist 1980 auf Tagungen und in Vorträgen gedacht worden; einige gehaltvolle Beiträge sind in den Bll. für deutsche Landesgeschichte 117 (1981) publiziert: u.a. *K. Heinemeyer*, Der Prozeß Heinrichs des Löwen; *K. Jordan*, Friedrich Barbarossa und Heinrich der Löwe; *H. Patze*, Die Welfen in der ma. Geschichte Europas; *H. Angermeier*, König und Staat im deutschen MA; *B. Schwineköper*, Christus-Reliquien-Verehrung und Politik (ein materialreicher und weitgespannter Aufsatz). – Der Freistaat Bayern hat 1980 – 700 Jahre nach der Belehnung der Wittelsbacher mit dem Herzogtum Bayern – drei großdimensionierte Ausstellungen veranstaltet, von denen eine die „Zeit der frühen Herzöge (Von Otto I. bis zu Ludwig dem Bayern)" umfaßte; jeder dieser drei Ausstellungen ist ein Katalog und ein ausführlicher Band mit „Beiträgen zur Bayerischen Geschichte und Kunst" gewidmet. In neuer Auflage erschienen ist das Hdb. der Bayerischen Geschichte, hg. von *M. Spindler*, 1: Das alte Bayern. Das Stammesherzogtum bis zum Ausgang des 12. Jh. (^{2}1981). Während das Institut für Bayerische Geschichte

(München) Bd. 44, Heft 1, der Zs. für bayerische Landesgeschichte (1981) unter das Thema „Das Haus Wittelsbach und die europäischen Dynasten" stellte (darin u.a.: *H. Patze*, Die Wittelsbacher in der ma. Politik Europas), publizierte die Niedersächsische Archivverwaltung einen Band „Heinrich der Löwe", hg. von *W.-D. Mohrmann* (1980; darin u.a. *A. Kraus*, Heinrich der Löwe und Bayern). *H. Boockmann*, Barbarossa in Lübeck. In: Zs. des Vereins für lübeckische Geschichte und Altertumskunde 61 (1981).

IV.2: *C.W. Hollister* – *J.W. Baldwin*, The Rise of Administrative Kingship: Henry I and Philip Augustus. In: The American Historical Review 83 (1978), versuchen zu zeigen, daß sich Heinrich I. – im Gegensatz zu Philipp II. August – auf den Hochadel stützte. *E. Miller* – *J. Hatcher*, Medieval England. Rural Society and Economic Change 1086–1348 (1978). *J. Gillingham*, dem die neue, maßgebliche Biographie über Richard Löwenherz verdankt wird (englisch 1978; deutsch 1981), kann die Belagerung der Burg bei Limoges, bei der Richard fiel, als Aktion gegen Pläne Philipps II., nicht als romantischen Abenteuerakt, erklären: The Unromantic Death of Richard I. In: Speculum 54 (1979).

IV.3: *V. Pfaff*, Sieben Jahre päpstlicher Politik. Die Wirksamkeit der Päpste Lucius III., Urban III., Gregor VIII. In: ZRG Kan. 67 (1981) behandelt die Jahre 1181 bis 1187.

IV.4: Zur ma. Ständevorstellung vgl. *O.G. Oexle*, Die funktionale Dreiteilung der „Gesellschaft" bei Adalbero von Laon. Deutungsschemata der sozialen Wirklichkeit im früheren MA. In: Frühma. Studien 12 (1978), der das Thema wesentlich weiter behandelt als der Titel vermuten läßt; und *J. Le Goff*, Note sur société tripartie, idéologie monarchique et renouveau économique dans la chrétienté du IXe au XIIe siècle. In: L'Europe aux IXe–XIe siècles (1968); beide Aufsätze sind abgedruckt in dem Sammelband Ideologie und Herrschaft im MA, hg. von *M. Kerner* (WdF 530, 1982). Recht „miszellaneenhaft" ist: Soziale Ordnungen im Selbstverständnis des MA, hg. von *A. Zimmermann* (Miscellanea Mediaevalia 12,1–2, 1979). Die Ergebnisse einer unter seiner Leitung tagenden Studiengruppe hat zusammengefaßt *G. Duby*, Die drei Ordnungen. Das Weltbild des Feudalismus (1981; französisch 1978); zu Dubys Forschungsansatz vgl. *O.G. Oexle*, Die ‚Wirklichkeit' und das ‚Wissen'. Ein Blick auf das sozialgeschichtliche Oeuvre von Georges Duby. In: HZ 232 (1981). *G. Constable*, The Structure of Medieval Society According to the ‚Dictatores' of the Twelfth Century. In: Law. Church and Society. Fs. St. Kuttner (1977). Über den Ritter und seine Kampfausstattung vgl. den Überblick von *Cl. Gaier*, Les armes (Typologie des sources du moyen âge occidental 34, 1979). Breitere Kreise wollen ansprechen *K. Brunner* – *F. Daim*, Ritter, Knappen, Edelfrauen. Ideologie und Realität des Rittertums im MA (1981). Zum materiellen Hintergrund der Ritterkultur *J. Bumke*, Mäzene im MA. Die Gönner und Auftraggeber der höfischen Literatur in Deutschland 1150–1300 (1979). *G. Althoff*, Nunc fiant Christi milites, qui dudum existerunt raptores. Zur Entstehung von Rittertum und Ritterethos. In: Saeculum 32 (1981), sucht die Erklärung für den verschiedenartige Gruppen umfassenden Ritterbegriff in einer von außen kommenden

Umschreibung derjenigen Waffenträger, die bereit waren, sich bestimmten ethischen, kirchlich abgestützten Postulaten zu unterwerfen.

V.1: P. Zerbi, Papato, Impero e ,res publica christiana' del 1187 al 1198 (1980), ist ein Nachdruck des 1955 erschienenen Buches mit neuer Einleitung. Zu Heinrichs nationalnormannischen Gegenkönigen *H. Zielinski,* Zu den Urkunden der beiden letzten Normannenkönige Siziliens, Tankreds und Wilhelms III. (1190–1194). In: DA 36 (1980); innerhalb des von *C. Brühl, F. Giunta* und *A. Guillou* herausgegebenen Codex diplomaticus regni Siciliae ist der von *Zielinski* bearbeitete Band 5 erschienen: Tancredi et Willelmi III regum diplomata (1982).

REGISTER